사랑의 보카

이 책의 사용법

❶ 본本 chapter의 제목에 나온 중요 단어입니다.
❷ 이슈, 연상의 불꽃, 시츄에이션은 chapter의 주제와 관련된 논점을 뽑아내고, 그 주제를 더 상세하게 풀어내거나 다른 주제와 엮어내며, 이 주제에서 일어날 수 있는 상황을 설정합니다.
❸ 영어 단어들은 짙은 청색과 연한 청색으로 구분이 되어 있습니다. 원칙적으로 짙은 청색 단어에서 파생된 단어들을 연한 청색으로 표시한 경우가 많지만, 예외적으로 가독성의 측면에서 임의任意로 색을 구분한 경우도 많습니다.
❹ 연상의 그물망은 앞 단어에 포함된 특정한 뜻에 착안着眼하여 그 뜻과 연결되는 다른 단어들을 포섭包攝합니다.
❺ 연상의 화살표는 불량교생이 지력知力을 총동원하여 '연상의 불꽃'을 가장 활발하게 활활 불태운 영역입니다.

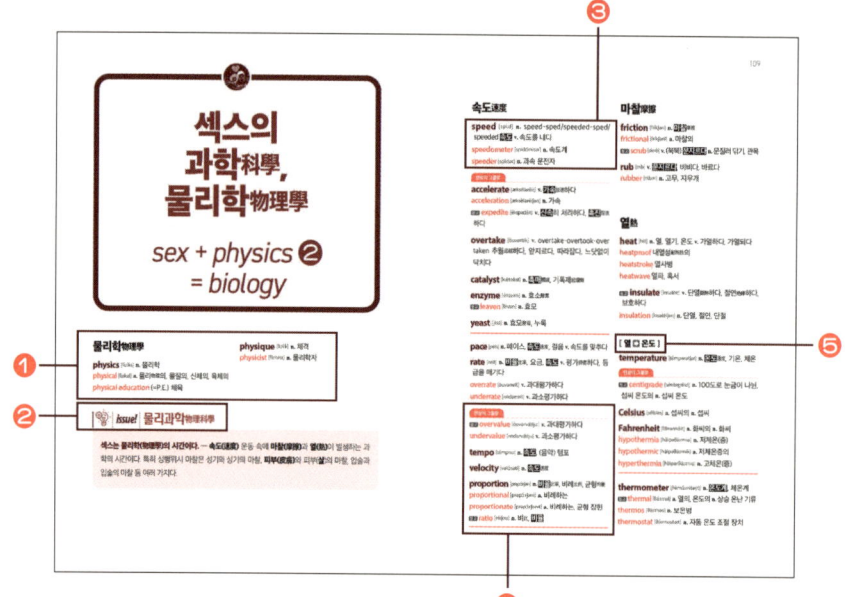

불량교생 레볼루션 VOCA계를 뒤집어놓다!

LOVE

성교육 한 스푼에
에세이 두 스푼 얹은
영어단어 연상 어휘집

사랑의 보카

불량교생 지음

VOCA

푸른미디어

들어가는 글

『사랑의 보카』의 프레임

♪♩
연상의 불꽃이
불타오르니
♩♪

연상(聯想)이란 무슨 말을 했을 때, **'이 말이 무슨 말일까?'** 꼬리에 꼬리를 물고 생각이 이어지는 고리입니다.

『사랑의 보카』의 '연상의 **불꽃**'은 무슨 말이 나왔을 때 **'어? 이 말이 영어 단어로 뭐지? 뭐가 있지?'** 라는 질문(質問)을 꼬리에 꼬리를 물고 이어나갑니다.

예를 들어 방금 제가 한 말 중에 '연상'이란 말이 있죠? 그러면 아래와 같이 '연상'을 뜻하는 단어를 적시(摘示)합니다. '아, 이 우리말 단어는 바로 이 영어 단어야'라고 하는 거죠.

『사랑의 보카』의 큰 **틀**인 '연상의 불꽃' **포맷**은 이렇게 ―요컨대 말하다 단어 설명 포맷으로― 짜여져 있으니 이런 틀대로 『사랑의 보카』를 읽어주면 됩니다.

그런데 이렇게 관련 단어들을 분류(分類)하다보니 그 단어가 (뜻이 여러 개가 있다 보니) 맥락(脈絡)과는 다른 뜻도 있는 **경우(境遇)**가 많습니다. 그럴 때는 '아, 이 단어는 이 뜻도 있구나' 하고 이해하며 연상의 **그물망**을 **확장(擴張)**하기 바랍니다.

연상聯想

associate [əsóuʃièit] v. **연상**聯想하다, 제휴提携하다
association [əsòuʃiéiʃən] n. 연상, 제휴, 협회

연상의 그물망

참고 **reminder** [rimáindər] n. 생각나게 하는 것, 상기시키는 것, 독촉장

remind [rimáind] v. **생각나게 하다**, 상기시키다
mind [maind] n. 마음, 지성 v. 마음 쓰다, 꺼리다
mindful [máindfəl] a. 마음 쓰는

불

fire [faiər] n. 불, 화재, 발포, 포화砲火 v. 불 지르다, 발포하다, **해고하다**
fire station 소방서消防署
fireman [fáiərmən] n. 소방관
fire fighter 소방관
fireplace [fáiərplèis] n. 벽난로
firework [fáiərwə:rk] n. (fireworks) 불꽃놀이
firecracker [fáiərkrækər] n. 폭죽
firefly [fáiərflài] n. 반딧불이, 개똥벌레
fiery [fáiəri] a. 불타는, 불타는 듯한

연상의 그물망

[해고 ⟷ 고용]

참고 **hire** [haiər] v. **고용하다**, 임차賃借하다 n. 임차

burn [bə:rn] v. burn-burned/burnt-burned/burnt (불)타다, (불)태우다
burnout [bə́:rnàut] n. 소진, (심신의) 소모, 극도의 피로
flame [fleim] n. 불길, 불꽃, 정열, 격정 v. 붉게 타오르다
blaze [bleiz] v. (활활 타는) 불꽃, 불길 n. 활활 타다, 빛나다

spark [spa:rk] n. 불꽃, 불똥, (전기) 스파크 v. 불꽃을 튀기다, 촉발하다
glow [glou] v. (불꽃 없이) 타다, 빛나다, 붉어지다 n. 붉은 빛, 홍조紅潮

연상의 그물망

참고 **arson** [á:rsn] n. 방화放火(죄)

combustion [kəmbʌ́stʃən] n. 연소燃燒
combust [kəmbʌ́st] v. 연소하다 a. 태양에 가까워져 빛이 엷어진

flare [flɛər] v. 확 타오르다 n. 확 타오름, (flares) 나팔바지

ignite [ignáit] v. 불을 붙이다, 불이 붙다, 점화點火하다
ignition [igníʃən] n. 발화, 점화 장치
ignitability [ignàitəbíləti] n. 가연성, 점화 가능성

연상의 그물망

incinerator [insínərèitər] n. 소각로燒却爐
incineration [insìnəréiʃən] n. 소각

kindle [kíndl] v. 불붙이다

연상의 그물망

candle [kændl] n. 양초, 초

wick [wik] n. (양초의) 심지 v. (모세관 작용으로) 수분을 흡수하거나 배출하다

extinguish [ikstíŋgwiʃ] v. (불을) 끄다, 소멸消滅시키다

연상의 그물망

smoke [smouk] n. 연기煙氣, 흡연吸煙 v. 연기를 내뿜다, 흡연하다, 담배를 피우다
smoked [smoukt] a. 훈제燻製한
smokestack [smóukstæk] n. 굴뚝
참고 **smog** [smɑg] n. 스모그, 연무煙霧

soot [sut] n. 검댕, 그을음

puff [pʌf] v. 뻐끔뻐끔 피우다, 헐떡거리다 n. 뻐끔뻐끔

chimney [tʃímni] n. 굴뚝

연상의 그물망
roof [ru:f] n. 지붕
mansard roof [mǽnsɑːrd ru:f] n. (2단으로 경사진) 망사르드 지붕
참고 **eaves** n. [iːvz] 처마
gutter [gʌ́tər] n. (지붕의) 홈통, 배수로排水路, 도랑
groove [gruːv] n. 홈, 가늘고 긴 홈, 가늘고 길게 패인 곳

ash [æʃ] n. 재
ashy [ǽʃi] a. 재의, 회색의
ashtray [ǽʃtrèi] n. 재떨이

꽃

blossom [blásəm] n. 꽃 v. 꽃피다
bloom [bluːm] n. 꽃 v. 꽃이 피다
bloomer [blúːmər] n. 재능을 발휘하는 사람
late bloomer 대기만성大器晚成형의 사람
참고 늦을 만晩

연상의 그물망
late [leit] a. 늦은 ad. 늦게
lately [léitli] ad. 최근에
later [léitər] a. 나중의 ad. 나중에
latest [léitist] a. (가장) 최근의

참고 **recent** [ríːsnt] a. 최근의
recently [ríːsntli] ad. 최근에

flower [fláuər] n. 꽃 v. 꽃을 피우다, 꽃피우다

연상의 그물망
florist [flɔ́ːrist] n. 플로리스트, 꽃집
horticultural [hɔ̀ːrtəkʌ́ltʃərəl] a. 원예(학)의
wreath [riːθ] n. 화환花環, 화관花冠
참고 **nectar** [néktər] n. (꽃의) 꿀, 과즙
cornflower [kɔ́ːrnflàuər] n. 동자꽃, 수레국화
violet [váiəlit] n. 제비꽃, 보라색

petal [pétəl] n. 꽃잎

연상의 그물망
pollen [pálən] n. 꽃가루, 화분花粉
pollinate [pálənèit] v. 수분受粉하다
pollinator [pálənèitər] n. 꽃가루 매개자, 꽃가루받이를 하는 곤충
pollination [pàlənéiʃən] 꽃가루받이, 수분 (작용)

rose [rouz] n. 장미꽃

연상의 그물망
thorn [θɔːrn] n. (장미 등의) 가시
thorny [θɔ́ːrni] a. 가시가 많은, 골치 아픈

vase [veis] n. 꽃병甁

연상의 그물망

[꽃에 ➡ 물 줘]

water [wɔ́ːtər] n. 물 v. 물을 주다, 침을 흘리다
watercolor [wɔ́ːtərkàlər] n. 수채화 그림물감, 수채화
water-resistant [wɔ́ːtərrizìstənt] a. 내수성耐水性의
water slide [wɔ́ːtər slàid] n. (놀이공원의) 물 미끄럼틀
waterfall [wɔ́ːtərfɔ̀ːl] n. 폭포瀑布
참고 폭포 **cascade** [kæskéid] n. 작은 폭포 v. 폭포처럼 떨어지다

cataract [kǽtərækt] n. 큰 폭포, 백내장
watermelon [wɔ́tərmlən] n. 수박
참고 melon [mélən] n. 멜론
waterproof [wɔ́tərprùːf] a. 방수防水의 n. 방수복 v. 방수 처리를 하다
watershed [wɔ́tərʃd] n. 분수령分水嶺
underwater [ʌ́ndərwɔtər] a. 수중水中의, 물속의 ad. 수중에서, 물속에서

틀

frame [freim] n. 틀, 뼈대, 테 v. 틀을 짜다
framework [fréimwə̀rk] n. 뼈대, 체계

연상의 그물망

mold [mould] n. 거푸집, 주형鑄型, 세균, **곰팡이** v. 틀에 넣어 만들다, 주조鑄造하다
unmold [ʌnmóuld] v. 틀에서 떼어내다, 틀을 부수다
moldy [móuldi] a. 곰팡이가 낀
참고 **곰팡이** fungus [fʌ́ŋgəs] n. (pl. fungi [fʌ́ndʒai]) 균류, 곰팡이류, 곰팡이
mushroom [mʌ́ʃruːm] n. 버섯

참고 paradigm [pǽrədàim] n. 모범, 전형적인 예, 패러다임, **이론**적 틀
paradigmatic [pæ̀rədigmǽtik] a. 전형적인

theory [θíːəri] n. **이론**理論
theoretical [θìːərétikəl] a. 이론적인, 이론상의
theoretically [θìːərétikəli] ad. 이론적으로
theorize [θíːəràiz] v. 이론화하다
theorem [θíːərəm] n. 정리定理

연상의 그물망

structure [strʌ́ktʃər] n. 구조構造, 구조물 v. 구조화하다, **구성**하다
structural [strʌ́ktʃərəl] a. 구조적인
structurally [strʌ́ktʃərəli] ad. 구조적으로
comprise [kəmpráiz] v. 구성構成되다, **구성**하다

포맷

format [fɔ́ːrmæt] n. 포맷, 구성, **형식**
formal [fɔ́ːrməl] a. **형식**적形式的인, 공식적인
form [fɔːrm] n. 형태 v. 형성하다
formation [fɔːrméiʃən] n. 형성, (형성된) 대형
deform [difɔ́ːrm] v. 기형畸形으로 만들다
deformation [dìːfɔːrméiʃən] n. 기형
deformed [difɔ́ːrmd] a. 기형의
참고 informal [infɔ́ːrməl] a. 격식을 차리지 않는, 일상적인

version [və́ːrʒən] n. 버전, …판版

경우境遇

case [keis] n. 경우, 사례, 사건, 주장, 격格
case ending 격 변화 어미
casement [kéismənt] n. 여닫이 창(문)

그물망

web [web] n. 거미줄, 망網
website [wbsàit] n. 웹사이트

net [net] n. 네트, 그물, 그물망, 망사 a. 순純-

연상의 그물망

참고 spider [spáidər] n. 거미

[망 ➡ 짜다]

weave [wiːv] v. weave-wove-woven 짜다, 엮다 n. 짜기, 엮인 것
woven [wóuvən] a. (실로) 짠
interweave [ìntərwíːv] v. interweave-interwove-interwoven (털·실·끈 등을) 섞어 짜다

연상의 그물망

참고 **fabric** [fǽbrik] n. 직물織物, 구조
fabricate [fǽbrikèit] v. 제작하다, 조작하다
tapestry [tǽpəstri] n. 색색의 실로 수놓은 장식 걸개, 태피스트리
textile [tékstail] n. 직물, 옷감
texture [tékstʃər] n. 직물의 감촉, 질감
knit [nit] v. knit-knit/knitted-knit/knitted (실로 옷감 등을) 뜨다, 짜다 n. 니트, 뜨개질한 옷

decorate [dékərèit] v. 장식裝飾하다, 꾸미다, (훈장을) 수여하다
decoration [dèkəréiʃən] n. 장식, 장식품, 훈장, 메달
참고 **adorn** [ədɔ́ːrn] v. 꾸미다, 장식하다
adornment [ədɔ́ːrnmənt] n. 장식품, 장식
embellish [imbéliʃ] v. 꾸미다, 윤색潤色하다

ornament [ɔ́ːrnəmənt] n. 장식품 v. 장식하다
ornamental [ɔ̀ːrnəméntl] a. 장식적인, 장식용의

확장擴張

extend [iksténd] v. 확장擴張하다, 연장延長하다
extension [iksténʃən] n. 확장, 연장, 내선, 구내 전화
extensive [iksténsiv] a. 광범위한
extent [ikstént] n. 규모, 범위, 정도
dilate [dailéit] v. (동공 등이) 확장(팽창)하다, 확장(팽창)시키다
참고 **extrapolation** [ikstræpəléiʃən] n. 연장延長

연상의 그물망

[확장 ⬌ 수축]

contract [kɑ́ntrækt] n. 계약契約, 계약서 v. 수축收縮하다, 수축시키다, 계약하다, (병에) 걸리다
contraction [kəntrǽkʃən] n. 수축, 축소, 경련痙攣, 진통
contractor [kɑ́ntræktər] n. 계약자, 도급업자都給業者
subcontract [sʌbkɑ́ntrækt] v. 하청下請을 주다(일감을 다른 사람에게 맡기다), 하도급下都給을 주다 n. 하청, 하도급

p.s.

『사랑의 보카』의 연상의 불꽃은 『아재샘 보카』에 근간(根幹)을 둔다. 『사랑의 보카』 자체가 『아재샘 보카』의 또 다른 얼굴이다. 『아재샘 보카』에 수록(蒐錄)된 단어들을 **활용(活用)**하고 **분류(分類)**하여 탄생한 작품이 바로 이 『사랑의 보카』임을 밝힌다.

활용活用

utilize [júːtəlàiz] v. 활용活用하다, 이용하다
utilization [jùːtəlizéiʃən] n. 활용, 이용

utility [juːtíləti] n. 유용有用, 유용성, 효용, 공익사업
utilitarian [jùːtilətéəriən] a. 실용적인, 공리적인 n. 공리주의자
utility pole [juːtíləti poul] n. 전봇대

연상의 그물망
참고 recycle [riːsáikl] v. 재활용再活用하다
recycling [riːsáikliŋ] n. 재활용
recyclable [riːsáikləbl] a. 재활용할 수 있는

available [əvéiləbl] a. 이용 가능한
avail [əvéil] v. 이익이 되다, 쓸모 있다 n. 이익, 쓸모
availability [əvèiləbíləti] n. 이용 가능성, 유용성

분류分類

categorize [kǽtəgəràiz] v. 분류分類하다, 범주로 나누다
category [kǽtəgɔ̀ːri] n. 범주範疇
categorical [kæ̀təgɔ́ːrikəl] a. 단정적斷定的인, 범주의

classify [klǽsəfài] v. 분류分類하다, 기밀機密로 취급하다
classified [klǽsəfàid] a. 분류된, 기밀로 취급되는
classification [klæ̀səfikéiʃən] n. 분류

연상의 그물망
참고 taxon [tǽksɑn] n. (pl. taxa [tǽksə]) 분류군

sort [sɔːrt] n. 종류 v. 분류하다
assort [əsɔ́ːrt] v. 분류하다
assortment [əsɔ́ːrtmənt] n. 모음, 분류

연상의 그물망
참고 species [spíːʃiːz] n. (생물) 종種
genus [dʒíːnəs] n. (생물) 속屬
mutation [mjuːtéiʃən] n. 돌연변이突然變異
mutate [mjúːteit] v. 돌연변이를 일으키다, 돌연변이가 되다
mutant [mjúːtnt] n. 돌연변이체, 변종 a. 돌연변이의

kind [kaind] a. 친절한 n. 종류
kindness [káindnis] n. 친절
unkind [ʌnkáind] a. 불친절한

p.s.

『사랑의 보카』에 에세이적 요소를 한 스푼 가미하고 있지만, 기본적으로 『사랑의 보카』는 교육서(敎育書)이므로 『사랑의 보카』에서 에세이가 차지하는 비중은 크지 않다. 그렇게 비중이 크지는 않지만, 짧고 굵게(!) 시중의 어느 에세이집과 겨루어도 손색이 없을 **통찰력(洞察力)**을 보여주는 문장들이라고 자부(自負)하는 바이다. 때로는 시적(詩的, poetic)으로, 낭만적(浪漫的, romantic)으로, 때로는 현실적(現實的, realistic)으로. 가끔 **상황(狀況)**을 설정하고 주로 **이슈**화(化)하여 접근(接近)하면서.

통찰력洞察力

insight [ínsàit] n. 통찰洞察, 통찰력
insightful [ínsàitfəl] a. 통찰력 있는

상황狀況

situation [sìtʃuéiʃən] n. 상황狀況, 사태事態

이슈

issue [íʃuː] n. 쟁점爭點, 문제점, 발행發行, (발행되는) …호 v. 발행하다, 발급發給하다

matter [mǽtər] n. 문제, 물질 v. 문제되다, 중요하다

problem [prábləm] n. 문제

problematic [prɑ̀bləmǽtik] a. 문제가 있는, 문제가 많은

trouble [trʌ́bl] n. 곤란困難, 곤경困境, 수고, 문제 v. 괴롭히다, 수고롭다

troublesome [trʌ́blsəm] a. 곤란한, 귀찮은

〔연상의 그물망〕

hassle [hǽsl] n. 번거로움, 말다툼

nuisance [njúːsns] n. 골칫거리, 성가신 일

agenda [ədʒéndə] n. 의제議題, 안건案件

〔연상의 그물망〕

address [ədrés, ǽdres] n. 주소住所, 연설 v. [ədrés] 주소를 쓰다, 연설하다, (호칭으로) 부르다, ~에게 말을 걸다, 제기(신청)하다, 착수着手하다, (문제) 등을) 힘써서 다루다

misaddress [mìsədrés] v. 수신인의 주소를 틀리다, 말을 잘못 걸다

cope [koup] v. 대처對處하다

deal [diːl] v. deal-dealt-dealt (with) 다루다, 대하다, 거래하다, 카드를 도르다(돌리다) n. 거래, 대우, 취급, 카드 돌리기(도르기)

dealer [díːlər] n. 상인, 중개인

dealership [díːlərʃip] n. 판매 대리점

misdeal [misdíːl] v. misdeal-misdealt-misdealt (카드) 패를 잘못 도르다(돌리다) n. 카드를 잘못 도르기(돌리기)

handle [hǽndl] v. 다루다, 처리하다 n. 손잡이, 자루

transact [trænzǽkt] v. 거래하다

transaction [trænzǽkʃən] n. 거래, 처리

transactional [trænzǽkʃənl] a. 거래의, 업무적인

broker [bróukər] n. 중개인 v. 중개하다

[다루다 ▶ 조종하다]

steer [stiər] v. (자동차, 보트 등을) 조종하다

manipulate [mənípjulèit] v. (사람을) 조종操縱하다, 조작操作하다

manipulation [mənìpjuléiʃən] a. 조종, 조작

manipulative [mənípjulèitiv] a. 조종하는, 조작적인

p.s.

『사랑의 보카』를 보다 보면 (『아재샘 보카』도 마찬가지지만) '아니, 불량교생님, 이 단어는 너무 쉽잖아요?'라는 질문이 나올 정도로 쉬운 단어들도 연상 **범위(範圍)**에 포섭(包攝)된 경우를 볼 수 있다. 너무 쉽다고 무시(無視)하지 말기. 어려운 단어를 보면 쉬운 단어랑 함께 생각하며 쉽게 이해하는 **접근(接近)**도 아주 **훌륭한** 연상의 불꽃이 불타오르네!이므로.

범위範圍

range [reindʒ] n. 범위範圍, 산맥 v. …의 범위이다, 정렬整列하다, 돌아다니다

ranger [réindʒər] n. 돌아다니는 사람, 산림 경비원, 순찰대원

연상의 그물망

참고 **scope** [skoup] n. 범위, 여지, 기회

접근接近

access [ǽkses] n. 접근接近, 이용 v. …에 접근하다
accessible [æksésəbl] a. 접근 가능한, 이용 가능한
inaccessible [ìnæksésəbl] a. 접근할 수 없는, 접근하기 어려운

approach [əpróutʃ] v. …에 접근接近하다, 다가가다
approachable [əpróutʃəbl] a. 접근 가능한, 가까이하기 쉬운

closeness [klóusnis] n. 접근接近, 친근
close [klouz] v. 닫다, 감다, 좁히다, 끝나다, 끝내다 n. 끝 a. [klous] 가까운 ad. 가까이
closely [klóusli] ad. 바싹, 바짝

연상의 그물망

참고 **proximity** [prɑksíməti] n. 근접近接

upcoming [ʌ́pkə̀miŋ] a. 다가오는
참고 **forthcoming** [fɔ́rθkʌ̀miŋ] a. 다가오는

연상의 그물망

[접근 ▶ 임박]

imminent [ímənənt] a. 임박臨迫한, (나쁜 일이) 코앞에 닥친, 일촉즉발─觸卽發의
imminently [ímənəntli] ad. 임박하여, 일촉즉발로
imminence [ímənəns] n. 임박, 급박

참고 **impending** [impéndiŋ] a. 임박한
pending [péndiŋ] a. 임박한, 계류繫留 중인 prep. …까지

approximation [əprɑ̀ksəméiʃən] n. 근사치, 근접한 것
approximate [əprɑ́ksəmət] a. 대략의, 근사치近似値의 v. [əprɑ́ksəmèit] 대략 어림잡다, 대략 가깝다
approximately [əprɑ́ksəmətli] ad. 대략, **거의**

연상의 그물망

참고 **nearly** [níərli] ad. **거의**
nearby [níərbái] a. 가까이의, 근처의 ad. 가까이에, 근처에
near [niər] a. **가까운** ad. 가까이 prep. …의 가까이에

[가까운 ◀▶ 먼]

distant [dístənt] a. (거리가) **먼**
distance [dístəns] n. 거리, 먼 거리

연상의 그물망

참고 **metric system** 미터법
meter [míːtər] n. (m) 미터, 계량기
kilometer [kilɑ́mətər] n. (km) 킬로미터
nanometer [nǽnəmìtər] n. 나노미터(10억분의 1미터)

훌륭한

brilliant [bríljənt] a. **눈부신**, 찬란燦爛한, 훌륭한
brilliantly [bríljəntli] ad. 눈부시게, 찬란히, 훌륭하게
brilliance [bríljəns] n. 광채, 광명, 찬란함

연상의 그물망

참고 **dazzle** [dǽzl] v. 눈부시게 하다 n. **눈부심**

bright [brait] a. 밝은, 똑똑한

p.s.

『아재샘 보카』에서 최고의 영어 공부 **습관(習慣)**으로 '**문장을 외워라! 문장 외워!**'라고 소리높여 외친 바 있다. 『사랑의 보카』에서는 최고의 공부 습관으로 '**연상하라! 연상의 불꽃을 일으켜!**'라고 목청껏 외치는 바이다.

다시 한번 강조한다 :

최고의 공부 습관 = 연상!

이다. 잊지 말길(吉) 바란다.

습관習慣

habit [hǽbit] n. 습관習慣, 버릇
habitual [həbítʃuəl] a. 습관적인, 상습적인

<연상의 그물망>

참고 **quirk** [kwəːrk] n. 기벽奇癖, 기이한 버릇, 기이한 우연, **재치**, 기발奇拔함

wit [wit] n. **재치**才致, 기지機智
witty [wíti] a. 재치 있는, 기지가 돋보이는

quip [kwip] n. 재치 있는 말, 발뺌, 핑계

tact [tækt] n. 재치, 요령要領, 눈치
tactful [tǽktfəl] a. 재치 있는, 요령 있는, 눈치 빠른
tactless [tǽktlis] a. 재치 없는, 요령 없는, 눈치 없는

b.g.m.

밤
(TIME FOR THE MOON NIGHT)

sung by 여자친구
(GFRIEND: 미녀소원, 볼살예린, 청산유주,
러블리섹시큐티뷰티터진크림빵으나은하,
춤추신비, 똘망똘망엄지)

떨려오는 **별**빛 반짝이는데
……

좋아하는 만큼 별은 떠오르고
……

이제 보내줄게 아냐 아직은 너를
내 방에 몰래몰래 간직하고 싶은
밤

밤밤밤에
밤하늘을 **날아**
As time time for the moon night
꿈속에서 너를 만나

열렬한 **사랑** 고백해볼까
(해볼까)……
이렇게 너랑 나 우리 둘의 사이가
조금 더 좁혀지길
기대하고 싶은
밤
……

밤

night [nait] n. 밤
midnight [mídnait] n. 자정, 한밤중
참고 **eve** [iːv] n. 이브, 전날 밤

연상의 그물망

nocturnal [nɑktə́ːrnl] a. 야행성의
nocturne [nɑ́ktəːrn] n. 야상곡夜想曲

[밤 ⇔ 낮]

diurnal [daiə́ːrnl] a. 낮에 활동하는

day [dei] n. 날, 하루, 낮
daybreak [déibrèik] n. 새벽, 동틀 녘
daydream [déidrìm] n. 백일몽, 몽상
daily [déili] a. 매일의 ad. 매일
참고 **heyday** [héidèi] n. 전성기, 한창때

nap [næp] n. 낮잠 v. 낮잠 자다

연상의 그물망

noon [nuːn] n. 정오, 낮12시, 한낮
afternoon [æ̀ftərnúːn] n. 오후

morning [mɔ́ːrniŋ] n. 아침, 오전

evening [íːvniŋ] n. 저녁

달

moon [muːn] n. 달

참고 **Luna** [lúːnə] n. 달의 여신
lunar [lúːnər] a. 달의, 음력의

halo [héilou] n. 후광, (해, 달의) 무리

연상의 그물망

[달 ⇨ 지구의 위성]

satellite [sǽtəlàit] n. 위성衛星, 인공위성人工衛星, 위성 도시

wane [wein] v. (달이) 이울다, 이지러지다, 약해지다
wax [wæks] n. 밀랍, 왁스 v. (달이) 차다, (점점) 커지다
wax tablet n. 밀랍을 칠한 서자蠟書字板

연상의 그물망

참고 **tablet** [tǽblit] n. 정제錠劑 약, 평판平板, 명판名板

별

star [staːr] n. 별, 스타 v. 주연主演을 맡다, 주연을 맡기다

연상의 그물망

참고 **constellation** [kɑ̀nstəléiʃən] n. 별자리

galaxy [gǽləksi] n. 은하銀河, 은하수, 은하계
Milky Way n. (the Milky Way) 은하, 은하수, 은하계
nebula [nébjələ] n. 성운星雲
the Crab (천문) 게자리

telescope [téləskòup] n. 망원경

shooting star [ʃùːtiŋ stáːr] n. 별똥별, 유성流星

연상의 그물망

참고 **meteor** [míːtiər] n. 유성, 별똥별
meteoric [mìːtiɔ́ːrik] a. 유성의, 급속한
meteorite [míːtiəràit] n. 운석隕石

bolide [bóulaid] n. 폭발 유성

comet [kɑ́mit] n. 혜성彗星
cometary [kɑ́mitèri] a. 혜성의, 혜성과 같은

연상의 그물망

asterisk [ǽstərisk] n. 별표(*) v. 별표(*)를 달다
참고 **astroid** [ǽstrɔid] n. 성망형星芒形

날아

fly [flai] v. fly-flew/flied-flown/flied 날다, 비행하다, 날리다 n. 파리
flyer [fláiər] n. 비행사, 전단지傳單紙
overfly [òuvərflái] v. overfly-overflew-overflown …의 위(상공)를 날다

연상의 그물망

pilot [páilət] n. 파일럿, 비행사, 조종사操縱士, 수로 안내인
참고 **aviator** [éivièitər] n. 비행사, 조종사操縱士
aviate [éivièit] v. 비행하다, 조종하다
aviation [èiviéiʃən] n. 비행, 항공

cockpit [kákpit] n. (비행기) 조종실
cockpit crew 운항 승무원

참고 **flight** [flait] n. 비행, 항공편, 여행, 도피, 도주
flight attendant (비행기) 승무원

연상의 그물망

crew [kru:] n. 승무원乘務員, 선원, 팀, 조組, 반班

flight-path 비행경로飛行經路
in-flight 비행 중의, 기내의

연상의 그물망

glide [glaid] v. 미끄러지듯 움직이다, 활공하다, 날갯짓을 하지 않고 날다 n. 미끄러지는 듯한 움직임
glider [gláidər] n. 글라이더 (항공기)

[날다 ▶ 상륙하다]

land [lænd] v. 상륙하다, 착륙하다 n. 땅, 토지, 육지
참고 **continent** [kántənənt] n. 대륙
continental [kàntənéntl] a. 대륙의
transcontinental [trænzkɑntənéntl] a. 대륙 횡단의

peninsula [pənínsjulə] n. 반도半島

[나는 것 ▶ 예시例示로]

balloon [bəlú:n] n. 풍선風船, 기구氣球
kite [kait] n. 연鳶

연상의 그물망

float [flout] v. 뜨다, 띄우다 n. 장식마차, 꽃수레
afloat [əflóut] a. 물에 뜬
참고 **hover** [hávər] v. (공중을) 맴돌다, 서성이다

levitate [lévitèit] v. 공중에 뜨게 하다, 공중 부양空中浮揚을 하다

wing [wiŋ] n. 날개
winged [wiŋd] a. 날개 달린, 날개가 있는
참고 **flap** [flæp] v. (날개를) 퍼덕거리다 n. 퍼덕거림, 덮개

flutter [flʌ́tər] v. (날개나 깃발 등이) 펄럭이다

airplane [ɛ́rplin] n. 비행기飛行機
airport [ɛ́rpɔ̀rt] n. 공항
aircraft [ɛ́rkræft] n. 항공기
aeronautics [ɛ̀rənɔ́tiks] n. 항공학, 항공술
참고 **deplane** [di:pléin] v. 비행기에서 내리다

연상의 그물망

hangar [hǽŋər] n. 격납고格納庫
helicopter [hélikàptər] n. 헬리콥터
rudder [rʌ́dər] n. (비행기 등의) 방향타

altitude [ǽltətjù:d] n. 고도高度, 높이, 고지

꿈

dream [driːm] v. dream-dreamed/dreamt-dreamed/dreamt 꿈꾸다 n. 꿈

사랑

love [lʌv] n. 사랑 v. 사랑하다
lovely [lʌ́vli] a. 사랑스러운
beloved [bilʌ́vid] a. 사랑받는, 사랑하는 n. 애인
참고 **dear** [diər] a. 친애하는, 사랑하는 n. 사랑하는 사람 interj. 맙소사, 어머나

adorable [ədɔ́ːrəbl] a. 사랑스러운
adore [ədɔ́ːr] v. 아주 좋아하다, 흠모欽慕하다

연상의 그물망
참고 **prefer** [prifə́ːr] v. 더 좋아하다, 선호選好하다
preferable [préfərəbl] a. 더 좋은, 선호할 만한
preference [préfərəns] n. 선호, 우선권優先權

[사랑 ▶ 우선]

priority [praiɔ́ːrəti] n. 우선優先, 우선권, 우선 사항
prior [práiər] a. 앞선, 사전事前의, 우선하는

crush [krʌʃ] v. 으깨다, 짓밟다 n. 짝사랑하는 대상, 홀딱 반함

연상의 그물망
참고 **crumple** [krʌ́mpl] v. 구겨서 뭉치다
crumpled [krʌ́mpld] a. 구겨진
mash [mæʃ] v. 짓이기다, 으깨다 n. 곤죽이 된 것

darling [dáːrliŋ] n. 가장 사랑하는 사람, 사랑받는 사람, 여보, 자기

sweetheart [swíːthɑ̀ːrt] n. 애인, 연인, 여보, 당신, 자기
sweet [swiːt] a. 달콤한, 단 n. 단 것

연상의 그물망
참고 **jelly** [dʒéli] n. 젤리
gelatin [dʒélətn] n. 젤라틴, 정제한 아교
juice [dʒuːs] n. 주스, 즙
juicy [dʒúːsi] a. 즙이 많은
sherbet [ʃə́ːrbit] n. 셔벗, 과즙으로 만든 빙과
sugar [ʃúgər] n. 설탕, 당분 v. 설탕을 넣다
grape sugar 포도당
sundae [sʌ́ndei] n. 시럽, 과일 등을 얹은 아이스크림
tart [tɑːrt] n. 타르트
treacle [tríːkl] n. 당밀, 달콤한 것

좁혀

narrow [nǽrou] a. 좁은
참고 **wide** [waid] a. 넓은, 폭넓은 ad. 넓게, 활짝
width [widθ] n. 너비, 폭

기대

anticipate [æntísəpèit] v. 예상豫想하다, 예측豫測하다, 기대하다
anticipation [æntìsəpéiʃən] n. 예상, 예측, 기대
expect [ikspékt] v. 기대期待하다, 예상하다, 임신하고 있다
expectation [èkspektéiʃən] n. 기대, 예상
expectant [ikspéktənt] a. 기대하는, 출산 예정인
expected [ikspéktid] a. 기대되는, 예상되는

unexpected [ʌnikspéktid] a. 예상하지 못한
unexpectedly [ʌnikspéktidli] ad. **예상 밖으로**
참고 **suddenly** [sʌ́dnli] ad. **갑자기**
sudden [sʌ́dn] a. 갑작스러운

abrupt [əbrʌ́pt] a. 돌연한, 갑작스러운
abruptly [əbrʌ́ptli] ad. 돌연히, 갑작스럽게

연상의 그물망

[예상 ➡ 예언]

foretell [fɔrtl] v. foretell-foretold-foretold 예언하다

forecast [fɔ́rkæ̀st] n. 예보豫報, 예측豫測 v. forecast-forecast/forecasted-forecast/forecasted 예보하다, 예측하다

참고 **foreshadow** [fɔrʃǽdou] v. 전조前兆가 되다, 조짐兆朕을 보이다

herald [hérəld] v. 예고하다, 알리다 n. 전조, 선구자先驅者

premonition [prèməníʃən] n. (불길한) 예감, 전조
premonitory [prəmánətɔ̀ri] a. 예고의, 전조의

omen [óumən] n. 징조, 조짐, 전조
ominous [ámənəs] a. 불길不吉한, 나쁜 조짐兆朕을 보이는

pioneer [pàiəníər] n. 선구자先驅者, 개척자開拓者 v. 개척하다

참고 **forerunner** [fɔ́rə̀nər] n. 선구자

predict [pridíkt] v. 예측豫測하다, 예언豫言하다
prediction [pridíkʃən] n. 예측, 예언
predictor [pridíktər] n. 예측 인자, 예언자
predictability [pridìktəbíləti] n. 예측 가능성
predictable [pridíktəbl] a. 예측할 수 있는, 예언할 수 있는
unpredictable [ʌ̀npridíktəbl] a. 예측할 수 없는, 예언할 수 없는

prophet [práfit] n. 예언자預言者
prophetic [prəfétik] a. 예언의, 예언자의
prophecy [práfəsi] n. 예언
prophesy [práfəsài] v. 예언하다

foresight [fɔ́rsàit] n. 예지력豫知力, 선견지명先見之明

foresee [fɔrsíː] v. foresee-foresaw-foreseen 예견하다, 예지하다

참고 **foreboding** [fɔːrbóudiŋ] n. (불길한) 예감

prescient [préʃənt] a. 선견지명이 있는

[기대 ➡ 기다림]

wait [weit] v. 기다리다 n. 기다림
await [əwéit] v. ···을 기다리다

p.s.

不良敎生 Revolution의 작품들마다 不良敎生의 Signature로써 주제곡(主題曲)에 해당하는 **배경**음악(背景音樂, Background Music)을 넣는다.

배경背景

background [bǽkgràund] n. 배경背景
참고 **foreground** [fɔ́rgràund] n. 전경前景

CONTENTS

들어가는 글 | 『사랑의 보카』의 프레임

연상聯想 · 5 | 불 · 5 | 꽃 · 6 | 틀 · 7 | 포맷 · 7 | 경우境遇 · 7 | 그물망 · 7 | 확장擴張 · 8 | 활용活用 · 8 | 분류分類 · 9
통찰력洞察力 · 9 | 상황狀況 · 9 | 범위範圍 · 10 | 접근接近 · 11 | 훌륭한 · 11 | 습관習慣 · 12
BGM · 밤 · 14 | 달 · 14 | 별 · 14 | 날아 · 15 | 꿈 · 16 | 사랑 · 16 | 좁혀 · 16 | 기대 · 16 | 배경背景 · 17

프롤로그 | 어휘語彙의 혁명革命, 사랑의 보카!　　　　　30
vocabulary + revolution = sex voca!

어휘語彙 · 25 | 혁명革命 · 25 | issue! | 혁명 ▶ 전례前例 없는 · 26 | 독특獨特 · 26 | 참신斬新 · 26 | 기발奇拔 · 27
자신 있게 · 27 | 만장일치滿場一致 · 27 | 툴 · 27 | 도전장挑戰狀 · 28 | 연상의 불꽃 | 변화 ▶ 변화變化 · 28

섹스의 정의定義는 삽입挿入　　　　　30
sex + definition = insert

정의定義 · 30 | 삽입挿入 · 30 | issue! | 삽입 ▶ 남성男性 · 31 | 여성女性 · 31 | 들어가게 · 31 | 동전 투입구 · 31
구멍 · 32 | 연상의 불꽃 | 성적 소수자 ▶ 개념槪念 · 32 | 동성同性 · 32 | 소수자少數者 · 33 | 점점漸漸 · 33 | 아직 · 33
관대寬大 · 33 | situation | 허락 ▶ 단언斷言 · 34 | 허락許諾 · 34 | 전형적典型的 · 3 | 노력努力 · 35 | No! · 35
부정적否定的 · 36 | 긍정적肯定的 · 36

섹스할 때 내는 목소리, 신음呻吟 소리　　　　　37
sex + voice = moan

목소리 · 37 | 신음呻吟 · 38 | issue! | 신음 ▶ 고통苦痛 · 38 | 불행不幸 · 39 | 불평不平 · 40
연상의 불꽃 | 감탄사 ▶ 감탄사感歎詞 · 41 | 영역領域 · 42 | 대화對話 · 46 | 열정적熱情的 · 47 | 숨 · 47 | 속삭임 · 48

섹스의 묘사描寫, 체위體位　　　　　49
sex + describe ❶ = position

묘사描寫 · 49 | 자세姿勢 · 49 | issue! | 자세 ▶ 자세姿勢 · 50 | 눕는 · 50 | 앉은 · 50 | 선 · 50
무릎 꿇는 · 51 | 마주하는 · 51 | 연상의 불꽃 | 인력 ▶ 인력引力 · 51

섹스의 묘사描寫, 동작動作　　　　　　　　　　**54**
sex + describe ❷ = movement

동작動作 · 54 | issue! | 움직임 ▶ 주요한 · 55 | 앞뒤로 · 55 | 반복적反復的 · 55 | 정력적精力的 · 55 | 허리 · 56
입맞춤 · 56 | 핥는 행위 · 56 | 애무愛撫 · 56 | 껴안기 · 56 | 몰입沒入 · 56 | 흔들린다 · 57 | 멜로디 · 57 | 댄스 · 58
연상의 불꽃 | 의사 ▶ 버린다 · 59 | 질병疾病 · 60 | 치료治療 · 62 | 의사醫師 · 62 | 수의사獸醫師 · 63
동물원動物園 · 63 | 발생發生 · 64

섹스, 벌거벗은 자연 상태自然狀態　　　　　　**65**
sex + bare = nature

벌거벗은 · 65 | 자연自然 · 65 | issue! | 자연 ▶ 인위적人爲的 · 66 | 의복衣服 · 66 | 노동勞動 · 67 | 땀 · 68
자발적自發的 · 69 | 연상의 불꽃 | 노동 ▶ 우스갯소리 · 70 | 매춘賣春 · 70 | 근로자勤勞者 · 70 | 직업職業 · 71
생각 · 71 | 급진적急進的 · 73 | 빛 · 73 | 어두운 · 74 | 그늘 · 74 | 조명照明 · 74

섹스를 희망希望하면 욕구欲求가 된다　　　　**75**
sex + hope = desire

희망希望 · 75 | 욕구欲求 · 75 | issue! | 욕구 ▶ 바람 · 76 | 똑같은 · 76 | 욕망 · 77 | 그만두고 · 77 | 물러나는 · 78
충족充足 · 79 | 대가 · 79 | 비용費用 · 79 | 감당堪當 · 80 | 싼 · 81 | 비싼 · 81 | 연상의 불꽃 | 환기 ▶ 위험성危險性 · 81
적절適切 · 82 | 공기空氣 · 82 | 흐름 · 82 | 환기換氣 · 83 | 억누르는 · 83 | 발산發散 · 83 | 지혜智慧 · 84
배설排泄 · 84 | 균형均衡 · 84

섹스의 감정感情, 흥분興奮　　　　　　　　　　**85**
sex + feel = excited

흥분興奮 · 85 | issue! | 흥분 ▶ 감정 · 86 | 자극 · 86 | 사소些少 · 87 | 모험冒險 · 87 | 긴급緊急 · 87 | 긴장 · 87
얼굴도 붉어지고 · 88 | 휘젓는 · 88 | 산만散漫 · 88 | 싱숭생숭 · 89 | 압도壓倒 · 89 | 폭풍暴風 · 89 | 돌 · 89
연상의 불꽃 | 감정 ▶ 애정愛情 · 91 | 우울憂鬱 · 91 | 감상 · 91 | 공감 · 92 | 감정이입感情移入 · 92

섹스와 크기의 탄력성彈力性　　　　　　　　　　**93**
sex + size = elasticity

크기 · 93 | 탄력성彈力性 · 93 | issue! | 탄력 ▶ 발기勃起 · 94 | 부풀어 커지고 · 94 | 부정확不正確 · 94
줄어든다 · 94 | 길이 · 95 | 두께 · 95 | 부피 · 95 | 회복回復 · 95 | 연상의 불꽃 | 크기 ▶ 크고 · 96 | 작고 · 96
커지고 · 96 | 작아지고 · 97

섹스의 즐거움, 쾌감快感의 절정絶頂   **98**
sex + pleasure = orgasm

즐거움 · 98 | 절정絶頂 · 99 | issue! 쾌락 ▶ 최고조最高潮 · 99 | 자위自慰 · 99 | 도달到達 · 99
연상의 불꽃 | 절정 ▶ 절정絶頂 · 100

섹스의 과학科學, 생물학生物學   **101**
sex + science ❶ = biology

과학 · 101 | 생물학 · 102 | issue! 생물과학 ▶ 탐구探求 · 102 | 몸 · 102 | 입 · 103 | 귀 · 103 | 혀 · 104 | 가슴 · 104
손 · 104 | 코 · 105 | 성기性器 · 105 | 경이驚異 · 105 연상의 불꽃 | 포경 ▶ 수술手術 · 106
음이의어同音異議語 · 107 | 고래 · 107

섹스의 과학科學, 물리학物理學   **108**
sex + physics ❷ = biology

물리학物理學 · 108 | issue! 물리과학 ▶ 속도速度 · 109 | 마찰摩擦 · 109 | 열熱 · 109 | 피부(살) · 110
연상의 불꽃 | 과학 ▶ 방법론方法論 · 110 | 관찰觀察 · 110 | 실험實驗 · 111 | 분석分析 · 112 | 통계統計 · 113

섹스 범죄犯罪, 강간强姦   **114**
sex + crime ❶ = rape

범죄犯罪 · 114 | 강간强姦 · 114 | issue! 강간 ▶ 강제强制 · 115 | 협박脅迫 · 115 | 폭력적暴力的 · 116
자기 결정권自己決定權 · 116 | 야만적野蠻的 · 117 | 잔인殘忍 · 118 | 처벌處罰 · 118 | 양심良心 · 118
탐욕貪慾 · 118 | 노예奴隷 · 118 연상의 불꽃 | 존중 ▶ 존중尊重 · 119 | 존엄성尊嚴性 · 120 | 박탈剝奪 · 120
situation | 사과 ▶ 피해자被害者 · 121 | 사과謝過 · 121 | 용기勇氣 · 122 | 상처傷處 · 122 | 용서容恕 · 123
별개別個 · 123 | 달래는 · 123 | 유리琉璃 · 123 | 섬세纖細 · 124 | 예민銳敏 · 124

섹스 범죄犯罪, 음란淫亂   **126**
sex + crime ❷ = obscene

음란淫亂 · 126 | issue! 음란 ▶ 저속低俗 · 127 | 음란淫亂 · 127 | 노골적露骨的 · 127 | 법적 규율規律 · 127
위반違反 · 127 | 소지所持 · 128 | 결론結論 · 128 | 체포逮捕 · 128 | 편견偏見 · 129
연상의 불꽃 | 모방 ▶ 섹시하다 · 129 | 모방模倣 · 130 | 관점觀點 · 130 | 집착執着 · 131 | 경향傾向 · 132
세속적世俗的 · 133 | 인식認識 · 134 | 냉소적冷笑的 · 135 | 선정적煽情的 · 135 | 닦는 · 135 | 공연公演 · 136
situation | 야한 거 찾아댕겨 ▶ 발달發達 · 137 | 찾아다니기 · 137 | 정부政府 · 137 | 전쟁戰爭 · 138

섹스의 결과結果 : 임신, 출산, 아기   *140*
sex + result = pregnancy, delivery, baby

결과結果 · 140 | 임신妊娠 · 140 | 출산出産 · 140 | 아기 · 141 | issue! | 임신 ▶ 돌진突進 · 141 | 정자精子 · 141
난자卵子 · 141 | 뿌려진 · 142 | 수렴收斂 · 142 | 임신妊娠 · 143 | 탄생誕生 · 144 | 연상의 불꽃 | 결과 ▶ 결과結果 · 144
계획計劃 · 146 | situation | 책임 ▶ 책임責任 · 149 | 바로 그 · 150 | 사실事實 · 150 | 보물實物 · 151

섹스에 대해 사춘기思春期는 호기심好奇心이 왕성旺盛할 때다   *153*
sex + adolescent = curiosity

사춘기思春期 · 153 | 호기심好奇心 · 153 | issue! | 성숙 ▶ 아이 · 154 | 성장成長 · 154 | 성숙成熟 · 154 | 어른 · 154
연상의 불꽃 | 교육 ▶ 모순적矛盾的 · 155 | 무지無知 · 155 | 순진純眞 · 156 | 상정想定 · 156 | 알아 · 157 | 이미지 · 157
섞여 · 157 | 교육敎育 · 157 | 어렵고 · 159 | situation | 유혹 ▶ 유혹적誘惑的 · 159 | 장면場面 · 160 | 접촉接觸 · 160
방해妨害 · 161 | 장애障礙 · 162 | 요인要因 · 163 | 문門 · 163 | 열리며 · 163 | 기름 · 163

섹스계의 발명품發明品, 피임약避妊藥   *165*
sex + invention = contraceptive

발명품發明品 · 165 | 피임약避妊藥 · 165 | issue! | 피임 ▶ 피임약避妊藥 · 166 | 획기적劃期的 · 166 | 콘돔 · 166
사용使用 · 166 | 연상의 불꽃 | 투표권 ▶ 지위地位 · 167 | 향상向上 · 167 | 선거選擧 · 168
투표권投票權 · 169 | 참정권參政權 · 169

섹스로 사회社會는 세대世代로 존속存續한다   *170*
sex + society = generation

사회社會 · 170 | 세대世代 · 171 | issue! | 재생산 ▶ 생식生殖 · 171 | 개체個體 · 172 | 유지維持 · 172 | 생존生存 · 173
연상의 불꽃 | 유기체 ▶ 꿈틀 · 173 | 유기체有機體 · 173 | situation | 적응 ▶ 적응適應 · 174

섹스가 의무이자 권리가 되는 (법적) 결혼結婚   *175*
sex + duty(right) = marriage (feat. law)

의무義務 · 175 | 권리權利 · 176 | 결혼結婚 · 176 | issue! | 결혼 ▶ 프러포즈 · 177 | 성스러운 · 177 | 의식儀式 · 178
신부新婦, 신랑新郎 · 178 | 자격資格 · 178 | 부부夫婦 · 179 | 축복祝福 · 180 | 가족家族 · 180 | 비 · 181 | 눈 · 181
길 · 182 | 특권特權 · 182 | 부엌 · 183 | 식사食事 · 183 | 연상의 불꽃 | 유대 ▶ 유대紐帶 · 186 | 묶으며 · 186
길들인다 · 187 | 피 · 188 | 따끈따끈한 · 189 | 그 역도도 마찬가지 · 189
situation | 스쳐지나가 ▶ 대조적對照的 · 190 | 즉각적卽刻的 · 190 | 일시적一時的 · 190 | 지나가는 · 190
기억記憶 · 191 | 정신적精神的 · 191 | 무의미無意味 · 191 | 후회後悔 · 192 | 공허空虛 · 192
목적目的 · 192 | 지속持續 · 193

섹스의 전통傳統은 규범規範이 된다 194
sex + tradition = norm

전통傳統 · 194 | 규범規範 · 194 | issue! | 규범 ▶ 본보기 · 195 | 제도화制度化 · 195 | 일부일처제一夫一妻制 · 195
영원永遠 · 196 | 약속約束 · 196 | 익숙 · 197 | 문화文化 · 197 | 관습慣習 · 197 | 노래 · 197
연상의 불꽃 | 금지 ▶ 명령命令 · 198 | 엄격嚴格 · 198 | 의지意志 · 198 | 특정特定 · 199 | 금기禁忌 · 199
금지禁止 · 199 | 경계선境界線 · 199 | 이상理想的 · 200 | 승인承認 · 200
비정상적非正常的 · 200 | 이상異常 · 200 | 여길 · 201

배신背信의 성관계, 불륜不倫 202
sex + betray = affair

배신背信 · 202 | 불륜不倫 · 202 | issue! | 신뢰 ▶ 전제전제 · 203 | 믿음 · 203 | 배우자配偶者 · 204 | 이혼離婚 · 204
증명證明 · 204 | 진실眞實 · 205 | 미덕美德 · 205 | 악덕惡德 · 205 | 맥락脈絡 · 205 | 속이면서 · 206 | 금전적 · 206
사기詐欺 · 207 | 연상의 불꽃 | 위선 ▶ 사고事故 · 207 | 판사判事 · 207 | 정의正義 · 208 | 공직자公職者 · 208
스캔들 · 209 | 거짓 · 209 | 위선僞善 · 209 | 대표적代表的 · 210 | situation | 아이돌 ▶ 아이돌 · 211 | 연애戀愛 · 211
죄인罪人 · 211 | 대중大衆 · 211 | 비판批判 · 211 | 화살 · 212 | 비난非難 · 212 | 마녀魔女 · 213 | 사냥 · 213
익명匿名 · 213 | 옹호擁護 · 213 | 상품商品 · 214 | 시장市場 · 214 | 산업産業 · 215 | 호소號召 · 215
근본적根本的 · 215 | 자본주의資本主義 · 216 | 코미디 · 216 | 의심疑心 · 217

섹스를 할 사랑에 대한 태도態度 218
sex + love = attitude

태도態度 · 218 | issue! | 태도 ▶ 열망熱望 · 218 | 헌신獻身 · 219 | 심장心臟 · 219 | 터질 · 219 | 진심眞心 · 220
반응反應 · 220 | situation | 삼각 ▶ 친구親舊 · 221 | 이름 · 221 | 삼각관계三角關係 · 221 | 구애求愛 · 223
시도試圖 · 224 | 대對 · 224 | 대결對決 · 224 | 망설이고 · 224 | 갈등葛藤 · 224 | 선택選擇 · 224 | 천국天國 · 225
지옥地獄 · 225 | 실망감失望感 · 225 | 외로움 · 226 | 부러움 · 226 | 질투嫉妬 · 226 | 부자富者 · 226 | 가난 · 226
환경環境 · 227 | 연상의 불꽃 | 예쁨 ▶ 단순單純 · 228 | '예쁘냐?' · 229 | 투명透明 · 229 | 외모外貌 · 229
만연蔓延 · 231 | 현대現代 · 231 | 반영反映 · 231 | 비교比較 · 232 | 행태行態 · 232 | 매끈 · 232 | 거칠 · 233

섹스는 분노憤怒하면 모욕侮辱이 된다 234
sex + anger = curse

분노憤怒 · 234 | 모욕侮辱 · 234 | issue! | 모욕 ▶ 아마 · 235 | 동의어同義語 · 235 | 모욕侮辱 · 236 | 더러운 · 236
욕설辱說 · 236 | 무기武器 · 236 | 연상의 불꽃 | 분노 ▶ 분노憤怒 · 237 | 혐오嫌惡, 증오憎惡 · 238 | 경멸輕蔑 · 238

섹스는 (간혹) 문학文學에서 극단極端으로 치닫는다   **239**
sex + literature = extreme

문학文學 · 239 | 극단極端 · 239 | issue! | 표현 ▶ 수상受賞 · 240 | 업적業績 · 240 | 작가作家 · 241
채식주의자菜食主義者 · 242 | 줄거리 · 244 | 그림 · 244 | 노출露出 · 245 | 표현表現 · 245 | 논란論難 · 246
영화映畫 · 246 | 관객觀客 · 246 | 평범平凡 · 246 연상의 불꽃 | 검열 ▶ 지정指定 · 248 | 윤리倫理 · 248
여과濾過 · 249 | 검열檢閱 · 249 | 가져와 · 249 | 절대 · 249 | 논리論理 · 250 | 설득력說得力 · 250 | 가치價値 · 251
해당該當 · 251 | 충동衝動 · 252 | 포함包含 · 252 | 도박賭博 · 253 | 현저顯著 · 253 | 건강健康 · 253 | 명백明白 · 254
구체적具體的 · 254 | 적용適用 · 255 | 일반적一般的 · 255 | 특성特性 · 255 | 필요必要한 · 256 | 평가評價 · 257
전반적全般的 · 258 | 지나치게 · 258 | 가학加虐 피학성被虐性 · 258 | 변태變態 · 258 | 왜곡歪曲 · 258
살인殺人 · 258 | 훼손毀損 · 259 | 자살自殺 · 259 | 역사적歷史的 · 259 | 국가國家 · 260 | 언어言語 · 261
제조製造 · 262 | 매개媒介 · 262

섹스를 비유比喩하면 시적 표현詩的表現이 된다   **264**
sex + metaphor = poem

비유比喩 · 264 | 시적詩的 · 264 | issue! | 비유 ▶ 비유적比喩的 · 265 | 골짜기 · 266 | 숯 · 266 | 골 · 266
운동運動 · 266 | 이야기 · 267 연상의 불꽃 | 완곡어법 ▶ 방식方式 · 268 | 완곡어법婉曲語法 · 268 | 핵심核心 · 268
불편不便 · 268 | 불쾌不快 · 269 | 배려配慮 · 269 | 용어用語 · 270 | 신중愼重 · 270 | 생략省略 · 271 | 대신代身 · 271
간접적間接的, 직접적直接的 · 271 | 경험하다 · 273 | 잠자다 · 273 | 과거過去 · 274

섹스로부터 떨어지면 선물膳物 같은 상황이 된다   **275**
sex + separate = present

분리分離 · 275 | 선물膳物 · 277 | issue! | 선물 ▶ 군軍 · 277 | 파견派遣 · 278 | 휴가休暇 · 278 | 사랑을 나눈다 · 278
선물膳物 · 278 연상의 불꽃 | 보호 ▶ 보호保護 · 279 | 감옥監獄 · 279 | 더하여 · 280 | 예방豫防 · 280 | 차원次元 · 281
정보情報 · 281 | 공개公開 · 281 | 고지告知 · 281

섹스가 이루어지는 장소場所는 우주 공간宇宙空間이 된다   **283**
sex + place = space

장소場所 · 283 | 우주宇宙 · 284 | issue! | 장소 ▶ 축제祝祭 · 285 | 침실寢室, 침대寢臺 · 285
욕실浴室, 욕조浴槽, 화장실化粧室 · 285 | 숙박 시설宿泊施設 · 286 | 예약豫約 · 286 | 은밀隱密 · 286
사적私的 · 287 | 세계世界 · 287 연상의 불꽃 | 사생활의 방송 ▶ 방송放送 · 287 | 거리낌 없이 · 289
분위기雰圍氣 · 290

섹스는 원인原因이다, 근원根源이다   291
sex + cause = origin

원인原因 · 291 | 근원根源 · 291 | issue! | 근원 ▶ 근원根源 · 292
연상의 불꽃 | 유전 ▶ 유전적遺傳的 · 292 | 물려받는다 · 292

에필로그 | 동물을 초월超越하는 인간   294
animal + transcend = human

동물動物 · 294 | 초월超越 · 299 | 인간人間 · 299 | issue! | 동물 ▶ 본질본질 · 300 | 존재存在 · 300 | 척 · 300
운명運命 · 300 | 연상의 불꽃 | 이성 ▶ 본능적본능的 · 301 | 객관적客觀的 · 301 | 이성적理性的 · 302 | 조화調和 · 302
추구追求 · 302 | 편집偏執 · 302 | 이해理解 · 302

INDEX 9650   305

A · 306 | B · 308 | C · 310 | D · 314 | E · 316 | F · 318 | G · 320 | H · 321 | I · 322 | J · 324 | K · 324
L · 325 | M · 326 | N · 328 | O · 328 | P · 329 | Q · 332 | R · 333 | S · 335 | T · 339
U · 340 | V · 341 | W · 342 | X · 343 | Y · 343 | Z · 343

프롤로그

어휘語彙의 혁명革命, 사랑의 보카!

vocabulary + revolution = sex voca!

어휘語彙

vocabulary [voukǽbjulèri] n. 어휘語彙, 용어, 단어
word [wəːrd] n. 단어單語, 낱말, 말

연상의 그물망

참고 **lexicon** [léksəkàn] n. 어휘 목록, (라틴어 등의) 사전
idiom [ídiəm] n. 관용구, 숙어熟語
prefix [príːfiks] n. 접두사
suffix [sʌ́fiks] n. 접미사
dictionary [díkʃənèri] n. 사전辭典

혁명革命

revolution [rèvəlúːʃən] n. 혁명革命, 혁신革新, 공전公轉
revolutionary [rèvəlúːʃənèri] a. 혁명적인, 혁명의, 혁신의
revolutionize [rèvəlúːʃənàiz] v. 혁명을 일으키다
revolve [riválv] v. 회전하다, 공전하다
revolver [riválvər] n. 회전식 연발連發 권총

연상의 그물망

참고 **reform** [rifɔ́ːrm] v. 개혁改革하다 n. 개혁
reformer [rifɔ́ːrmər] n. 개혁가
coup d'état [kùː deitáː] n. 쿠데타, 무력武力 정변政變
coup [kuː] n. 쿠데타, 대성공
devolution [dèvəlúːʃən] n. (중앙에서 지방으로 권력의) 이전移轉, (생물의) 퇴화退化
devolve [diválv] v. 양도讓渡하다, 이전하다, 퇴화하다

issue! 혁명

혁명(革命)의 본질적(本質的) 속성(屬性)은 **전례(前例) 없는** 새로운 변화(變化)다. 정치적으로나 사회적으로 기존 체제를 뒤엎는, 그런 거창한 혁명은 아닐지라도 영어 어휘계에서 이 **독특(獨特)**한 『사랑의 보카』는 그 유래(由來)를 찾아볼 수 없을 **참신(斬新)**함과 **기발(奇拔)**함으로 똘똘 뭉친 소소한 혁명이라고 집필자(執筆者)로서 **자신 있게** 말할 수 있다. 아니, 누구라도 『사랑의 보카』의 독보적(獨步的) 창의성(創意性)은 **만장일치(滿場一致)**로 인정(認定)하리라고 본다. 『사랑의 보카』는 기존의 관점에 툴툴대며 새로운 관점을 **툴**로 삼는다. 섹스라는 새로운 관점을. 식상(食傷)하기 짝이 없는 현존하는 보카계에 던지는 **도전장(挑戰狀)**이다.

전례前例 없는

unprecedented [ʌnprésidentid] a. 전례前例 없는
unprecedentedly [ʌnprésidentidli] ad. 전례없이
precedent [prisíːdənt] a. 앞서는 n. [présədənt] 전례, 선례
precede [prisíːd] v. 앞서다, 우선하다
precedence [présədəns] n. 우선, 우위

연상의 그물망

참고 **antecedent** [æntəsíːdnt] n. 선례, 전례, 선조, 선행사

antedate [æntidèit] v. 선행하다, 앞서다, 날짜를 앞당기다

독특獨特

distinctive [distíŋktiv] a. 구별되는, 독특한
distinct [distíŋkt] a. 뚜렷한, 별개의
indistinct [indistíŋkt] a. 뚜렷하지 않은, 희미한, 흐릿한
distinction [distíŋkʃən] n. 구별, 차이
distinguish [distíŋgwiʃ] v. 구별區別하다
distinguished [distíŋgwiʃt] a. 저명한, 기품 있는

peculiar [pikjúːljər] a. 독특獨特한, 특이한
peculiarity [pikjùːliǽrəti] n. 독특함, 특이함

연상의 그물망

참고 **idiosyncratic** [idiousiŋkrǽtik] a. (개인에게) 특유한

unique [juːníːk] a. 고유固有한, 독특獨特한

참신斬新

new [nuː] a. 새, 새로운
novel [nάvəl] n. (장편) 소설 a. 새로운, 참신斬新한, 진기한
novelty [nάvəlti] n. 새로움, 참신함, 진기함
novelist [nάvəlist] n. 소설가

연상의 그물망

참고 **fiction** [fíkʃən] n. 소설, 허구
fictional [fíkʃənl] a. 소설적인, 허구의
fictitious [fiktíʃəs] a. 가상의, 허구의
non-fiction [nɑnfíkʃən] n. 논픽션, 실화

기발奇拔

ingenious [indʒíːnjəs] a. 독창적獨創的인, 기발奇拔한
ingenuity [indʒənjúːəti] n. 창의력, 창의성, 독창성

> 연상의 그물망

참고 **ingenuous** [indʒénjuəs] a. 순진純眞한, 솔직率直한

자신 있게

confidence [kánfədəns] n. 신용信用, 신뢰, 자신(감)
confident [kánfədənt] a. 자신 있는, 확신하는
overconfident [òuvərkánfidnt] a. 지나치게 자신하는, 과신하는
overconfidence [òuvərkánfidns] n. 과신, 지나친 자신, 자만

> 연상의 그물망

참고 **exude** [igzúːd] v. (자신감, 매력 등이) 흘러넘치다, (땀이나 냄새가) 흘러나오게 하다

만장일치滿場一致

unanimous [juːnǽnəməs] a. 만장일치滿場一致의
unanimously [juːnǽnəməsli] ad. 만장일치로
unanimity [jùːnəníməti] n. 만장일치

> 연상의 그물망

accord [əkɔ́ːrd] n. 일치, 합의, 협정 v. 일치하다, 부여하다
accordance [əkɔ́ːrdns] n. 일치, 수여, 허가
according [əkɔ́ːrdiŋ] ad. …에 따라서 (according to…, according as…)
accordingly [əkɔ́ːrdiŋli] ad. 그에 맞게, 따라서

툴

tool [tuːl] n. 도구道具, 연장, 앞잡이, 꼭두각시
apparatus [æpərǽtəs] n. 기구, 도구, 장치

> 연상의 그물망

참고 **equipment** [ikwípmənt] n. 장비裝備
equip [ikwíp] v. 장비를 갖추게 하다

furnish [fə́ːrniʃ] v. (필요한 것을) 갖추다, 제공하다, 가구家具를 비치하다
furniture [fə́ːrnitʃər] n. 가구

gadget [gǽdʒit] n. (쓸모 있는 작은) 장치裝置, 도구
implement [ímpləmənt] n. 도구道具 v. 이행履行하다, 실행實行하다
implemental [impləméntl] a. 도구의
implementation [impləmentéiʃən] n. 이행, 실행

instrument [ínstrəmənt] n. 도구道具, 기구器具, 악기樂器, 수단手段
instrumental [ìnstrəméntl] a. (수단으로서) 중요한, 악기의

conduct [kəndʌ́kt] v. 실행實行하다, 행동하다, 지휘指揮하다, 안내하다, 전도傳導하다 n. [kándʌkt] 행동, 수행, 지도, 안내

> 연상의 그물망

conductor [kəndʌ́ktər] n. 지휘자, 차장, 전도체
semiconductor [sèmikəndʌ́ktər] n. 반도체
nonconductor [nànkəndʌ́ktər] n. 부도체, 절연체絶緣體
superconductivity [suːpərkɑːndʌktívəti] n. 초전도성
conduction [kəndʌ́kʃən] n. 전도
conduit [kándjuːit] n. 도관, 통로
conducive [kəndjúːsiv] a. 공헌하는

utensil [juːténsəl] n. 가정용품, 용구, 도구

연상의 그물망

[도구 ▸ 예시例示로]

shovel [ʃʌ́vəl] n. 삽 v. 삽질하다
참고 **spade** [speid] n. 삽, 가래, (카드) 스페이드

sickle [síkl] n. 낫

dig [dig] v. dig-dug-dug (땅을) 파다, 발굴發掘하다 n. (손가락이나 팔꿈치로) 쿡 찌르기

excavate [ékskəvèit] v. 발굴하다
excavation [èkskəvéiʃən] n. 발굴

scissors [sízərz] n. 가위

ax [æks] n. 도끼

chop [tʃɑp] v. (토막으로) 썰다, 잘게 자르다 (장작 등을) 패다

chopstick [tʃɑ́pstik] n. 젓가락
참고 **fork** [fɔːrk] n. 포크, 갈래 v. 갈라지다

tine [tain] n. 포크의 살

spoon [spuːn] n. 숟가락, 스푼 v. 숟가락으로 뜨다

도전장挑戰狀

challenge [tʃǽlindʒ] n. 도전挑戰, 도전장 v. 도전하다
challenging [tʃǽlindʒiŋ] a. 도전적인
challengeable [tʃǽlindʒəbl] a. 도전할 수 있는

연상의 불꽃 | 변화變化

변화의 뜻이 있는 단어들을 찾아 연상의 불꽃을 피워 보자.

변화變化

alteration [ɔːltəréiʃən] n. 변화, 변경
alter [ɔ́ːltər] v. 바꾸다, 변하다

alternative [ɔːltə́ːrnətiv] n. 대안代案, 양자택일兩者擇一 a. 대체 가능한, 양자택일의
alternative energy 대체 에너지
alternative medicine 대체 의학

alterative [ɔ́ːltərèitiv] a. 바꾸는

alternate [ɔ́ːltərnèit] v. 번갈아 나오다, 교대交代로 나오게 하다 a. [ɔ́ːltərnət] 번갈아 나오는
alternation [ɔ̀ːltərnéiʃən] n. 교대, 교체
alternator [ɔ́ːltərnèitər] n. 교류交流 발전기

연상의 그물망

capricious [kəpríʃəs] a. 변덕스러운, 변화가 심한
참고 **volatile** [vɑ́lətil] a. 휘발성揮發性의, 변덕스러운, 불안정한

whimsical [wímzikəl] a. 독특한, 기발한, 변덕스러운
whim [wim] n. 일시적一時的인 기분, 즉흥적 충동衝動, 변덕變德

improvise [ímprəvàiz] v. 즉흥 연주卽興演奏를 하다, 즉흥적으로 하다, 즉석卽席에서 하다
improvisation [imprὰvəzéiʃən] n. 즉흥 연주, 즉흥적으로 하는 것, 즉석에서 하는 것
impromptu [imprɑ́mptjuː] a. 즉석의 ad. 즉석에서
참고 **ad-lib** [æd líb] a. 애드리브의, 즉흥 연기卽興演技 v. 즉흥 연기를 하다

change [tʃeindʒ] v. 바꾸다, 바뀌다 n. 변화, 잔돈, 거스름돈
changeable [tʃéindʒəbl] a. 변하기 쉬운, 변덕스러운
unchangeable [ʌntʃéindʒəbl] a. 바꿀 수 없는, 변하지 않는
exchange [ikstʃéindʒ] v. 교환交換하다 n. 교환, 환전換錢

convert [kənvə́:rt] v. 전환轉換하다, 개종시키다 n. [kɔ́nvə:rt] 개종자
converter [kənvə́:rtər] n. 전환시키는 사람, 변환기
convertible [kənvə́:rtəbl] a. 전환할 수 있는 n. 컨버터블(지붕을 접거나 뗄 수 있는 자동차)
conversion [kənvə́:rʒən] n. 전환, 변환, 개조, 개종

fluctuate [flʌ́ktʃueit] v. 오르내리며 변하다
참고 **gradient** [gréidiənt] n. 변화도, 경사도

〔연상의 그물망〕

immutable [imjú:təbl] a. 변치 않는

metamorphosis [mètəmɔ́:rfəsis] n. 탈바꿈, 변신
morph [mɔ:rf] v. 변화하다

switch [switʃ] n. 스위치, 전환 v. 전환하다

transformation [trænsfərméiʃən] n. 변형, 탈바꿈, 변신, 변화
transform [trænsfɔ́rm] v. 변형變形하다, 탈바꿈시키다
transformer [trænsfɔ́rmər] n. 변압기, 변신 로봇

transition [trænzíʃən] n. 변천, 이행移行, 전환, 과도기過渡期

tweak [twi:k] v. 살짝 변화를 주다, 홱 비틀다, 홱 잡아당기다 n. 비틀기, 꼬집기, 조정, 개조

〔연상의 그물망〕

upheaval [ʌphívəl] n. 들어 올림, 융기隆起, 격변激變
heave [hi:v] v. heave-heaved/hove-heaved/hove 들어 올리다, 내쉬다

참고 **ridge** [ridʒ] n. 산등성이, 산마루, 융기(돌출 부분)
ridgy [rídʒi] a. 융기한, 등이 있는, 등성이 진

variance [vέəriəns] n. 가변성, 변화, 분산, 불일치
variable [vέəriəbl] a. 변하기 쉬운, 가변적인 n. 변수變數, 변인變因
variation [vɛəriéiʃən] n. 변화, 차이, 변주
variety [vəráiəti] n. 다양성, 종류
various [vέəriəs] a. 다양한
vary [vέəri] v. **다양하다**, 다르다, 다양하게 하다, 바꾸다

〔연상의 그물망〕

diverse [divə́:rs] a. **다양한**
diversify [divə́:rsəfài] v. 다양화하다
diversity [divə́:rsəti] n. 다양성
biodiversity [bàioudaivə́rsəti] n. 생물의 다양성
diversion [divə́:rʒən] n. 전환, 오락
divert [divə́rt] v. 방향을 전환하다, 기분을 즐겁게 하다

diverge [daivə́:rdʒ] v. 분기하다, 갈리다
divergence [divə́:rdʒəns] n. 분기, 분열, 일탈逸脫

deviance [dí:viəns] n. 일탈, 표준에서 벗어남
deviant [dí:viənt] a. 일탈한, 벗어난
deviate [dí:vièit] v. 빗나가다, 벗어나다
deviation [dì:viéiʃən] n. 일탈, 탈선脫線, 편차
deviatory [dí:viətɔ̀:ri] a. 일탈한, 탈선한

섹스의 정의定義는 삽입插入

sex + definition = insert

정의定義

definition [dèfəníʃən] n. 정의定義, 해상도
define [difáin] v. 정의定義하다
참고 **definitive** [difínətiv] a. 확정적인
definite [défənit] a. 명확한, 확실한
definitely [défənitli] ad. 명확하게, 확실하게
indefinite [indéfənit] a. 무기한의, 분명히 규정되지 않은
indefinitely [indéfənitli] ad. 무기한으로

삽입插入

insert [insə́:rt] v. 삽입插入하다, 끼우다, 끼워 넣다
insertion [insə́:rʃən] n. 삽입, 끼워 넣기

issue! 삽입挿入

삽입(挿入)이란 '꽂는다, 끼운다'(挿) 그리고 '들인다, 들어간다'(入)란 뜻이다. 즉, 섹스 행위를 할 때 **남성(男性)**의 성기(性器)가 **여성(女性)**의 성기(性器)에 꽂혀 **들어가게** 된다. 한편, 일상생활에서 삽입은 **동전 투입구**에 동전을 넣거나**(insert the coin)** 열쇠 **구멍**에 열쇠를 꽂을 때**(insert the key)** 흔히 쓰는 말이다.

남성男性

male [meil] a. 남성의, 수컷의 n. 남성, 수컷
masculine [mǽskjulin] a. 남자다운, 사내다운
manhood [mǽnhùd] n. 남자다움

여성女性

female [fíːmeil] a. 여성의, 암컷의 n. 여성, 암컷
feminine [fémənin] a. 여자다운, 여성스러운
woman [wúmən] n. (pl. women [wímin]) 여자, 여성
lady [léidi] n. 숙녀

연상의 그물망

gentleman [dʒéntlmən] n. 신사
gentle [dʒéntl] a. 온화한, 부드러운
gently [dʒéntli] ad. 온화하게, 부드럽게

참고 **gender** [dʒéndər] n. 젠더, 성性
transgender [trænsdʒéndər] a. 성전환의, 트렌스젠더의 n. 성전환자, 트렌스젠더
yin and yang [jin ən jɑːŋ] n. 음양陰陽

들어가게

enter [éntər] v. 들어가다, **참가하다**, 기입하다
entry [éntri] n. 입장, 가입, 출전, 참가, 입구
entrant [éntrənt] n. 참가자, 신입생, 입국자

entrance [éntrəns] n. 입장, 입회, 입구, 출입구
entrance fee n. 입장료, 입회금, 입학금

연상의 그물망

참고 **porch** [pɔːrtʃ] n. 현관, 출입구

exit [éksit, égzit] n. 출구 v. 나가다
way out [wiaut] n. 출구, 탈출구脱出口

연상의 그물망

ticket [tíkit] n. 티켓, 표, 입장권入場券, 딱지
참고 **scalper** [skǽlpər] n. 암표상暗票商

participate [pɑːrtísəpèit] v. **참가**参加하다, 참여参與하다
participant [pɑːrtísəpənt] n. 참가자, 참여자
participation [pɑːrtìsəpéiʃən] n. 참가, 참여
참고 **partake** [pɑːrtéik] v. partake-partook-partaken 참가하다, …한 성질·기미幾微가 있다

동전 투입구

coin [kɔin] n. 동전銅錢 v. [신조어新造語를] 만들다

연상의 그물망

참고 dime [daim] n. 다임(10센트 은화)
florin [flɔ́ːrin] n. 2실링짜리 옛날 영국 동전
scudo [skúːdou] n. (pl. scudi [skúːdi]) 스쿠도화(이탈리아의 옛 은화 단위)

---

slot [slɑt] n. 가늘고 긴 구멍, 동전 투입구 v. 끼워 넣다

연상의 그물망

참고 crack [kræk] v. 갈라지다, 금가다 n. 갈라진 금, 틈
cracker [krǽkər] n. 크래커, 비스킷

crevasse [krəvǽs] n. 갈라진 틈, 균열龜裂

crevice [krévis] n. 갈라진 틈

cleft [kleft] n. 갈라진 틈

slit [slit] n. 가늘고 긴 틈, 구멍 v. 가늘고 길게 자르다, 베다

split [split] v. split-split-split 쪼개다, 갈리다, 분열分裂하다 n. 분열, 갈라진 틈

gap [gæp] n. 간격間隔, 틈, 차이, 격차
참고 interval [íntərvəl] n. (시간의) 간격, (연극 등의) 중간 휴식 시간

구멍

hole [houl] n. 구멍, 구덩이, 굴
pothole [pɑ́thòul] n. 도로에 난 구멍

연상의 그물망

참고 abyss [əbís] n. 매우 깊은 구멍, 심연, 나락

burrow [bə́ːrou] v. 굴을 파다 n. (동물의) 굴, 개미굴

crater [kréitər] n. 분화구, (폭탄으로 생긴) 큰 구멍
cratered [kréitərd] a. 분화구가 많은

perforate [pə́ːrfərèit] v. 구멍을 내다, 구멍을 뚫다

puncture [pʌ́ŋktʃər] v. 구멍을 내다 n. 구멍
punctured [pʌ́ŋktʃərd] a. 구멍이 있는

porosity [pɔːrɑ́səti] n. 물질의 내부에 작은 구멍이 많은 성질, 다공성多孔性

연상의 불꽃 | 성적 소수자性的少數者

위의 보편적(普遍的) 성 **개념(概念)**에 어긋난 사람들이 있다. 이성(異性)끼리 사랑을 나누지 않고 동성(同性)끼리 사랑을 하는 사람들도 한 예인데, 현대 사회에서 이러한 성적 **소수자(少數者)**들이 **점점(漸漸)** 목소리를 높이는 추세(趨勢)다. 그러나 우리나라에서 성 소수자를 바라보는 시선은 **아직**까지 그다지 곱지 않은 것이 현실이다. 성에 대해 다른 목소리를 내는 사람들에 대해 우리나라도 더 **관대(寬大)**한 사회가 될 수 있을까?

개념概念

concept [kɑ́nsept] n. 개념概念
참고 notion [nóuʃən] n. 개념, 관념

동성同性

homosexual [hòuməsékʃuəl] n. (특히 남자인) 동성애자同性愛者 a. 동성애의

lesbian [lézbiən] n. 여자 동성애자 a. 여자 동성애의

소수자少數者

minority [minɔ́ːrəti, mainɔ́ːrəti] n. 소수, 미성년
minor [máinər] a. 소수의 n. 미성년자, 부전공 v. (in) 부전공하다

> 연상의 그물망

[소수 ↔ 다수]

majority [mədʒɔ́ːrəti] n. 대다수大多數, 득표 차
major [méidʒər] a. 주요한, 장조의, 전공의 n. 소령, 장조, 전공 v. (in) 전공하다

multitude [mʌ́ltətjùːd] n. 다수, 대중
multiple [mʌ́ltəpl] a. 다수多數의, 복합적인 n. 배수
multiplication [mʌ̀ltəplikéiʃən] n. 곱셈, 증가
multiply [mʌ́ltəplài] v. 곱하다, 증가시키다

점점漸漸

gradually [grǽdʒuəli] ad. 점진적으로, 점점
gradual [grǽdʒuəl] a. 점진적漸進的인

아직

yet [jet] ad. 아직 conj. 그렇지만

관대寬大

tolerance [tálərəns] n. 관대寬大, 관용寬容, 용인容認, 내성耐性
tolerable [tálərəbl] a. 참을 수 있는, 용인할 만한
tolerate [tálərèit] v. 참다, 용인하다, 내성이 있다
tolerant [tálərənt] a. 관대한, 내성이 있는
intolerable [intálərəbl] a. 참을 수 없는
intolerance [intálərəns] n. 불관용, 편협성, 참지 못함

indulgent [indʌ́ldʒənt] a. 제멋대로 하게 하는, (남의 잘못에) 관대한
indulgence [indʌ́ldʒəns] n. 탐닉, 제멋대로 함, 제멋대로 하게 함
indulge [indʌ́ldʒ] v. 탐닉하다, 마음껏 하다, (아이가) 제멋대로 하게 하다

> 연상의 그물망

 arbitrary [ɑ́ːrbətrèri] a. 임의(任意)의, 제멋대로의, 독단적獨斷的인
arbitrarily [ɑ́ːrbiətrèrəli] ad. 임의로, 제멋대로, 독단적으로
random [rǽndəm] a. 임의의, 무작위의, 닥치는 대로의
randomly [rǽndəmli] ad. 임의로, 무작위로, 닥치는 대로

generous [dʒénərəs] a. 너그러운, 관대寬大한, 넉넉한
generously [dʒénərəsli] ad. 너그러이, 관대하게, 넉넉하게
generosity [dʒènərásəti] n. 너그러움, 관대함, 넉넉함

 magnanimous [mæɡnǽnəməs] a. (적에게) 관대한

---

situation | 허락許諾

통상적(通常的)으로 잠자리를 함께 하는 행동은 "날 믿어!" **단언(斷言)**하며 "손만 잡고 잘게!"라는 등 남자가 요청(要請)하고 여자가 **허락(許諾)**하는 수순(手順)을 따른다. (물론 "우리 잘까?"라는 말에 "그래 자자!"고 순순히 응낙(應諾)할 여자가 세상에 없진 않겠지만) **전형적(典型的)**인 상황(狀況)에서는 남자는 자신의 마음을 증명(證明)하기 위해 부단히 **노력(努力)**함으로써 여성의 **"No!"**라는 대답(對答)이 "Yes."가 되도록, **부정적(否定的)** 태도(態度)가 **긍정적(肯定的)**으로 바뀌도록 해야 한다.

단언斷言

assert [əsə́:rt] v. 주장하다, 단언하다
assertion [əsə́:rʃən] n. 주장, 단언
assertive [əsə́:rtiv] a. 자기주장이 강한, 단정적인

참고 **allege** [əlédʒ] v. (증거 없이) 주장하다, 단언하다, 의혹을 제기하다
alleged [əlédʒid] a. (증거 없이) 주장된, 의혹이 제기된
allegation [æligéiʃən] n. (증거 없는) 주장, 단언, 의혹, 혐의

predicate [prédəkèit] v. 단정하다, 근거하다, 서술하다
predication [prèdəkéiʃən] n. 단언, 단정, 술어

허락許諾

allow [əláu] v. 허락許諾하다, 허용許容하다
allowance [əláuəns] n. 수당手當, 용돈

grant [grænt] v. 주다, 승인承認하다, 허가하다, 인정하다 n. (정부나 단체에서 주는) 보조금

let [let] v. let-let-let …하게 하다, …하게 허락하다, 세貰를 놓다

permit [pərmít] v. 허락(許諾)하다 n. [pə́:rmit] 허가증 許可證
permission [pərmíʃən] n. 허락, 허가

참고 **license** [láisəns] v. 면허免許하다, 공식으로 허가하다 n. 면허, 면허증

연상의 그물망

admit [ædmít] v. 인정認定하다, 시인是認하다, 입장을 허가하다, 입학을 허가하다
admitted [ædmítid] a. 공식적으로 인정된
admittable [ædmítəbl] a. 인정될 만한
admittance [ædmítns] n. 입장 허가, 입장
admission [ædmíʃən] n. 입장, 입학, 입장료, 인정

참고 **concede** [kənsí:d] v. (진실, 패배 등을) 인정하다, 용인하다, 양보하다
concession [kənséʃən] n. 양보, 인정
concession fee 영업 허가비; 자릿세

전형적典型的

typical [típikəl] a. 전형적典型的인
type [taip] n. 유형類型, 종류 v. 타자打字하다

연상의 그물망

참고 **genre** [ʒɑ́:nrə] n. (예술 작품의) 장르, 유형

classic [klǽsik] a. 일류의, 전형적典型的인, 고전古典의 n. 고전, 명작
classical [klǽsikəl] a. 고전의, 클래식의
class [klæs] n. 부류, 계층, 계급, 등급, 반, 수업
classmate [klǽsmèit] n. 반 친구, 급우
classroom [klǽsrù:m] n. 교실

참고 **caste** [kæst] n. 카스트(인도의 세습 계급)

stratum [stréitəm] n. 지층, (사회) 계층

nobility [noubíləti] n. 고귀성, 고결성, (the nobility) 귀족
nobleness [nóublnis] n. 고귀, 고결
noble [nóubl] a. 고귀高貴한, 고결高潔한, 귀족貴族의
ignoble [ignóubl] a. 비열한, 저열한, 비천한

aristocracy [ærəstɑ́krəsi] n. 귀족 계급, 귀족
aristocrat [ərístəkræt] n. 귀족
aristocratic [ərìstəkrǽtik] a. 귀족의

참고 **baron** [bǽrən] n. 남작

exemplify [igzémpləfài] v. 예를 들다, 전형적典型的인 예가 되다
exemplary [igzémpləri] a. 모범적인, 본보기의, 본보기를 보이기 위한
example [igzǽmpl] n. 예例, 사례事例, 본보기, 모범模範

연상의 그물망

참고 instance [ínstəns] n. 사례, 경우

invoke [invóuk] v. 예로서 인용하다, (법이나 규칙 등을) 들먹이다

emblematic [èmbləmǽtik] a. 상징적인, 전형적典型的인
emblazon [imbléizn] v. (상징이나 로고를) 선명鮮明히 새기다
emblem [émbləm] n. (국가나 조직을 나타내는) 상징

연상의 그물망

참고 symbol [símbəl] n. 상징象徵, 기호記號, 부호符號
symbolic [simbálik] a. 상징하는, 상징적인
symbolize [símbəlàiz] v. 상징하다, 기호화하다

emoticon [imóutikàn] n. 이모티콘
참고 iconic [aikánik] a. 상징이 되는, 우상偶像의

노력努力

effort [éfərt] n. 노력努力, 수고受苦

exert [igzə́rt] v. 행사行使하다, 발휘發揮하다, 노력하다
exertion [igzə́ːrʃən] n. 행사, 발휘, 노력
exertive [igzə́ːrtiv] a. 행사하는, 발휘하는, 노력하는

연상의 그물망

obtain [əbtéin] v. (노력 끝에) 얻다, 획득獲得하다
참고 procure [prəkjúər] v. 조달調達하다
procurement [prəkjúərmənt] n. 조달

acquire [əkwáiər] v. 획득獲得하다, 습득習得하다
acquisition [ækwizíʃən] n. 획득, 습득
acquired [əkwáiərd] a. 획득한, 습득한, 후천적後天的인
Acquired Immune Deficiency Syndrome 후천성 면역 결핍증(AIDS)

strive [straiv] v. strive-strove-striven 분투奮鬪하다, 노력하다, 애쓰다

struggle [strʌgl] v. 애를 바득바득 쓰다, 분투奮鬪하다, 투쟁鬪爭하다

연상의 그물망

bid¹ [bid] v. bid1-bid-bid (경매) 입찰入札하다(원하는 경매가격을 매기다), 값을 부르다, 노력하다 n. 입찰, 노력
참고 bid² [bid] v. bid2-bid/bade-bid/bidden (인사, 명령 등을) 말하다
bidder [bídər] n. 입찰자
outbid [àutbíd] v. outbid-outbid-outbid/outbidden (경매) 남보다 비싼 값을 부르다
overbid [òuvərbíd] v. overbid-overbid-overbid (경매) 값어치 이상의 비싼 값을 부르다
참고 auction [ɔ́ːkʃən] n. 경매競賣 v. 경매하다

No!

refuse [rifjúːz] v. 거절拒絕하다, 거부拒否하다 n. [réfjuːs] 쓰레기
refusal [rifjúːzəl] n. 거절, 거부

참고 reject [ridʒékt] v. 거절하다, 거부하다, 불합격시키다, 불량품不良品으로 판정하다
rejection [ridʒékʃən] n. 거절, 거부

boycott [bɔ́ikət] n. 보이콧, 불매 운동不買運動, 참여 거부 v. 보이콧하다, 구매購買를 거부하다, 참여를 거부하다

decline [dikláin] v. 기울다, 감소하다, 거절拒絕하다 n. 감소, 하락, 쇠퇴衰退
declining [dikláiniŋ] a. 감소하는, 하락하는, 쇠퇴하는

defy [difái] v. 반항反抗하다, 저항하다, 거부하다, 무시하다
defiance [difáiəns] n. 반항, 저항, 거부, 무시

defiant [difáiənt] **a.** 반항하는, 저항하는, 거부하는, 무시하는

> 연상의 그물망

참고 **rebel** [ribél] **v.** 반란을 일으키다, 반항하다 **n.** [rébəl] 반역자
rebellion [ribéljən] **n.** 반란, 반항
rebellious [ribéljəs] **a.** 반항적인, 반체제의

revolt [rivóult] **n.** 반란, 저항 **v.** 반란을 일으키다, 반발하다

deny [dinái] **v.** 부정否定하다, 부인否認하다, 거부하다
denial [dináiəl] **n.** 부정, 부인, 거부
참고 **gainsay** [géinsèi] **v.** gainsay-gainsaid-gainsaid 부정하다, 반대하다

부정적否定的

negative [négətiv] **a.** 부정적否定的인, 소극적인, 음陰의, 마이너스의 **n.** 사진 원판
negation [nigéiʃən] **n.** 부정, 부인

> 연상의 그물망

photo [fóutou] **n.** 사진寫眞
photograph [fóutəɡræf] **n.** 사진 **v.** 사진 찍다
photography [fətáɡrəfi] **n.** 사진 촬영撮影
photographic [fòutəɡrǽfik] **a.** 사진의
photographer [fətáɡrəfər] **n.** 사진사, 사진작가

paparazzo [pàpərátsou] **n.** (**pl. paparazzi** [pàpərtsi]) 파파라치(유명 인사를 쫓아다니는 프리랜서 사진사)

daguerreotype [dəɡéərətàip] **n.** 은판銀板 사진술

phosphorescence [fàsfərésns] **n.** 빛을 발하는 현상, 인광燐光

photocopy [fóutoukàpi] **n.** 사진 복사複寫 **v.** 사진 복사하다

참고 **camera** [kǽmərə] **n.** 카메라, 사진기
photon [fóutan] **n.** 광양자光量子, 광자光子, 빛의 입자, 빛의 요소가 되는 입자
photosynthesis [fòutəsínθəsis] **n.** 광합성光合成

긍정적肯定的

positive [pázətiv] **a.** 긍정적肯定的인, 확신하는, 확실한, 양의, 플러스의
positively [pázətivli] **ad.** 긍정적으로, 확실히

> 연상의 그물망

참고 **anode** [ǽnoud] **n.** (전자관·전해조의) 양극陽極

affirm [əfə́rm] **v.** 단언斷言하다, 확언確言하다, 긍정하다
affirmation [æfərméiʃən] **n.** 단언, 확언, 긍정
affirmative [əfə́rmətiv] **a.** 긍정적인 **n.** 긍정
affirmative action (소수민족이나 여성의) 차별 철폐撤廢 조치

> 연상의 그물망

참고 **apartheid** [əpá:rtheit] **n.** (남아프리카 공화국의) 인종 차별 정책

섹스할 때 내는 목소리, 신음呻吟 소리

sex + voice = moan

목소리

voice [vɔis] n. 목소리, 발언권發言權 v. 목소리를 내다
vocal [vóukəl] a. 목소리의, 강한 목소리를 내는 n. 보컬
vocal cords 성대

연상의 그물망

tone [toun] n. 톤, 말투, 어조語調, 음색, 색조, 성조
tonal [tóunl] a. 음조의, 색조의
atonal [eitóunl] a. 무조의, 장조나 단조 등의 조를 따르지 않는

monotone [mánətòun] n. 단조로운 음, 단조로움
monotonous [mənátənəs] a. 단조單調로운

sound [saund] n. 소리 v. 들리다 a. 건전健全한, 푹 잠든 ad. 푹 잠들어

soundproof [sáundpru:f] a. 방음防音의
infrasound [ínfrəsàund] n. 초저주파음超低周波音
ultrasound [ʌ́ltrəsàund] n. 초음파超音波, 초음파 검사
acoustic(al) [əkú:stik(əl)] a. 소리의, 음향音響의, 청각聽覺의

연상의 그물망

[소리 ▶ 예시例示로]

참고 **beep** [bi:p] n. 삐 소리, 경적警笛 소리 v. 삐 소리를 내다, 경적을 울리다

honk [haŋk] n. 경적 소리 v. 경적을 울리다

horn [hɔ:rn] n. 뿔, 뿔피리, 경적

plop [plap] n. 퐁당 소리 v. 퐁당 하고 떨어지다, 쿵 하고 놓다

whistle [wísl] n. 호루라기, 호각號角, 휘파람 v. 호루라기를 불다, 휘파람을 불다

bell [bel] n. 벨, 종, 종소리
참고 knell [nel] n. 종소리, 조종弔鐘, 징조

ring [riŋ] v. ring-rang-rung (종이) 울리다, 전화하다 n. 반지斑指, 종소리
참고 hoop [hu:p] n. 둥근 테, 굴렁쇠, 훌라후프, (농구의) 링

vowel [váuəl] n. 모음母音
참고 consonant [kánsənənt] n. 자음子音
syllable [síləbl] n. 음절

연상의 그물망

[소리 ▶ 소음]

noise [nɔiz] n. 소음, 소리
noisy [nɔ́izi] a. 시끄러운, 떠들썩한

참고 rumble [rʌ́mbl] v. 우르르 울리다 n. 우르릉 소리
loud [laud] a. 큰소리의, 시끄러운, 야한
loudspeaker [láudspìkər] n. 확성기, 스피커
loudly [láudli] ad. 큰소리로, 야하게
aloud [əláud] ad. 소리 내어, 큰소리로
참고 tumultuous [tju:mʌ́ltʃuəs] a. 떠들썩한, 격동激動의, 동요動搖한

신음呻吟

moan [moun] n. 신음呻吟, 불평 v. 신음하다, 불평하다
moaner [móunər] n. 불평가
bemoan [bimóun] v. 한탄하다

groan [groun] v. 신음하다 n. 신음 (소리)

issue! 신음呻吟

여기서 신음은 성적 쾌락(性的快樂, sexual pleasure)을 뜻한다. 신음 소리는 그밖에 **고통(苦痛, pain)**을 겪을 때, **불행(不幸, unhappiness)**한 기분이 들 때, 그리고 moan의 뜻 자체에도 있듯이 **불평(不平, complaining)**할 때 낸다.

고통苦痛

afflict [əflíkt] v. 괴롭히다, 고통을 주다
affliction [əflíkʃən] n. 고통

distress [distrés] n. 고통, 괴로움, 곤경 v. 고통을 주다, 괴롭히다
distressed [distrést] a. 고통받는, 괴로운, 곤경에 처한

agony [ǽgəni] n. 극심한 고통
agonizing [ǽgənàiziŋ] a. 극심한 고통에 몸부림치는

agonize [ǽgənàiz] v. 괴로워하다, 고민하다
anguish [ǽŋgwiʃ] n. 고통, 고뇌

연상의 그물망

참고 inflict [inflíkt] v. (고통 등을) 가하다

misery [mízəri] n. 비참悲慘함, 고통, 궁핍窮乏
miserable [mízərəbl] a. 비참한

wretched [rétʃid] a. 비참한, 가엾은

wretch [retʃ] n. 비참한 사람, 가엾은 사람

연상의 그물망

[고통 ▶ 예시例示로]

disaster [dizǽstər] n. 재난災難, 재앙災殃
disastrous [dizǽstrəs] a. 처참한, 비참한

참고 calamity [kəlǽməti] n. 재앙, 재난

catastrophe [kətǽstrəfi] n. 큰 재해, 대참사大慘史
catastrophic [kæ̀təstráfik] a. 큰 재해의, 대참사의

pain [pein] n. 고통苦痛, 통증 v. 고통을 주다
painful [péinfəl] a. 고통스러운, 아픈
painkiller [péinkìlər] n. 진통제鎭痛劑

pang [pæŋ] n. 격통, 갑작스러운 고통
참고 sore [sɔːr] a. (염증 등으로) 아픈, 쓰린 n. 상처
sore throat 인후염咽喉炎

연상의 그물망

tingle [tíŋgl] v. 따끔거리다, 얼얼하다, 울렁울렁하다 n. 따끔거림, 흥분, 설렘
tingling [tíŋgliŋ] n. 따끔따끔함, 얼얼함

sting [stiŋ] v. sting-stung-stung 쏘다, 찌르다
stinger [stíŋər] n. 침
stingy¹ [stíŋi] a. 쏘는, 찌르는
stingy² [stíndʒi] a. 인색吝嗇한, 구두쇠의

suffer [sʌ́fər] v. 괴로워하다, 고통苦痛받다, 악화되다
suffering [sʌ́fəriŋ] n. 괴로움, 고통

torment [tɔ́ːrment] n. 고통 v. 고통을 주다
참고 torture [tɔ́ːrtʃər] n. 고문拷問 v. 고문하다
torturous [tɔ́ːrtʃərəs] a. 고문의

연상의 그물망

bully [búli] v. 위협하다, 약자를 괴롭히다, 왕따를 시키다 n. 약자를 괴롭히는 사람, 불량배不良輩
bullying [búliiŋ] n. 약자를 괴롭히기, 집단 괴롭힘

참고 outcast [áutkæ̀st] n. 따돌림받는 사람, 버림받은 사람 a. 버림받은

persecute [pə́ːrsikjùːt] v. 박해迫害하다, 괴롭히다
persecution [pə̀ːrsikjúːʃən] n. 박해, 괴롭힘
persecutive [pə́ːrsikjùːtiv] a. 박해하는, 괴롭히는

불행不幸

mischance [mistʃǽns] n. 불운

연상의 그물망

chance [tʃæns] n. 기회機會, 가능성, 우연
참고 serendipitous [sèrəndípətəs] a. (재수 좋게) 우연히 얻은

opportunity [àpərtjúːnəti] n. 기회

misfortune [misfɔ́ːrtʃən] n. 불행, 불운
fortune [fɔ́ːrtʃən] n. 운運, 재산
fortunate [fɔ́ːrtʃənət] a. 운 좋은
unfortunate [ʌnfɔ́ːrtʃənət] a. 운이 나쁜, 유감스러운
unfortunately [ʌnfɔ́ːrtʃənətli] ad. 운이 나쁘게도

unhappy [ənhǽpi] a. 불행한
happy [hǽpi] a. 행복한
happily [hǽpili] ad. 행복하게, 다행히
happiness [hǽpinis] n. 행복幸福

연상의 그물망

bliss [blis] n. 더없는 행복

참고 rejoice [ridʒɔ́is] v. 크게 기뻐하다

luck [lʌk] n. 운, 행운幸運
lucky [lʌ́ki] a. 운이 좋은, 행운의
luckily [lʌ́kili] ad. 운 좋게
unlucky [ʌnlʌ́ki] a. 운이 나쁜, 불운한

참고 **auspicious** [ɔːspíʃəs] a. 길조吉兆의, 행운의, 상서祥瑞로운

wellbeing [wlbíːiŋ] n. 복지, 안녕, 행복
well [wel] ad. 잘, 꽤 a. 건강한, 좋은
welfare [wélfɛər] n. 복지福祉, 후생厚生, 안녕安寧

연상의 그물망

[**well-** ▶ 예시例示로]

참고 **well-crafted** [welkrǽftid] a. 정교하게 만든, 잘 짜여진
well-earned [weláːrnd] a. 충분히 받을 만한, 노력한 결과에 알맞는, 자업자득의
well-known [welnóun] a. 잘 알려진, 유명한
well-preserved [welprizάːrvd] a. 잘 보존된, 젊어 보이는
well-rounded [welráundid] a. 통통한, 균형 잡힌

불평不平

complain [kəmpléin] v. 불평不平하다, 항의하다, 호소하다, 고소하다
complaint [kəmpléint] n. 불평, 항의, 호소, 고소

grumble [grʌ́mbl] v. 툴툴대다, 우르릉거리다 n. 툴툴, 우르릉

grump [grʌmp] n. 불평가 v. 불평하다
grumpy [grʌ́mpi] a. 기분이 언짢은

nagging [nǽgiŋ] 성가시게 구는, 잔소리하는, 불평하는

연상의 그물망

참고 **protest** [prətést] v. 항의抗議하다, 이의異議를 제기하다 n. [próutest] 항의, 이의 제기, 시위示威

dissatisfaction [dìssætisfǽkʃən] n. 불만, 불평
dissatisfied [dissǽtisfàid] a. 불만족스러운

dissatisfy [dissǽtisfài] v. 불만족스럽게 하다
satisfied [sǽtisfàid] a. (자기가) 만족한
satisfying [sǽtisfàiiŋ] a. 만족시키는, 만족스러운
satisfactory [sæ̀tisfǽktəri] a. 만족스러운
unsatisfactory [ʌ̀nsætisfǽktəri] a. 만족스럽지 않은, 불만족스러운
satisfy [sǽtisfài] v. 만족滿足시키다, 충족充足시키다
satisfaction [sæ̀tisfǽkʃən] n. 만족, 충족

연상의 그물망

gratification [græ̀təfikéiʃən] n. 만족, 만족감, 희열喜悅
gratify [grǽtəfài] v. 만족시키다, 기쁘게 하다

참고 **satiety** [sətáiəti] n. 포만(감)
satiation [sèiʃiéiʃən] n. 물릴 정도로 먹음, 포만
satiate [séiʃièit] v. 지나치게 만족시키다, 물리게 하다

sate [seit] v. 충분히 만족시키다, 물리게 하다
sated [séitid] a. 충분히 만족한, 물린, 질린

연상의 그물망

[불만 ◀▶ 만족]

content¹ [kəntént] a. 만족하는 v. 만족시키다 n. 만족
contentment [kənténtmənt] n. 만족(감)
discontent [dìskəntént] a. 불만스러운 v. 불만을 품게 하다 n. 불만

참고 **content**² [kάntent] n. 내용, 내용물, 목차

wail [weil] v. 울부짖다, 통곡痛哭하다, 불평하다 n. 울부짖음, 통곡
wailful [wéilfəl] a. 비탄에 빠진
bewail [biwéil] v. 몹시 슬퍼하다, 비통悲痛하다

연상의 그물망

참고 **deplore** [diplɔ́ːr] v. 한탄하다, 개탄하다
lament [ləmént] v. 한탄하다, 통탄하다
grief [griːf] n. 통탄痛歎, 비통悲痛

grieve [gri:v] v. 통탄하다, 비통하다
grievous [grí:vəs] a. 통탄할, 비통한
woe [wou] n. 비통悲痛, 비애悲哀, 고민
woeful [wóufəl] a. 비통한, 한심寒心한
sorrow [sárou] n. (크나큰) 슬픔 v. (매우) 슬퍼하다
sorrowful [sárəfəl] a. (아주) 슬픈
sad [sæd] a. 슬픈, 슬퍼하는
sadness [sædnis] n. 슬픔

mourn [mɔːrn] v. 애도하다, 슬퍼하다
condolence [kəndóuləns] n. 애도, 조위, 조의
참고 funeral [fjúːnərəl] n. 장례식葬禮式 a. 장례의
funeral procession 장례행렬
howl [haul] v. 울부짖다 n. 울부짖음
참고 bark [baːrk] n. 나무껍질, 개 짖는 소리 v. (개가) 짖다
whine [wain] v. 징징거리다, 낑낑거리다, 투덜대다
whiny [wáini] a. 징징거리는, 투덜대는

연상의 불꽃 | 감탄사感歎詞

섹스의 소리는 감탄사(感歎詞)의 영역(領域)이다. 감탄사란 강한 느낌이 소리로 터져나오는 말이다. 섹스는 감탄사로 나누는 **대화(對話)**다. **열정적(熱情的)**으로 거친 **숨**을 몰아쉬며. 아, 물론 섹스할 때 **속삭임**의 대화도 빼놓을 수 없다.

감탄사感歎詞

interjection [ìntərdʒékʃən] n. 감탄사感歎詞
exclamation [èkskləméiʃən] n. 외침, 절규絶叫, 감탄, 감탄사
exclamatory [ikskláemətɔ̀ːri] a. 감탄을 나타내는, 감탄을 자아내는
exclaim [ikskléim] v. 소리치다, 외치다, 감탄感歎하다

연상의 그물망
참고 cry [krai] v. 울다, 울부짖다, 외치다 n. 울음, 고함, 비명
weep [wiːp] v. weep-wept-wept 울다, 눈물을 흘리다
sob [sab] v. 흐느끼다, 흐느껴 울다
scream [skriːm] v. 비명悲鳴을 지르다 n. 비명
screech [skriːtʃ] v. 날카로운 소리를 내다 n. 날카로운 소리

tear¹ [tiər] n. 눈물
teardrop [tíərdràp] n. 눈물방울

tear² [tɛər] v. tear-tore-torn 찢다, 뜯다, 떼다
참고 rend [rend] v. rend-rent-rent 찢다, 찢어발기다
shout [ʃaut] v. 외치다, 소리지르다 n. 외침, 고함高喊
bellow [bélou] v. 고함치다, 큰소리로 울부짖다
squeal [skwiːl] v. 꽥액 소리를 지르다, 기쁨의 탄성歡聲을 지르다 n. 꽥액 소리
yell [jel] v. 소리치다, 고함高喊치다 n. 고함, 외침 소리

admire [ædmáiər] v. 존경하다, 감탄感歎하다, 칭찬하다
admirable [ædmərəbl] a. 존경할 만한, 감탄할 만한, 칭찬할 만한
admiration [ædməréiʃən] n. 존경, 감탄, 칭찬
참고 admiral [ædmərəl] n. 해군 대장, 제독

연상의 그물망

praise [preiz] n. 칭찬稱讚, 찬양讚揚 v. 칭찬하다, 찬양하다

acclaim [əkléim] v. 칭송하다, 환호하다, 갈채喝采하다
acclamation [æˌkləméiʃən] n. 칭송, 환호, 갈채

accolade [ǽkəlèid] n. 수상授賞, 포상, 표창, 칭찬, 찬사

commend [kəménd] v. 칭찬稱讚하다, 추천하다
commendation [kàməndéiʃən] n. 칭찬, 추천, 상賞

참고 **recommend** [rèkəménd] v. 추천推薦하다, 권하다
recommendation [rèkəməndéiʃən] n. 추천, 추천장, 권고勸告

compliment [kámpləmənt] n. 찬사讚辭, 칭찬 v. 칭찬하다
complimentary [kàmpləméntəri] a. 칭찬하는, 무료의

creditable [kréditəbl] a. 명예로운, 칭찬할 만한
credit [krédit] n. 신용信用, 명예, 학점 v. 믿다, 입금하다
credit arrangement 신용 거래
credit card 신용 카드
creditor [kréditər] n. 채권자債權者

credible [krédəbl] a. 믿을 수 있는, 믿을 만한
incredible [inkrédəbl] a. 믿을 수 없을 정도의, 놀라운
incredibly [inkrédəbli] ad. 믿을 수 없을 정도로
discredit [diskrédit] v. 믿음을 없애다, 믿지 않다 n. 불명예, 불신

credulous [krédʒuləs] a. 남을 잘 믿는, 잘 속는, 속기 쉬운
incredulous [inkrédʒuləs] a. 믿지 않는, 불신하는

연상의 그물망

[칭찬이 안 좋은 ▶ 예시例示로]

참고 **flatter** [flǽtər] v. 치켜세우다, 아첨阿諂하다, 알랑거리다
flattery [flǽtəri] n. 아첨, 아부, 알랑방귀

[칭찬이 좋은 ▶ 예시例示로]

applause [əplɔ́ːz] n. 박수갈채拍手喝采
applaud [əplɔ́ːd] v. 박수갈채하다
applausive [əplɔ́ːziv] a. 박수갈채하는
참고 **standing ovation** 기립 박수
ovation [ouvéiʃən] n. 열렬한 박수

clap [klæp] v. 박수拍手를 치다, 손뼉을 치다 n. 박수, 쿵, 탕, 쾅 (소리)
clapping [klǽpiŋ] n. 박수, 손뼉 치기

참고 **clatter** [klǽtər] n. 땡그랑 소리, 덜거덕 소리 v. 땡그랑 소리를 내다, 덜거덕 소리를 내다

clink [kliŋk] v. (부딪혀) 쨍 소리를 내다 n. 쨍 소리

[칭찬이 좋은 ▶ 예시例示로]

cheer [tʃiər] n. 응원應援, 환호歡呼 v. 응원하다, 환호하다
cheerful [tʃíərfəl] a. 쾌활한
참고 **gaiety** [géiəti] n. 흥겨움, 쾌활함, 유쾌함

morale [məræl] n. 사기士氣, 의욕
demoralize [dimɔ́ːrəlàiz] v. 사기를 꺾다, 의기소침하게 하다
demoralization [dimɔ̀ːrəlizéiʃən] n. 사기 저하, 의기소침, 풍기 문란紊亂

영역領域

domain [douméin] n. 분야, 영역, 범위, 영토
territory [térətɔ̀ːri] n. 영토, 영역
territorial [tèrətɔ́ːriəl] a. 영토領土의, 텃세를 부리는

realm [relm] n. 영역, 왕국王國

연상의 그물망

kingdom [kíŋdəm] **n.** 왕국
king [kiŋ] **n.** 왕, 킹
queen [kwi:n] **n.** 여왕, 왕비, 왕후王后

princess [prínses] **n.** 공주, 왕자비
prince [prins] **n.** 왕자, 군주

palace [pǽlis] **n.** 궁전, 왕실

royal [rɔ́iəl] **a.** 왕의, 왕실王室의
royalty [rɔ́iəlti] **n.** 왕족王族, 인세印稅
regal [rí:gəl] **a.** 왕의, 제왕帝王의, 제왕다운, 왕에 걸맞는

monarch [mánərk] **n.** 군주君主
monarchy [mánərki] **n.** 군주제, 군주국

crown [kraun] **n.** 왕관 **v.** 왕관을 씌우다

coronation [kɔ̀:rənéiʃən] **n.** 즉위식卽位式

dynasty [dáinəsti] **n.** 왕조

throne [θroun] **n.** 왕좌, 옥좌, 왕위
dethrone [di:θróun] **v.** (왕을) 퇴위시키다

reign [rein] **n.** 통치 기간 **v.** 통치하다, 지배하다

emperor [émpərər] **n.** 황제皇帝, 제왕
emperorship [émpərərʃip] **n.** 황제의 자리, 황제의 통치권
empire [émpaiər] **n.** 제국, 왕국

imperial [impíəriəl] **a.** 제국의, 황제의
imperialism [impíəriəlizm] **n.** 제국주의, 제정帝政
imperium [impíəriəm] **n.** 절대권, 주권

sovereignty [sávərənti] **n.** 주권主權, 통치권統治權
sovereign [sávərin] **a.** 주권의, 독립된 **n.** 주권자

rule [ru:l] **n.** 규칙規則, 통치統治, 지배支配 **v.** 통치하다, 지배하다, (줄을) 자로 긋다
ruler [rú:lər] **n.** 통치자, 지배자, (선을 긋는) 자

[제국 ▷ 식민지 지배]

colony [káləni] **n.** 식민지植民地, (개미, 벌 등의) 집단, 군집群集
colonial [kəlóuniəl] **a.** 식민지의
colonize [kálənàiz] **v.** 식민지화하다, 대량 서식하다
colonist [kálənist] **n.** 식민지 주민, 식민지 개척자, 식민지 이주자

sphere [sfiər] **n.** 구球, 구체, 영역
hemisphere [hémisfiər] **n.** (지구, 뇌의) 반구
Northern Hemisphere 북반구
Southern hemisphere 남반구

연상의 그물망

globe [gloub] **n.** 지구본, 구체球體
global [glóubəl] **a.** 세계적인, 지구의
globalization [glòubəlizéiʃən] **n.** 세계화, 국제화
international [ìntərnǽʃənəl] **a.** 국제적國際的인 **n.** 국제 경기
international aid organization 국제 원조 기구機構
International Monetary Fund 국제 통화 기금(IMF)

cosmopolitan [kàzməpálətn] **a.** 국제적인, 세계적인 **n.** 세계주의자
cosmopolis [kɑzmápəlis] **n.** 국제 도시

diplomacy [diplóuməsi] **n.** 외교(술)
diplomat [dípləmæt] **n.** 외교관外交官
diplomatic [dìpləmǽtik] **a.** 외교의

[영역 ▷ 지역]

zone [zoun] **n.** 지대地帶, 지구, 구역, 지역 **v.** 지대로 정하다, 구역으로 나누다

area [ɛ́əriə] **n.** 지역地域, 분야, 면적
district [dístrikt] **n.** 지역, 지구

lot [lɑt] **n.** 많음, 무리, 부지, 대지, 운명

local [lóukəl] **a.** 지역의, 지방의, 현지의, (특정) 신체 부위의 **n.** (특정) 지역에 사는 사람
locale [loukǽl] **n.** 현장, 장소

region [ríːdʒən] **n.** 지역, 지방, (신체) 부위
regional [ríːdʒənl] **a.** 지역의, 지방의

[영역 ▶ 분야]

discipline [dísəplin] **n.** 훈련訓練, 훈육訓育, 규율, 기강, 자제력, (학문의) 분야 **v.** 훈련하다, 훈육하다, 통제하다, 징계懲戒하다
self discipline [sèlfdísəplin] 자기 수양, 자기 훈련
disciplined [dísəplind] **a.** 훈련된, 규율된, 기강紀綱이 잡힌
disciplinable [dísəplinəbl] **a.** 훈련할 수 있는, 징계되어야 할
disciple [disáipl] **n.** 제자, 사도

참고 **mentor** [méntɔːr] **n.** 조언자, 스승
mentee [mentíː] **n.** 멘티(멘토의 지도를 받는 사람)

advice [ædváis] **n.** 충고, 조언
advise [ædváiz] **v.** 충고하다, 조언하다
참고 **admonish** [ædmániʃ] **v.** 책망責望하다, 훈계訓戒하다

exhortation [ègzɔːrtéiʃən] **n.** (간곡한) 권고, 충고

counsel [káunsəl] **n.** 상담相談, 변호사 **v.** 상담하다, 조언하다
counselor [káunsələr] **n.** 카운슬러, 상담역

참고 **consult** [kənsʌ́lt] **v.** 상담하다, 상의하다, 참고하다
consultant [kənsʌ́ltənt] **n.** 컨설턴트, 경영 자문, 상담가
consultation [kànsəltéiʃən] **n.** 상담, 상의, 자문, 참고, 협의, 회담

연상의 그물망

[학문 영역 ▶ 예시例示로]

anthropology [ænθrəpálədʒi] **n.** 인류학人類學
anthropological [ænθrəpəládʒikəl] **a.** 인류학의
anthropologist [ænθrəpálədʒist] **n.** 인류학자

archaeology [àːrkiálədʒi] **n.** 고고학考古學
archaeologist [àːrkiálədʒist] **n.** 고고학자
archaeological [àːrkiəládʒikəl] **a.** 고고학의, 고고학적인

philosophy [filásəfi] **n.** 철학哲學
philosopher [filásəfər] **n.** 철학자
참고 **Confucianism** [kənfjúːʃənìzm] **n.** 유교儒敎
Confucian [kənfjúːʃən] **a.** 유교의 **n.** 유학자
Confucius [kənfjúːʃəs] **n.** 공자孔子

Marxism [máːrksizm] **n.** 마르크스주의

mathematics [mæθəmǽtiks] **n.** 수학
math [mæθ] **n.** 수학

algebra [ǽldʒəbrə] **n.** 대수학
algebra equation 방정식
algebraic equation 대수 방정식

arithmetic [əríθmətik] **n.** 산수, 산술
arithmetic mean 산술 평균

linear equation 일차 방정식
quadratic equation 이차 방정식

diameter [daiǽmətər] **n.** 지름, 배율
radius [réidiəs] **n.** 반지름, 반경

square [skwɛər] **n.** 정사각형, 제곱, 광장廣場 **a.** 정사각형의, 제곱의 **v.** 정사각형으로 만들다, 제곱하다
squared [skwɛərd] **a.** 네모로 나뉜, 모눈 표시를 한, 네모진, 제곱한

참고 **rectangle** [réktæŋgl] **n.** 직사각형
rectangular [rektǽŋgjulər] **a.** 직사각형의, 직각의

quadrangle [kwádræŋgl] **n.** 사각형, (대학 건물의) 사각형 안뜰

diagonal [daiǽgənl] **a.** 대각선의 **n.** 대각선
diagonally [daiǽgənəli] **ad.** 대각선으로, 비스듬하게

trapezoid [trǽpəzɔ̀id] **n.** 사다리꼴

pentagon [péntəgàn] n. 오각형, (미국의) 국방부
hexagon [héksəgən] n. 육각형

[수학 ▷ 숫자]

number [nʌ́mbər] n. 수, **숫자**, (전화 등의) 번호
outnumber [àutnʌ́mbər] v. …보다 수가 많다
numerology [njùːmərálədʒi] n. 수점數占

numerical [njuːmérikəl] a. 수의, 숫자의, 숫자로 나타난

numerable [njúːmərəbl] a. 셀 수 있는
innumerable [injúːmərəbl] a. 셀 수 없을 정도로 많은, 무수한

numerous [núːmərəs] a. 수많은
참고 **dozen** [dʌ́zn] n. 12 a. 12의
plural [plúərəl] a. 복수複數의 n. 복수형
hundred [hʌ́ndrəd] n. 100, 백百 a. 100의
thousand [θáuzənd] n. 1000, 천千 a. 1000의
millennium [miléniəm] n. 천년

century [séntʃəri] n. 100년, 세기世紀
centurial [sentjúəriəl] a. 100년의, 1세기의
참고 **centennial** [senténiəl] n. 100주년 a. 100년의

billion [bíljən] n. 10억 a. 10억의
billionaire [bìljənέər] n. 억만장자
참고 **million** [míljən] n. 100만 a. 100만의
millionaire [mìljənέər] n. 백만장자

trillion [tríljən] n. (1,000,000,000,000) 조兆

quadrillion [kwadríljən] n. 1,000조

engineering [èndʒiníəriŋ] n. 공학, 공학 기술
engineer [èndʒiníər] n. 기사技士, 기술자, 기관사
engine [éndʒin] n. 엔진, 기관차
참고 **turbine** [táːrbàin] n. 터빈

coolant [kúːlənt] n. 냉각수冷却水

ergonomics [ə̀ːrgənámiks] n. 인체 **공학**

ergonomically [ə̀rgənámikli] ad. 인체 공학적으로
ergonomist [ə̀ːrgánəmist] n. 인간 공학자

[공학 ▷ 기계 다루기도]

machine [məʃíːn] n. **기계**機械, 기구機構
machinery [məʃíːnəri] n. 기계류, 조직
참고 **mechanical** [məkǽnikəl] a. 기계의, 기계적인
mechanic [məkǽnik] n. 정비사, 기계공
mechanics [məkǽniks] n. 역학, 기계학, 기술, 기법
mechanism [mékənìzm] n. 작동 방식, 메커니즘, 기계 장치

geometry [dʒiámətri] n. 기하학幾何學
geometric(al) [dʒìːəmétrik(əl)] a. 기하학의
geometric configuration 기하학적 형태

geography [dʒiágrəfi] n. 지리학地理學, 지리, 지형
참고 **geocentric** [dʒìːouséntrik] a. 지구 중심의
geothermal [dʒìːouθə́ːrməl] a. 지열地熱의
geotherm [dʒìːouθə̀ːrm] n. 지열

geology [dʒiálədʒi] n. 지질학地質學, **지질**

terrain [təréin] n. **지형**地形, 지세, 지역
all-terrain 어떤 (험한) 지형에도 적응하는
참고 **terrestrial** [təréstriəl] a. 육지의, 육생陸生의, 지구의

[지형 ▷ 지도]

map [mæp] n. 지도地圖 v. 지도로 그리다
참고 **cartography** [kɑːrtágrəfi] n. 지도 제작(법)
cartographic [kɑ̀ːrtəgrǽfik] a. 지도 제작(법)의

topography [təpágrəfi] n. 지형, 지형학

compass [kʌ́mpəs] n. 나침반羅針盤, (제도용) 컴퍼스

[영역 ▷ 분야]

field [fiːld] n. 들판, 현장, 경기장, **분야**

fieldwork [fíːldwàːrk] n. 야외 작업, 현지 조사
참고 **infielder** [ínfìːldər] n. (야구의) 내야수

stadium [stéidiəm] n. 스타디움, 경기장

sector [séktər] n. 부문, 분야, 부채꼴
sect [sekt] n. 종파, 파벌派閥
section [sékʃən] n. (나뉜) 부분, 구역 v. 절단切斷하다

segment [ségmənt] n. 부분, 조각, 선분

portion [pɔ́ːrʃən] n. 부분, 일부, 몫

partly [páːrtli] ad. 부분적으로, 어느 정도는
partial [páːrʃəl] a. 부분적部分的인, 편파적偏頗的인, 편애偏愛하는
impartial [impáːrʃəl] a. 치우치지 않은, 편파적이지 않은, 공평公平한

part [paːrt] n. 부분, 배역, 역할 v. 떼어놓다, 헤어지다
impart [impáːrt] v. 나누어 주다, 전하다

fraction [frǽkʃən] n. 일부, 분수分數

대화對話

conversation [kànvərséiʃən] n. 대화對話, 회화會話
converse [kənváːrs] v. 대화하다 a. 정반대의 n. 정반대, 역
참고 **colloquial** [kəlóukwiəl] a. 구어(체)의, 일상 회화의

slang [slæŋ] n. 은어, 속어

dialect [dáiəlèkt] n. 방언方言, 사투리
dialectal [dàiəléktəl] a. 방언의

dialogue [dáiəlɔ̀ːg] n. (책이나 영화 속) 대화, (공식적) 대담

discourse [dískɔːrs] n. 담론, 담화 v. [diskɔ́ːrs] 담화하다

연상의 그물망

interactive [intəræktiv] a. 상호적인, 상호 작용을 하는, 대화식의

inactive [inǽktiv] a. 활동적이지 않은, 비활성의
active [ǽktiv] a. 활동적인, 활발한, 유효한
activity [æktívəti] n. 활동, 활기
hyperactivity [hàipəræktívíti] n. 과잉 행동
activate [ǽktəvèit] v. 활성화하다
activist [ǽktəvist] n. 활동가, 운동가
action [ǽkʃən] n. 행동, 작용, 작전, 소송
act [ækt] n. 행동, 법률, (연극의) 막幕 v. 행동하다, 연기演技하다

참고 **inert** [ináːrt] a. 비활성의
inertia [ináːrʃə] n. 관성慣性, 타성惰性

passive [pǽsiv] a. 수동적인, 소극적인 n. 수동태

brisk [brisk] a. 활발한

---

chatting [tʃǽtiŋ] n. 채팅, 인터넷으로 나누는 대화
chat [tʃæt] v. 수다떨다, 잡담雜談하다, 채팅하다 n. 수다, 잡담

talk [tɔːk] v. 말하다 n. 이야기, 대화, 회담會談
talkative [tɔ́ːkətiv] a. 수다스러운

[대화 ▶ 말]

say [sei] v. say-said-said 말하다
saying [séiiŋ] n. 속담, 격언, 명언

연상의 그물망

참고 **adage** [ǽdidʒ] n. 격언, 속담

aphorism [ǽfərìzm] n. 격언, 경구警句

maxim [mǽksim] n. 격언, 금언金言

proverb [prɑ́vərb] n. 속담俗談
proverbial [prəvə́ːrbiəl] a. 속담의, (속담처럼) 유명한

[대화 ▶ 의사소통]

communicate [kəmjúːnəkèit] v. 의사소통意思疏通하

다, 전염傳染시키다
communication [kəmjùːnəkéiʃən] n. 의사소통, 통신, 연락
communicative [kəmjúːnəkèitiv] a. 이야기하기 좋아하는, (외국어) 의사를 **전달**하는

참고 **convey** [kənvéi] v. (생각을) **전달**하다, 전하다, 나르다, 운반하다
conveyor belt 컨베이어 벨트
node [noud] n. 통신 지점, (나무의) 마디
telepathy [təlépəθi] n. 텔레파시, 정신 감응(感應)
message [mésidʒ] n. 메시지
text message (휴대 전화의) 문자 메시지
text [tekst] n. 본문, 원문, 문장, 쓰인 글 v. (휴대 전화로) 문자를 보내다
textbook [tékstbùk] n. 교과서, 교재, 교본
interact [ìntərækt] v. 상호 작용相互作用을 하다, 소통 疏通하다
interaction [ìntərækʃən] n. 상호 작용

[대화 ▶ 전화로]
phone [foun] n. 전화電話, 전화기 v. 전화하다
phone booth 공중전화 박스
telephone [téləfòun] n. 전화, 전화기
참고 phony [fóuni] a. 가짜의 n. 가짜

연상의 그물망
cellphone [sélfoun] n. 휴대携帶 전화, 휴대폰
cellular phone 휴대 전화, 휴대폰
cellular [séljulər] a. 세포의, 휴대 전화의
cellar [sélər] n. 지하 저장실
cell [sel] n. **세포**, 작은 방
참고 membrane [mémbrein] n. (해부학) 얇은 막, **세포막**
protoplasm [próutəplæzm] 원형질, 세포질
mtDNA 미토콘드리아 DNA

[전달 ▶ 전송]
transmit [trænzmít] v. **전송**하다, 전염시키다
transmission [trænzmíʃən] n. 전송, 전파, 전염
transmissible [trænzmísəbl] a. 전송할 수 있는, 전염성의
transmissive [trænzmísiv] a. 전송하는

[대화 ▶ 내면의 자아自我와]
참고 **monologue** [mánəlɔ̀ːg] n. 독백獨白

열정적熱情的
enthusiastic [inθùːziǽstik] a. 열중한, 열광한, 열정적인
enthusiasm [inθúːziæzm] n. 열중, 열광, 열정
enthuse [inθúːz] 열중하다, 열광하게 하다
fever [fíːvər] n. 열, 열기
passion [pǽʃən] n. 열정熱情, 격정激情, 욕정慾情
passionate [pǽʃənət] a. 열정적인, 격정적인
zeal [ziːl] n. 열성熱誠, 열의熱意
zealot [zélət] n. 열성분자, 광신자
zealous [zéləs] a. 열성적인, 열렬한

숨
breath [breθ] n. 숨, **호흡**呼吸, 입김
breathtaking [bréθtèikiŋ] a. 숨막히는, 아슬아슬한, 멋진
breathe [briːð] v. 숨쉬다, 호흡하다

연상의 그물망
참고 gill [gil] n. (gills) 아가미
hiccup [híkʌp] n. 딸꾹질 v. 딸꾹질하다
gasp [gæsp] v. 숨이 차다, 헐떡거리다 n. 헐떡거림

pant [pænt] v. (숨을) 헐떡이다, 헐떡거리다 n. (pants) 바지

---

respiration [rèspəréiʃən] n. 호흡呼吸
respire [rispáiər] v. 호흡하다
respirator [réspərèitər] n. 인공호흡기人工呼吸器
respiratory [réspərətɔ̀:ri] a. 호흡의, 호흡기의

sigh [sai] v. 한숨을 쉬다 n. 한숨

[숨쉬는 ▶ 곳]

lung [lʌŋ] n. 폐肺, 허파
참고 **bronchial tube** [bráŋkiəl tju:b] n. 기관지氣管支

속삭임

whisper [hwíspər] v. 속삭이다 n. 속삭임, 소문

연상의 그물망

참고 **murmur** [má:rmə(r)] v. 속삭이다, 중얼거리다, (시냇물 등이) 졸졸 흐르다 n. 속삭임, 중얼거림, (시냇물 등의) 졸졸 소리

mumble [mʌ́mbl] v. 중얼거리다 n. 중얼거림

mutter [mʌ́tər] v. 중얼거리다, 투덜대다 n. 중얼거림, 투덜댐

---

rumor [rú:mər] n. 소문所聞

gossip [gásəp] n. 소문, 험담險談 v. 험담하다

viral [váiərəl] a. 바이러스성의, 입소문이 나는
viral marketing 입소문을 활용한 마케팅
virus [váiərəs] n. 바이러스, 병원체病原體

섹스의 묘사描寫, 체위體位

sex + describe ❶ = position

묘사描寫

describe [diskráib] v. 묘사描寫하다, 기술記述하다
description [diskríp∫ən] n. 묘사, 기술
descriptive [diskríptiv] a. 묘사적인, 기술적인

참고 **adjective** [ǽdʒiktiv] n. 형용사

depict [dipíkt] v. 묘사하다, 서술하다
depiction [dipík∫ən] n. 묘사, 서술

자세姿勢

position [pəzí∫ən] n. 위치, 지위, 입장, 자리, 자세 v. 위치에 두다, 자리를 잡다

issue! 자세姿勢

남녀가 교합(交合)할 때 여러 몸의 **자세(姿勢)**, 즉 체위를 취할 수 있다. **눕는** 자세, **앉은** 자세, **선** 자세, **무릎 꿇는** 자세, **마주하는** 자세, 등지는 자세 등등.

자세姿勢

posture [pástʃər] n. 자세 v. 자세를 취하다
참고 **pose** [pouz] v. 자세姿勢를 잡다, 제기提起하다, 일으키다 n. 자세

눕는

lie [lai] v. lie-lay-lain 눕다, 놓여 있다
참고 **sprawl** [sprɔːl] v. 큰대자로 눕다, 제멋대로 퍼져나가다 n. 스프롤(무질서하게 뻗어 나간 도시 외곽 지역)

앉은

sit [sit] v. sit-sat-sat 앉다, 앉아 있다, 개회開會하다, 개정開廷하다
outsit [àutsít] v. outsit-outsat-outsat …보다 오래 앉아 있다
squat [skwat] v. 쪼그리다, 쪼그리고 앉다 n. 쪼그리기
참고 **sedentary** [sédntèri] a. 앉아서 하는, 몸을 많이 움직이지 않는, 한 곳에 정착定着해 있는, 이주移住하지 않는
seat [siːt] n. 자리, 좌석 v. 앉히다

연상의 그물망
migrate [máigreit] v. 이주移住하다, (철새 등이) 이동하다, 이민하다
migration [maigréiʃən] n. 이주, 이동, 이민
참고 **emigrate** [émigrèit] v. (타국으로) 이주하다, 이민하다
emigration [èmigréiʃən] n. (타국으로 나가는) 이주, 이민
emigrant [émigrənt] n. (타국으로 나가는) 이주민, 이민자 a. (타국으로) 이주하는, 이민하는
immigrant [ímigrənt] n. (들어오는) 이주민, 이민자 a. (자국으로) 이주하는, 이민하는
immigration [ìməgréiʃən] n. (자국으로 들어오는) 이주, 이민
immigrate [íməgrèit] v. (외국으로부터) 이주하다, 이민하다

[앉는 ▷ 곳]

chair [tʃɛər] n. 의자, 의장議長 v. 의장을 맡다
sedan chair [sidǽn tʃɛər] 가마
swivel chair [swívəl tʃɛər] 회전의자
참고 **bench** [bentʃ] n. 벤치, 긴 의자
couch [kautʃ] n. 소파sofa, 긴 의자, 침상
stool [stuːl] n. 등받이가 없는 의자
desk [desk] n. 책상冊床, 접수처

선

stand [stænd] v. stand-stood-stood 서다, 참다 n. 입장, 태도
참고 **stance** [stæns] n. (선) 자세, 입장, 태도
abide [əbáid] v. abide-abode/abided-abode/abided 참다, 머무르다
참고 **abide by** 따르다, 준수하다
stay [stei] v. 머무르다 n. 머무름
참고 **linger** [líŋgər] v. 오래 남아있다, 오래 머물다

연상의 그물망
[머무르다 ▷ 남다]

remain [riméin] v. 남다, 남아 있다, 여전히 …이다
remainder [riméindər] n. 나머지
remains [riméinz] n. 나머지, 유적遺跡, 유물, 유골, 유해
참고 **remnant** [rémnənt] n. (remnants) 남은 부분, 나머지

residue [rézədjùː] n. (화학적) 잔여물殘餘物, 찌꺼기

resist [rizíst] v. 저항抵抗하다, **참다**
resistance [rizístəns] n. 저항, 저항력
resistant [rizístənt] a. 저항하는, 저항력이 있는 n. 저항자
resistible [rizístəbl] a. 저항할 수 있는
irresistible [ìrizístəbl] a. 저항할 수 없는, 치명적인 매력魅力의

forbear [fɔːrbɛ́ər] v. forbear-forbore-forborne **참다**, 삼가다, 억제하다

withstand [wiðstǽnd, wiθstǽnd] v. withstand-withstood-withstood 견디다, **참다**, 이겨내다

laptop [lǽptɑ̀p] n. 노트북, 휴대용 컴퓨터
overlap [òuvərlǽp] v. 겹치다, 중복重複하다, 중복되다 n. 겹치는 부분, 중복되는 부분

연상의 그물망

[무릎과 연결된 ⇨ 곳]

참고 **leg** [leg] n. 다리
leg room [légrum] n. 좌석 여유 공간
thigh [θai] n. 넓적다리, 허벅지
limb [lim] n. 팔다리, 사지四肢, 큰 나뭇가지
extremities [ikstrémətiz] n. 손발

무릎 꿇는

kneel [niːl] v. kneel-knelt/kneeled-knelt/kneeled 무릎을 꿇다
knee [niː] n. 무릎
kneejerk [níːdʒə̀rk] a. 반사적反射的인, 자동적으로 나온 n. 무릎 반사

lap [læp] n. 무릎(허리에서 무릎 사이의 다리 윗부분)

마주하는

face [feis] n. 얼굴 v. 마주하다, 대면對面하다
preface [préfis] n. 서문序文

portrait [pɔ́ːrtrit] n. 초상화肖像畵, 얼굴 사진, 인물 사진
portray [pɔːrtréi] v. 그리다, 묘사描寫하다

| 연상의 불꽃 | **인력**引力

사랑하는 남녀 사이에 마구마구 **인력(引力)**이 작용(作用)한다. 서로가 서로를 끌어당긴다.

인력引力

attract [ətrǽkt] v. 끌다, **끌어당기다**, 마음을 끌다
attraction [ətrǽkʃən] n. **매력**魅力, 매력적인 장소, 명소
attractive [ətrǽktiv] a. 매력적인

참고 **allure** [əlúər] n. (성적) 매력 v. 매혹하다

glamorous [glǽmərəs] a. 매력이 넘치는

fascinate [fǽsənèit] v. 마음을 사로잡다, 매료하다
charm [tʃɑːrm] n. **매력**魅力, 마력魔力, 마법 v. 매혹하다
charming [tʃɑ́ːrmiŋ] a. 매력적인, **매력**을 거는

연상의 그물망

참고 **wizard** [wízərd] n. **마법사**魔法師, 귀재鬼才, 대가大家
magician [mədʒíʃən] n. 마술사魔術師)
magic [mǽdʒik] n. 마술, 마법 a. 마술의

magical [mǽdʒikəl] **a.** 마법의, 마력을 지닌

conjure [kándʒər] **v.** 마술을 하다, 마술로 불러내다

potion [póuʃən] **n.** (마법의) 물약

elixir [ilíksər] **n.** 특효약, 묘약
elixir of life 불로장생不老長生의 약

panacea [pæ̀nəsíːə] **n.** 만병통치약萬病通治藥

spell [spel] **v.** spell-spelled/spelt-spelled/spelt 철자綴字하다 **n.** 주문呪文, **마법**, 한동안

spelling [spéliŋ] **n.** 철자, 철자법, 맞춤법

misspell [misspél] **v.** misspell-misspelled/misspelt-misspelled/misspelt 철자를 틀리다

misspelling [misspéliŋ] **n.** 틀린 철자, 잘못 철자함

---

draw [drɔː] **v.** draw-drew-drawn 잡아당기다, **끌어당기다**, 그리다

drawer [drɔːr] **n.** 서랍

drawing [drɔ́ːiŋ] **n.** 그림, 소묘, 데생, 제도製圖

참고 **sketch** [sketʃ] **n.** 스케치, 밑그림, 촌극寸劇 **v.** 스케치하다, 밑그림을 그리다

engage [ingéidʒ] **v.** 종사從事시키다, **관여**하다, 고용하다, 약속하다, **약혼**시키다, **끌어들이다**

engagement [ingéidʒmənt] **n.** 종사, 관여, 고용, 약속, 약혼

disengage [dìsengéidʒ] **v.** (묶여 있던 것을) 풀다, 놓다, 떼다, 철수하다

참고 **fiancé** [fìːɑːnséi] **n.** **약혼자**

involve [inválv] **v.** 말려들게 하다, **관여**關與하게 하다

involvement [inválvmənt] **n.** 말려 듦, 관여

magnet [mǽgnit] **n.** 자석磁石, **마음을 끄는** 것

magnetic [mægnétik] **a.** 자석의, 자기의, 마음을 끄는

pull [pul] **v.** 당기다, **끌어당기다**, 잡아당기다 **n.** 당기기

참고 **drag** [dræg] **v.** 끌다 **n.** 장애물

tow [tou] **n.** 견인牽引 **v.** 견인하다

tug [tʌg] **n.** 잡아당김 이끌림 **v.** (세게) 잡아당기다
tug-of-war 줄다리기, 주도권主導權 다툼

haul [hɔːl] **v. 끌어당기다**, 운반하다 **n.** 끌기, 운반, **수송**

연상의 그물망

참고 **transport** [trænspɔ́ːrt] **v. 수송**輸送하다, 운송하다 **n.** [trǽnspɔːrt] 수송, 운송, 교통

transportation [træ̀nspərtéiʃən] **n.** 수송, 운송, 교통

transit [trǽnzit] **n.** 운송, 수송, 교통, 통과 **v.** 통과하다

traffic [trǽfik] **n. 교통**交通 교통량, 불법 거래

참고 **jam** [dʒæm] **n.** 잼, 혼잡, 교통 체증 **v.** 밀어넣다, 움직이지 못하게 하다, 움직이지 못하다

---

gravitation [græ̀vətéiʃən] **n.** 중력, **인력**, 만유인력萬有引力

gravitational [græ̀vətéiʃənl] **a.** 중력의

gravitate [grǽvətèit] **v.** 중력으로 움직이다, 인력에 끌리다

gravity [grǽvəti] **n.** 중력重力, **중대함**, 심각함

연상의 그물망

grave [greiv] **n. 무덤** **a.** 엄숙嚴肅한, 심각한, **중대함** **v.** grave-graved-graved/graven 새기다, **조각**彫刻하다

gravestone [gréivstòun] **n.** 묘비

graveyard [gréivjɑ̀ːrd] **n.** 묘지

engrave [ingréiv] **v.** 새기다, **조각**彫刻하다, 마음에 새기다

engraving [ingréiviŋ] **n.** 판화版畫

참고 **inscribe** [inskráib] **v.** (비석 등에) 새기다, (마음 속에) 아로새기다

inscription [inskrípʃən] **n.** 새겨진 글, 명문銘文, 비문碑文

[무덤 ▶ 묻다]

bury [béri] **v. 묻다**, 매장埋葬하다
burial [bériəl] **n.** 매장, 장례葬禮
burial ground 매장지, 묘지

[무덤 ▶ 묻힌 의미]

death [deθ] n. 죽음
death sentence 사형 선고
deathless [déθlis] a. 죽지 않는, 불사의, 불후不朽의
dead [ded] a. 죽은
deadly [dédli] a. 치명적인
deadline [dédlàin] n. 마감일, 마감 시간, 최종 기한

die [dai] v. 죽다
dying [dáiiŋ] a. 죽어가는, 빈사瀕死의
참고 **hereafter** [hiræftər] ad. 이후로, 사후에 n. 사후 세계, 내세來世

corpse [kɔːrps] n. 시체, 송장

mummy [mʌ́mi] n. 미라
mummify [mʌ́məfài] v. 미라로 만들다

deceased [disíːst] a. 사망한 n. 고인
decease [disíːs] n. 사망 v. 사망하다

drown [draun] v. 물에 빠져 죽다, 익사溺死하다

perish [périʃ] v. 죽다, 소멸하다, 멸망하다
perishable [périʃəbl] a. 부패하기 쉬운, 썩기 쉬운
참고 **cemetery** [sémətèri] n. 묘지

tomb [tuːm] n. **무덤**
tombstone [túːmstòun] n. 묘석墓石, 묘비墓碑

coffin [kɔ́(ː)fin] n. 관棺

casket [kǽskit] n. 관棺, (귀중품을 넣는) 작은 상자
참고 **hearse** [həːrs] n. 장의차葬儀車, 영구차靈柩車

carve [kɑːrv] v. 조각彫刻하다, 새기다
참고 **etch** [etʃ] v. 새기다

sculpture [skʌ́lptʃər] n. 조각, 조소, 조각품
sculptor [skʌ́lptər] n. 조각가

statue [stǽtʃuː] n. 조각상, 동상銅像

---

stretch [stretʃ] v. **잡아당기다**, 늘이다, 뻗다 n. 잡아당김, 늘임, 뻗음, 스트레칭

섹스의 묘사描寫, 동작動作

sex + describe ❷ = movement

동작動作

movement [múːvmənt] n. 움직임, 이동, 운동
move [muːv] v. 움직이다, 이동하다, 이사하다, 감동시키다 n. 이동, 조치
movable [múːvəbl] a. 움직일 수 있는, 이동 가능한
moving [múːviŋ] a. 감동을 주는

연상의 그물망

참고 **locomotion** [lòukəmóuʃən] 이동, 운동

bob [bɑb] v. 까닥까닥 움직이다
flinch [flintʃ] v. 움찔하다
jolt [dʒoult] n. 덜컥하고 움직임 v. 갑자기 덜컥 움직이다

mobile [móubəl] a. 움직이는, 이동성移動性의
mobile phone 휴대폰, 휴대 전화
mobility [móubəl] n. 이동성, 유동성
mobilize [móubəlàiz] v. 동원하다, 동원되다
immobilize [imóubəlàiz] v. 움직이지 못하게 하다, 고정시키다

kinesthetic [kìnəsθétik] a. 운동 감각의

motion [móuʃən] n. 움직임, 운동, 몸짓, 동의動議 v. 몸짓하다
motionless [móuʃənlis] a. 움직이지 않는

static [stǽtik] a. 정적靜的인 n. 정전기靜電氣, 잡음雜音
static electricity 정전기

참고 **dynamic** [dainǽmik] a. 동적인, 역동적力動的인
hydrodynamic [hàidroudainǽmik] a. 유체 역학流體力學의
dynamics [dainǽmiks] n. 역학

💡 issue! 움직임

가장 **주요한** 움직임은 **앞뒤로 반복적(反復的)**으로 이루어지는 **정력적(精力的)**인 **허리**와 엉덩이의 움직임이다. 혀를 사용하여 **입맞춤**과 핥는 행위를 하고, 손가락 등을 이용하여 **애무(愛撫)**, 즉 몸을 사랑스럽게 어루만지기도 한다. 서로 꼭 **껴안기**도 한다. 서로에게 **몰입(沒入)**하며 지구(地球)가 **흔들린다**. 신음의 **멜로디**가 울려 퍼지는 가운데 몸짓의 **댄스**가 펼쳐진다.

주요한
principal [prínsəpəl] a. 주요한 n. 교장, 원금元金

앞뒤로
forward [fɔ́:rwərd] ad. 앞으로 a. 앞쪽을 향한 v. 보내다
backward [bǽkwərd] ad. 뒤쪽으로 a. 뒤쪽을 향한

연상의 그물망
참고 **upward** [ʌ́pwərd] ad. 위쪽으로 a. 위쪽을 향한
downward [dáunwərd] ad. 아래쪽으로 a. 아래쪽을 향하는
outward [áutwərd] a. 밖으로 향하는, 표면상의
inward [ínwərd] a. 안쪽의, 마음속의 ad. 안쪽으로
eastward [í:stwərd] a. 동쪽의 ad. 동쪽으로 n. 동쪽
westward [wéstwərd] a. 서쪽의 ad. 서쪽으로 n. 서쪽

[-ward ▶ ward]
참고 **ward** [wɔ:rd] n. 병동病棟, 피보호자, 피후견인
geriatric ward 노인 병동
geriatric [dʒèriǽtrik] a. 노인(병)의

ahead [əhéd] ad. 앞에, 앞서, 미리
참고 **anterior** [æntíəriər] a. 앞쪽의

posterior [pastíəriər] a. 뒤쪽의

behind [biháind] prep. ad. (…) 뒤에
참고 **above** [əbʌ́v] prep. ad. (…보다) 위에, 이상으로, **넘어**
beyond [bijánd] prep. ad. 너머, **넘어**

반복적反復的
repeat [ripí:t] v. 되풀이하다, 반복反復하다 n. 되풀이, 반복
repeatedly [ripí:tidli] ad. 되풀이하여, 반복적으로
repetition [rèpətíʃən] n. 되풀이, 반복
repetitive [ripétətiv] a. 되풀이하는, 반복적인
참고 **redundancy** [ridʌ́ndənsi] n. 여분, 과잉, 해고, **쓸데없는 반복**反復, 중복重複
redundant [ridʌ́ndənt] a. 여분의, 과잉過剰의, 해고된, 불필요한
pattern [pǽtərn] n. 패턴, 양식樣式, 무늬, 모범, 되풀이, **반복** v. 무늬를 만들다

정력적精力的
vigorous [vígərəs] a. 정력적인, 활발한, 활기찬
vigorously [vígərəsli] ad. 정력적으로, 활발하게, 활기차게

vigor [vígər] n. 정력精力, 활력, 활기
invigorate [invígərèit] v. 기운을 돋우다, 활성화하다
invigorating [invígərèitiŋ] a. 기운을 돋우는

energy [énərdʒi] n. 에너지, 정력精力, 활발한 기운
energetic [ènərdʒétik] a. 정력적인, 활력이 넘치는
참고 **stamina** [stǽmənə] n. 스태미나, 체력, 정력

허리

waist [weist] n. 허리

입맞춤

kiss [kis] n. 키스 v. 키스하다

핥는 행위

lick [lik] v. 핥다 n. 핥기

애무愛撫

fondle [fándl] v. 애무하다
caress [kərés] v. 애무하다 n. 애무
참고 **stroke** [strouk] n. 타격打擊, 수영법, 뇌졸중腦卒中, 글자의 획, 쓰다듬기 v. 쓰다듬다, 어루만지다
pat [pæt] v. 쓰다듬다, 토닥거리다 n. 쓰다듬기, 토닥임
pet [pet] n. 애완동물愛玩動物 v. 어루만지다

연상의 그물망
참고 **dab** [dæb] v. 가볍게 두드리다 n. 가볍게 두드림, 소량

tap [tæp] v. 가볍게 두드리다, 톡톡 치다 n. 톡톡 치기, 수도꼭지
faucet [fɔ́:sit] n. 수도꼭지

knock [nɑk] v. 노크하다, 두드리다, 치다, 찧다 n. 노크, 타격打擊

hit [hit] v. hit-hit-hit 치다, n. 타격, (흥행) 성공

spank [spæŋk] v. (아이의 엉덩이를 체벌로) 찰싹 때리다

smash [smæʃ] v. 박살내다, 힘껏 치다 n. 박살내기, (테니스, 탁구 등의) 스매시

whip [hwip] v. 채찍질하다, 휙 움직이다 n. 채찍, 채찍질

껴안기

embrace [imbréis] v. 포옹抱擁하다, 포용包容하다 n. 포옹, 포용
hug [hʌg] v. 껴안다, 포옹하다 n. 포옹
cuddle [kʌ́dl] v. 꼭 껴안다 n. 꼭 껴안기

몰입沒入

absorb [æbzɔ́:rb] v. 흡수吸收하다, 몰입시키다, (마음을) 빼앗다
absorbing [æbzɔ́:rbiŋ] a. (마음을) 빼앗는, 몰입시키는, 아주 재미있는

engrossing [ingróusiŋ] a. 열중하게 하는, 몰두하게 하는
engross [ingróus] v. 열중하게 하다, 몰두하게 하다

immerse [imə́:rs] v. (액체 안에) 담그다, 몰두하게 하다
immersion [imə́:rʒən] n. 담금, 몰두

참고 **submerge** [səbmə́ːrdʒ] v. 잠수潛水시키다, 잠수하다, (물에) 잠그다
submergence [səbmə́ːrdʒəns] n. 잠수, 침수沈水
submarine [sʌbməríːn] n. 잠수함

periscope [pérəskòup] n. 잠망경潛望鏡

흔들린다

shake [ʃeik] v. shake-shook-shaken 흔들다, 흔들리다 n. 흔들기, 흔들림

flail [fleil] v. 마구 흔들리다, 흔들다

flicker [flíkər] v. 깜박이다, 흔들리다 n. 깜박임, 흔들림

unsteady [ʌnstédi] a. 불안정한, 흔들리는
steady [stédi] a. 꾸준한, 확고確固한
steadily [stédili] ad. 꾸준히, 확고하게
참고 **slog** [slɑg] v. 열심히 해 오다, 강타强打하다 n. 강타, 고투苦鬪

sway [swei] v. 흔들다, 흔들리다 n. 흔들림, 지배, 장악掌握

swing [swiŋ] v. swing-swung-swung 흔들다, 흔들리다, 휘두르다, 빙글 돌다, 방향을 바꾸다 n. 스윙, 그네

연상의 그물망
rock [rɑk] n. 바위, 암석巖石 v. 흔들다, 흔들리다
참고 **coral reef** [kɔ́ːrəl riːf] 산호초珊瑚礁
limestone [láimstòun] n. 석회암
granite [grǽnit] n. 화강암
obsidian [əbsídiən] n. 흑요석

wag [wæg] v. (꼬리 등을) 흔들다
wave [weiv] n. 파도, 물결, 파동, 파장 v. 흔들다, 흔들리다

참고 **surf** [səːrf] n (밀려오는 큰) 파도 v. 파도타기를 하다, (인터넷) 서핑하다

turbulence [tə́ːrbjuləns] n. (물결의) 휘몰아침, 난기류亂氣流, 격동

wobble [wάbl] v. 흔들리다, 비틀거리다 n. 흔들림
참고 **pendulum** [péndʒuləm] n. 진자振子, 흔들리는 추錘, 시계추
pendulum clock 추시계

연상의 그물망
[흔들려 ➡ 몸이 떨려]

thrill [θril] n. 황홀, 전율戰慄 v. 오싹하게 하다, 설레게 하다

tremble [trémbl] v. 떨다 n. 떨림, 전율

tremulous [trémjuləs] a. 떨리는, 떠는

shiver [ʃívər] v. 떨다

shudder [ʃʌ́dər] v. 떨다, 몸서리치다, 전율하다 n. 떪, 몸서리, 전율戰慄

vibrate [váibreit] v. 진동振動하다, 진동시키다
vibration [vaibréiʃən] n. 진동
vibrator [váibrèitər] n. 진동기
vibrant [váibrənt] a. 진동하는, 활기찬, 활력이 넘치는, 강렬한

멜로디

melody [mélədi] n. 멜로디, 선율

tune [tjuːn] n. 곡, 곡조曲調, 선율旋律 v. 조율調律하다, (주파수·채널을) 맞추다
attune [ətjúːn] v. 맞추다

참고 **tailor** [téilər] n. 재단사裁斷師 v. 맞추다, 조정조정
하다
entail [intéil] v. 수반隨伴하다, 내포內包하다, 함의含意
하다, 의미하다
tail [teil] n. 꼬리, 끝 v. (꼬리, 끝)을 자르다, 미행하다
tag [tæg] n. 꼬리표, 태그

music [mjúːzik] n. 음악, 곡, 악보
musician [mjuːzíʃən] n. 음악가
musical [mjúːzikəl] a. 음악의 n. 뮤지컬
musical instrument 악기

연상의 그물망

[멜로디를 연주하는 ➡ 악기]

percussion [pərkʌ́ʃən] n. 타악기打樂器
percussion instrument 타악기
xylophone [záiləfòun] n. 실로폰

stringed instrument 현악기(絃樂器)
harp [haːrp] n. 하프
viola [vióulə] n. 비올라
violin [vàiəlín] n. 바이올린
violinist [vàiəlínist] n. 바이올린 연주자

wind instrument 관악기管樂器
flute [fluːt] n. 플루트
woodwind instrument 목관악기
brass instrument 금관 악기
trumpet [trʌ́mpit] n. 트럼펫
tuba [tjúːbə] n. 튜바(금관 악기의 일종)

symphony [símfəni] n. 심포니, 교향곡, 교향악단
symphonic [simfɑ́nik] a. 교향악의

orchestra [ɔ́ːrkəstrə] n. 오케스트라, 관현악단

opera [ɑ́pərə] n. 오페라

ensemble [ɑːnsɑ́ːmbl] n. 앙상블, (소규모) 합주단, 합창단
libretto [librétou] n. 오페라의 대본, 가극 따위의 가사
quartet [kwɔːrtét] n. 사중주단, 사중창단, 사중주곡
recital [risáitl] n. 리사이틀, 독주회, 독창회, 연주회, 암송, 낭송, 상세한 설명
recite [risáit] v. 암송하다, 낭송하다, 상세히 말하다
album [ǽlbəm] n. 앨범, 음악 앨범, 사진첩
beat [biːt] v. beat-beat-beaten 치다, 때리다, 이기다 n. 타격, 고동, 박자
참고 **rhythm** [ríðm] n. 리듬, 율동, 박자

댄스

dance [dæns] n. 춤, 무용, 댄스 v. 춤추다
참고 **prom** [prɑm] n. 무도회舞蹈會

pirouette [pirúét] n. 피루엣(한쪽 발로 서서 빠르게 도는 발레 동작)

aerobic [ɛəróubik] a. 유산소의, 호기성(好氣性)의, 에어로빅의
aerobic capacity 유산소 능력

연상의 그물망

[댄스 ➡ 예시例示로]

hiphop [híphɑ̀p] n. 힙합 a. 힙합의
hip [hip] n. 허리께, 엉덩이
hop [hɑp] v. (한 발로) 깡충깡충 뛰다 n. 깡충 뛰기

line dancing n. 라인 댄스
line [lain] n. 선, 줄, 라인, 대사, 전화선, 전선 v. 안감을 대다
on-line [ɔ́nlàin] a. 온라인의 ad. 온라인으로

linear [líniər] a. 직선의, 직선 모양의
참고 **stripe** [straip] n. 줄무늬 v. 줄무늬를 넣다

queue [kjuː] n. 줄 v. 줄을 서다

belly dance 벨리 댄스
belly [béli] n. 배
참고 abdomen [ǽbdəmən] n. 복부, 배, (곤충의) 복부

navel [néivəl] n. 배꼽

spleen [spliːn] n. 비장脾臟, 지라

stomach [stʌ́mək] n. 위胃, 배
stomachache [stʌ́məkik] n. 복통腹痛
stomach ulcer [stʌ́mək ʌ́lsər] n. 위궤양胃潰瘍

ball [bɔːl] n. 공, 무도회舞蹈會

참고 leap [liːp] v. leap-leaped/leapt-leaped/leapt 높이 뛰다, 급상승하다 n. 높이 뜀, 급상승
trampoline [trǽmpəliːn] n. (도약용) 놀이 기구, 트램펄린
jump rope [dʒʌmp roup] n. 줄넘기, 줄넘기의 줄 v. 줄넘기하다
jump [dʒʌmp] n. 점프 v. 점프하다
rope [roup] n. 밧줄, 로프 v. 밧줄로 묶다

연상의 불꽃 | 의사醫師

인간 안에 숨 쉬던 동물(動物)이 고개를 드는 순간이다. 인간과 동물의 이분법(二分法)을 **버린다**면, 즉 인간도 동물이라는 관점을 수용(受容)한다면, **질병(疾病)**을 **치료(治療)**하는 모든 **의사(醫師)**는 **수의사(獸醫師)**라는 결론도 그다지 틀린 말은 아닐지도 모른다. 이렇게 따지면 모든 인간 세상이 **동물원(動物園)**이 되는 사태(事態)가 **발생(發生)**할 수도 있지만서두 무어 우쨌든!

버린다

discard [diskáːrd] v. 버리다

abandon [əbǽndən] v. 버리다, 단념斷念하다 n. 방종放縱

참고 forsake [fərséik] v. forsake-forsook-forsaken (저)버리다

연상의 그물망

ditch [ditʃ] n. 도랑, 배수로 v. 버리다

trench [trentʃ] n. 참호塹壕, 도랑
entrenched [intréntʃt] a. 굳어버린, 참호에 둘러싸인

defect [difékt] n. 결함缺陷, 결점缺點 v. (국가, 정당 등을) 버리다
defective [diféktiv] a. 결함이 있는, 결점이 있는
defection [difékʃən] n. 이탈, 탈당

desert [dézərt] n. 사막 v. [dizə́ːrt] 버리다
deserted [dizə́ːrtid] a. 버려진, 인적이 없는
desertification [dèzəːrtəfəkéiʃən] n. 사막화

연상의 그물망

참고 camel [kǽməl] n. 낙타

hump [hʌmp] n. (낙타의) 혹, 고비, 난관

caravan [kǽrəvæn] n. (사막을 건너는) 대상隊商, 이동식 주택

mirage [miráːʒ] n. 신기루, 환각, 망상

shed [ʃed] v. 없애다, 버리다, 떨어뜨리다, 흘리다, 비추다 n. 보관소, 헛간

exhaust [igzɔ́ːst] v. 다 써버리다, 소모하다, 고갈시키다, 기진맥진하게 하다, 철저히 규명하다 n. 배기

排氣가스
exhaust fumes 배기가스
exhausted [igzɔ́:stid] a. 다 써버린, 고갈된, 기진맥진한
exhaustion [igzɔ́:stʃən] n. 극도의 피로, 소진, 고갈, 탈진, 기진맥진氣盡脈盡

연상의 그물망

참고 **fatigue** [fətí:g] n. 피로疲勞

weary [wíəri] a. 지친, 피곤한, 지루한, 싫증난 v. 지치다, 지치게 하다, 싫증나게 하다

wornout [wɔ́:rnáut] a. 닳아 해진, 녹초가 된

tired [taiərd] a. 피곤한, 싫증난
tiredness [táiərdnis] n. 피로, 권태

yawn [jɔ:n] v. 하품하다, 크게 틈이 벌어지다 n. 하품

zombie [zámbi] n. 좀비, 무기력無氣力한 사람

deplete [diplí:t] v. 고갈枯渴시키다
depletion [diplí:ʃən] n. 고갈
depletive [diplí:tiv] a. 고갈시키는

bore [bɔ:r] v. 지루하게 하다, 따분하게 하다
bored [bɔ:rd] a. 지루한, 따분한, 지겨운
boring [bɔ́:riŋ] a. 지루하게 하는, 따분하게 하는
boredom [bɔ́:rdəm] n. 지루함, 따분함, 지겨움

참고 **tedious** [tí:diəs] a. 지루한, 싫증나는
tediously [tí:diəsli] ad. 지루하게, 장황하게
tedium [tí:diəm] n. 싫증, 지루함

drudgery [drʌ́dʒəri] n. 지겨운 일, 고역

forget [fərgét] v. forget-forgot-forgotten 잊다, 잊어버리다

scrap [skræp] n. (종이, 옷감의) 조각, 스크랩 v. 폐기廢棄하다, 버리다

misplace [mispléis] v. 잘못 놓다, 잘못 두어 잃어버리다

repel [ripél] v. 쫓아버리다, 물리치다, 역겹게 하다

참고 **repulse** [ripʌ́ls] v. ~에게 혐오감嫌惡感을 주다, 물리치다
repulsive [ripʌ́lsiv] a. 혐오스러운, 물리치는

dump [dʌmp] v. (쓰레기를) 버리다, 털썩 떨어뜨리다, 투매投賣하다 n. 쓰레기장
dumpster [dʌ́mstər] n. 대형 쓰레기 수거함

연상의 그물망

trash [træʃ] n. 쓰레기
rubbish [rʌ́biʃ] n. 쓰레기 v. 헐뜯다
garbage [gá:rbidʒ] n. 쓰레기
junk [dʒʌŋk] n. 쓰레기, 쓸모없는 물건
junk food 정크 푸드(패스트푸드 등 즉석 식품)
bin [bin] n. 쓰레기통
landfill [lǽndfil] n. 쓰레기 매립지埋立地
litter [lítər] n. 쓰레기 v. 어지르다
참고 **clutter** [klʌ́tər] n. 혼란, 어수선함 v. 어지럽히다
mess [mes] n. 엉망 v. 엉망으로 만들다
messy [mési] a. 어질러진, 엉망인, 지저분한

relinquish [rilíŋkwiʃ] v. 포기하다, 내주다, 저버리다
forgo [fɔ:rgóu] v. forgo-forwent-forgone 포기하다, …없이 지내다, 삼가다
surrender [səréndər] v. 항복降伏하다, 넘겨주다, 포기抛棄하다 n. 항복, 인도引渡, 포기

질병疾病

disease [dizí:z] n. 질병疾病

연상의 그물망

참고 **Alzheimer's disease** [á:ltshaimərz dizí:z] n. 노인성 치매

Lou Gehrig's disease 루게릭병
foot-and-mouth disease [fútənmáuθ dizíːz] n. 구제역 口蹄疫

---

ache [eik] v. 아프다, 하고 싶어 못 견디다 n. 아픔
backache [bǽkèik] n. 요통 腰痛
neckache [nékèik] n. 목의 통증

ill [il] a. 아픈, 병들든, 나쁜 ad. 나쁘게
illness [ílnis] n. 병, 질병 疾病
참고 **ailment** [éilmənt] n. (가벼운) 질병

sick [sik] a. 아픈, 멀미하는, 질리는
sickness [síknis] n. 병, 질병 疾病, 욕지기

disorder [disɔ́ːrdər] n. 무질서, 혼란, (심신의 기능) 이상 異常, 병
order [ɔ́ːrdər] n. 질서 秩序, 순서 順序, 명령 命令, 주문 注文 v. 명령하다, 주문하다
tall order 무리한 요구
ordinal [ɔ́ːrdənl] n. 서수 a. 서수의

연상의 그물망
[엄마의 **명령**의 ➡ 예시 例示 로]
참고 **errand** [érənd] n. **심부름**, 용무 用務
run errands 용무를 보다
chore [tʃɔːr] n. 잡일, 허드렛일

infectious disease 전염병
infect [infékt] v. 전염 傳染시키다, 감염 感染시키다, 오염 汚染시키다, 타락 墮落시키다
infection [infékʃən] n. 전염, 감염, 전염병
infectious [infékʃəs] a. 전염성의
참고 **contagion** [kəntéidʒən] n. 감염, **전염**
contagious [kəntéidʒəs] a. 전염성이 있는, 전염성의, 전파하는
pandemic [pændémik] n. 전국적인 유행병, 세계적인 유행병 a. 전국적으로 유행하는, 세계적으로 유행하는
endemic disease [endémik dizíːz] n. 풍토병
epidemic [èpədémik] n. 유행병, 전염병
plague [pleig] n. **전염병** v. 괴롭히다
참고 **vaccinate** [vǽksənèit] v. 백신을 접종 接種하다
vaccine [væksíːn] n. 백신

연상의 그물망
[질병의 ➡ 예시 例示 로]
cancer [kǽnsər] n. 암 癌
cancer of the oral cavity 구강암
colon cancer 결장암, 대장암

respiratory diseases 호흡기 질환
SARS [sɑːrs] n. 중증 급성 호흡기 증후군 (Severe Acute Respiratory Syndrome)

anemia [əníːmiə] n. 빈혈증

ADHD 주의력 결핍 과잉행동 장애 (attention deficit hyperactivity disorder)

autism [ɔ́ːtizm] n. 자폐증 自閉症

arthritis [ɑːrθráitis] n. **관절염**
arthritic [ɑːrθrítik] a. 관절염의
osteoarthritis [ɑ̀stiouɑːrθráitis] n. 골관절염
참고 **joint** [dʒɔint] a. 공동의 n. **관절** 關節
Joint Security Area 공동경비구역 (JSA)
join [dʒɔin] v. 일원이 되다, 합류하다, 가입하다, 합치다, 접합 接合하다

asthma [ǽzmə] n. 천식
asthmatic [æzmǽtik] n. 천식 환자

cholera [kálərə] n. 콜레라

dementia [diménʃə] n. 치매

diabetes [dàiəbíːtiz] n. 당뇨병
diabetic [dàiəbétik] a. 당뇨병의 n. 당뇨병 환자

polio [póuliòu] n. 소아마비

marasmus [mərǽzməs] n. (유아의) 소모증, 쇠약증
measles [míːzlz] n. 홍역
smallpox [smɔ́lpɑ̀ks] n. 천연두
scurvy [skə́ːrvi] n. 괴혈병
leukemia [ljukíːmiə] n. 백혈병
tuberculosis [tjubə̀ːrkjulóusis] n. (TB) 폐결핵, 결핵
tubercle [tjúːbərkl] n. 작은 돌기, 결절

pneumonia [njumóunjə] n. 폐렴肺炎
acute pneumonia 급성急性 폐렴
chronic pneumonia 만성慢性 폐렴

mad cow disease 광우병狂牛病
cow [kau] n. 소, 젖소
cowboy [káubɔ̀i] n. 카우보이, 목동
필수 **calf** [kæf] n. 송아지, 종아리

bull [bul] n. 황소
buffalo [bʌ́fəlòu] n. 버펄로, 아메리카들소
bison [báisn] n. 들소
cattle [kǽtl] n. (집합적) 소들

치료治療

treat [triːt] v. 대하다, 다루다, 처리하다, 치료하다, 한턱내다 n. 한턱
treatment [tríːtmənt] n. 처리, 대우, 치료
treatable [tríːtəbl] a. 처리할 수 있는, 치료할 수 있는
maltreat [mæltríːt] v. 학대하다, 혹사하다

필수 **therapy** [θérəpi] 치료, 요법
therapeutic [θèrəpjúːtik] a. 치료의, 치유의

immune [imjúːn] a. 면역(免疫)의, 면제(免除)된
immune system 면역 체계
immunity [imjúːnəti] n. 면역, 면제

immunization [ìmjunəzéiʃən] 예방 주사豫防注射
antibiotic [æ̀ntibaiɑ́tik] n. 항생抗生 물질, (antibiotics) 항생제 a. 항생 물질의
antibiotic-resistant 항생제에 내성耐性이 있는
antibody [ǽntibɑ̀di] n. 항체

acupuncture [ǽkjupʌ̀ŋktʃər] n. 침술鍼術
acupoint [ǽkjupɔ̀int] n. 침놓는 자리

[치료 ▶ 회복]

restore [ristɔ́ːr] v. 복원復元하다, 회복回復하다
restoration [rèstəréiʃən] n. 복원, 회복
restorer [ristɔ́ːrər] n. 복원 전문가

필수 **revive** [riváiv] v. 소생蘇生시키다, 회복시키다, 소생하다, 회복하다, 부활復活하다
revival [riváivəl] n. 소생, 회복, 부활

renaissance [rènəsɑ́ːns] n. (예술의) 부흥復興, 부활, (the Renaissance) 르네상스, 문예 부흥

의사醫師

doctor [dɑ́ktər] n. 의사醫師, 박사博士
ENT Doctor 이비인후과(ear, nose and throat) 의사
Ph. D [píːeitʃdíː] n. 박사 참위

degree [digríː] n. (각도, 온도 등의) 도度, 정도, 학위
dissertation [dìsərtéiʃən] n. 학위 논문
doctorate [dɑ́ktərət] n. 박사 학위
postdoctoral [pòustdɑ́ktərəl] a. 박사 학위 취득 후의

[의사의 ▶ 예시例示로]

필수 **intern** [íntəːrn] n. 인턴 v. 인턴으로 근무하다
quack [kwæk] n. 돌팔이 의사, (오리가 우는 소리) 꽥꽥
pediatrician [pìːdiətríʃən] n. 소아과 의사

pediatric [pìːdiǽtrik] **a.** 소아과의

physician [fizíʃən] **n.** 내과 의사

physiology [fìziάlədʒi] **n.** 생리적生理的 현상, 생리학
physiological [fìziəlάdʒikəl] **a.** 생리적인, 생리학적인

dentist [déntist] **n.** 치과 의사
dental [déntl] **a.** 이의, 치과의
dent [dent] **v.** 움푹 들어가게 하다 **n.** 움푹 들어간 곳
참고 **cavity** [kǽvəti] **n.** 구멍, 구강口腔, 충치(의 구멍)
buccal cavity [bʌ́kəl kǽvəti] **n.** 입속, 구강

surgeon [sə́ːrdʒən] **n.** 외과 의사
surgery [sə́ːrdʒəri] **n.** 외과, 수술手術

hospital [hάspitl] **n.** 병원病院
참고 **clinic** [klínik] **n.** 클리닉, 병원, 병동, 진료소

sanatorium [sænətɔ́ːriəm] **n.** 요양소療養所

nurse [nəːrs] **n.** 간호사看護師 **v.** 간호하다, 젖을 먹이다
nursery [nə́ːrsəri] **n.** 탁아소託兒所
참고 **nanny** [nǽni] **n.** 유모乳母, 아이 보는 여자

연상의 그물망

pharmacist [fάːrməsist] **n.** 약사
pharmacy [fάːrməsi] **n.** 약국, 약학, 조제학
pharmaceutics [fὰːrməsjúːtiks] **n.** 약학, 조제학
pharmaceutical [fὰːrməsjúːtikəl] **a.** 약학의, 제약의 **n.** 조제약

drug [drʌg] **n.** 약, 약물, 마약 **v.** 약물을 투여投與하다
druggedout 몽롱한, 취한
drugstore [drʌ́gstɔ̀ːr] **n.** (일용 잡화까지 판매하는) 약국
참고 **dosage** [dóusidʒ] **n.** (1회분의) 복용량服用量, 투여량
dose [dous] **n.** 복용량 **v.** (약을) 투여하다
overdose [úvərdòus] **n.** (약의) 과다 복용 **v.** [òuvərdus] (약을) 과다 복용하다

hemp [hemp] **n.** 대마

placebo [pləsíːbou] **n.** 위약僞藥

symptom [símptəm] **n.** 증상症狀, 증세症勢, 징후徵候, 조짐兆朕
참고 **sequela** [sikwíːlə] **n.** (pl. sequelae [sikwíːliː]) 후유증後遺症

medicinal [mədísənl] **a.** 약藥의, 약효藥效가 있는
medicine [médəsn] **n.** 의학, 의약, 약

medicate [médəkèit] **v.** 투약하다
medication [mèdəkéiʃən] **n.** 투약, 약물 치료, 약물

medical [médikəl] **a.** 의학의, 의료의, 내과의
medical establishment 의료 기관
참고 **homeopathy** [hòumiάpəθi] **n.** 동종 요법

ointment [ɔ́intmənt] **n.** 연고, 바르는 약

powdered medicine 가루약
powder [páudər] **n.** 분말, 가루

diagnose [dáiəgnòus] **v.** 진단診斷하다
diagnosis [dàiəgnóusis] **n.** 진단

prescribe [priskráib] **v.** 처방하다, 규정하다
prescription [priskrípʃən] **n.** 처방전, 처방된 약, 처방
참고 **prognosis** [prɑgnóusis] **n.** 예후豫後

수의사獸醫師

vet [vet] **n.** 수의사獸醫師 (=veterinarian [vètərənéəriən])

동물원動物園

zoo [zuː] **n.** 동물원動物園
zoology [zouάlədʒi] **n.** 동물학
zoological [zòuəlάdʒikəl] **a.** 동물학의

발생發生

happen [hǽpən] v. 일어나다, 발생發生하다, (to) 우연히 …하다

참고 **recur** [rikə́ːr] v. 다시 일어나다, 재발再發하다

recurrence [rikə́ːrəns] n. 재발

recurrent [rikə́ːrənt] a. 재발하는, 되풀이되는

occur [əkə́ːr] v. 발생하다, 일어나다, (머릿속에) 떠오르다

occurrence [əkə́ːrəns] n. 발생, 발발, 사건

참고 **befall** [bifɔ́ːl] v. befall-befell-befallen (안 좋은 일이) 닥치다

arise [əráiz] v. arise-arose-arisen 발생하다, 일어나다, 생기다

rise [raiz] v. rise-rose-risen 오르다, 뜨다, 증가增加하다, 발생發生하다 n. 상승, 인상, 증가, 발생

섹스, 벌거벗은 자연 상태 自然狀態

sex + bare = nature

벌거벗은

bare [bɛər] a. 벌거벗은, 맨… v. 드러내다
barefoot [bérfùt] a. 맨발의 ad. 맨발로
barely [béərli] ad. 간신히, 거의 …않게

연상의 그물망

참고 **sole** [soul] n. 발바닥 a. 유일한, 혼자의
solely [sóulli] ad. 오직, 오로지, 혼자서, 단독으로

naked [néikid] a. 벌거벗은, 적나라한

자연 自然

nature [néitʃər] n. 자연, 천성, 본성, 특성
natural [nætʃərəl] a. 자연의, 타고난, 당연한 n. 옅은 황갈색
natural gas 천연 가스
natural predator 천적
natural enemy 천적
natural selection 자연 선택自然選擇, 자연 도태自然淘汰
natural remedy 민간요법
unnatural [ʌnnætʃərəl] a. 자연스럽지 않은

참고 **innate** [inéit] a. 타고난, 선천적先天的인
innately [inéitli] ad. 선천적으로

issue! | 자연自然

인위적(人爲的)인 **의복(衣服)**을 탈의(脫衣)한 인간은 세상에 태어날 때 그대로의 자연 상태(自然狀態)에 가장 가깝다고 볼 수도 있다. 섹스할 때 옷을 꼭 벗으란 법은 없지만, 섹스라는 게 은근(慇懃)히 **노동(勞動)**이라서 **땀**을 뻘뻘 흘리게 되니 거추장스러운 옷은 벗는 게 자연스럽다. 이 노동, 어쩌면 세상에서 가장 **자발적(自發的)**인 노동일지도.

인위적人爲的

artificial [à:rtəfíʃəl] a. 인공人工의, 인공적인, 인위적人爲的인

artificial respiration 인공 호흡
artificial limb 의수, 의족

artifact [á:rtəfækt] n. 가공물, 가공품, 인공물, 창작물
참고 **man-made** 사람이 만든, 인공의

raw [rɔ:] a. 날것의, **가공**加工하지 않은
raw material 원료, 원자재

연상의 그물망

process [práses] n. **과정**過程 v. 처리處理하다, **가공**加工하다

reprocess [ri:práses] v. 재처리하다, 재가공하다
processor [prásesər] n. 프로세서, 가공하는 사람(물건)

procedure [prəsí:dʒər] n. **절차**節次, 순서順序
procedural [prəsí:dʒərəl] a. 절차상의
참고 **proceed** [prəsí:d] v. 진행하다, 나아가다, 계속하다
proceeding [prəsí:diŋ] n. (소송) 절차, 진행, 행사行事

[가공 ◘ 합성]

synthetic [sinθétik] a. 종합綜合의, (인위적) 합성合成의
synthetic pesticide 합성 살충제

synthesis [sínθəsis] n. 종합, 합성
synthesize [sínθəsàiz] v. 종합하다, 합성하다

synthesizer [sínθəsàizər] n. 신시사이저

compound [kámpaund] a. 합성의, 복합의 n. 합성물, 혼합물, 화합물 (난민) 수용소 v. [kəmpáund] 혼합하다, 조합하다, 악화惡化시키다
참고 **aluminum sulfate** 황산알루미늄 (화합물의 일종)

의복衣服

clothes [klou(ð)z] n. 옷, 의복衣服
clothe [klouð] v. 옷을 입히다
cloth [klɔ:θ] n. 옷감, 천
clothing [klóuðiŋ] n. 의복, 의류

연상의 그물망

참고 **apparel** [əpǽrəl] 의류, 의복

cotton [kátn] n. 목화, 무명, 면직물, 솜
cotton candy 솜사탕

costume [kástju:m] n. 의상衣裳, 복장, 분장扮裝

dress [dres] n. 옷, 드레스 v. (옷을) 입히다, 입다

garment [gá:rmənt] n. 의류, 의복, 옷

outfit [áutfit] n. 옷, 복장, 의상, 장비

wardrobe [wɔ́:rdroub] n. 옷장, 의상衣裳

[의복 ➡ 예시例示로]

jacket [dʒǽkit] **n.** 재킷, 상의, 반코트
silk [silk] **n.** 비단, 실크
shirt [ʃəːrt] **n.** 셔츠
T-shirt 티셔츠
vest [vest] **n.** 조끼 **v.** 부여附與하다, 귀속歸屬되다
cape [keip] **n.** 망토, 곶, 갑岬
cloak [klouk] **n.** 망토 **v.** 가리다, 은폐隱蔽하다
jeans [dʒiːnz] **n.** 청바지
참고 **trousers** [tráuzərz] **n.** 바지

연상의 그물망
shorts [ʃɔːrts] **n.** 반바지
short [ʃɔːrt] **a.** 짧은, 키가 작은, 부족한 **ad.** 갑자기, 부족하게
short cut 지름길
shorthand [ʃɔ́ːrthænd] **n.** 속기速記
shorten [ʃɔ́ːrtn] **v.** 짧게 하다, 단축短縮하다
shortage [ʃɔ́ːrtidʒ] **n.** 부족
abbreviate [əbríːvièit] **v.** 줄여 쓰다, 단축하다, 축약하다
abbreviated [əbríːvièitid] **a.** 단축된, 축약된
abbreviation [əbrìːviéiʃən] **n.** 축약어, 약어

cap [kæp] **n.** (테 없는) 모자, 상한, 한도 **v.** 상한을 정하다, 한도를 정하다
hat [hæt] **n.** (테가 있는) 모자
참고 **helmet** [hélmit] **n.** 헬멧
wear [wɛər] **v.** wear-wore-worn 입다, 착용하다, 닳게 하다, 닳다 **n.** 의복, 닳음, 마모磨耗
outwear [àutwέər] **v.** outwear-outwore-outworn …보다 오래 입다, 입어서 낡게 하다
button [bʌ́tən] **n.** 단추, 버튼 **v.** 단추를 잠그다

zip [zip] **n.** 지퍼 **v.** 지퍼로 잠그다
lock [lɑk] **v.** 잠그다, 잠기다 **n.** 자물쇠, (locks) 머리채
locker [lɑ́kər] **n.** 사물함
unlock [ʌ̀nlɑ́k] **v.** 잠긴 것을 풀다

연상의 그물망
참고 **gridlock** [grídlɑ̀k] **n.** 교착 상태, 교통 정체
grid [grid] **n.** 격자무늬
latch [lætʃ] **n.** 걸쇠, 빗장, 자물쇠 **v.** 걸쇠를 걸다
latchkey [lǽtʃki] **n.** 현관 열쇠

노동勞動

labor [léibər] **n.** 노동勞動 **a.** 노동의 **v.** 노동하다
labor force 노동력, 노동 인구
laborious [ləbɔ́ːriəs] **a.** 힘든, 근면한
laborer [léibərər] **n.** 노동자
참고 **Labor and Capital** 노동자와 자본가

[노동자 ➡ 파업]

strike [straik] **v.** strike-struck-struck/stricken 치다, 파업罷業하다 **n.** 치기, 파업
stricken [stríkən] **a.** 시달리는
striker [stráikər] **n.** 파업하는 사람, 공격수

연상의 그물망
[labor ➡ col + 'labor' + ate]

collaborate [kəlǽbərèit] **v.** 협력協力하다, 공동으로 작업하다
collaboration [kəlæ̀bəréiʃən] **n.** 협력, 공동 작업
참고 **concerted** [kənsə́ːrtid] **a.** 합심한, 협력하는
concert [kɑ́ːnsərt] **n.** 콘서트, 연주회
synergy [sínərdʒi] **n.** 시너지 효과, 공동 작용, 상승효과
teamwork [tíːmwə̀ːrk] **n.** 팀워크, 협력

땀

sweat [swet] n. 땀 v. 땀을 흘리다
sweating [swétiŋ] n. 땀내기, 발한發汗
sweater [swétər] n. 스웨터
참고 **cardigan** [káːrdigən] n. 카디건

perspire [pərspáiər] v. 땀을 흘리다
perspiration [pə̀ːrspəréiʃən] n. 땀, 땀 흘림

[땀 ➡ 수분]

moisture [mɔ́istʃər] n. 수분水分, 습기
moist [mɔist] a. 축축한, 습한
moisten [mɔ́isn] v. 축축해지다, 축축하게 하다

참고 **damp** [dæmp] a. 축축한, 눅눅한 n. 습기찬 상태
dampen [dǽmpən] v. 축축하게 하다, 축축해지다

humid [hjúːmid] a. 습기 찬, 습한, 축축한, 눅눅한
humidity [hjuːmídəti] n. 습도, 습기
humidify [hjuːmídəfài] v. 습기다, 적시다, 축축하게 하다

hygrometer [haigrámitər] n. 습도계

연상의 그물망

[습한 ⬅➡ 건조한]

arid [ǽrid] a. 건조乾燥한, 무미건조한
aridly [ǽridli] ad. 건조하여, 건조하게
semiarid [sèmiǽrid] a. 반건조성의, 반건조 기후의

dry [drai] a. 마른, 건조乾燥한 v. 마르다, 말리다
참고 **dehydrate** [diːháidreit] v. 수분이 빠지다, 탈수脫水 시키다, 건조시키다
dehydration [dìːhaidréiʃən] n. 탈수, 건조
dehydrator [dìːháidreitər] n. 건조기, 탈수기
hydrate [háidreit] v. 수분을 섭취하다, 수화水化시키다
hydration [haidréiʃən] n. 수화水化
hydrant [háidrənt] n. 소화전消火栓, 급수전給水栓

wet [wet] a. 젖은, 비가 오는 v. 적시다

wetland [wétlənd] n. 습지濕地, 습지대
참고 **dip** [dip] v. (살짝) 담그다 n. 살짝 담그기, 멱감기
drench [drentʃ] v. 흠뻑 적시다
soak [souk] v. 담그다, (흠뻑) 적시다 n. 담그기

[수분 ➡ 액체]

liquid [líkwid] n. 액체液體 a. 액체의
참고 **fluid** [flúːid] n. 유동체流動體 a. 유동체의, 유동적인, 부드러운
gallon [gǽlən] n. 갤런 (액체의 용량을 측정하는 단위)

condense [kəndéns] v. 응축凝縮하다, 농축濃縮하다
condensable [kəndénsəbl] a. 응축할 수 있는
condensation [kàndenséiʃən] n. 응축, 응결凝結, 물방울

[액체 안에 공기 ➡ 거품]

bubble [bʌ́bl] n. 거품 v. 거품이 일다, 보글보글 끓다
참고 **foam** [foum] n. 거품 v. 거품이 일다

boil [bɔil] v. 끓다, 끓이다
참고 **simmer** [símər] v. 은근히 끓이다, 부글부글 끓다 n. 부글부글 끓음

furnace [fə́ːrnis] n. 용광로鎔鑛爐

연상의 그물망

[액체 ⬅➡ 기체]

참고 **gas** [gæs] n. 가스, 기체
hydrogen [háidrədʒən] n. 수소
hydrogen sulfide [háidrədʒən sʌ́lfaid] n. 황화수소
propane [próupein] n. 프로판(가스)

distill [distíl] v. 증류하다
distilled water 증류수

carbon [káːrbən] n. 탄소
carbon dioxide 이산화탄소(CO_2)
carbohydrate [kàːrbouháidreit] n. 탄수화물

참고 **greenhouse gas** [grí:nhaus gǽs] **n.** (이산화탄소 같은) 온실 가스
greenhouse [grí:nhàus] **n.** 온실
sulfur dioxide 이산화황

starch [stɑ:rtʃ] **n.** 녹말, 전분, 탄수화물 **v.** 풀을 먹이다
starchy [stɑ́:rtʃi] **a.** 전분질의, 녹말의, 탄수화물이 많은

[액체 ⟷ 고체]

참고 **solid** [sɑ́lid] **a.** 고체固體의, 견고堅固한 **n.** 고체
solidly [sɑ́lidli] **ad.** 견고하게
solidity [səlídəti] **n.** 고체성, 견고함

consolidate [kənsɑ́lədèit] **v.** 공고鞏固히 하다, 굳히다, 강화하다
consolidation [kənsɑ̀lidéiʃən] **n.** 병합倂合, 강화

자발적自發的

voluntary [vɑ́ləntèri] **a.** 자발적自發的인
voluntarily [vɑ̀ləntérəli] **ad.** 자발적으로
volunteer [vɑ̀ləntíər] **n.** 자원봉사자自願奉事者, 자원병 **v.** 자원하다

willing [wíliŋ] **a.** 기꺼이 하는, 자발적인
willingly [wíliŋli] **ad.** 기꺼이
willingness [wíliŋnis] **n.** 기꺼이 하는 마음

unwilling [ʌnwíliŋ] **a.** 내키지 않는, **꺼리는**
unwillingly [ənwíliŋli] **ad.** 마지못해
unwillingness [ənwíliŋnis] **n.** 꺼리는 마음

연상의 그물망

참고 **reluctant** [rilʌ́ktənt] **a.** 마지못한, **꺼리는**, 내키지 않는
reluctance [rilʌ́ktəns] **n.** 꺼림, 내키지 않음

shy [ʃai] **a.** **수줍어**하는, **꺼리는**

bashful [bǽʃfəl] **a.** 수줍어하는

diffident [dífidənt] **a.** 자신감自信感이 없는, 수줍은

timid [tímid] **a.** **소심**小心한
timidly [tímidli] **ad.** 소심하게

참고 **introvert** [íntrəvə̀:rt] **n.** **내향적**內向的인 사람, 내성적內省的인 사람
introverted [íntrəvə̀:rtid] **a.** 내향적인, 내성적인

extrovert [ékstrəvə̀:rt] **n.** 외향적인 사람
extroverted [ékstrəvə̀:rtid] **a.** 외향적인

outgoing [áutgòuiŋ] **a.** 외향적外向的인, 사교적社交的인

spontaneous [spɑntéiniəs] **a.** **자발적**自發的인, 자연적自然的인
spontaneously [spɑntéiniəsli] **ad.** 자발적으로, 자연적으로
spontaneity [spɑ̀ntəníəti] **n.** 자발성, 자연 발생적 성질

연상의 불꽃 | 노동勞動

앞에서는 **우스갯소리**로 '섹스도 노동'이란 표현을 썼지만, 현실적(現實的)으로 —결코 웃을 수 없는 현실(現實) 속에서— '섹스도 노동'인지 아닌지 따져봐야 할 문제가 있다. 바로 성매매(性賣買) 문제다. 성을 사고파는 성매매, 이른바 **매춘(賣春)**은 우리 사회 규범이 용납(容納)하지 아니하는 범죄 영역이다. 그러나 섹스의 노동성(勞動性)을 인정한다면, 성매매 종사자(從仕者)들도 성-노동자로서 —쉽게 말해 창녀(娼女)도 **근로자(勤勞者)**로서— 우리 법의 보호를 받을 여지(餘地)가 생길 수 있다. 사회가 규범적(規範的)으로 용인(容認)할 서비스로 정당(正當)한 **직업(職業)**으로 볼 수 있느냐의 문제다. 이런 **생각** 자체가 너무 **급진적(急進的)**인 걸까? 우리 사회에서 **빛**을 받지 못하는 **어두운 그늘**을 희미(稀微)하게나마 **조명(照明)**하자는 생각 자체가?

우스갯소리

joke [dʒouk] n. 농담弄談, 우스갯소리 v. 농담하다
kid [kid] n. 아이 v. 농담하다
jest [dʒest] n. 농담, 익살 v. 농담하다
jester [dʒéstər] n. (중세의) 어릿광대, 농담하는 사람
참고 **clown** [klaun] n. 광대, 어릿광대

연상의 그물망
punch line (농담 등에서) 결정적인 대목
punch [pʌntʃ] v. **주먹**으로 치다, 구멍을 내다 n. 주먹질, 펀치
참고 **fist** [fist] n. **주먹**
thump [θʌmp] v. (주먹으로) 세게 치다 n. 강타, 탁(쿵) 소리

humor [hjúːmər] n. 유머, 익살, 해학諧謔

매춘賣春

prostitution [prɑ̀stətjúːʃən] n. 매춘賣春
prostitute [prɑ́stətjùːt] n. 매춘부賣春婦, 창녀娼女 v. 매춘하다

근로자勤勞者

worker [wə́ːrkər] n. 일꾼, 노동자, 근로자
work [wəːrk] v. 일하다, **기능**대로 작동하다 n. 일, 작품
workable [wə́ːrkəbl] a. 실행 가능한, 이용 가능한
workforce [wə́ːrkfɔːrs] n. 노동력, 노동 인구
workload [wə́ːrkloud] n. 업무량, 작업량
workout [wə́ːrkaut] n. 운동
overwork [òuvərwə́ːrk] v. overwork-overworked/overwrought-overworked/overwrought 과로過勞하다, 지나치게 일시키다 n. 과로

clerk [kləːrk] n. 사무원, 직원, 점원
참고 **staff** [stæf] n. 직원, (군대의) 참모參謀 v. 직원을 두다

function [fʌ́ŋkʃən] n. **기능**機能, 행사, 함수 v. 기능하다
malfunction [mælfʌ́ŋkʃən] v. 제대로 작동하지 않다 n. 오작동誤作動

wage [weidʒ] n. 임금賃金, 품삯 v. (전쟁, 캠페인 등을) 벌이다
참고 **salary** [sǽləri] n. 봉급俸給, 급여給與
salary cap 연봉 상한제도

직업 職業

job [dʒɑb] n. 일, 일자리, 직업 職業
참고 **task** [tæsk] n. 일, 과업
multitask [mʌltitǽsk] v. 한 번에 여러 가지 일을 처리하다
multitasking [mʌ́ltitæ̀skiŋ] n. (한 번에 여러 가지를 처리하는) 다중 작업

vocation [voukéiʃən] n. 직업, 천직 天職, 소명, 소명감
vocational [voukéiʃənl] a. 직업의
참고 **mission** [míʃən] n. 임무 任務, 선교 宣敎, 전도 傳道
missionary [míʃənèri] a. 선교의, 전도의 n. 선교사, 전도사

연상의 그물망

resume¹ [rézumèi] n. 요약, 개요, 이력서 履歷書
curriculum vitae [kəríkjuləm váiti:] n. (CV) 이력서

career [kəríər] n. 직업, 경력 經歷

참고 **resume²** [rizú:m] v. 재개 再開하다, 다시 시작하다
resumption [rizʌ́mpʃən] n. 재개
참고 **renew** [rinjú:] v. 재개하다, 갱신 更新하다, 회복하다, 교체 交替하다
renewal [rinjú:əl] n. 재개, 갱신, 회복

interview [íntərvjù:] n. 인터뷰, 면접 面接 v. 인터뷰하다, 면접을 보다
interviewee [ìntərvjuí:] n. 인터뷰를 받는 사람, 면접 받는 사람
interviewer [íntərvjù:ər] n. 인터뷰하는 사람, 면접관, 회견 會見하는 기자 記者

commute [kəmjú:t] v. 통근 通勤하다, 통학하다 n. 통근
commuter [kəmjú:tər] n. 통근자 a. 통근(자)의
참고 **home business** 집에서 하는 개인 사업
telecommute [tèləkəmjú:t] v. 재택근무 在宅勤務하다
telecommuting [tèləkəmjú:tiŋ] n. 재택근무
telecommuter [tèləkəmjù:tər] n. 재택근무자

colleague [káli:g] n. (전문적인 직장) 동료 同僚

연상의 그물망

참고 **coworker** [kóuwə̀:rkər] n. 직장에서 함께 일하는 사람
comrade [kámræd] n. 동료, 동지, (공산당의 호칭) 동무
fellow [félou] a. 동료의 n. 동료
peer [piər] n. 또래, 동료 v. 응시하다, 유심히 보다
peer pressure 또래나 동료로부터 받는 사회적 압력

생각

reckon [rékən] v. 생각하다, 계산하다

연상의 그물망

참고 **compute** [kəmpjú:t] v. 계산하다
computer [kəmpjú:tər] n. 컴퓨터
handheld 손에 쥘 만한 크기의 컴퓨터
keyboard [kí:bɔ̀rd] n. 키보드, 자판, 건반
disc [disk] n. 디스크, 원반
multimedia [mʌltimí:diə] n. 멀티미디어

folder [fóuldər] n. 폴더, 서류철
fold [fould] v. 접다 n. 주름, (양)우리
unfold [ʌnfóuld] v. 펴다, 펼치다

update [ʌpdít] v. 갱신 更新하다 n. [ʌ́pdeit] 갱신
up-to-date 최신의

calculate [kǽlkjulèit] v. 계산 計算하다, 산출하다
calculation [kælkjuléiʃən] n. 계산, 산출
calculator [kǽlkjulèitər] n. 계산기

calculus [kǽlkjuləs] n. 미적분, 미적분학, 미적법
plus [plʌs] prep. 더하기, 더하여 a. 플러스의 n. 플러스
minus [máinəs] prep. …을 뺀 a. 마이너스의 n. 마이너스

subtract [səbtrǽkt] v. 빼다
subtraction [səbtrǽkʃən] n. 빼기, 뺄셈

mistake [mistéik] v. mistake-mistook-mistaken 잘못 생각하다, 오해誤解하다 n. 실수失手, 잘못, 오해

연상의 그물망

참고 **fallacy** [fǽləsi] n. 오류, 잘못된 생각, 틀린 생각

error [érər] n. 잘못, 실수, 오류誤謬
erroneous [iróuniəs] a. 잘못된
err [əːr] v. 잘못을 범하다

blunder [blʌ́ndər] n. 부주의하거나 어리석은 실수, 큰 실수 v. 큰 실수를 저지르다

wrong [rɔ́ːŋ] a. 잘못된, 틀린, 나쁜

idea [aidíːə] n. 아이디어, 생각, 발상
ideology [àidiálədʒi] n. 이념理念, 이데올로기
참고 **brainchild** [bréintʃàild] n. 창작물

entertain [èntərtéin] v. 즐겁게 하다, 접대接待하다, (생각을) 품다
entertaining [èntərtéiniŋ] a. 즐겁게 하는, 재미있는
entertainer [èntərtéinər] n. 연예인演藝人
entertainment [èntərtéinmənt] n. 연예, 오락娛樂, 접대

연상의 그물망

[(TV가) 연예 오락을 ➡ 보여줘]

참고 **display** [displéi] v. 전시하다, 보이다 n. 전시

show [ʃou] v. show-showed-shown 보여주다, 보이다 n. 쇼, 공연, (TV) 프로

exhibition [èksəbíʃən] n. 전시회展示會, 전람회
exhibit [igzíbit] v. 전시하다 n. 전시, 전시물

fun [fʌn] n. 재미, 장난 a. 즐거운
funny [fʌ́ni] a. 재미있는, 우스운, 희한한

amuse [əmjúːz] v. 즐겁게 하다, 재미나게 하다
amusing [əmjúːziŋ] a. 즐거운, 재미나게 하는
amused [əmjúːzd] a. 즐거워하는, 재미있어 하는
amusement [əmjúːzmənt] n. 즐거움, 재미, 오락娛樂

참고 **tickle** [tíkl] v. 간지럼을 태우다, 재미있게 하다, 즐겁게 하다 n. 간지럽히기

pastime [pǽstàim] n. 취미趣味, 오락娛樂
hobby [hábi] n. 취미

extravagance [ikstrǽvəgəns] n. 낭비, 사치, 터무니없는 생각
extravagant [ikstrǽvəgənt] a. 낭비하는, 사치奢侈스러운

연상의 그물망

참고 **prodigal** [prádigəl] a. 낭비하는, 방탕放蕩한

waste [weist] v. 낭비浪費하다 n. 낭비, 쓰레기
wasteful [wéistfəl] a. 낭비적인, 헛되이 소모하는

conceit [kənsíːt] n. 자만自慢心, 기발한 생각
conceited [kənsíːtid] a. 자만하는

연상의 그물망

참고 **narcissism** [nάːrsəsìzm] n. 자기도취陶醉, 자아도취, 나르시시즘
narcissist [nάːrsisist] n. 자아도취자, 자기도취에 빠진 사람

humble [hʌ́mbl] a. 겸손謙遜한, 초라한, 미천微賤한
humility [hjuːmíləti] n. 겸손謙遜

modest [mádist] a. 그저 보통인, 적당한, 겸손謙遜한, 정숙한
modesty [mádəsti] n. 그저 보통임, 적당함, 겸손
immodest [imádist] a. 음란한, 뻔뻔스러운

참고 **condescend** [kàndəsénd] v. 생색내며 자신을 낮추다, 거들먹거리다

contemplate [kántəmplèit] v. 심사숙고深思熟考하다, 응시凝視하다
contemplation [kàntəmpléiʃən] n. 심사숙고, 응시

연상의 그물망

참고 **stare** [stɛər] v. 응시하다, 빤히 쳐다보다, 말똥말

똥 쳐다보다 n. 응시
gaze [geiz] v. 응시하다 n. 응시

---

ponder [pándər] v. 숙고하다, 곰곰이 생각하다
ponderous [pándərəs] a. 묵직한, 답답한, 지루한

급진적急進的

radical [rǽdikəl] a. 근본적根本的인, 급진적急進的인 n. 급진주의자
radicalize [rǽdikəlàiz] v. 과격過激하게 만들다, 급진적이 되도록 하다
참고 **drastic** [drǽstik] a. 과감果敢한, 급격한, 강력한, 철저徹底한

빛

light [lait] n. 빛, 광선, 불 v. light-lighted/lit-lighted/lit 불을 붙이다, 비추다, 밝게 하다 a. 밝은, 가벼운
light year 광년
lighten [láitn] v. 밝아지다, 밝게 하다, 가벼워지다, 가볍게 하다
lighthouse [láithàus] n. 등대燈臺
lightning [láitniŋ] n. 번개, 번갯불
lightning rod 피뢰침避雷針

enlighten [inláitn] v. 계몽啓蒙하다, 깨우치다
enlightened [inláitnd] a. 계몽된, 개화된, 깨우친
enlightenment [inláitnmənt] n. 계몽, 개화, 깨우침

thunder [θʌ́ndər] n. 천둥, 우레, 천둥 같은 소리
thunderbolt [θʌ́ndərbòlt] n. 벼락
참고 **beacon** [bíːkən] n. 신호등, 등대, 수로 표지, 봉화

flash [flæʃ] v. 번쩍이다, 비추다 n. 번쩍임, 섬광, 플래시
flashlight [flǽʃlàit] n. 손전등
lantern [lǽntərn] n. 랜턴, 초롱불
lamp [læmp] n. 램프, 전기스탠드

luminance [lúːmənəns] n. (빛의) 밝기

연상의 그물망
ray [rei] n. 광선, 빛, 가오리
manta ray [mǽntə rei] n. 쥐가오리

beam [biːm] n. 광선, 빛줄기, 들보

laser [léizər] n. 레이저

참고 **ultraviolet** [ʌ̀ltrəváiələt] n. (UV) 자외선紫外線 a. 자외선의

infrared [ìnfrəréd] a. 적외선赤外線의 n. 적외선

shine [ʃain] v. shine-shone-shone 빛나다, 비추다, shine-shined-shined 광을 내다
outshine [àutʃáin] v. outshine-outshone-outshone …보다 밝게 빛나다, …보다 낫다

연상의 그물망
참고 **twinkle** [twíŋkl] v. 반짝반짝 빛나다 n. 반짝반짝 빛남, 반짝이는 빛

gleam [gliːm] v. 어슴푸레 빛나다 n. 어슴푸레한 빛

glimmer [glímər] n. 깜박이는 빛, 희미한 빛 v. (희미하게) 깜박이다

glisten [glísn] v. 반짝반짝 빛나다, 번들거리다

glitter [glítər] v. 반짝반짝 빛나다 n. 반짝이는 빛

sparkle [spáːrkl] v. 반짝이다 n. 반짝임

sunlight [sʌ́nlàit] n. 햇빛
sunshine [sʌ́nʃàin] n. 햇빛, 행복의 근원
sun [sʌn] n. 해, 태양太陽, 햇볕 v. 햇볕을 쬐다
sunny [sʌ́ni] a. 햇살이 내리쬐는, 화창한, 명랑明朗한

연상의 그물망

[sun-]

sunrise [sʌ́nràiz] **n.** 일출, 해돋이
sunset [sʌ́nsèt] **n.** 일몰, 해넘이
sunglasses [sʌ́nglæsiz] **n.** 선글라스, 색안경
sunblock [sʌ́nblὰ:k] **n.** 자외선 차단遮斷 크림
sunscreen [sʌ́nskrì:n] **n.** 자외선 차단제
sunburn [sʌ́nbə̀rn] **v.** sunburn-sunburned/sunburnt-sunburned/sunburnt 볕에 타다, 볕에 태우다 **n.** 햇볕에 심하게 탐
sunbath [sʌ́nbæ̀θ] **n.** 일광욕日光浴
suntan [sʌ́ntæn] **n.** 햇볕에 탐

tan [tæn] **v.** 햇볕에 태우다, (가죽을) 무두질하다 **n.** 황갈색 **a.** 황갈색의

solar [sóulər] **a.** 태양의

어두운

dark [dɑ:rk] **a.** 어두운, 캄캄한, 검은 **n.** 암흑
darken [dɑ́:rkən] **v.** 어둡게 하다, 어두워지다

연상의 그물망

참고 **dim** [dim] **a.** 어둑한, 흐릿한 **v.** 어둑하게 하다, 어둑해지다

dingy [díndʒi] **a.** 어두컴컴한

somber [sɑ́mbər] **a.** 어두컴컴한, 어두침침한, 침울한

그늘

shade [ʃeid] **n.** 그늘, (그림의) 음영陰影, 참조 **v.** 그늘지게 하다, 음영을 넣다
참고 **hue** [hju:] **n.** 색상, 참조

hueless [hjú:lis] **a.** 무색의, 창백한
shadow [ʃǽdou] **n.** 그림자, 그늘
overshadow [òuvərʃǽdou] **v.** 그늘지게 하다

연상의 그물망

eclipse [iklíps] **n.** (해·달의) 식蝕, 쇠퇴, 퇴색 **v.** 빛을 잃게 하다
annular eclipse [ǽnjulər iklíps] 금환 일식
lunar eclipse 월식
solar eclipse 일식

조명照明

illuminate [ilú:mənèit] **v.** 밝히다, 비추다, 조명照明하다
illumination [ilù:mənéiʃən] **n.** 조도照度, 조명

연상의 그물망

[조명 기구의 ▸ 예시例示로]

bulb [bʌlb] **n.** 전구, (식물의) 구근球根
filament [fíləmənt] **n.** 필라멘트
참고 **fluorescent** [fluərésnt] **a.** 형광螢光성의
fluorescent lamp 형광등
fluorescent lighting 형광등, 형광 조명

섹스를 희망希望하면 욕구欲求가 된다

sex + hope = desire

희망希望

hope [houp] v. 희망希望하다 n. 희망
hopeful [hóupfəl] a. 희망 가득한
참고 **chimera** [kaimíərə] n. 불가능한 희망, 키메라(사자 머리, 염소 몸, 뱀 꼬리의 신화 속 괴수)

욕구欲求

desire [dizáiər] v. 바라다, 욕망하다 n. 욕망, 욕구
desirable [dizáiərəbl] a. 바람직한, 탐나는
desirous [dizáiərəs] a. 바라는, 욕망하는
itch [itʃ] v. 가렵다, 근질근질하다, 탐食을 내다 n. 가려움, 근질근질함, 탐을 냄
itchy [ítʃi] a. 가려운, 근질근질한, 탐을 내는

issue! | 욕구 欲求

마음에 심한 **바람**이 분다. hope나 desire나 바라는 점에서는 **똑같은** 거 아니냐는 의문이 있을 수 있는데, desire는 hope의 정도가 센, strong hope의 느낌이 있다. 인간의 본능이라 어쩔 수 없는 면도 없지 않지만, 지나치게 **욕망**에 사로잡히지 않게 **그만두고** **한걸음 물러나는** 자세도 필요하다. 모든 인간의 욕망에는 그 **충족(充足)**을 위해 **대가**와 **비용(費用)**을 치르게 마련이니까. 그 대가와 비용이 **감당(堪當)**할 수 있는 선을 넘어설 우려가 있기 때문이다. 어떤가, 당신의 욕망의 값은? **싼**가, **비싼**가?

바람

wind¹ [wind] n. 바람 v. 숨을 못 쉬게 하다
windy [wíndi] a. 강한 바람이 부는, 바람이 많이 부는
windmill [wíndmil] n. 풍차風車

mill [mil] n. 방앗간, 제분소 v. 제분하다, 맷돌로 갈다
millstone [mílstòun] n. 맷돌

연상의 그물망

wind² [waind] v. wind-wound-wound **감다**, 돌리다, 휘감기다
interwind [ìntərwáind] v. interwind-interwound-interwound 한데 얽다, 한데 감다
unwind [ʌnwáind] v. unwind-unwound-unwound 감은 것을 풀다, 긴장을 풀다
참고 **coil** [kɔil] n. 코일, (여러 겹으로 감은) 고리, 사리 v. (여러 겹으로) **감다**, 똘똘 감다
in coils 똘똘 감겨서

---

gale [geil] n. 강풍強風, 폭소爆笑
gust [gʌst] n. 돌풍突風 v. (돌풍이) 불다
breeze [briːz] n. 산들바람 v. 쉽게 해내다
blow [blou] v. blow-blew-blown/blowed 불다, 날리다, 폭파爆破하다 n. 타격

blowhole [blóuhòul] n. (고래의) 숨구멍, 분수공噴水孔, 통풍구
overblow [òuvərblóu] v. overblow-overblew-overblown 지나치게 중시(평가)하다, 지나치게 부풀리다

똑같은

same [seim] a. 같은, 똑같은, 동일한 n. 같은 것, 동일한 것

연상의 그물망

equal [íːkwəl] a. 같은, 동일한, 동등한, 평등한 n. 동등한 것 v. 같다
equally [íːkwəli] ad. 똑같이, 동등하게
equality [ikwáləti] n. 평등, 동등
unequal [ʌníːkwəl] a. 같지 않은, 불공평한
inequality [ìnikwáləti] n. 불평등, 불균등
참고 **egalitarian** [igæ̀lətéəriən] a. 인류 평등주의의 n. 평등주의자
egalitarianism [igæ̀lətéəriənizm] n. 평등주의

equity [ékwəti] n. 공평, 공정 자산, 자기 자본
inequity [inékwəti] n. 불공평

equable [ékwəbl] a. 균등한, 침착한
equability [èkwəbíləti] n. 균등성

equanimity [èkwəníməti] n. 마음의 침착, 마음의 평정

equate [ikwéit] v. 동일시하다, 동등화하다
equation [ikwéiʒən] n. 방정식, 등식, 동일시, 동등화

equator [ikwéitər] n. 적도赤道
equatorial [èkwətɔ́ːriəl] a. 적도의

equivalent [ikwívələnt] a. 동등한, 상당한 n. 동등한 것, 등가물

---

like [laik] prep. …같은, …처럼 conj. …처럼 a. 비슷한 v. 좋아하다
likewise [láikwàiz] ad. 마찬가지로
alike [əláik] a. 비슷한 ad. 비슷하게
unlike [ənláik] prep. …과 같지 않은, …과 다른
dislike [disláik] v. 싫어하다 n. 싫어함

참고 **affinity** [əfínəti] 애착, 친밀감, 친화력
uniform [júːnəfɔ̀ːrm] n. 제복, 교복 a. 획일적인, 한결같은
similar [símələr] a. 비슷한, 유사한
similarly [símələrli] ad. 비슷하게, 유사하게, 마찬가지로
similarity [sìməlǽrəti] n. 비슷함, 유사성
dissimilar [dissímələr] a. 비슷하지 않은, 다른
참고 **simile** [síməli] n. 직유直喩

parallel [pǽrəlèl] a. 평행平行한, 병렬竝列의, 유사類似한 n. 유사, 필적匹敵 v. 유사하다, 필적하다
parallelogram [pæ̀rəlélɔgræm] n. 평행사변형

연상의 그물망

참고 **juxtapose** [dʒʌ̀kstəpóuz] v. 나란히 놓다, 병렬하다, 병치竝置하다

abreast [əbrést] ad. 나란히

[같다 ➡ 닮다]

resemble [rizémbl] v. …와 닮다
resemblance [rizémbləns] n. 닮음

[같다 ➡ 예시例示로]

twin [twin] n. 쌍둥이, 쌍생아雙生兒
identical twins [aidéntikəl twinz] n. 일란성一卵性 쌍둥이, 일란성 쌍생아
fraternal twins [frətə́ːrnl twinz] n. 이란성二卵性 쌍둥이, 이란성 쌍생아

연상의 그물망

triplet [tríplit] n. 세 쌍둥이 중의 한 명
quadruplet [kwɑdrúːplit] n. 네쌍둥이 중의 한 명

욕망

lust [lʌst] n. 성적인 욕욕, 강렬한 욕망
covet [kʌ́vit] v. (남의 것을) 갈망하다, 탐내다
coveted [kʌ́vitid] a. 탐내는, 부러움을 사는

craving [kréiviŋ] n. 갈망, 욕구
crave [kreiv] v. 갈망하다, 열망하다

appetite [ǽpətàit] n. 식욕食慾, 욕구
appetizer [ǽpitàizər] n. 애피타이저, 식욕을 돋구는 것
want [wɑnt, wɔːnt] v. 원하다, 필요하다 n. 결핍缺乏, 부족
wish [wiʃ] v. 바라다, 기원祈願하다 n. 바람, 소원, 기원
참고 **ambitious** [æmbíʃəs] a. 야망野望을 품은, 야심 찬
ambition [æmbíʃən] n. 야망, 야심

그만두고

cease [siːs] v. 그만두다 n. 중지

ceasefire [sí:sfaiər] n. 사격 중지, 전투 중지, 정전停戰
ceaseless [sí:slis] a. 끊임없는
incessant [insésnt] a. 끊임없는

stop [stɑp] v. 멈추다, 그만두다, 막다 n. 멈춤, 정류장

pause [pɔ:z] v. (일시적으로) 멈추다 n. (일시적인) 중지, 멈춤
pausal [pɔ́:zəl] a. 쉬는, 휴지(休止)의

quit [kwit] v. quit-quitted/quit-quitted/quit 그만두다, 그치다

truce [tru:s] n. 휴전休戰

halt [hɔ:lt] n. 멈춤, 중단 v. 멈추다, 중단하다
halter [hɔ́:ltər] n. 고삐

[그만두는 ▶ 예시例示로]

resign [rizáin] v. 사임辭任하다, 사직하다, 체념諦念하다, 단념하다
resignation [rèzignéiʃən] n. 사임, 사직, 체념, 단념

〔연상의 그물망〕

[중지 ◀▶ 계속]

참고 **constant** [kɑ́nstənt] a. 끊임없는, 변함없는 n. 상수常數
constantly [kɑ́nstəntli] ad. 끊임없이, 계속

continue [kəntínju:] v. 계속하다, 계속되다
continual [kəntínjuəl] a. 거듭되는, 반복되는, 계속되는
continually [kəntínjuəli] ad. 계속해서
continuous [kəntínjuəs] a. 계속적인
continuously [kəntínjuəsli] ad. 계속적으로
continuum [kəntínjuəm] n. 연속(체)
discontinue [dìskəntínju:] v. 중단하다

consecutive [kənsékjutiv] a. 연속되는, 연이은

intermittent [intərmítnt] a. 간헐적間歇的인

sporadic [spərǽdik] a. 산발적散發的인

ongoing [ɑ́ngòuiŋ] a. 계속 하는, 진행 중인
go [gou] v. 가다 go-went-gone n. 바둑

[그만두는 ▶ 자제 절제]

abstain [æbstéin] v. 삼가다, 자제自制하다, 기권하다
abstinence [ǽbstənəns] n. 자제, 금욕

temperance [témpərəns] n. 절제, 자제, 금주

refrain [rifréin] v. 삼가다, 자제하다 n. (노래 등의) 후렴

moderate [mɑ́dərət] a. 중도의, 절제하는, 알맞은 v. [mɑ́dərit] 완화하다, 절제하다
moderately [mɑ́dərətli] ad. 절제하여, 알맞게
moderation [mɑ̀dəréiʃən] n. 절제, 중도, 중용, 알맞음
immoderate [imɑ́dərət] a. 무절제한, 도를 넘어선

〔연상의 그물망〕

[절제하시는 분들 ▶ 예시例示로]

참고 **nun** [nʌn] n. 수녀修女, 여승
monk [mʌŋk] n. 수도사, 수도승
friar [fráiər] n. 탁발 수사

monastery [mɑ́nəstèri] n. 수도원修道院
abbey [ǽbi] n. 수도원, 수녀원
convent [kɑ́nvent] n. 수녀원

물러나는

withdraw [wiðdrɔ́: wiθdrɔ́:] v. withdraw-withdrew-withdrawn 물러나다, 빼내다, 철수撤收하다, 철회撤回하다, 취소取消하다, 인출引出하다
withdrawal [wiðdrɔ́:əl wiθdrɔ́:l] n. 철회, 취소, 인출, 금단禁斷 현상

〔연상의 그물망〕

참고 **overdraw** [òuvərdrɔ́:] v. overdraw-overdrew-overdrawn (예금보다) 초과인출하다

deposit [dipázit] n. 예금, 보증금, (광물의) 매장층 v. 예금하다, 맡기다, (특정한 장소에) 두다, 퇴적시키다

cancel [kǽnsəl] v. 취소取消하다
참고 **revoke** [rivóuk] v. (공식적으로) 취소하다, 철회撤回하다, 폐지하다

retire [ritáiər] v. 은퇴隱退하다, 퇴직退職하다, 물러나다
retirement [ritáiərmənt] n. 은퇴, 퇴직

retreat [ritríːt] v. 후퇴後退하다, 물러나다 n. 후퇴, 피난, 피난처避難處

〔연상의 그물망〕
참고 **refuge** [réfjuːdʒ] n. 피난(처), 보호 시설
refugee [rèfjudʒíː] n. 피난자, 난민難民, 망명자亡命者

shelter [ʃéltər] n. 피난처避難處, 대피소待避所

evacuate [ivǽkjuèit] v. 피난하다, 대피시키다, 비우다
evacuation [ivæ̀kjuéiʃən] n. 피난, 대피, 비우기

충족充足

meet [miːt] v. meet-met-met 만나다, 충족充足시키다
meeting [míːtiŋ] n. 만남, 회의, 모임

참고 **encounter** [inkáuntər] v. 마주치다, 부딪치다 n. 마주침, 부딪침

fulfill [fulfíl] v. 이행하다, 충족시키다
fulfillment [fulfílmənt] n. 이행, 실행, 성취, 충족감
full [ful] a. 가득찬, 꽉 찬
fully [fúli] ad. 완전히, 충분히

fill [fil] v. (가득) 채우다, 충족充足시키다
refill [riːfíl] v. 다시 채우다 n. [ríːfil] 리필, 다시 채운 것

〔연상의 그물망〕
참고 **fraught** [frɔːt] a. ~으로 가득 찬
cram [kræm] v. 밀어 넣다, (억지로) 쑤셔 넣다, 벼락치기로 공부하다

stuff [stʌf] v. 채우다, (빽빽히) 채워 넣다, 쑤셔 넣다 n. 물질, 물건
stuffing [stʌ́fiŋ] n. (쿠션에 넣는) 속
stuffed [stʌft] a. 박제된, 속을 채운
stuffy [stʌ́fi] a. (통풍이 안 되어) 답답한

[충족 ▶ 충분]

sufficient [səfíʃənt] a. 충분한
insufficient [ìnsəfíʃənt] a. 불충분한, 부족한

대가

price [prais] n. 가격價格, 물가, 대가 v. 가격을 책정策定하다
differential pricing 가격 차등差等
priceless [práislis] a. (값을 매길 수 없을 정도로) 대단히 귀중한

비용費用

cost [kɔːst] n. cost-cost/costed-cost/costed 비용費用 v. 비용이 들다
costly [kɔ́ːstli] a. 값비싼 대가를 치르는

expenditure [ikspénditʃər] n. 소비, 소모, 지출, 비용
expend [ikspénd] v. 소비消費하다, 소모消耗하다, 지출하다
expendable [ikspéndəbl] a. 소모성의

expense [ikspéns] n. 비용
expensive [ikspénsiv] a. 비용이 많이 드는, 비싼
inexpensive [ìnikspénsiv] a. 비싸지 않은, 값싼

연상의 그물망

[비용 치르는 ▶ 소비 지출]

consume [kənsúːm] v. 소비消費하다, 소모消耗하다, 사로잡다
consumer [kənsúːmər] n. 소비자
consumption [kənsʌ́mpʃən] n. 소비, 소모
spend [spend] v. spend-spent-spent 소비消費하다, (돈을) 지출支出하다, (시간을) 보내다
spending [spéndiŋ] n. 지출, 소비
misspend [misspénd] v. misspend-misspent-misspent 허비하다, 낭비浪費하다, 잘못 사용하다
overspend [òuvərspénd] v. overspend-overspent-overspent (돈을) 너무 많이 쓰다

spare [spɛər] a. 여분餘分의 n. 여분 v. (시간·돈을) 할애割愛하다, 떼어주다, **아끼다**

[비용 아끼는 ▶ 절약]

thrifty [θrífti] a. 검소儉素한, **절약**節約하는, 알뜰한
thrift [θrift] n. 검소, 절약, 알뜰

참고 **frugal** [frúːgəl] a. 검소한, 절약하는
frugality [fruːgǽləti] n. 검소, 절약

miser [máizər] n. 구두쇠, 수전노守錢奴, 자린고비
save [seiv] v. **구하다**, 아끼다, **절약**하다, 덜다, **저축**하다, 저장하다 n. 저장
save as draft 임시 저장
saving [séiviŋ] n. 절약, 저축 a. 절약하는 prep. conj. … 외에는

연상의 그물망

참고 **rescue** [réskjuː] v. **구조하다** n. 구조救助
salvage [sǽlvidʒ] n. (재난에서 재화의) 구조, 침몰선의 인양引揚 v. (난파선을) 구조하다
salvation [sælvéiʃən] n. 보호, 구제, 구원

salve [sæv] v. (죄책감을) 덜다 n. (상처에 바르는) 연고軟膏

[저축 ▶ 은행]

bank [bæŋk] n. **은행**銀行, 둑, 제방堤防
bankrupt [bǽŋkrʌpt] a. 파산破産한 n. 파산자
bankruptcy [bǽŋkrəptsi] n. **파산**

연상의 그물망

참고 **insolvent** [insálvənt] a. 지급 불능의, **파산**한
strapped [stræpt] 돈에 궁핍한, 돈에 쪼들리는
account [əkáunt] n. 이야기, 설명, 이유, **계좌** v. 설명하다, 원인이 되다, 차지하다, 간주하다
account executive (광고 회사의) 영업 담당 임원
accountant [əkáuntənt] n. 회계사

card [kɑːrd] n. **카드** v. (양털 등을) 빗질하여 다듬다
참고 **banner** [bǽnər] n. 현수막懸垂幕, **플래카드**
placard [plǽkɑːrd] n. 플래카드

감당堪當

afford [əfɔ́ːrd] v. …할 여유가 있다, 제공하다
affordable [əfɔ́ːrdəbl] a. 입수入手 가능한, (가격이) 알맞은, **감당**堪當할 수 있는

contrive [kəntráiv] v. 용케 해내다, 어떻게든 하다, 고안考案하다

manage [mǽnidʒ] v. 경영經營하다, 관리하다, 다루다, (**어떻게든, 간신히, 용케**) 해내다
manager [mǽnidʒər] n. 경영자, 감독, 매니저
management [mǽnidʒmənt] n. 경영, 관리, 경영진

참고 **leisure** [líːʒər] n. 여가餘暇, 레저
leisurely [líːʒərli] a. 여유로운, 한가한

싼

cheap [tʃiːp] a. (값이) 싼, 싸구려의, 저렴低廉한
참고 **crummy** [krámi] a. (품질이) 형편없는
low-end 저가의, 값이 싼
high-end 최고급의

비싼

sumptuous [sámptʃuəs] a. 호화로운, 값비싼, 사치스러운

luxurious [lʌgʒúəriəs] a. 호화豪華로운, 사치奢侈스러운, 쾌적한

luxury [lʌ́kʃəri] n. 사치, 사치품
deluxe [dəlʌ́ks] a. 호화로운, 사치스런, 고급의
steep [stiːp] a. 가파른, 비탈진, 급격한, 터무니없이 비싼 v. 적시다, (차를) 우려내다

연상의 그물망

참고 **slope** [sloup] n. 경사傾斜, 비탈, 기울기 v. 경사지다, 비탈지다, 기울어지다, 기울이다
scarp [skɑːrp] n. 가파른 비탈
ramp [ræmp] n. 경사로

🔥 연상의 불꽃 | 환기換氣

욕망(欲望)은 자연스러운 현상(現象)이지만, 욕망에 치우친 정신은 혼탁(混濁)할 **위험성(危險性)**이 있다. **적절(適切)**히 탁해진 마음속 **공기(空氣)**의 **흐름**을 바꾸고 **환기(換氣)**시키는 자세가 필요하다. 한편 너무 욕망을 **억누르는** 것도 문제가 발생할 수 있으니 적절히 감정을 **발산(發散)**하는 삶의 **지혜(智慧)**도 필요하다. **배설(排泄)**의 후련함을 느끼듯이 말이다. (feat. 너무 참지 마요!) 마음의 균형(均衡)을 잘 유지해 보자요!

위험성危險性

danger [déindʒər] n. 위험危險
dangerous [déindʒərəs] a. 위험한
endanger [indéindʒər] v. 위험에 빠뜨리다, 위태롭게 하다
endangered [indéindʒərd] a. 멸종 위기의
hazard [hǽzərd] n. 위험 v. 위험을 무릅쓰다
hazardous [hǽzərdəs] a. 위험한
jeopardize [dʒépərdàiz] v. 위태롭게 하다, 위험에 빠뜨리다
jeopardy [dʒépərdi] n. 위험, 유죄가 될 위험성

peril [pérəl] n. (큰) 위험
perilous [pérələs] a. (아주) 위험한
imperil [impérəl] v. 위태롭게 하다, 위험에 빠뜨리다
lurk [ləːrk] v. (불순한 의도로) 숨어 있다, 잠복潛伏하다, (위험 등이) 도사리다

연상의 그물망

참고 **hide** [haid] v. hide-hid/hided-hidden/hid 숨기다, 감추다, 숨다 n. (짐승의) 가죽
conceal [kənsíːl] v. 숨기다, 감추다
concealment [kənsíːlmənt] n. 숨김, 은닉隱匿, 은폐隱蔽

risk [risk] n. **위험**危險 v. 위험하게 하다, 위험을 무릅쓰다
risky [ríski] a. 위험한

〔연상의 그물망〕

pitfall [pítfɔ̀l] n. 함정, (보이지 않는) **위험**
pit [pit] n. 참호塹壕, 구덩이, 구멍, 웅덩이

trap [træp] n. 덫, 올가미, 함정陷穽 v. 함정에 빠뜨리다, 가두다

lasso [lǽsou] n. 올가미, 올가미 밧줄

snare [snɛər] n. 덫 v. 덫으로 잡다

[위험 ▷ 위기]

crisis [kráisis] n. 위기危機

적절適切

adequate [ǽdikwət] a. 적당한, 적절한, 충분한
adequately [ǽdikwitli] ad. 적당히, 적절히, 충분히
adequacy [ǽdikwəsi] n. 적당함, 적절함, 타당성, 충분함
inadequate [inǽdikwət] a. 부적당한, 불충분한

appropriate [əpróupriət] a. 적절한, 적합適合한 v. 책정策定하다, 충당充當하다, 도용盜用하다
appropriately [əpróupriətli] ad. 적절하게, 적합하게
inappropriate [inəpróupriət] ad. 부적절한, 부적합한

proper [prápər] a. 적절適切한
properly [prápərli] ad. 적절하게
improper [imprápər] a. 부적절한

공기空氣

air [ɛər] n. 공기空氣, 대기, 공중, 방송 v. 환기하다
ambient air 주변의 공기

ambient [ǽmbiənt] a. 주변의
참고 **aerodynamic** [ɛ̀əroudainǽmik] a. 공기 역학의
aerodynamics [ɛ̀əroudainǽmiks] n. 공기 역학

〔연상의 그물망〕

[공기 성분 ▷ 예시例示로]

oxygen [áksidʒen] n. 산소酸素
oxygen free radical 활성 산소
참고 **antioxidant** [æntiáksidənt] n. 산화 방지제

dioxide [daiáksaid] n. 이산화물二酸化物

ozone [óuzoun] n. 오존
ozone layer 오존층

[공기 없는 ▷ 예시例示로]

vacuum [vǽkjuəm] n. 진공眞空 v. 진공청소기로 청소하다
vacuum cleaner [vǽkjuəm klí:nər] n. 진공청소기
vacuumize [vǽkjuəmàiz] v. 진공화하다, 진공청소기로 청소하다
참고 **ex vacuo** [eks vǽkjouu] 무無에서의

흐름

flow [flou] v. 흐르다, 밀려오다 n. **흐름**, 밀물
참고 **flux** [flʌks] n. **흐름**, 끊임없는 변화

ebb [eb] n. 썰물 v. (물이) 빠지다

drain [drein] v. **배수**排水하다, 물을 흘러 나가게 해서 빼내다 n. 배수구
drainage [dréinidʒ] n. 배수排水, 배수 시설

drift [drift] v. 표류하다 n. **표류**

flood [flʌd] n. 홍수洪水, **쇄도**殺到 v. 홍수가 밀어닥치다, 쇄도하다
flooded [flʌ́did] a. 물에 잠긴, 침수沈水된

연상의 그물망

참고 influx [ínflʌks] n. **쇄도**殺到, 유입, 밀어닥침

arrive [əráiv] v. 도착到着하다
arrival [əráivəl] n. 도착

---

torrent [tɔ́ːrənt] n. 급류急流

spill [spil] v. spill-spilled/spilt-spilled/spilt 엎지르다, **흘리다**, 쏟다 n. 엎지른 액체, 유출流出

참고 splash [splæʃ] v. 물을 튀기다, 첨벙거리다 n. 텀벙하기, 첨벙 소리

slosh [slɑʃ] v. 철벅철벅 튀다

환기換氣

ventilate [véntəleit] v. 환기換氣하다, 통풍通風하다
ventilation [vèntəléiʃən] n. 환기, 통풍
vent [vent] n. 통풍구 v. (감정을) 배출하다, 터뜨리다

outlet [áutlet] n. 출구, 배출구排出口, 탈출구, 할인 매장

억누르는

stifle [stáifl] v. **억누르다**, 질식시키다
참고 smother [smʌ́ðər] v. 질식시키다, (불을) 덮어 끄다

choke [tʃouk] v. 질식窒息시키다, 질식하다, 숨이 막히다

contain [kəntéin] v. 포함하다, **억누르다**
container [kəntéinər] n. 컨테이너, **용기**容器, 그릇

연상의 그물망
[용기(容器) ▶ 예시例示로]

참고 barrel [bǽrəl] n. 통, 한 통의 양, 배럴

bucket [bʌ́kit] n. 양동이
bucket list 필생의 소원 목록

---

pail [peil] n. 양동이, 들통

cylinder [sílindər] n. 원통, 원기둥, 실린더

jar [dʒɑːr] n. (유리 등으로 된) 병, 단지, 항아리

kettle [kétl] n. 주전자, 솥

bottle [bátl] n. 병 v. 병에 담다
bottleneck [bátlnèk] n. (길이 좁아져 교통 체증을 일으키는) 병瓶목 지역

참고 opener [óupənər] n. 여는 도구, 따는 기구

---

suppress [səprés] v. **억압하다**, 진압하다, 은폐하다
suppression [səpréʃən] n. 억압抑壓, 진압鎭壓, 은폐隱蔽
suppressive [səprésiv] a. 억압하는, 진압하는, 은폐하는

repress [riprés] v. 억압하다, **억누르다**, 진압하다
repression [ripréʃən] n. 진압, 탄압彈壓, (욕구의) 억압

swallow [swálou] v. 삼키다, 감내堪耐하다, **억누르다**, 참다 n. 제비

연상의 그물망

참고 gulp [gʌlp] v. 꿀꺽꿀꺽 삼키다, 벌컥벌컥 마시다 (숨을), 깊이[크게] 들이마시다

---

inhibit [inhíbit] v. 억제하다, **억압하다**
inhibition [ìnhəbíʃən] n. 억제抑制, 억압抑壓

oppress [əprés] v. **억압하다**
oppression [əpréʃən] n. 억압抑壓
oppressive [əprésiv] a. 억압적인

발산發散

release [rilíːs] v. (책이나 음반을) 발매하다, (영화를) 개봉하다, 석방하다, 해방하다, **발산하다** n. (책이나 음반의) 발매, (영화의) 개봉, 석방, 해방, 발산

참고 radiate [réidièit] v. 사방으로 퍼지다, **방사**放射하

다, 방출하다, 내뿜다
radiation [rèidiéiʃən] n. 방사, 방사선, 복사輻射
radial [réidiəl] a. 방사의
radiant [réidiənt] a. 빛나는, 환한, 복사의

radioactive [rèidiouǽktiv] a. 방사능의
radioactivity [rèidiouæktívəti] n. 방사능

emit [imít] v. 내뿜다, 발하다
emission [imíʃən] n. 발산, 배출, 배기가스

exhale [ekshéil] v. 내쉬다, 발산發散하다
inhale [inhéil] v. 들이마시다, 흡입吸入하다

dissipate [dísəpèit] v. (열을) 발산하다, 흩뜨리다, 소멸하다

> 연상의 그물망

참고 **vapor** [véipər] n. 증기蒸氣, 수증기 v. 증발蒸發하다, 증발시키다
vaporize [véipəràiz] v. 증발하다, 기화하다, 증발시키다, 기화시키다
evaporate [ivǽpərèit] v. 증발하다, 증발시키다, 사라지다
evaporation [ivæpəréiʃən] n. 증발, 소멸

지혜智慧

wisdom [wízdəm] n. 지혜智慧
wisdom tooth [wízdəmtuːθ] n. 사랑니
wise [waiz] a. 지혜로운
wisely [wáizli] ad. 지혜롭게
참고 **judicious** [dʒuːdíʃəs] a. 분별력 있는, 신중한

sage [seidʒ] n. 현자, 현인, 현명한 사람 a. 현명한

배설排泄

eliminate [ilímənèit] v. 제거하다, 배설排泄하다
elimination [ilìmənéiʃən] n. 제거, 배출排出, 배설

> 연상의 그물망

remove [rimúːv] v. 제거除去하다, 치우다, 옮기다
removal [rimúːvəl] n. 제거, 이동
removable [rimúːvəbl] a. 제거할 수 있는, 떼어낼 수 있는
irremovable [irimúːvəbl] a. 제거할 수 없는
참고 **delete** [dilíːt] v. 삭제削除하다

excrete [ikskríːt] v. 분비하다, 배설排泄하다
참고 **secretion** [sikríːʃən] n. 분비分泌, 분비액, 분비물
secrete [sikríːt] v. 분비하다

gland [glænd] n. 분비샘

fecal [fíːkəl] a. 배설물排泄物의
defecation [dèfikéiʃən] n. 배변
참고 **diarrhea** [dàiəríːə] n. 설사泄瀉

urine [júərin] n. 소변小便, 오줌

균형均衡

balance [bǽləns] n. 균형均衡, 저울, 수지, 잔액, 나머지 v. 균형을 잡다
balanced [bǽlənst] a. 균형 잡힌

> 연상의 그물망

참고 **disparity** [dispǽrəti] n. 불균형, (불공정한) 차이

offset [ɔ́ːfsèt] v. offset-offset-offset 상쇄相殺하다 n. 상쇄하는 것

equilibrium [iːkwəlíbriəm] n. 평형 상태, 평형, 균형, 균형 상태

poise [pɔiz] n. 균형, 평형, 평정 v. 균형을 잡다, 자세를 취하다

symmetry [símətri] n. 대칭對稱, 균형均衡
asymmetry [eisímətri] n. 비대칭, 불균형

섹스의 감정感情, 흥분興奮

sex + feel = excited

흥분興奮

excite [iksáit] v. 흥분시키다, 일어나게 하다
excited [iksáitid] a. 신이 난, 흥분興奮된
exciting [iksáitiŋ] a. 신나게 하는, 흥분시키는
excitement [iksáitmənt] n. 흥분, 신남, 자극

issue! 흥분興奮

섹스 상황에서 **감정**이 제대로 **자극**된다. 무어 오래되어 익숙한 관계라면 아주 **사소(些少)**하고 평온(平穩)할 수도 있고, 사람의 감정이야 천차만별(千差萬別)이겠지만 특히 처음이라면 어떨까? 마치 **모험(冒險)**하듯 **긴급(緊急)**한 상황에서 **긴장**하여 **얼굴도 붉어지고**, 처음의 설렘으로 **휘젓는** 마음이 격심(激甚)하게 요동(搖動)치며 **산만(散漫)**하고 **싱숭생숭**할 터이다. 감정에 **압도(壓倒)**되고 격정(激情)의 **폭풍(暴風)**에 사로잡히면 세상이 빙글빙글 **돌** 수도 있다.

감정

emotion [imóuʃən] n. 감정, 정서情緒
emotional [imóuʃənl] a. 감정의, 감정적인
emotionally [imóuʃənli] ad. 감정적으로, 정서적으로

feeling [fíːliŋ] n. 느낌, 감정, 기분
feel [fiːl] v. feel-felt-felt 느끼다 n. 촉감觸感, 감촉

자극

arouse [əráuz] v. 불러일으키다, 각성시키다, (성적으로) 자극하다
arousal [əráuzəl] n. 각성, (성적인) 자극

evoke [ivóuk] v. (감정을) 불러일으키다
evocative [ivákətiv] a. 불러일으키는
evocation [èvəkéiʃən] n. 불러냄, 환기

spur [spəːr] n. 박차拍車, 자극刺戟, 자극제 v. 박차를 가하다, 자극하다

stimulate [stímjuleit] v. 자극하다, 흥미를 돋우다
stimulus [stímjuləs] n. (pl. stimuli [stímjəlài]) 자극, 자극제

연상의 그물망

참고 **incentive** [inséntiv] n. 자극, 유인, 동기, 장려책獎勵策

motivate [móutəveit] v. 동기動機를 부여附與하다
motivation [mòutəvéiʃən] n. 동기 부여, 자극, 유인, 유도
motive [móutiv] n. 동기, (예술 작품의) 모티프, 주제
motif [moutíːf] n. (예술 작품의) 모티프, 주제, (디자인) 무늬

incitement [insáitmənt] n. 자극, 선동煽動

[자극 ▷ 격려]

참고 **encourage** [inkə́ːridʒ] v. 격려激勵하다, 고무鼓舞하다, 조장助長하다

encouragement [inkə́ːridʒmənt] n. 격려, 고무
inspire [inspáiər] v. 고무鼓舞하다, 격려激勵하다, 영감靈感을 주다
inspiration [ìnspəréiʃən] n. 영감靈感, 고무, 격려

참고 **pep talk** 격려의 말

연상의 그물망

[격려 ◁▷ 낙담]

discourage [diskə́ːridʒ] v. 용기를 꺾다, 단념斷念시키다, 낙담落膽시키다
deject [didʒékt] v. 낙담시키다, 기를 꺾다

lift [lift] v. 들어올리다, 고무하다 n. 승강기, 리프트

provocation [pràvəkéiʃən] n. 도발挑發, 자극刺戟
provocative [prəvákətiv] a. 도발적인, 자극적인
provoke [prəvóuk] v. 도발하다, 유발하다, 성나게 하다

참고 **goad** [goud] v. 자극하다, 막대기로 찌르다 n. 자극, 막대기

suggestive [səgdʒéstiv] a. 암시적인, 색정色情을 자극하는
suggestion [səgdʒéstʃən] n. 제안, 암시, 연상
suggest [səgdʒést] v. 제안提案하다, 암시暗示하다

연상의 그물망

agitate [ǽdʒiteit] v. (정치적·사회적 변화를) 공개적으로 강력히 주장하다, 선동煽動하다
agitation [ædʒitéiʃən] n. 불안, 동요, 소요, 선동적 주장
agitator [ǽdʒiteitər] n. 선동자, 선동가

참고 **propaganda** [pràpəgǽndə] n. (부정적인 뉘앙스로 정치적) 선전
propagate [prápəgeit] v. 전파하다, 선전宣傳하다, 번식하다, 증식하다
propagation [pràpəgéiʃən] n. 선전, 번식

사소些少

trifle [tráifl] n. 시시한 일, 하찮은 일, 하찮은 물건 v. (with) 하찮게 다루다
trifling [tráiflin] a. 사소한, 하찮은
trivial [tríviəl] a. 사소些少한, 하찮은
trivia [tríviə] n. 하찮은 것들, 사소한 것들
petty [péti] a. 하찮은, 옹졸壅拙한
slight [slait] a. 약간의, 조금의, 사소한, 가냘픈
참고 **bit** [bit] n. 조금, 약간

모험冒險

adventure [ædvéntʃər] n. 모험冒險
adventurous [ædvéntʃərəs] a. 모험적인
venture [véntʃər] v. 모험冒險하다, 위험을 무릅쓰다 v. 모험, 모험적 사업
venturous [véntʃərəs] a. 모험심이 강한

긴급緊急

urgent [á:rdʒənt] a. 긴급한, 촉박促迫한
urgently [á:rdʒəntli] ad. 긴급하게
urgency [á:rdʒənsi] n. 긴급, 촉박, 절박
urge [ə:rdʒ] v. 촉구促求하다, 재촉하다
참고 **exigency** [éksədʒənsi] n. 긴급, 긴급 사태
emergency [imá:rdʒənsi] n. 긴급緊急 상황, 비상사태
emergency room 응급실 (ER)
hasty [héisti] a. 서두르는, 서두는
haste [heist] n. 서두름
hasten [héisn] v. 서두르다, 재촉하다
hurry [hə́:ri] v. 서두르다 n. 서두름
참고 **prodding** [prádin] n. 쿡 찌르기, 재촉하기

긴장

tense [tens] a. 긴장緊張한, 팽팽한 v. 긴장시키다, 긴장하다 n. 시제
tension [ténʃən] n. 긴장, 팽팽함
hypertension [hàipərténʃən] n. 과도한 긴장, 고혈압高血壓
strain [strein] v. 긴장緊張시키다, 잡아당기다 n. 긴장, 종족, 변종變種
strained [streind] a. 긴장된
stress [stres] n. 스트레스, 긴장, 압박壓迫, 강조, 강세 v. 스트레스를 주다, 강조하다
참고 **intonation** [ìntənéiʃən] n. 억양抑揚

연상의 그물망

pressure [préʃər] n. 압력壓力, 압박壓迫
air pressure 기압
high pressure 고기압, 고압
low pressure 저기압, 저압
press [pres] v. 누르다 n. 언론, 신문, 인쇄기, 출판사
참고 **psi** 압력의 단위 (pounds per square inch)
compress [kəmprés] v. 압축壓縮하다, 압박壓迫하다 n. [kάmpres] 압박 붕대
compression [kəmpréʃən] n. 압축, 압박
squeeze [skwi:z] v. (손으로) 꽉 짜다, 짜내다, 쥐어 짜다, 비집고 들어가다 n. 꽉 짜기, 긴축
constrict [kənstríkt] v. 압축하다, 수축하다, 죄다
constriction [kənstríkʃən] n. 압축, 긴축緊縮
push [puʃ] v. 밀다, (버튼을) 누르다, 압박壓迫하다 n. 밀기, 누르기
참고 **shove** [ʃʌv] v. (난폭하게) 밀다, (거칠게) 밀치다
thrust [θrʌst] v. thrust-thrust-thrust 밀치다, 찌르다 n. 찌르기, 취지趣旨, 요지
thrusting [θrʌ́stin] a. 자기주장이 강한

suspense [səspéns] n. 긴장감緊張感, 조마조마함

suspend [səspénd] v. 매달다, 유예猶豫하다, 유보留保하다, 정학停學시키다, 정직停職시키다
suspension [səspénʃən] n. 매닮, 유예, 유보, 정학, 정직

> 연상의 그물망

참고 **hang¹** [hæŋ] v. hang-hung-hung 걸다, 달다, 매달다, 매달리다

hang² [hæŋ] v. hang-hanged-hanged 교수형에 처하다

overhang [òuvərhǽŋ] v. overhang-overhung-overhung ⋯ 위에 걸리다, ⋯ 위에 돌출突出하다 n. [óuvərhæ̀ŋ] 돌출부

dangle [dǽŋgl] v. 매달리다, 매달다

protrude [proutrúːd] v. 튀어나오다, 돌출하다

---

uptight [ʌptáit] a. 긴장緊張한, 초조焦燥한, 뻣뻣한

unbend [ʌnbénd] v. unbend-unbent-unbent (구부러진 것을) 펴다, (긴장을) 누그러뜨리다

bend [bend] v. bend-bent-bent 구부리다, 굽히다, 구부러지다 n. 구부러짐

> 연상의 그물망

참고 **curly** [kə́ːrli] a. 곱슬곱슬한, 동그랗게 말린

curve [kəːrv] n. 곡선, 만곡부彎曲部, 커브 v. 굽히다, 구부러지다

crook [kruk] v. (손가락이나 팔을) 구부리다 n. 갈고리 모양의 막대, 사기꾼

parabola [pərǽbələ] n. 포물선

---

flexible [fléksəbl] a. 유연柔軟한, 융통성融通性 있는
flexibility [flèksəbíləti] n. 유연성, 융통성
inflexible [infléksəbl] a. 유연하지 않은, 융통성 없는
relax [rilǽks] v. 느슨하게 하다, 긴장緊張을 풀다, 완화(緩和)하다

relaxation [rìːlækséiʃən] n. 이완弛緩, 완화, 휴식
참고 **melt** [melt] v. 녹다, 녹이다, (감정 등이) 누그러지다, 누그러뜨리다
molten [móultən] a. 녹은, 용해된

> 연상의 그물망

rest [rest] n. 나머지, 휴식休息 v. 쉬다
restroom [réstruːm] n. (공공) 화장실化粧室
참고 **repose** [ripóuz] n. 휴식

intermission [ìntərmíʃən] n. (영화, 연극 등의) 중간 휴식 시간, 중단, 휴지休止

얼굴도 붉어지고

blush [blʌʃ] v. 얼굴을 붉히다 n. 얼굴을 붉힘, 홍조紅潮
참고 **flush** [flʌʃ] v. (얼굴이) 붉어지다, (변기의) 물을 내리다 n. 홍조, (감정의) 격앙激昂, (새잎이) 돋아남

[얼굴을 붉히는 ➡ 곳]
cheek [tʃiːk] n. 뺨, 볼

휘젓는

stir [stəːr] v. 젓다, 휘젓다, 동요動搖시키다 n. 휘젓기, 동요

산만散漫

distract [distrǽkt] v. (마음 등을) 딴 데로 돌리다, 주의를 다른 데로 돌리다, 산만散漫하게 하다
distracted [distrǽktid] a. (주의가) 산만한, (정신이) 산란散亂한

distraction [distrǽkʃən] **n.** 주의를 산만하게 하는 것, 기분 전환, 오락

싱숭생숭

anxious [ǽŋkʃəs] **a.** 걱정하는, 불안한, 열망하는, 갈망하는
anxiety [æŋzáiəti] **n.** 걱정, 불안, 열망, 갈망

nervous [nə́ːrvəs] **a.** 신경의, 신경쓰는, 긴장하는, 초조한, 불안한
Nervous Nellie 겁쟁이
nerve [nəːrv] **n.** 신경, (nerves) 신경과민神經過敏, 용기, 뻔뻔스러움

> 연상의 그물망

참고 **chorda tympani** 고실끈 신경(얼굴 쪽의 신경)
limbic system 변연계(인체의 기본적인 감정·욕구 등을 관장하는 신경계)
synaptic plasticity [sinǽptik plæstísəti] 시냅스 가소성可塑性

neurology [njuərálədʒi] **n.** 신경(병)학
neuroscience [njùərousáiəns] **n.** 신경 과학
neurosurgery [njùərousə́ːrdʒəri] **n.** 신경외과학
neurochemical [njùəroukémikəl] **a.** 신경 화학의 **n.** 신경 화학 물질
neuromuscular [njùroumʌ́skjələr] **a.** 신경 근육의

---

hungry [hʌ́ŋgri] **a.** 배고픈, 굶주리는, 갈구渴求하는, 갈망渴望하는
hunger [hʌ́ŋgər] **n.** 배고픔, 굶주림, 갈구, 갈망

> 연상의 그물망

참고 **famine** [fǽmin] **n.** 기근饑饉, 기아饑餓, 굶주림
starvation [stɑːrvéiʃən] **n.** 굶주림, 기아
starve [stɑːrv] **v.** 굶주리다, 굶어 죽다

압도壓倒

overwhelm [òuvərhwélm] **v.** 압도壓倒하다
overwhelming [òuvərhwélmiŋ] **a.** 압도적인
참고 **overbear** [òuvərbέər] **v.** overbear-overbore-overborn 위압威壓하다, 압도하다
overbearing [òuvərbέəriŋ] **a.** 고압적高壓的인

폭풍暴風

storm [stɔːrm] **n.** 폭풍, 폭풍우暴風雨 **v.** 폭풍우가 몰아치다, 급습急襲하다

> 연상의 그물망

참고 **hurricane** [hə́ːrəkèin] **n.** 허리케인, 대폭풍
tempest [témpist] **n.** (사나운) 폭풍우
typhoon [taifúːn] **n.** 태풍颱風
raid [reid] **n.** 급습, 습격 **v.** 급습하다, 습격하다

돌

spin [spin] **v.** spin-spun-spun 돌다, 돌리다, 실을 잣다, 회전回轉하다, 회전시키다 **n.** 회전
참고 **spin-off** 스핀오프, 파생(派生) 상품, 파생물, 속편續篇
spindle [spíndl] 회전축, 물레가락
distaff and spindle 실을 감는 막대와 추
circle [sə́ːrkl] **n.** 원, 원형 **v.** 원을 그리다, 돌다
semicircle [sémisə̀ːrkl] **n.** 반원, 반원형
circumference [sərkʌ́mfərəns] **n.** 원의 둘레, 원주
cone [koun] **n.** 원뿔, 콘
oval [óuvəl] **a.** 타원형의 **n.** 타원형, 계란형

[돌다 ➡ 순환]

circulate [sə́ːrkjulèit] v. 순환循環하다, 유통流通되다, 유포流布하다
circulation [sə̀ːrkjuléiʃən] n. 순환, 유통, 발행 부수, 판매 부수
circular [sə́ːrkjulər] a. 원형의, 순환하는 n. 안내문, 광고 전단
circulatory [sə́ːrkjulətɔ̀ːri] a. (혈액) 순환의
circuit [sə́ːrkit] n. 회로, 순환
참고 **spread** [spred] v. spread-spread-spread 퍼지다, 퍼뜨리다, 펴다, 펼치다 n. 퍼짐, 확산擴散, 전파
overspread [òuvərspréd] v. overspread-overspread-overspread 온통 뒤덮다
widespread [wáidspred] a. 널리 퍼진, 광범위廣範圍한
diffuse [difjúːz] v. 퍼지다, 확산하다, 확산시키다, 분산시키다
diffusion [difjúːʒən] n. 확산, 보급普及, 전파傳播
dissemination [disèməneiʃən] n. 보급, 유포流布

orbit [ɔ́ːrbit] n. 궤도軌道 v. 궤도를 돌다
orbital [ɔ́ːrbitl] a. 궤도의

rotate [róuteit] v. 회전하다, 교대하다
rotation [routéiʃən] n. 회전, (지구의) 자전自轉, 교대, 순환
shift [ʃift] v. 바꾸다 n. 변화, 교대交代
day shift 주간 근무
night shift 야간 근무
whirl [wəːrl] v. 빙빙 돌다, 소용돌이치다, 소용돌이치게 하다 n. 소용돌이, 빙빙 돌기
whirlpool [wə́ːrlpùːl] n. 소용돌이
turn [təːrn] v. 돌리다, 돌다, 바꾸다, 변하다 n. 돎, 전환, 차례次例

flip [flip] v. (동전을) 던지다, (손가락으로) 튀기다, 휙 뒤집다, 휙 넘기다
flipper [flípər] n. 지느러미 발, 오리발
참고 **fling** [fliŋ] v. fling-flung-flung 내던지다
sling [sliŋ] v. sling-slung-slung 휙 던지다, 느슨하게 매달다 n. 팔걸이 붕대, 아기 포대
mud-slinging [mʌ́dsliŋiŋ] n. 인신공격人身攻擊, 비방誹謗
throw [θrou] v. throw-threw-thrown 던지다 n. 던지기
outthrow [àutθróu] v. outthrow-outthrew-outthrown …보다 멀리(정확히) 던지다
overthrow [òuvərθróu] v. overthrow-overthrew-overthrown 전복顚覆하다, 타도打倒하다 n. [óuvərθròu] 전복, 타도
overturn [òuvərtə́ːrn] v. 뒤집다, 뒤엎다
pitch [pitʃ] v. 내던지다, 투구投球하다, (일정한 높이로) 소리음을 내다 n. 투구, 음의 높이
pitcher [pítʃər] n. 투수, 물주전자
Little pitchers have long ears. 애들은 귀가 밝다.
pitchfork [pítʃfɔ̀ːrk] n. 쇠스랑

[도는 ➡ 축]

axis [ǽksis] n. 축軸, 중심축, 대칭축

[돌면 ➡ 어지러운]

dizzy [dízi] a. 어지러운, 현기증眩氣症이 나는

연상의 불꽃 | 감정感情

꼭 섹스 상황이 아니라고 하더라도 사랑하는 사람 앞에서 어떤 감정(感情)이 솟구칠까? **애정(愛情)** 어린 상대로 인하여 **우울(憂鬱)**하게 **감상**에 젖기도 하고, **공감**하며 **감정이입(感情移入)**이 되기도 한다.

애정愛情

affection [əfékʃən] n. 애정
affectionate [əfékʃənət] a. 애정 어린
affective [əféktiv] a. 정서적情緖的인, 감정의
affect [əfékt] v. 영향을 미치다, 감동시키다, 감염시키다, 가장假裝하다, 꾸미다
affectation [æfektéiʃən] n. 가장, 허식虛飾

fond [fɑnd] a. 좋아하는, 애정을 품은

우울憂鬱

depress [diprés] v. 우울憂鬱하게 하다, 침체沈滯시키다, 아래로 누르다
depression [dipréʃən] n. 우울함, 우울증, 불경기, 불황
the Great Depression (1929 미국에서 시작된) 세계 대공황
depressed [diprést] a. 우울한, 울적한
depressive [diprésiv] a. 우울증의 n. 우울증 환자

참고 **blue** [bluː] a. 파란, 푸른, 우울한 n. 파란색, 푸른색
doldrums [dóuldrəmz] n. 침울, 침체
mope [moup] v. 울적해하다
slump [slʌmp] n. 폭락, 불황 v. 폭락하다, 털썩 주저앉다

gloom [gluːm] n. 어두침침함, 우울憂鬱함, 침울沈鬱함
gloomy [glúːmi] a. 어두침침한, 우울한, 침울한
참고 **dismal** [dízməl] a. 음울한, 형편없는

melancholy [mélənkɑ̀li] n. 우울 a. 우울한, 구슬픈
melancholia [mèlənkóuliə] n. 우울증
melancholiac [mèlənkóuliæk] n. 우울증 환자 a. 우울증에 걸린

연상의 그물망

recession [riséʃən] n. 후퇴後退, 경기 후퇴, 불경기不景氣, 불황不況
recessive [risésiv] a. 후퇴하는, 열성劣性의
recede [risíːd] v. 후퇴하다, 반환하다
참고 **recess** [ríːs] n. 휴회, 휴식, 쉬는 시간

stagnation [stæɡnéiʃən] n. 침체, 부진, 불황
stagnant [stǽɡnənt] a. 고여 있는, 침체沈滯된
stagnate [stǽɡneit] v. (물이) 고이다, 침체되다

감상

sentiment [séntəmənt] n. 감정, 감상, 정서
sentimental [sèntəméntl] a. 감정적인, 감상적인
sentimentalism [sèntəméntəlizm] n. 감정주의, 감상주의

공감

sympathy [símpəθi] n. **동정**同情, 동정심, 공감共感, 동의
sympathetic [sìmpəθétik] a. 동정적인, 공감하는, 동의하는
sympathize [símpəθàiz] v. 동정하다, 공감하다, 동의하다
참고 **antipathy** [æntípəθi] n. 반감反感, 악감정

compassion [kəmpǽʃən] n. **동정**, 연민憐憫
compassionate [kəmpǽʃənət] a. 동정하는, 연민 어린

pity [píti] n. 불쌍히 여김, 가엾게 여김, 연민憐憫, **동정**, 유감 v. 동정하다, 유감스러워 하다
pitiful [pítifəl] a. **불쌍한**, 비참悲慘한
pitiless [pítilis] a. 매정한, 무자비無慈悲한
참고 **pathetic** [pəθétik] a. **불쌍한**, 측은惻隱한

[동정 ▶ 자비]

mercy [mə́ːrsi] n. **자비**慈悲
merciful [mə́ːrsifəl] a. 자비로운
merciless [mə́ːrsilis] a. 무자비한
mercilessly [mə́ːrsilisli] ad. 무자비하게
참고 **ruthless** [rúːθlis] a. 무자비한
ruthlessly [rúːθlisli] ad. 무자비하게

연상의 그물망

charity [tʃǽrəti] n. **자선**慈善, 자선 단체
charitable [tʃǽritəbl] a. 자선하는, 너그러운

donate [dóuneit] v. **기부**寄附하다, 기증寄贈하다, 헌혈하다
donation [dounéiʃən] n. 기부, 기증, 헌혈, 기부금
donator [dóuneitər] n. 기부자, 기증자
donor [dóunər] n. 기증자, 헌혈자

참고 **endow** [indáu] v. 부여하다, **기부**하다
endowment [indáumənt] n. 기부, (부여받은) 재능

philanthropist [filǽnθrəpist] n. **자선가**慈善家

감정이입感情移入

empathy [émpəθi] n. 공감, 감정 이입感情移入
empathize [émpəθàiz] v. 공감하다
empathetic [èmpəθétik] a. 공감할 수 있는, 감정 이입의
empathic [empǽθik] a. 감정 이입의

섹스와 크기의 탄력성彈力性

sex + size = elasticity

크기

size [saiz] n. 크기, 규모, 치수, 사이즈
sizeable [sáizəbl] a. 꽤 큰, 상당히 큰

탄력성彈力性

elasticity [ilæstísəti] n. 탄성彈性, 탄력성彈力性, 신축성
elastic [ilǽstik] a. 탄력성 있는, 탄력 있는, 신축성 있는, 신축적인 n. 고무줄, 고무 밴드
elastin [ilǽstin] n. 엘라스틴, 탄력소
참고 **malleable** [mǽliəbl] a. 순응성이 있는

탄력적(彈力的)이란 말은 고무줄이나 용수철이 늘어났다 줄어들었다 할 때 많이 쓰이는 말이지만, 남근(男根)도 성적으로 흥분될 때 **발기(勃起)**하면 부풀어 크기가 **커지고**, 성행위를 마치거나 흥분이 가라앉을 때 크기가 다시 **줄어든다**. 이와 같이 커졌다 작아졌다, 늘었다 줄었다 하는 속성(屬性)은 크게 보아 유사(類似)하다고 보고 (무어, 엄밀하게 따지면 **부정확**한 용어일 수도 있지만) 여기서는 탄력성(彈力性)이란 표현을 쓰기로 한다. 요컨대 **길이**, **두께**, **부피**의 변화와 **회복(回復)**이다.

발기 勃起

erect [irékt] a. 똑바로 선, 직립直立한 v. (똑바로) 세우다, 설립하다
erection [irékʃən] n. 직립, 설립, (생리적) 발기

<연상의 그물망>
참고 **upright** [ápràit] a. 똑바른, 수직垂直의, 곧추선, 꼿꼿한
vertical [vəːrtikəl] a. 수직의 n. 수직선, 수직면

참고 **potent** [póutnt] a. 강한, 강력한, (남성이) 성적 능력이 있는
formidable [fɔ́ːrmidəbl] a. 강력한, 감당할 수 없는, 가공可恐할 만한

[강력한 ▶ 힘]
power [páuər] n. 힘, 권력權力, 전력電力, 동력動力 v. 동력을 공급하다
power line 송전선
power outage 정전停電
powerful [páuərfəl] a. 힘있는, 강력한
empower [impáuər] v. 권한을 부여하다, 이양하다
empowerment [impáuərmənt] n. 권한 부여, 위임

부풀어 커지고

swell [swel] v. swell-swelled-swollen/swelled 부풀다, 붓다, 팽창膨脹하다, 팽창시키다 n. 팽창
distend [disténd] v. 부풀다, 팽창하다, 팽창시키다
inflate [infléit] v. 부풀리다, 부풀다
inflation [infléiʃən] n. 인플레이션, 물가 상승, 통화 팽창通貨膨脹
deflation [difléiʃən] n. 디플레이션, 물가 하락, 통화 수축通貨收縮
참고 **blister** [blístər] n. 물집, 수포水泡

부정확 不正確

inaccurate [inækjərit] a. 정확하지 않은, 부정확한
accurate [ækjurət] a. 정확한, 정밀精密한
accurately [ækjurətli] ad. 정확히, 정확하게, 정밀하게
accuracy [ækjurəsi] n. 정확, 정밀

참고 **exact** [igzǽkt] a. 정확한, 정밀한 v. 요구해서 받아내다
exactly [igzǽktli] ad. 정확히, 정밀히

plumb [plʌm] ad. 정확히, 바로 v. 헤아리다 n. 추
correct [kərékt] a. 올바른, 정확한 v. 바로잡다, 정정訂正하다, 교정矯正하다
incorrect [inkərékt] a. 정확하지 않은, 부정확한
correction [kərékʃən] n. 정정, 수정, 교정

<연상의 그물망>
참고 **proofread** [prúːfrìːd] v. 교정校正보다
proofreading [prúːfrìːdiŋ] n. 교정

typo [táipou] n. 오타, 오식誤植
typology [taipálədʒi] n. 유형학類型學

precise [prisáis] a. 정확한, 정밀한, 엄밀嚴密한
precisely [prisáisli] ad. 정확히, 정밀히, 엄밀히
precision [prisíʒən] n. 정확함, 정밀성, 엄밀함

줄어든다

shrink [ʃriŋk] v. shrink-shrank/shrunk-shrunk/shrunken 오그라들다, 줄어들다, 줄이다
shrinkage [ʃríŋkidʒ] n. 줄어듦, 수축收縮
참고 **shriveled** [ʃrívld] a. 오그라든, 쪼글쪼글해진
wither [wíðər] v. 시들다, 시들게 하다
languish [lǽŋgwiʃ] v. 시들해지다, 괴로운 생활을 하다

길이

length [leŋθ] n. 길이, 기간
lengthen [léŋθən] v. 길어지다, 길게 하다

<연상의 그물망>

참고 **yard** [jɑːrd] n. 야드(길이 단위, 3피트), **마당**, 활대 (돛 위에 가로 댄 나무)

atrium [éitriəm] n. **안마당**, (심장의) 심방心房

두께

thickness [θíknis] n. 두께
thick [θik] a. **두꺼운**, (농도가) 진한, 걸쭉한
thicken [θíkən] v. 진하게 하다, 두껍게 하다
참고 **curdle** [kə́ːrdl] v. 응고凝固시키다

<연상의 그물망>

[두꺼운 ↔ 얇은]

thin [θin] a. 마른, **얇은**, 묽은
slender [sléndər] a. (호감이 가는) 호리호리한, 날씬한
slim [slim] a. (호감이 가는) 날씬한, 희박한

부피

volume [váljuːm] n. 부피, **용량**容量, 양, 음량, 책, 권
참고 **bulky** [bʌ́lki] a. 부피가 큰, 덩치가 큰
bulk [bʌlk] n. 크기, 부피 v. 커지다, 크게 하다

<연상의 그물망>

참고 **capacity** [kəpǽsəti] n. **용량**, 역량, **능력**, 수용 능력
capable [kéipəbl] a. 수용할 수 있는, 역량 있는, 능력 있는
capability [kèipəbíləti] n. **능력**
incapable [inkéipəbl] a. 할 수 없는, 무능한

회복回復

return [ritə́ːrn] v. 돌아오다, 돌려주다 n. 돌아옴, 돌려줌, **회복**, 수익收益
참고 **recuperation** [rikjùːpəréiʃən] n. (건강 등의) **회복**
rehab [ríːhæb] n. 재활再活
rehabilitate [rìːhəbíləteit] v. 재활 치료하다, 사회로 복귀시키다, 명예를 회복시키다
remission [rimíʃən] n. (병의) **회복**, 감형, 감면
resilient [rizíljənt] a. 회복력이 있는, 강인한, 탄력彈力 있는
resilience [rizíljəns] n. 회복력, 회복 탄력성, 탄력, 탄성
retrieve [ritríːv] v. 회수하다, **회복**하다, (정보를) 추출抽出하다, 검색檢索하다
retrieval [ritríːvəl] n. 회복, 검색
retrievability [ritrìːvəbíləti] n. 회복력
recover [rikʌ́vər] v. **회복**回復하다, 회복되다
recovered [rikʌ́vərd] a. 회복된
recovery [rikʌ́vəri] n. 회복

연상의 불꽃 | 크기

크기 얘기가 나왔으니, 크기가 **크고 작고 커지고 작아지고** 하는 단어들을 연상해 볼까?

크고

big [big] a. 큰

gigantic [dʒaigǽntik] a. 거대한
giant [dʒáiənt] n. 거인 a. 거대한

enormous [inɔ́ːrməs] a. 막대한, 거대한, 어마어마한

huge [hjuːdʒ] a. 막대한, 거대한, 엄청난

immense [iméns] a. 거대한, 막대한, 어마어마한
immensity [ménsəti] n. 엄청남, 방대함, 광대함, 어마어마함

tremendous [triméndəs] a. 엄청난, 무시무시한
tremendously [triméndəsli] ad. 엄청나게

vast [væst] a. 방대(尨大)한, 막대(莫大)한

작고

small [smɔːl] a. 작은

tiny [táini] a. 아주 작은, 조그마한

compact [kəmpǽkt] a. 소형의, 밀집(密集)한, 촘촘한, 옹골찬

커지고

expand [ikspǽnd] v. 확대(擴大)하다, 확장(擴張)하다, 팽창(膨脹)하다
expansion [ikspǽnʃən] n. 확대, 확장, 팽창
expanse [ikspǽns] n. 광대한 공간

enlarge [inláːrdʒ] v. 확대(擴大)하다, 확장(擴張)하다
large [lɑːrdʒ] a. 큰, 많은

escalate [éskəlèit] v. 확대하다, 증대하다
escalator [éskəlèitər] n. 에스컬레이터

연상의 그물망

참고 elevator [éləvèitər] n. 엘리베이터, 승강기(昇降機)
elevate [éləvèit] v. 올리다, 승진시키다
elevated [éləvèitid] a. 높은
elevation [èləvéiʃən] n. 높은 곳, 높이, 상승, 승진

gain [gein] v. 얻다, 늘다 n. 증가, 이득
regain [rigéin] v. 되찾다, 회복하다, 되돌아오다

magnify [mǽgnəfài] v. 확대(擴大)하다, 과장(誇張)하다
magnification [mǽgnəfikéiʃən] n. 확대, 확대율, 배율

연상의 그물망

참고 magnitude [mǽgnətjùːd] n. 크기, 규모(規模), 중요도, (별의) 광도(光度)

magnificence [mǽgnífəsns] n. 장엄함, 웅장함
magnificent [mǽgnífəsnt] a. 장엄한, 웅장한, 훌륭한

grand [grænd] a. 웅장(雄壯)한, 장엄(莊嚴)한
grandeur [grǽndʒər] n. 위엄, 웅장함, 장엄함, 장관

majestic [mədʒéstik] a. 장엄한, 위엄 있는
majesty [mǽdʒəsti] n. 장엄함, 위엄, (Your Majesty) 폐하

spectacle [spéktəkl] n. 굉장한 경관, 장관(壯觀), 구경거리
spectacles [spktəkəlz] n. 안경
spectacular [spektǽkjulər] a. 장관인, 화려(華麗)한

increase [inkríːs] v. 증가(增加)하다, 증가시키다, 늘리다 n. 증가
increasingly [inkríːsiŋli] ad. 점점 더

increment [ínkrəmənt] n. 증가
incremental [ínkrəməntəl] a. 증가의, (점진적으로) 증가하는

연상의 그물망

proliferation [prəlífəréiʃən] n. 급증, 증식(增殖), 확산(擴散)

surge [səːrdʒ] v. 밀려들다, 급등(急騰)하다, 급증하다 n. 밀려듦, 급등, 급증, 범람(汎濫)

soar [sɔːr] v. **급등**急騰하다, 치솟다, 급상승急上昇하다
soaring [sɔ́ːriŋ] a. 급등하는, 급상승하는

작아지고

decrease [dikríːs] v. 감소하다, 줄이다 n. 감소
diminish [dimíniʃ] v. 줄이다, 줄어들다, 깎아내리다
참고 **diminishing returns** 수확 체감收穫遞減

diminution [dìmənjúːʃən] n. 축소, 감소
diminutive [dimínjutiv] a. 아주 작은

lessen [lésn] v. 줄다, 줄이다

reduce [ridjúːs] v. 줄이다
reduction [ridʌ́kʃən] n. 감소減少, 축소縮小

curtail [kəːrtéil] v. 줄이다

dwindle [dwíndl] v. (점점) 줄어들다
dwindling [dwíndliŋ] a. (점차) 줄어드는

섹스의 즐거움, 쾌감快感의 절정絶頂

sex + pleasure = orgasm

즐거움

pleasure [pléʒər] n. 즐거움, 기쁨
please [pliːz] interj. 부디, 제발 v. 기쁘게 하다
pleased [pliːzd] a. 기뻐하는
pleasing [plíːzɪŋ] a. 기쁘게 하는, 즐거운
pleasant [plézənt] a. 즐거운, 상냥한
unpleasant [ʌnplézənt] a. 불쾌不快한
displease [displíːz] v. 불쾌하게 하다
displeasure [displéʒər] n. 불쾌, 불만

delight [diláit] n. (큰) 기쁨, 즐거움 v. 큰 기쁨을 주다
delighted [diláitid] a. 아주 기뻐하는, 즐거워하는

joy [dʒɔi] n. 기쁨, 즐거움
enjoy [indʒɔ́i] v. 즐기다, 누리다

delicious [dilíʃəs] a. (아주) 맛있는, 아주 즐거운

[연상의 그물망]

참고 taste [teist] v. 맛보다, 맛이 나다 n. 맛, 미각味覺
taste bud 미뢰味蕾(혀의 미각기관), (혀의) 미각돌기
tasteless [téistlis] a. 맛이 없는
tasty [téisti] a. 맛있는

tangy [tǽŋi] a. 톡 쏘는, 짜릿한

savor [séivər] v. 음미吟味하다, 맛보다, 맛을 내다 n. 맛, 풍미風味

flavor [fléivər] n. 맛 풍미, 조미료, 양념 v. 맛을 내다
flavoring [fléivəriŋ] n. 조미료, 향신료, 양념

[맛 ➡ 예시例示로]

bitter [bítər] a. 맛이 쓴, 쓰라린, 혹독한

sour [sauər] a. 신, 시큼한

참고 **acid** [ǽsid] n. 산酸, 산성酸性 a. 산의, 산성의, 신맛의
acid rain 산성비

절정絶頂

orgasm [ɔ́ːrgæzm] n. 오르가슴, 성적 쾌감快感의 절정

💡 issue! 쾌락快樂

오르가슴은 성행위로 도달하는 즐거운 감정의 **최고조(最高潮)**를 표현하는 말이다. 물론 상대방 없이 **자위(自慰)**를 함으로써 쾌락(快樂)에 **도달(到達)**하는 방법도 있다.

최고조最高潮

ecstasy [ékstəsi] n. 황홀, 황홀경恍惚境
rapture [rǽptʃər] n. 환희, 황홀, 무아지경無我之境

자위自慰

masturbation [mæstərbéiʃən] n. 자위自慰, 수음手淫
참고 **console** [kənsóul] v. 위로慰勞하다, 위안을 주다 n. 콘솔, 제어 장치
consolation [kɑ̀nsəléiʃən] n. 위로, 위안

도달到達

attain [ətéin] v. 성취하다, 달성하다, 이루다, 도달하다

attainment [ətéinmənt] n. 성과, 성취
attainable [ətéinəbl] a. 성취할 수 있는
unattainable [ʌ̀nətéinəbl] a. 성취할 수 없는
reach [riːtʃ] v. 닿다, 이르다, 도달하다, (손을) 뻗다 n. 닿는 범위, (미치는) 범위範圍
outreach [àutríːtʃ] v. …보다 멀리 미치다, 능가凌駕하다 n. 봉사 활동

연상의 그물망

참고 **surpass** [sərpǽs] v. 능가하다, 뛰어넘다
surpassing [sərpǽsiŋ] a. 뛰어난, 빼어난, 출중出衆한
outdo [àutdúː] v. outdo-outdid-outdone 능가하다, 이기다
excel [iksél] v. 탁월(卓越)하다, 뛰어나다, 능가凌駕하다
excellent [éksələnt] a. 탁월한, 훌륭한
exceed [iksíːd] v. 초과하다, 넘다, 넘어서다

연상의 불꽃 | 절정絶頂

최고의 상태나 경지를 나타내는 **절정(絶頂)**을 뜻하는 낱말들이 뭐가 있나 연상해 본다.

절정 絶頂

peak [piːk] n. 절정, 정점 v. 절정에 달하다

zenith [zéːniθ] n. 천정天頂, 절정絶頂

acme [ǽkmi] n. 절정, 정점頂點

climax [kláimæks] n. 클라이맥스, 절정

culmination [kʌ̀lmənéiʃən] n. 정점, 최고점

pinnacle [pínəkl] 정점, 절정

연상의 그물망

참고 **top** [tɑp] n. 맨 위, 꼭대기 a. 맨 위의

summit [sʌ́mit] n. (산의) 정상, 정상 회담

섹스의 과학科學, 생물학生物學

sex + science ❶ = biology

과학

science [sáiəns] n. 과학
scientific [sàiəntífik] a. 과학의, 과학적인
scientist [sáiəntist] n. 과학자

연상의 그물망

참고 **atom** [ǽtəm] n. 원자原子
atomic [ətámik] a. 원자의, 원자력의

isotope [áisətòup] n. 동위 원소

proton [próutɑn] n. 양성자

molecule [máləkjùːl] n. 분자分子
molecular [məlékjulər] a. 분자의

nuclear [njúːkliər] a. 핵의, 원자핵原子核의, 원자력原子力의

nuclear fission 핵분열

fission [fíʃən] n. 분열, 핵분열
nucleotide [njúːkliətàid] n. 핵산DNA, RNA의 기본단위
nucleus [njúːkliəs] n. (pl. nuclei [njúːkliài]) 핵, 세포핵, 중심
neutron [njúːtrɑn] n. 중성자
참고 **neutral** [njúːtrəl] a. 중립의, 중성의 n. 중립
neutralize [njúːtrəlàiz] v. 중화하다, 무효화하다

technology [teknálədʒi] n. 과학 기술科學技術, 컴퓨터 기술
technological [tèknəládʒikəl] a. 과학 기술의, 컴퓨터 기술의
technical [téknikəl] a. 기술의, 기법의, 전문적인
technique [tekníːk] n. 기술, 기법
technician [tekníʃən] n. 기술자, 기교가

tech-savvy 기술 사용이 능숙한, 기술에 정통한

savvy [sǽvi] n. 요령, 지식 a. 사리事理에 밝은, 어떤 것을 다룰 줄 아는

skill [skil] n. 기술技術, 기량技倆, 솜씨
skillful [skílfəl] a. 숙련熟練된, 능숙能熟한

> 연상의 그물망

참고 **adept** [ədépt] a. 능숙한, 숙련된
adeptly [ədéptli] ad. 능숙하게, 숙련되게

dexterity [dekstérəti] n. 솜씨 좋음, 손재주가 좋음
dexterous [dékstərəs] a. 솜씨 좋은, 손재주가 좋은

versed [vəːrst] a. 정통精通한, 아주 잘 아는

생물학

biology [baiálədʒi] n. 생물학, 생명 활동
biologic [bàiəládʒik] a. 생물학의, 생명의
biological [bàiəládʒikəl] a. 생물학의, 생명의
biologist [baiálədʒist] n. 생물학자

biochemistry [bàioukémistri] n. 생화학

biotechnology [bàiouteknálədʒi] n. 생명 공학
biotechnological [bàiouteknəládʒikəl] a. 생명 공학의
biotechnologist [bàiouteknálədʒist] n. 생명 공학자

bioluminescence [bàioulùːmənésns] n. 생물 발광發光
biomass [báiouməs] n. 생물량, 에너지로 사용 가능한 생물체
biome [báioum] n. 생물군계
biota [baióutə] n. 생물 군집
biopsy [báiapsi] n. 생검(생체 조직 검사)
biorhythm [báiouriðm] n. 바이오리듬, 생체 리듬

symbiosis [sìmbaióusis] n. 공생, 공존
symbiotic [sìmbaiátik] a. 공생의, 공생하는
endosymbiont [endousímbiànt] a. 다른 생물의 체내에 공생하는

metabolism [mətǽbəlizm] n. 신진대사新陳代謝, 물질대사物質代謝
metabolic [mètəbálik] a. 신진대사의, 물질대사의
metabolize [mətǽbəlàiz] v. 신진대사 작용을 하다, 물질대사 활동을 하다

 issue! 생물과학生物科學

섹스는 생물학(生物學)의 시간이다. — 인체의 신비를 **탐구**하는 시간이다. **입, 귀, 혀, 가슴, 손, 코** 등 **몸**의 모든 부분들이 성행위의 주역(主役)으로 등장한다. 특히 남녀의 **성기(性器)**가 **경이(驚異)**로움의 극치(極致)에 이른다.

탐구探求

explore [iksplɔ́ːr] v. 탐험探險하다, 탐구探究하다
exploration [èkspləréiʃən] n. 탐험, 탐구
explorer [iksplɔ́ːrər] n. 탐험가

몸

body [bádi] n. 몸, 신체
body language 몸짓 언어
heavenly body 천체天體

embody [imbádi] v. 구현하다, 포함하다
disembodied [disembádid] a. 무형의, 육체에서 분리된

somebody [sʌ́mbàdi] pron. 누군가 n. 대단한 사람
anybody [énibàdi] pron. (부정문) 아무도, (의문문·조건문) 누군가, (긍정문) 누구든지 n. 보잘것없는 사람
참고 gesture [dʒéstʃər] n. 몸짓 v. 몸짓을 하다

torso [tɔ́ːrsou] n. 몸통, 토르소

연상의 그물망
[몸을 이루는 ▷ 뼈]
bone [boun] n. 뼈
bone marrow [boun mǽrou] n. (marrow) 골수骨髓
backbone [bǽkbòun] n. 등뼈, 척추脊椎
참고 fracture [frǽktʃər] n. 골절 v. 골절되다, (뼈를) 부러뜨리다

rib [rib] n. 갈비뼈, 갈비 고기

skeleton [skélətn] n. 골격구조, 뼈대, 해골
exoskeleton [èksouskélitn] n. 외골격

skeletal [skélitl] a. 골격의, 뼈대의, 해골의
skeletal muscle [skélitl mʌ́sl] 골격근

osteoporosis [àstiəpəróusis] n. 골다공증骨多孔症

pelvis [pélvis] 골반骨盤, 골반 뼈

skull [skʌl] n. 두개골頭蓋骨

입

mouth [mauθ] n. 입

oral [ɔ́ːrəl] a. 구두의, 구술의, 구강의, 입의
velum [víːləm] n. 여린입천장
참고 ceiling [síːliŋ] n. 천장, 최고 한도

lip [lip] n. 입술

연상의 그물망
[입 안에 ▷ 이빨]
tooth [tuːθ] n. (pl. teeth [tiːθ]) 이빨, 치아齒牙

toothache [túːθeik] n. 치통, 이앓이
gargle [gáːrgl] v. 양치질하다, 입안을 헹구다 n. 양치질, 입안을 헹구는 소리
fluoride [flúəràid] n. (충치 방지) 플루오린 화합물

fang [fæŋ] n. 엄니, 송곳니

incisor [insáizər] n. 앞니

bite [bait] v. bite-bit-bitten (이빨로) 물다 n. 물기

연상의 그물망
참고 nibble [níbl] v. 조금씩 뜯어 먹다

nip [nip] v. 꼬집다, 물다

pinch [pintʃ] v. 꼬집다, 죄다 n. 꼬집기

snap [snæp] v. 덥석 물다, 탁 부러지다, 툭 부러뜨리다 n. 탁 소리, 스냅 사진 a. 쉬운

[입 안에 ▷ 침]
spit [spit] v. spit-spat/spit/spitted-spat/spit/spitted 침을 뱉다, 뱉다, 내뱉다 n. 침
참고 saliva [səláivə] n. 침, 타액唾液
salivate [sǽləvèit] v. 침을 흘리다
salivary gland [sǽləvèri glænd] 침샘

[입 아래 ▷ 턱]
chin [tʃin] n. 턱
참고 jaw [dʒɔː] n. 턱

귀

ear [iər] n. 귀, 청각聽覺, 청력
earring [íriŋ] n. 귀걸이
earache [íəreík] n. 귓병, 귀앓이

hear [hiər] v. hear-heard-heard 듣다

mishear [mishír] v. mishear-misheard-misheard 잘못 (알아)듣다
overhear [òuvərhír] v. overhear-overheard-overheard 우연히 엿듣다
listen [lísn] v. 듣다, 귀를 기울이다
참고 **deaf** [def] a. 청각 장애의, 귀먹은

shrug [ʃrʌg] v. (어깨를) 으쓱하다 n. (어깨를) 으쓱하기

연상의 그물망
참고 **crate** [kreit] n. 나무 상자
box [bɑks] n. 박스, 상자 v. 권투하다
boxer [bάksər] n. 복서, 권투 선수, (Boxer) 복서(개의 한 품종)

혀

tongue [tʌŋ] n. 혀, 언어 v. 혀로 핥다

손

hand [hænd] n. 손, 도움, 시계 바늘 v. 건네주다
beforehand [bifɔ́ːrhænd] ad. 사전에, 미리

연상의 그물망
finger [fíŋgər] n. 손가락
forefinger [fɔ́ːrfìŋgər] n. 집게손가락
index finger 집게손가락
thumb [θʌm] n. 엄지손가락

palm [pɑːm] n. 손바닥, 야자나무
palm oil 야자유
참고 **manual** [mǽnjuəl] a. 손의, 수공의, 수동의, 육체노동의 n. 안내책자, 설명서
manually [mǽnjuəli] ad. 손으로, 수공으로, 수동으로

가슴

chest [tʃest] n. 가슴, 흉부胸部, (나무) 상자, 궤
breast [brest] n. 가슴, 유방乳房
breast-feed [bréstfìːd] v. breast-feed-breast-fed-breast-fed 모유를 먹이다
breaststroke [bréststròuk] n. 평영平泳
bosom [búzəm] n. (여성의) 가슴

연상의 그물망
참고 **milk** [milk] n. 우유, 젖 v. 젖을 짜다, (부당하게) 짜내다
wean [wiːn] v. 젖을 떼다, 이유離乳시키다
yogurt [jóugərt] n. 요구르트
mammal [mǽməl] n. 포유류哺乳類, 포유동물
dairy [déəri] a. 낙농酪農의, 낙농업의, 유제품의 n. 낙농장

연상의 그물망
nail [neil] n. 손톱, 발톱, 못 v. 못박다
참고 **peg** [peg] n. 나무못, 빨래집게 v. 고정하다
pin [pin] n. 핀 v. 핀으로 꽂다
screw [skruː] n. 나사 v. 나사로 조이다
tack [tæk] n. 압정 v. 압정으로 고정하다
manicure [mǽnəkjùər] n. 손톱 손질 v. 손톱을 손질하다
pedicure [pédikjùər] n. 발의 치료, 발톱 미용

[가슴 위에 ▷ 어깨]
참고 **shoulder** [ʃóuldər] n. 어깨 v. (어깨로) 짊어지다, 밀치다

wrist [rist] n. **손목**, 팔목

ankle [ǽŋkl] n. 발목

코

nose [nouz] n. 코, 후각 v. 코를 박고 찾다
nosedive [nóuzdàiv] n. 폭락, 급락, 급강하 v. 폭락하다, 급락하다, 급강하하다
참고 **nostril** [nástrəl] n. 콧구멍

hum [hʌm] v. 콧노래를 부르다, 윙윙거리다, 웅웅거리다 n. 윙윙(웅웅) 소리

sniff [snif] v. 코를 훌쩍거리다, 킁킁 대다, 콧방귀를 뀌며 말하다 n. 코를 킁킁거리기, 낌새
sniffy [snífi] a. 콧방귀를 뀌는

연상의 그물망
[코로 맡아 ▷ 냄새]

odor [óudər] n. 악취惡臭, **냄새**, 낌새
malodor [mælóudər] n. 고약한 냄새
참고 **stink** [stiŋk] v. stink-stank/stunk-stunk 악취를 풍기다 n. 악취
stinky [stíŋki] a. 악취를 풍기는

smell [smel] v. smell-smelled/smelt-smelled/smelt 냄새가 나다, 냄새를 맡다 n. **냄새**
참고 **olfactory** [alfǽktəri] a. 후각嗅覺의 n. 후각 기관

scent [sent] n. 향기, **냄새** v. 냄새 맡다, 냄새를 풍기다, 향기 나다
참고 **aroma** [əróumə] n. 향기, 방향芳香
aromatic [ærəmǽtik] a. 향기로운

perfume [pə́ːrfjuːm] n. 향수, 향기
fume [fjuːm] n. 냄새, 향기, 화, (fumes) 가스, 연기, 매연 v. 연기를 내뿜다, 화를 내다

fragrance [fréigrəns] n. 향기, 향수, 방향芳香
fragrant [fréigrənt] a. 향기로운

성기性器

penis [píːnis] n. 남성의 성기性器, 남근男根, 음경陰莖
vagina [vədʒáinə] n. 질膣, 여성의 내성기內性器
clitoris n. (여성의) 클리토리스, 음핵陰核

경이驚異

amazing [əméiziŋ] a. **놀라운**, 굉장한
amaze [əméiz] v. 놀랍게 하다
amazement [əméizmənt] n. 놀라움

astonish [əstániʃ] v. 깜짝 **놀라게** 하다
astonishing [əstániʃiŋ] a. 깜짝 놀라게 하는
astonishment [əstániʃmənt] n. 깜짝 놀람

astound [əstáund] v. 대단히 **놀라게** 하다, 경악시키다
astounding [əstáundiŋ] a. 대단히 놀라운, 경악스러운

marvel [máːrvəl] n. **경이로움**, **놀라움** v. 경탄하다, 놀라다
marvelous [máːrvələs] a. 경이로운, 놀라운

surprise [sərpráiz] v. **놀라게** 하다 n. 놀라움
surprised [sərpráizd] a. 놀란
surprising [sərpráiziŋ] a. 놀라게 하는, 놀라운
surprisingly [sərpráiziŋli] ad. 놀랍게도

stun [stʌn] v. **놀라게** 하다, 기절氣絶시키다
stunning [stániŋ] a. 깜짝 놀랄 만한, 매우 아름다운

startle [stáːrtl] v. 깜짝 **놀라게** 하다
startling [stáːrtliŋ] a. 깜짝 놀랄, 놀라운

wonder [wʌndər] v. 궁금하다, **놀라다** n. 경이로움, **불가사의**不可思議
wonderful [wʌndərfəl] a. 경이驚異로운, 대단히 멋진

연상의 그물망
참고 **phenomenal** [finámənl] a. **경이적인**

phenomenally [finǽmənli] ad. 경이적으로
phenomenon [finǽmənàn] n. (pl. phenomena [finǽmənə]) 현상現象, 천재, 경이로운 것
참고 genius [dʒíːnjəs] n. 천재, 비범한 재능

miracle [mírəkl] n. 기적奇蹟
miraculous [mirǽkjuləs] a. 기적적인

연상의 그물망
mystery [místəri] n. 미스터리, 불가사의不可思議, 수수께끼, 추리 소설
참고 supernatural [sùpərnǽtʃərəl] a. 초자연적인, 불가사의한 n. 초자연적인 현상

puzzle [pʌ́zl] n. 퍼즐 v. 어리둥절하게 하다, 당황唐慌하게 하다
puzzled [pʌ́zld] a. 어리둥절한, 당황한
참고 riddle [rídl] n. 수수께끼
baffle [bǽfl] v. 당황하게 하다, 어리둥절하게 하다

detective [ditéktiv] n. 탐정探偵, 형사
detect [ditékt] v. 탐지探知하다, 찾아내다
detection [ditékʃən] n. 탐지, 찾기, 탐색
smoke detector 화재경보기
참고 snoop [snuːp] v. 기웃거리다, 염탐廉探하다 n. 염탐, 염탐꾼

clue [kluː] n. 단서(端緒), 실마리

연상의 불꽃 | 포경

남성의 성기 껍데기를 잘라내 귀두(龜頭)를 드러내는 시술을 '포경 **수술(手術)**'이라 부르는데, 이 포경 수술을 속된 표현으로 흔히 '고래를 잡는다'라고들 한다. **동음이의어(同音異議語)**로 '포경(捕鯨)'이란 말이 '잡을 포(捕)', '**고래** 경(鯨)'을 써서 '고래잡이'란 뜻이 있기 때문에 나오는 언어유희(言語遊戲)다.

수술手術

operate [ápərèit] v. 운영運營하다, 작동하다, 작용하다, 수술하다
operation [àpəréiʃən] n. 운영, 작용, 수술
operator [ápərèitər] n. 운영자, 조작자

연상의 그물망
appendectomy [æpəndéktəmi] n. 맹장 수술, 충수[맹장] 절제술
appendicitis [əpèndəsáitis] n. 맹장염
참고 appendix [əpéndiks] n. 부록附錄, 충수, 맹장
append [əpénd] v. 덧붙이다, 매달다

plastic surgery 성형 수술
plastic [plǽstik] n. 플라스틱 a. 플라스틱의, 비닐의

연상의 그물망
참고 cosmetic surgery 성형외과, 성형 수술
cosmetic surgeon 성형외과 의사
cosmetic [kɑzmétik] n. (cosmetics) 화장품化粧品 a. 겉치레의, 성형成形의

참고 amputate [ǽmpjuteit] v. 수술로 손이나 발을) 절단切斷하다

cut [kʌt] v. cut-cut-cut 자르다, 줄이다 n. 자르기,

잘린 것
cutting board 도마
cutting edge 최첨단(最尖端)
undercut [ʌ̀ndəkʌ́t] v. undercut-undercut-undercut …보다 가격을 낮추다, 약화시키다

trim [trim] v. **잘라내다**, 다듬다 n. 정돈整頓, 장식

동음이의어同音異議語

homonym [hámənim] n. 동음이의어同音異議語, 동형이의어同形異義語

고래

whale [weil] n. 고래
sperm whale 향유고래

〈연상의 그물망〉

참고 **dolphin** [dálfin] n. 돌고래

harpoon [hɑrpúːn] n. (고래 등을 잡는 무기인) 작살

shark [ʃɑːrk] n. 상어

remora [rémərə] n. 빨판상어

섹스의 과학科學, 물리학物理學

sex + physics ❷ = biology

물리학物理學

physics [fíziks] n. 물리학
physical [fízikəl] a. 물리물리의, 물질의, 신체의, 육체의
physical education (=P.E.) 체육

physique [fizíːk] n. 체격
physicist [fízisist] n. 물리학자

> **issue!** 물리과학物理科學
>
> **섹스는 물리학(物理學)의 시간이다.** — **속도(速度)** 운동 속에 **마찰(摩擦)**과 **열(熱)**이 발생하는 과학의 시간이다. 특히 성행위시 마찰은 성기와 성기의 마찰, **피부(皮膚)**와 피부(**살**)의 마찰, 입술과 입술의 마찰 등 여러 가지다.

속도 速度

speed [spi:d] n. speed-sped/speeded-sped/speeded 속도 v. 속도를 내다
speedometer [spidámitər] n. 속도계
speeder [spí:dər] n. 과속 운전자

연상의 그물망

accelerate [æksélərèit] v. 가속 加速하다
acceleration [æksèləréiʃən] n. 가속
[참고] expedite [ékspədàit] v. 신속히 처리하다, 촉진 促進하다

overtake [òuvərtik] v. overtake-overtook-overtaken 추월 追越하다, 앞지르다, 따라잡다, 느닷없이 닥치다

catalyst [kǽtəlist] n. 촉매 觸媒, 기폭제 起爆劑

enzyme [énzaim] n. 효소 酵素
[참고] leaven [lévən] n. 효모

yeast [ji:st] n. 효모 酵母, 누룩

pace [peis] n. 페이스, 속도 速度, 걸음 v. 속도를 맞추다
rate [reit] n. 비율 比率, 요금, 속도 v. 평가 評價하다, 등급을 매기다
overrate [òuvərreit] v. 과대평가하다
underrate [ʌndərreit] v. 과소평가하다

연상의 그물망

[참고] overvalue [òuvərvǽlju] v. 과대평가하다
undervalue [ʌndərvǽlju] v. 과소평가하다

tempo [témpou] n. 속도 (음악) 템포
velocity [vəlásəti] n. 속도 速度
proportion [prəpɔ́ːrʃən] n. 비율 比率, 비례 比例, 균형 均衡
proportional [prəpɔ́ːrʃənl] a. 비례하는
proportionate [prəpɔ́ːrʃənit] a. 비례하는, 균형 잡힌
[참고] ratio [réiʃou] n. 비比, 비율

마찰 摩擦

friction [fríkʃən] n. 마찰 摩擦
frictional [fríkʃənl] a. 마찰의
[참고] scrub [skrʌb] v. (북북) 문지르다 n. 문질러 닦기, 관목

rub [rʌb] v. 문지르다, 비비다, 바르다
rubber [rʌbər] n. 고무, 지우개

열 熱

heat [hi:t] n. 열, 열기, 온도 v. 가열하다, 가열되다
heatproof 내열성 耐熱性의
heatstroke 열사병
heatwave 열파, 혹서

[참고] insulate [ínsəlèit] v. 단열 斷熱하다, 절연 絶緣하다, 보호하다
insulation [ìnsəléiʃən] n. 단열, 절연, 단절

[열 ⇨ 온도]

temperature [témpərətʃər] n. 온도 溫度, 기온, 체온

연상의 그물망

[참고] centigrade [séntəgrèid] a. 100도로 눈금이 나뉜, 섭씨 온도의 n. 섭씨 온도

Celsius [sélsiəs] a. 섭씨의 n. 섭씨

Fahrenheit [fǽrənhàit] a. 화씨의 n. 화씨
hypothermia [hàipəθə́:rmiə] n. 저체온(증)
hypothermic [hàipəθə́:rmik] a. 저체온증의
hyperthermia [hàipərθə́:rmiə] n. 고체온(증)

thermometer [θəmámitə(r)] n. 온도계, 체온계
[참고] thermal [θə́:rməl] a. 열의, 온도의 n. 상승 온난 기류
thermos [θə́:rməs] n. 보온병
thermostat [θə́:rməstæt] n. 자동 온도 조절 장치

피부(살)

flesh [fleʃ] n. 살, 고기, 피부皮膚, 과육果肉
참고 **pulp** [pʌlp] n. 펄프, 과육

skin [skin] n. 피부皮膚, 가죽, v. 가죽을 벗기다
skin graft 이식移植 피부
skinny [skíni] a. 깡마른, 피골皮骨이 상접相接한

연상의 그물망

참고 **leather** [léðər] n. 가죽

chapped [tʃæpt] a. 살갗이 튼, 피부가 갈라진

[피부 ➡ 껍질]

참고 **pare** [pɛər] v. (과일 등의 얇은) 껍질을 벗기다
peel [piːl] v. 껍질을 벗기다 n. 껍질

[살 ➡ 근육]

muscle [mʌ́sl] n. 근육筋肉, 근력筋力
muscular [mʌ́skjulər] a. 근육의, 근육질의

연상의 그물망

참고 **biceps** [báiseps] n. 이두박근二頭膊筋

ligament [lígəmənt] n. 인대靭帶

tendon [téndən] n. 힘줄, 건腱

연상의 불꽃 | 과학科學

과학적 **방법론(方法論)**으로 관찰(觀察), 실험(實驗), 분석(分析), 통계(統計) 등이 있다.

방법론方法論

methodology [mèθədálədʒi] n. 방법론
methodical [məθádikəl] a. 체계적인, 조직적인, 꼼꼼한
methodically [məθádikəli] ad. 체계적으로, 조직적으로, 꼼꼼히
method [méθəd] n. 방법, 체계
참고 **mode** [moud] n. 모드, 방식, 방법, 유행, 음계
outmoded [autmóudid] a. 유행에 뒤진, 시대에 뒤떨어진

system [sístəm] n. 시스템, 체계體系, 조직組織
systematic [sìstəmǽtik] a. 체계적인, 조직적인

organization [ɔ̀rgənizéiʃən] n. 조직
organize [ɔ́ːrgənàiz] v. 조직組織하다, 체계화하다, 정리하다

연상의 그물망

[조직의 ➡ 예시例示로]

참고 **hierarchy** [háiərɑ̀ːrki] n. 계층階層, 계급階級, 위계질서位階秩序
hierarchical [hàiərɑ́ːrkikəl] a. 계층의, 계급에 따른, 위계질서의

reshuffle [riʃʌ́fəl] v. (내각 등 조직을) 개편改編하다 n. (내각) 개편

관찰觀察

observe [əbzə́ːrv] v. 관찰觀察하다, 목격하다, 준수遵守하다, 기념하다

observation [àbzərvéiʃən] n. 관찰, 소견
observational [àbzərvéiʃənl] a. 관찰의
observance [əbzá:rvəns] n. **준수**, 기념
observant [əbzá:rvənt] a. 관찰력이 있는, 엄격히 준수하는 n. 엄격히 준수하는 사람
observer [əbzá:rvər] n. 관찰자, 참관인, 준수자
observatory [əbzá:rvətɔ̀:ri] n. 관측소, 천문대, 기상대

연상의 그물망

참고 comply [kəmplái] v. **따르다**, **준수**遵守하다
compliant [kəmpláiənt] a. 고분고분한, 말랑말랑한

conform [kənfɔ́:rm] v. 순응順應하다, **따르다**, 일치하다
conformity [kənfɔ́:rməti] n. 순응, 유사, 일치
conformist [kənfɔ́:rmist] n. 순응주의자

meek [mi:k] a. 온순한, 유순한

[관찰 ➡ 보다]

watch [wɑtʃ] v. **보다**, 주시하다, 감시하다 n. 주시, 감시, 시계
watchful [wɑ́tʃfəl] a. 눈을 떼지 않는, 주의 깊은, 경계하는

wary [wέəri] a. 경계警戒하는, 조심하는, 조심성 있는
beware [biwέər] v. 조심하다, 주의하다

alert [əlá:rt] a. 기민機敏한, 경계하는 n. 경계, 경보 v. 경보를 발하다

alarm [əlá:rm] n. 놀람, 불안, 공포, 경보, 경보기警報器, 자명종自鳴鐘

surveillance [sərvéiləns] n. 감시監視, **관찰**, 감독

probation [proubéiʃən] n. 집행 유예執行猶豫, 보호 **관찰**

monitor [mɑ́nətər] v. 감시監視하다, 모니터하다 n. 모니터, 화면, 감시 장치, 감시하는 사람

연상의 그물망

참고 check [tʃek] v. 점검點檢하다, 저지沮止하다 n. 점검, 저지, **수표**

postdate [pòustdéit] v. (**수표** 등에) 날짜를 실제보다 늦추어 적다

glance [glæns] v. **흘끗 보다** n. 흘끗 봄

glimpse [glimps] n. 흘끗 봄, 언뜻 봄 v. 흘끗 보다, 언뜻 보다

실험實驗

experiment [ikspérəmənt] n. **실험**實驗 v. 실험하다
experimental [ikspèrəméntl] a. 실험의, 실험적인

test [test] n. **시험**, 검사, **실험** v. 시험하다, 검사하다, 실험하다

laboratory [lǽbərətɔ̀:ri] n. (lab) **실험실**實驗室, 연구실

연상의 그물망

subject [sʌ́bdʒikt] n. **주제**, 과목, **피실험자**被實驗者, 실험 대상자, 취재 대상 a. 지배를 받는, 종속從屬되는 v. 종속시키다
참고 theme [θi:m] n. **주제**, 테마

topic [tɑ́pik] n. 주제主題, 화제話題

exam [igzǽm] n. **시험**試驗, 검사檢査
examination [igzæ̀mənéiʃən] n. **조사**, 검사, 시험
examine [igzǽmin] v. 조사하다, 검사하다, 시험하다
examiner [igzǽmənər] n. 조사관, 심사 위원
참고 proctor [prɑ́ktər] n. **시험** 감독관

scrutinize [skrú:tənàiz] v. 면밀綿密히 **조사**하다
scrutiny [skrú:təni] n. 면밀한 조사

inquire [inkwáiər] v. 묻다, 문의問議하다, **조사**하다
inquiry [inkwáiəri, ínkwəri] a. 문의, 조사
inquisition [ìnkwəzíʃən] n. 조사, **심문**審問
inquisitive [inkwízətiv] a. 캐어묻는, 탐구적探究的인

연상의 그물망

참고 interrogate [intérəgèit] v. **심문**하다, 추궁追窮하다
interrogation [intèrəgéiʃən] n. 심문

inspect [inspékt] v. **조사**調査하다, 검사檢查하다, 점검點檢하다, 시찰視察하다
inspection [inspékʃən] n. 조사, 검사, 점검, 시찰
inspector [inspéktər] n. 조사관, 감독관, 경위警衛

investigate [invéstəgèit] v. **조사**하다, 수사搜査하다
investigation [invèstəgéiʃən] n. 조사, 수사
investigator [invéstəgèitər] n. 조사원, 수사관
참고 forensic [fərénzik] a. 과학 수사의

probe [proub] v. 탐색探索하다, **조사**하다, 캐다 n. 탐사선探査船, 조사

research [ríːsəːrtʃ] n. **연구**, **조사** v. [risə́ːrtʃ] 연구하다, 조사하다

참고 study [stʌ́di] v. 공부工夫하다, 연구硏究하다 n. 공부, **연구**, 서재

sample [sæmpl] n. **표본**標本, 견본, 샘플 v. 표본**조사**를 하다, 시식試食하다, 시음하다
참고 specimen [spésəmən] n. 표본, 견본

[실험실 도구의 ▶ 예시例示로]

microscope [máikrəskòup] n. 현미경顯微鏡

연상의 그물망

참고 microbe [máikroub] n. 미생물微生物
microbial [maikróubiəl] a. 미생물의

germ [dʒəːrm] n. 세균, 미생물, 병원균
germicide [dʒə́ːrməsàid] n. 살균제

pathogen [pǽθədʒən] n. 병원균, 병원체
pathologist [pəθálədʒist] n. 병리학자

분석分析

analyze [ǽnəlàiz] v. **분석**分析하다
analytic [ænəlítik] a. 분석적인
analysis [ənǽləsis] n. 분석

연상의 그물망

참고 psychoanalyst [sàikouǽnəlist] n. 정신 **분석**학자

psychiatric [sàikiǽtrik] a. 정신 의학의, 정신과의

psyche [sáiki] n. **정신**

psychology [saikálədʒi] n. 심리학心理學, **심리**
psychological [sàikəládʒikəl] a. 심리의, 심리학의
psychologist [saikálədʒist] n. 심리학자

psychopath [sáikəpæθ] n. 사이코패스

psychic [sáikik] a. 심령술사心靈術師의, 심적인, 점쟁이의, 초자연적인 n. 심령술사, 점쟁이

profiling [próufailiŋ] n. 프로파일링, 자료 수집, 자료 **분석**

profile [próufail] n. 옆얼굴, 옆모습 **윤곽**輪廓, 개요 v. 윤곽을 그리다, 개요를 작성하다

연상의 그물망

참고 outline [áutlàin] v. **윤곽**輪廓을 그리다, **개요**概要를 서술하다 n. 윤곽, 개요

contour [kántuər] n. **윤곽**, 외형

schema [skíːmə] n. 도식, 도표, **개요**
schematic [skimǽtik] a. 도식적圖式的인, 개요의

[분석 ▶ 해부]

anatomy [ənǽtəmi] n. 해부학解剖學, **해부**, (해부학적) 구조
anatomize [ənǽtəmàiz] v. 해부하다
anatomic [ænətámik] a. 해부의
anatomical [ænətámikəl] a. 해부학적인
anatomically [ænətámikəli] ad. 해부학적으로

참고 **dissect** [daisékt] v. 해부하다, 절개切開하다

통계統計

statistics [stətístiks] n. (단수) 통계학統計學, (복수) 통계
stats [stæts] n. 통계
statistic [stətístik] n. 통계량, 통계치
statistical [stətístikəl] a. 통계의, 통계적인

연상의 그물망

참고 **demographic** [dèməgrǽfik] a. 인구 통계統計의, 인구의
demographically [dèməgrǽfikəli] ad. 인구 통계학적으로
census [sénsəs] n. 인구 조사
population [pàpjuléiʃən] n. 인구人口, 생물 집단
populate [pápjulèit] v. 살다, 거주居住하다, 거주시키다
populous [pápjuləs] a. 인구가 많은, 인구가 조밀稠密한, 인구 밀도가 높은

섹스 범죄犯罪, 강간強姦

sex + crime ① = rape

범죄犯罪

crime [kraim] n. 범죄犯罪
criminal [krímin!] a. 범죄의, 형사刑事상의 n. 범죄자犯罪者

강간強姦

rape [reip] v. 강간하다 n. 강간

강간(強姦)이란 폭행(暴行) 또는 **협박(脅迫)**을 수단으로, 여성의 의사(意思)에 반하여 **강제(強制)**로 성관계(性關係)를 맺는 행위다. 쉽게 말해 **폭력적(暴力的)** 깡패 짓을 하며 여성을 제압(制壓)하고 섹스하는 짓이다. 여성의 **자기 결정권(自己決定權)**과 인격을 가차(假借)없이 무시하는, 그야말로 **야만적(野蠻的)**이고 **잔인(殘忍)**한 범죄다. 범죄자는 저지른 죄에 합당한 **처벌(處罰)**을 받아야 함이 마땅하나, 보다 근본적으로 인간으로서의 양심(良心)이 요망된다. 인간관계에서 기본 중의 기본인, 상대방의 의사를 존중하는 성숙한 의식이 확고히 사람들 마음속에, 그러한 양심 속에, 자리잡아야 한다. 더 이상 인간이 **탐욕(貪慾)**의 **노예(奴隸)**로 전락(轉落)해서는 안 된다.

강제 強制

force [fɔːrs] n. 힘, 물리력, 폭력, 군사력, 효력 v. 강제하다
forceful [fɔ́ːrsfəl] a. 힘찬, 강제적인
enforce [infɔ́ːrs] v. (법률 등을) 시행施行하다, 집행執行하다, 강요強要하다
enforcement [infɔ́ːrsmənt] n. (법률 등의) 시행, 집행

연상의 그물망
참고 **reinforce** [rìːinfɔ́ːrs] v. 강화強化하다, 보강하다, 증강하다, 증원하다
reinforcer [rìːinfɔ́ːrsər] n. 강화물
reinforcement [rìːinfɔ́ːrsmənt] n. 강화, 보강, 증강, 증원

coerce [kouə́ːrs] v. 강요하다, 강제하다
coercion [kouə́ːrʒən] n. 강압強壓, 강제

impel [impél] v. 억지로 …하게 하다

연상의 그물망
constrain [kənstréin] v. 강요하다, 제약하다, 억제하다, 속박하다
constraint [kənstréint] n. 강요, 제약, 억제, 속박
restrain [ristréin] v. 억제抑制하다, 자제自制하다, 저지沮止하다
restraint [ristréint] n. 억제, 자제, 저지
참고 **deterrent** [ditə́ːrənt] n. 억제책 a. 제지制止하는

impose [impóuz] v. 부과賦課하다, 부여附與하다, 강요強要하다, 주제넘게 나서다

협박 脅迫

threaten [θrétn] v. 위협威脅하다, 협박脅迫하다
threat [θret] n. 위협, 협박

menace [ménis] n. 위협, 협박 v. 위협하다, 협박하다
intimidate [intímədèit] v. 위협하다, 겁을 주다
intimidating [intímədèitiŋ] a. 위협적인, 겁을 주는

연상의 그물망
[협박 받으면 ▶ 무서워]

afraid [əfréid] a. 두려워하는, 무서워하는, 걱정하는, 염려念慮하는

fear [fiər] n. 두려움, 무서움, 공포恐怖 v. 두려워하다, 무서워하다

dread [dred] v. 두려워하다 n. 두려움
dreadful [drédfəl] a. 두려운, 끔찍한

horrible [hɔ́ːrəbl] a. 끔찍한, 소름 끼치는
horror [hɔ́ːrər] n. 공포

panic [pǽnik] n. 갑작스러운 공포, 공황恐慌 상태 v. 갑작스럽게 공포를 느끼다, 공포를 주다, 공황 상태에 빠지다

trepidation [trèpədéiʃən] n. 두려움, 공포, 전율戰慄

[협박 ▶ 겁줘]

frighten [fráitn] v. 겁주다, 겁먹게 하다, 무서워하게 하다, 소스라치게 하다
frightened [fráitnd] a. 겁먹은, 무서워하는
fright [frait] n. 두려움, 공포, 놀람
frightful [fráitfəl] a. 무시무시한, 끔찍한

참고 **scare** [skɛər] v. 무섭게 하다, 무서워하다 n. 두려움, 공포
scarecrow [skɛ́ərkrou] n. 허수아비
scared [skɛəːrd] a. 무서워하는, 두려워하는

terrify [térəfài] v. 극도로 무섭게 하다, 몹시 겁나게 하다
terrifying [térəfàiŋ] a. 극도로 겁나게 하는, 몹시 무서운

연상의 그물망

[공포의 ▶ 예시例示로]

terror [térər] n. 테러, 공포恐怖
terrorist [térərist] n. 테러리스트, 테러범
terrorism [térərìzm] n. 테러리즘
참고 **nightmare** [náitmɛər] n. 악몽惡夢, 아주 끔찍한 일

폭력적暴力的

violent [váiələnt] a. 폭력적暴力的인, 사나운
violently [váiələntli] n. 폭력적으로, 사납게
violence [váiələns] n. 폭력, 폭행, 치열함, 사나움
참고 **hotbed** [hátbèd] n. (범죄나 폭력의) 온상

연상의 그물망

[폭력 ▶ 공격]

attack [ətǽk] v. 공격하다 n. 공격, 발발勃發, 발병
counterattack [káuntərətæk] n. 반격 v. [kàuntərətǽk] 반격하다

aggress [əgrés] v. 공격하다
aggression [əgréʃən] n. 공격, 침략
aggressive [əgrésiv] 공격적인, 침략적인, 매우 적극적인

assault [əsɔ́ːlt] n. 공격, 습격, 폭행 v. 공격하다, 습격하다, 폭행하다

참고 **ferocious** [fəróuʃəs] a. 사나운, 흉포凶暴한

fierce [fiərs] a. 사나운, 난폭한, 맹렬한, 격렬한

자기 결정권自己決定權

self-determination n. 자기 결정권

determination [dìtə̀ːrmənéiʃən] n. 결심, 결의, 투

지, 결정, 확정
determine [ditə́ːrmin] v. 결정하다, 확정하다, 알아내다, 결심하다
determined [ditə́ːrmind] a. 단호한, 결의에 찬
deterministic [ditə̀ːrminístik] a. 결정론적인

연상의 그물망

참고 **implacable** [implǽkəbl] a. (반감 등이) 확고한
implacably [implǽkəbli] ad. 확고히, 무자비하게

decide [disáid] v. 결정하다, 결심하다
decision [disíʒən] n. 결정, 결심, 결단
decisive [disáisiv] a. 결정적인, 과단성 있는
indecision [indisíʒən] n. 결정을 못 내림, 망설임, 우유부단優柔不斷
indecisive [indisáisiv] a. (성격이) 우유부단한, 결정을 내리지 못하는
indecisiveness [indisáisivnis] n. 우유부단함, 결단성이 없음

settle [sétl] v. 정착定着하다, 자리를 잡다, 결정하다, 정산하다, 합의하다, 해결하다
settled [sétld] a. 자리를 잡은, 정착한, 안정된
settlement [sétlmənt] n. 정착, 결정, 정산, 합의, 해결
settler [sétlər] n. 정착자, 정착민

연상의 그물망

참고 **solve** [salv] v. 풀다, 해결解決하다
solution [səlúːʃən] n. 해결, 해결책, 용해, 용액
soluble [sáljubl] a. 녹는, 가용성의, 해결할 수 있는
solvent [sálvənt] n. 용매溶媒 a. 지불 능력이 있는

dissolve [dizálv] v. 용해溶解시키다, 용해하다
dissolvent [dizálvənt] a. 용해력이 있는 n. 용해제, 용제
dissolution [dìsəlúːʃən] n. 해산解散, 파경破鏡, 분해, 용해

resolution [rèzəlúːʃən] n. 결의決意, 해결解決, 해상도解像度
resolve [rizálv] v. 결의하다, 해결하다 n. 결의
resolute [rézəlùːt] a. 굳게 결의한, 단호한

unravel [ʌnrǽvəl] v. (헝클어진 것을) **풀다**, 풀리다
ravel [rǽvəl] v. 헝클어뜨리다

> 연상의 그물망

antidote [ǽntidòut] n. 해독제解毒劑, **해결**책

venom [vénəm] n. (독사, 벌, 전갈 따위의) 독액毒液, 독, 독설, 악의

poison [pɔ́izn] n. **독**毒, 독약, 독물 v. 독을 넣다, 독살하다
poisonous [pɔ́izənəs] a. 유독한

toxic [táksik] a. 독성의, 유독한
nontoxic [nɑntáksik] a. 무독성의
toxicity [taksísəti] n. (유)독성

noxious [nákʃəs] a. 유독한, 유해한

remedy [rémədi] n. **치료**(약), 개선, 교정법, **해결**책 v. 치료하다, 개선하다, 교정하다
remedial [rimí:diəl] a. 치료의, 개선의, 교정의, (학력을) 보충하는

> 연상의 그물망

참고 **heal** [hi:l] v. **치료**하다, 치유하다, 낫다

cure [kjuər] v. **치료**治療하다, 치유治癒하다 n. 치료, 치료제, 치료법, 치유
curable [kjúərəbl] a. 치료할 수 있는
incurable [inkjúərəbl] a. 치료할 수 없는, 불치不治의

tackle [tǽkl] v. 태클하다, (문제를 **해결**하려는 노력으로서) **씨름**하다 n. 태클
참고 **wrestle** [résl] v. 씨름하다, 레슬링을 하다
wrestling [résliŋ] n. 레슬링
arm wrestling 팔씨름

> 연상의 그물망

[**해결** ➡ **극복**]

overcome [òuvərkʌ́m] v. overcome-overcame-overcome **극복**克服하다, 이기다, 맥을 못 추게 하다
come [kʌm] v. come-came-come 오다, 되다
참고 **surmount** [sərmáunt] v. **극복**하다, 오르다, 위에 얹다
insurmountable [ìnsərmáuntəbl] a. 극복할 수 없는

야만적野蠻的

barbarian [bɑ:rbɛ́əriən] n. 야만인野蠻人, 미개인未開人
barbaric [bɑ:rbǽrik] a. **야만적**인, 미개한
barbarous [bá:rbərəs] a. 야만스러운, 잔혹한
barbarism [bá:rbərìzm] n. 야만, 미개

brute [bru:t] n. 짐승 같은 사람, 잔인한 사람
brutal [brú:tl] a. 잔인한, **야만적**인
brutality [bru:tǽləti] n. 잔인성, 야만성

beast [bi:st] n. 짐승

savage [sǽvidʒ] a. **야만적**野蠻的인, 잔혹殘酷한 n. 야만인
savagely [sǽvidʒli] ad. 야만적으로, 잔혹하게

wild [waild] a. 야생野生의, **야만적**인, 사나운, 무모無謀한 n. 야생 상태, 야생의 자연, 황야
wildflower [wáildflàuər] n. 야생화, 들꽃
wildlife [wáildlàif] n. 야생 동물, 야생 동식물, 야생 생물
wilderness [wíldərnis] n. 황야, 황무지
wildness [wáildnis] n. 야생, 황폐, 야만

> 연상의 그물망

[야만적 ➡ 소리]

참고 **roar** [rɔ:r] v. 으르렁거리다, 고함高喊치다 n. 으르렁, 고함

growl [graul] v. (동물이) 으르렁거리다 n. 으르렁 (소리)

잔인殘忍

cruel [krúːəl] a. 잔인殘忍한, 잔혹殘酷한
cruelty [krúːəlti] n. 잔인함, 잔인한 행위, 학대虐待

연상의 그물망

[잔인한 ⇨ 예시例示로]

relentless [riléntlis] a. 가차假借없는, 끊임없는
relentlessly [riléntlisli] ad. 가차없이, 끊임없이
unrelenting [ʌ̀nriléntiŋ] a. 누그러들지 않는, 가차없는
relent [rilént] v. 누그러지다, 약해지다

처벌處罰

punish [pʌ́niʃ] v. 처벌處罰하다, 벌주다
punishment [pʌ́niʃmənt] n. 처벌, 벌, 형벌
capital punishment 사형
guillotine [gíləti:n] n. 단두대

연상의 그물망

[처벌 ⇨ 예시例示로]

참고 **forfeit** [fɔ́ːrfit] v. 몰수하다 n. 몰수 a. 몰수된

fine [fain] a. 좋은, 미세微細한 n. 벌금 v. 벌금을 부과하다

penalty [pénəlti] n. 처벌處罰, 벌칙罰則
penalize [píːnəlàiz] v. 처벌하다, 벌칙을 주다
참고 **penance** [pénəns] n. 속죄贖罪

양심良心

conscience [kʌ́nʃəns] n. 양심良心
conscientious [kɑ̀nʃiénʃəs] a. 양심적인, 성실한

연상의 그물망

[양심의 가책 ⇨ 죄책감]

참고 **guilty** [gílti] a. 죄책감罪責感의, 유죄의
guilt [gilt] n. 죄책감, 유죄

guiltiness [gíltinis] n. 유죄
culprit [kʌ́lprit] n. 범인犯人, 장본인張本人

탐욕貪慾

greedy [gríːdi] a. 탐욕貪慾스러운
greed [griːd] n. 탐욕貪慾, 식탐

연상의 그물망

참고 **gluttony** [glʌ́təni] n. 폭식暴食

gobble [gábl] v. 게걸스럽게 먹다, 달려들다, 잡아채다, (큰 회사가 작은 회사를) 인수引受하다

[탐욕 ⇨ 이기적]

selfish [sélfiʃ] a. 이기적利己的인
selfishness [sélfiʃnis] n. 이기심, 이기주의
self [self] n. 자신, 자아
self-construal 자기 구성
selfless [sélflis] a. 이타적利他的인
oneself [wʌnsélf] pron. 자기 자신
ego [íːgou] n. 자아, 자존심
egocentric [ìːgouséntrik] a. 자기중심적인

연상의 그물망

참고 **altruism** [ǽltruːìzm] n. 이타주의利他主義
altruistic [æ̀ltruːístik] a. 이타적인
altruist [ǽltruist] n. 이타주의자

노예奴隷

slave [sleiv] n. 노예奴隷
slavery [sléivəri] n. 노예의 신분, 노예 제도
참고 **galley** [gǽli] n. 갤리선(옛날 노예나 죄수들에게 젓게 한 돛배)
galley ship 갤리선

연상의 그물망

[노예 ▶ 폐지]

참고 **abolition** [æbəlíʃən] n. 폐지, 노예 제도 폐지
abolish [əbáliʃ] n. 폐지하다, (단체 등을) 없애다
abolishment [əbáliʃmənt] n. 폐지

[노예 ▶ 해방]

emancipate [imænsəpèit] v. (노예를) 해방하다
emancipation [imænsəpéiʃən] n. (노예) 해방

참고 **liberate** [líbərèit] v. 해방解放하다
liberation [libəréiʃən] n. 해방
liberty [líbərti] n. 자유
liberal [líbərəl] a. 자유주의의, 진보적인, 아낌없는, 교양의

[해방 ▶ 자유]

free [fri:] a. 자유의, 자유로운, 무료의, 공짜의
freedom [frí:dəm] n. 자유

참고 **leeway** [líwèi] n. 여지餘地, 재량裁量, 자유

hitch [hitʃ] v. 공짜로 차를 얻어 타다 n. 작은 문제 (a slight problem or difficulty)

independence [indipéndəns] n. 독립獨立, 자립自立

independent [indipéndənt] a. 독립된, 독립적인, 자립적인
dependent [dipéndənt] a. 의지依支하는, 의존적依存的인
dependence [dipéndəns] n. 의지, 의존, 종속從屬
dependency [dipéndənsi] n. 의존, 종속, 속국
depend [dipénd] v. (on, upon) 의지하다, 의존하다
interdependence [ìntərdipéndəns] n. 상호 의존
interdependent [ìntərdipéndənt] a. 상호 의존적인

참고 **self-directed** [sèlfdiréktid] a. 자기 주도적自己主導的인

[의존의 ▶ 예시例示로]

parasite [pǽrəsàit] n. 기생충寄生蟲, 균菌
parasitic [pærəsítik] a. 기생하는, 기생충에 의한

[의존 ◀▶ 자치]

autonomy [ɔːtánəmi] n. 자율自律, 자율성, 자주, 자치

연상의 그물망

참고 **municipal** [mjuːnísəpəl] a. 시市의, 지방 자치의
municipality [mjuːnìsəpǽləti] n. 지방 자치제

province [právins] n. 주州, 도道, 지방
provincial [prəvínʃəl] a. 주州의, 도道의, 지방의

🦊 연상의 불꽃 | 존중尊重

상대방의 의사(意思)를 **존중(尊重)**하는 마음이 되어 존중(尊重) 단어들을 떠올려 본다. 인간의 **존엄성(尊嚴性)**이 **박탈(剝奪)**되지 않는 세상을 향한 첫걸음이 될 것이다.

존중尊重

esteem [istíːm] n. 존중尊重, 존경尊敬 v. 존중하다, 존경하다
self-esteem 자부심, 자존감

연상의 그물망

참고 **pride** [praid] n. 자랑스러움, 자부심, 자존심自尊心, 자만심自慢心
proud [praud] a. 자랑스러운, 자부심自負心이 있는, 오

오만傲慢한, 거만倨慢한
proudly [práudli] ad. 자랑스럽게, 거만하게
snobbish [snábiʃ] a. 속물적俗物的인, 잘난 체하는, **우월감**優越感에 빠진

arrogant [ǽrəgənt] a. 거만倨慢한, **오만**傲慢한
arrogance [ǽrəgəns] n. 거만, 오만

참고 **superior** [su:píəriər] a. **우월**優越한 n. 우위에 있는 사람
superiority [su:pìəriɔ́:rəti] n. 우월
superiority complex **우월감**, 우월 의식

inferior [infíəriər] a. **열등**劣等한
inferiority [infìəriɔ́:rəti] n. 열등
inferiority complex **열등감**, 열등의식

mediocre [mì:dióukər] a. 썩 좋지 않은

respect [rispékt] n. **존경**尊敬, 존중尊重, **측면**, 사항 v. 존경하다, 존중하다

respectable [rispéktəbl] a. 존경받을 만한, 상당한
respectful [rispéktfəl] a. 존경하는, 공손恭遜한
respectfully [rispéktfəli] ad. 공손하게
disrespectful [dìsrispéktfl] a. 경의敬意를 표하지 않는, 무례한

respective [rispéktiv] a. 각각各各의, 각자各自의
respectively [rispéktivli] ad. 각각, 각자

연상의 그물망

참고 **homage** [hámidʒ] n. **존경**, 경의

aspect [ǽspekt] n. 면, **측면**, 양상樣相

awe [ɔ:] n. **경외감**敬畏感, 공경하고 두려워하는 마음 v. 경외감을 갖게 하다
awe-inspiring 경외감을 불러일으키는

awesome [ɔ́:səm] a. 너무 멋진

awful [ɔ́:fəl] a. 끔찍한
defer [difə́:r] v. 미루다, 연기하다, **존경**하며 따르다
deference [défərəns] 존경, 복종

estimation [èstəméiʃən] n. **평가**, 존중, **존경**
estimate [éstəmèit] v. **추정**推定하다, 어림잡다, **평가**하다 n. 추정, 평가
overestimate [òuvərstəmit] v. 과대평가過大評價하다 n. 과대평가
underestimate [ʌ̀ndərstəmit] v. 과소평가過小評價하다 n. 과소평가

연상의 그물망

참고 **guess** [ges] v. **추측**推測하다 n. 추측

conjecture [kəndʒéktʃər] n. **추측** v. 추측하다
speculate [spékjulèit] v. **추측**하다, 투기投機하다
speculation [spèkjuléiʃən] n. 고찰考察, 추측, 투기
speculative [spékjulèitiv] a. 추측의, 이론상의, 투기적인

surmise [sərmáiz] v. **추측**하다 n. 추측

존엄성尊嚴性

dignity [dígnəti] n. 위엄威嚴, 존엄尊嚴, 존엄성

박탈剝奪

deprive [dipráiv] v. 빼앗다, **박탈**剝奪하다
deprivation [dèprəvéiʃən] n. 결핍, 부족, 박탈

연상의 그물망

참고 **bereave** [birí:v] v. bereave-bereaved/bereft-bereaved/bereft (죽음이) 앗아가다

divest [divést] v. 벗기다, 빼앗다, **박탈**剝奪하다

참고 **strip** [strip] v. 벗기다, 없애다, 제거하다 n. 가느다란 조각

rid [rid] v. rid-rid-rid 없애다, 제거除去하다, 자유롭게 하다

situation | 사과謝過

성범죄에 국한된 얘기가 아니라 모든 범죄에 해당하는 내용이겠지만, 가해자(加害者)가 **피해자(被害者)**나 그 유족(遺族)에게 **사과(謝過)**해야 하는 숙제(宿題)가 있다. 사과하는 데에 **용기(勇氣)**도 필요하고 그 사과에는 진정성(眞情性)을 담아야 하지만, 아무리 진정성 있게 사과하더라도, **상처(傷處)**받은 사람들이 그러한 사과를 받아들이고 **용서(容恕)**하는 것은 완전히 **별개(別個)**의 문제다. 피해자의 마음을 **달래는** 일은 대단히 어려운 일이고, **유리(琉璃)**처럼 깨지기 쉬운 **섬세(纖細)**한 마음들이 얽히는 아주 **예민(銳敏)**한 상황이다.

피해자被害者

victim [víktim] n. 피해자被害者, 희생자犧牲者, 제물祭物
victimize [víktəmàiz] v. 피해자로 만들다, 희생시키다

casualty [kǽʒuəlti] n. 피해자, 사상자

prey [prei] n. 먹이, 피해자被害者

sacrifice [sǽkrəfàis] n. 희생犧牲, 제물祭物 v. 희생하다
참고 **scapegoat** [skéipgòut] n. 희생양犧牲羊

연상의 그물망

[(당한) 피해자의 ▶ (당한 만큼) 복수]

참고 **revenge** [rivéndʒ] n. 보복報復, 복수 v. (피해자 자신이) 복수하다

avenge [əvéndʒ] v. 복수하다

vengeance [véndʒəns] n. 복수復讐

[피해자의 감정 ▶ 원한]

grudge [grʌdʒ] n. 원한怨恨, 유감遺憾 v. 아까워하다, 시기猜忌하다

[피해자 ▶ 예시例示로]

hijackee [hàidʒækíː] n. 공중 납치 등을 당하는 피해자
hijacker [háidʒækər] n. 공중 납치 등을 하는 범인
hijack [háidʒæk] v. (비행기 등 운송 수단을) 납치하다, 강탈하다

carjack [káːrdʒæk] v. 차량을 강탈하다
carjacking [káːrdʒækiŋ] n. 차량 강탈

abduct [æbdʌ́kt] v. 유괴하다, 납치하다

kidnap [kídnæp] v. 납치拉致하다, 유괴誘拐하다
참고 **hostage** [hástidʒ] n. 인질人質

ransom [rǽnsəm] n. 몸값 v. 몸값을 치르다

사과謝過

apologize [əpálədʒàiz] v. 사과謝過하다, 사죄謝罪하다
apology [əpálədʒi] n. 사과, 사죄
apologetic [əpàlədʒétik] a. 사과하는, 사죄하는

sorry [sɔ́ːri] a. 미안한, 유감遺憾스러운, 안쓰러운, 가엾은, 딱한

연상의 그물망

참고 atone [ətóun] v. 속죄贖罪하다

용기勇氣

brave [breiv] a. 용감한
bravery [bréivəri] n. 용감함, 용기
참고 **dare** [dɛər] v. 감히 …하다

bold [bould] a. 대담大膽한, 볼드체의
boldly [bóuldli] ad. 대담하게
boldness [bóuldnis] n. 대담함

courage [kə́:ridʒ] n. 용기勇氣
courageous [kəréidʒəs] a. 용기 있는, 용감한
참고 **bravado** [brəvá:dou] n. 허세

valiant [væljənt] a. 용맹勇猛한, 용감勇敢한
valor [vǽlər] n. 용맹, 싸울 때 용감함

연상의 그물망

[용감한 ⇔ 비겁한]

coward [káuərd] n. 겁쟁이, 비겁자卑怯者
cowardly [káuərdli] a. 겁이 많은, 비겁한
cower [káuər] v. (겁을 먹고) 움츠리다, 웅크리다
참고 **cringe** [krindʒ] v. (겁이 나서) 움츠리다

상처傷處

hurt [hə:rt] v. hurt-hurt-hurt 상처를 주다, 다치게 하다, 다치다 a. 상처받은 n. 상처
hurtful [hə́:rtfəl] a. 상처를 주는

injury [índʒəri] n. 부상, 상처
injure [índʒər] v. 부상을 입히다, 해치다
injurious [indʒúəriəs] a. 해로운

연상의 그물망

[상처 ⇨ 예시예시로]

bruise [bru:z] v. 멍들게 하다, 타박상打撲傷을 입히다 n. 멍, 타박상
bruised [bru:zd] a. 멍든, 타박상을 입은

scar [skɑ:r] n. 상처, 흉터 v. 상처를 남기다, 흉터를 남기다

scratch [skrætʃ] v. 긁다, 할퀴다 n. 긁힌 자국, 긁힌 상처
참고 **mark** [mɑ:rk] n. 표시, 자국, 흔적痕跡, 점 v. 표시하다, 채점하다
marker [má:rkər] n. 표지, 마커펜, (놀이판의)말

notch [nɑtʃ] n. 빗금, (V자) 표시

freckle [frékl] n. 주근깨

mole [moul] n. (피부의) 사마귀, 검은 점, 두더지

scrape [skreip] v. 긁다, 긁어내다 n. 긁기, 긁힌 자국, 긁힌 상처
scraper [skréipər] n. (흙 등을) 긁어내는 도구
skyscraper [skáiskrèipər] n. 고층 건물

연상의 그물망

참고 **building** [bíldiŋ] n. 건물, 건축
build [bild] v. build-built-built 짓다, 건축建築하다
rebuild [ribíld] v. rebuild-rebuilt-rebuilt 재건하다
overbuild [òuvərbíld] v. overbuild-overbuilt-overbuilt 집을 지나치게 많이 짓다

architect [á:rkətèkt] n. 건축가建築家, 설계자
architecture [á:rkitèktʃər] n. 건축, 건축학, 건축 양식

construct [kənstrʌ́kt] v. 건설하다, 구성하다
construction [kənstrʌ́kʃən] n. 건설, 구성, 구조
constructive [kənstrʌ́ktiv] a. 건설적인
reconstruct [rikənstrʌ́kt] v. 재건하다, 재현하다, 복원하다, 재구성하다
deconstruct [dì:kənstrʌ́kt] v. 해체解體하다
deconstruction [dì:kənstrʌ́kʃən] n. 해체 이론

wound [wuːnd] n. **상처**, 부상負傷 v. wound-wounded-wounded 상처를 입히다, 부상을 입히다
wounded [wúːndid] a. 부상을 당한, 상처를 입은

용서容恕

forgive [fərɡív] v. forgive-forgave-forgiven 용서容恕하다, 탕감蕩減하다
forgiving [fərɡíviŋ] a. 너그러운, 관대寬大한
pardon [páːrdn] v. 용서하다, **사면**赦免하다 n. 용서, 사면
amnesty [ǽmnəsti] n. **사면**
excuse [ikskjúːz] v. 용서容恕하다, 변명辨明하다 n. **변명**, 핑계
excusable [ikskjúːzəbl] a. 용서할 수 있는, 변명이 되는

연상의 그물망
[(하나 마나한) 변명 ▷ 명목상]

참고 **nominal** [námənl] a. **명목상**名目上의
nominally [námənəli] ad. 명목상으로

별개別個

discrete [diskríːt] a. 별개別個의
discretely [diskríːtli] ad. 별개로
discreteness [diskríːtnis] n. 별개임
indiscrete [ìndiskríːt] a. 갈라지지 않은

달래는

soothe [suːð] v. **달래다**, **진정**鎭靜시키다, 누그러뜨리다
soothing [súːðiŋ] a. 달래는, 진정시키는
appease [əpíːz] v. **달래다**, 요구를 들어주다

연상의 그물망
참고 **composure** [kəmpóuʒər] n. **평정**심, 침착성沈着性
compose [kəmpóuz] v. **구성**構成하다, 작곡하다, 작성하다
composer [kəmpóuzər] n. 작곡가, 작가
component [kəmpóunənt] n. **구성** 요소 a. 구성하는
composition [kɑ̀mpəzíʃən] n. **구성** 성분, 구성, 작곡, 구도
composite [kəmpázit] a. 합성의 n. 합성물

calm [kɑːm] a. **고요**한, 잠잠한, 차분한, 침착한 v. 가라앉히다, **진정**시키다 n. 고요, 평온
quiet [kwáiət] a. 조용한, 차분한 n. **고요**
quietly [kwáiətli] ad. 조용히, 차분히
quietude [kwáiətjùːd] n. 정적, 고요
tranquil [trǽŋkwil] a. **고요**한, 평온한
tranquility [træŋkwíləti] n. **고요**함, 평온

연상의 그물망
참고 **silence** [sáiləns] n. 침묵沈黙, **고요** v. 침묵시키다
silent [sáilənt] a. 침묵하는, 고요한
mute [mjuːt] a. 무언無言의 v. 음 소거音消去하다
still [stil] ad. 아직도, 여전히, 그럼에도, 더더욱 a. 정지한, **고요**한
still life 정물화

[평정 위해 ▷ 명상]

meditation [mèdətéiʃən] n. 명상冥想
meditate [médətèit] v. 명상하다, 꾀하다
meditative [médətèitiv] a. 명상하는

유리琉璃

glass [ɡlæs] n. 유리
glasses [ɡlǽsəz] n. **안경**眼鏡

연상의 그물망

참고 **binoculars** [bainákjulərz] n. 쌍안경
binocular [bainákjulər] a. 두 눈의

crystal [krístl] n. 크리스털, 결정체結晶體, 수정
crystallization [krìstəlizéiʃən] n. 구체화具體化, 결정화

[유리 ➡ 창문]

window [wíndou] n. 창문窓門, 창
참고 **glaze** [gleiz] v. 판유리를 끼우다, (눈이) 게슴츠레하다, 광택제를 바르다 n. 광택제

[유리 ➡ 구슬]

marble [má:rbl] n. 대리석, 구슬
marbled [má:rbld] a. 대리석의

섬세纖細

delicate [délikət] a. 섬세纖細한, 연약한, 까다로운
delicacy [délikəsi] n. 섬세함, 연약함, 까다로움

연상의 그물망

참고 **subtle** [sátl] a. 미묘한, 교묘한
subtly [sátli] ad. 미묘하게
subtleties [sátltiz] n. 중요한 세부 요소[사항]들

detail [ditéil, dí:teil] n. 세부細部 사항, 상세詳細한 내용 v. 상세히 나타내다
detailed [ditéild, dí:teild] a. 상세한
참고 **minute** [mainjú:t] a. 아주 작은, 미세한, 상세한 n. [mínit] (시간 단위) 분, 잠깐
minutiae [minjú:ʃiì] n. 상세, 세목, 사소한 점

weak [wi:k] a. 약한
weaken [wí:kən] v. 약화시키다, 약화되다
weakness [wí:knis] n. 약함, 약점弱點

연상의 그물망

참고 **abate** [əbéit] v. 감소시키다, 약화시키다, 완화시키다
abatement [əbéitmənt] n. 감소, 약화, 완화

attrition [ətríʃən] n. (적의 세력을 약화시키는) 소모

debilitation [dibìlətéiʃən] n. 건강 악화, 쇠약

feeble [fí:bl] a. 연약한, 허약한

frail [freil] a. (늙거나 병으로) 허약한

tenuous [ténjuəs] a. 미약한

[약한 ↔ 강한]

strong [strɔ:ŋ] a. 강한, 강력한, 튼튼한
strength [streŋθ] n. 힘, 강점, 강도
strengthen [stréŋθən] v. 강화하다, 강화되다

참고 **sturdy** [stá:rdi] a. 튼튼한, 견고한

might [mait] n. 힘, 세력 aux. …일지도 모른다
mighty [máiti] a. 강력한
mightiness [máitinis] n. 강력

예민銳敏

sensitive [sénsətiv] a. 민감한, 예민한
sensitivity [sènsətívəti] n. 민감성, 예민성
insensitive [insénsətiv] a. 무감각한, 둔감한

sense [sens] n. 감각感覺, 분별력分別力, 의미 v. 감지하다
senseless [sénslis] a. 감각이 없는, 분별력이 없는, 의미가 없는

sensible [sénsəbl] a. 분별력이 있는
sensibility [sènsəbíləti] n. 감성, 감각
참고 **sensor** [sénsər] n. 센서, 감지기, 감지 장치
sensorimotor [sènsərimóutər] a. 감각 운동의

연상의 그물망

keen [kiːn] a. 날카로운, 예리銳利한, 명민한, 예민銳敏한, 열렬한, 간절懇切한

exquisite [ikskwízit] a. 정교한, 절묘絶妙한, 예리한, 예민한

참고 **elaborate** [ilǽbərət] a. 공들인, 정교精巧한 v. [ilǽbərèit] 공들이다, 상세히 말하다

elaborately [ilǽbərətli] ad. 공들여서, 정교하게

acute [əkjúːt] a. 날카로운, 극심한, 급성急性의, 예리銳利한, 예각의

sharp [ʃaːrp] a. 날카로운, 뾰족한, 가파른, 또렷한, 통렬한, 반음 높은

참고 **chronic** [kránik] a. 만성慢性의, 고질적痼疾的인

dull [dʌl] a. 둔한, 무딘, 흐린, 따분한

참고 **blunt** [blʌnt] a. 무딘, 뭉뚝한, 퉁명스러운, 직설적인

연상의 그물망

dreary [dríəri] a. 황량한, 따분한

desolate [désələt] a. 황량荒凉한, 쓸쓸한

참고 **stark** [staːrk] a. 확실한, (차이가) 극명한, 황량한, 가혹한

섹스 범죄犯罪, 음란淫亂

sex + crime ❷ = obscene

음란淫亂

obscene [əbsíːn] a. 음란한, 외설적猥褻的인
obscenity [əbsénəti] n. 음란함, 외설

 | issue! | 음란淫亂

대한민국 형법(刑法)은 성행위와 관련하여 단순히 **저속(低俗)**한 정도만으로는 처벌하지 아니하나, **음란(淫亂)**한 물건이나 음란한 행위를 일정 요건(要件) 하에 범죄(犯罪)로 규정한다. 그리하여 **노골적(露骨的)**인 성행위는 사회적으로 너무 불건전(不健全)하다고 판단되면 법률 **위반(違反)**으로 **법적 규율(規律)**의 대상이 된다. 그런데 무지(無知)한 나 같은 문외한(門外漢)인 사람의 머리로는, 음란물(淫亂物)이란 말만 놓고 보면 자꾸 우리 몸의 성기(性器)를 떠올리게 된다. 그래서 형법상 음란물 소지죄(淫亂物所持罪)라는 죄(罪)가 있는데, 이런 죄(罪)가 있으면 우리 모두 음란물 **소지죄**로 처벌(處罰)받아야 되는 거 아냐? 아니 이게 뭐야? 란 엉뚱한 생각이 자꾸 든다. 물론 엄밀히 법률적으로 해석하면 다른 **결론(結論)**에 도달하겠지. 성기(性器)를 소지(所持)하고 있다고 **체포(逮捕)**하여 붙잡아 감방에 가두진 않겠지. 그건 진짜 말도 안 되지. 그렇지만 뭔가 우리 몸을 더럽게 느끼게 한다고 할까? 뭔가 **편견(偏見)** 같고 찜찜한 기분이 든다.

저속低俗

vulgar [vʌ́lgər] a. 저속低俗한, 상스러운, 서민의
vulgarization [vʌ̀lgərəzéiʃən] n. 상스럽게 함, 저속화

음란淫亂

indecent [indí:snt] a. 추잡醜雜한, 음란淫亂한
참고 **pornography** [pɔːrnágrəfi] n. (porn [pɔːrn]) 포르노, 외설물猥褻物

노골적露骨的

explicit [iksplísit] a. 명백한, 숨김없는, 노골적露骨的인
explicitly [iksplísitli] ad. 명백히, 숨김없이, 노골적으로

법적 규율規律

law [lɔː] n. 법法, 율법律法
lawful [lɔ́ːfəl] a. 합법적인
outlaw [áutlɔ̀] v. 불법화하다 n. 범법자, 무법자

legislation [lèdʒisléiʃən] n. 법률, 입법立法
legislate [lédʒislèit] v. 법률을 제정하다, 입법하다
legislature [lédʒislèitʃər] n. 입법부, (미국의 주) 의회議會

legal [líːgəl] a. 법률(상)의, 법적인, 합법적인
legalize [líːgəlàiz] v. 적법화하다, 합법화하다
legality [liɡǽləti] n. 적법성, 합법성
illegal [ilíːgəl] a. 불법적인 n. (=illegal alien) 불법 입국자
illicit [ilísit] a. 불법의

연상의 그물망

참고 **loophole** [lúːphòul] n. (법률 등에서) 빠져나갈 구멍
loop [luːp] n. 고리, 루프(반복 실행되는 일련의 명령)

legitimate [lidʒítəmət] a. 합법적인, 합당한
legitimacy [lidʒítəməsi] n. 합법성, 적법성
illegitimate [ilidʒítəmət] a. 비합법적인, 사생아私生兒인

연상의 그물망

참고 **enact** [inǽkt] v. (법을) 제정制定하다, (연극을) 상연上演하다
enactment [inǽktmənt] n. (법률의) 제정, (제정된) 법률, (연극의) 상연

위반違反

offend [əfénd] v. 불쾌不快하게 하다, (법률 등을) 어기다, 위반違反하다
offender [əféndər] n. 범죄자, 위반자
offense [əféns] n. 범죄, 위반, 불쾌, 공격
offensive [əfénsiv] a. 불쾌한, 공격적인

infringe [infríndʒ] v. (법을) 어기다, 위반하다, (법적 권리를) 침해하다
infringement [infríndʒmənt] n. 위반, 침해

violate [váiəlèit] v. 위반하다, 어기다, 침해하다
violation [vàiəléiʃən] n. 위반, 침해

연상의 그물망

transgression [trænsgréʃən] n. 침범侵犯, 위반違反, 범죄
transgress [trænsgrés] v. (법이나 도덕을) 침범侵犯하다, 위반違反하다

trespass [tréspəs] v. 무단無斷으로 침입하다 n. 무단 침입, 불법 침입

intrude [intrúːd] v. 침입侵入하다, 침범侵犯하다, 침해侵害하다
intruder [intrúːdər] n. 침입자
intrusion [intrúːʒən] n. 침입, 침범, 방해

invade [invéid] v. 침략하다, 침입하다, 침해하다
invader [invéidər] n. 침입자, 침략국侵略國, 침략군

invasion [invéiʒən] n. 침략, 침입, 쇄도殺到

참고 **penetrate** [pénətrèit] v. 통과하다, **관통**하다, 꿰뚫다, **침투**하다

penetration [pènətréiʃən] n. 관통, 침투

pierce [piərs] v. **관통**하다, 구멍을 뚫다

through [θru:] prep. …을 통하여, 내내 ad. **관통**貫通 하여, 줄곧

throughout [θru:áut] prep. 도처到處에, 내내 ad. 구석 구석

[(집에) 침입해서 ▶ 훔쳐]

steal [sti:l] v. steal-stole-stolen 훔치다, 도둑질하 다, 몰래 움직이다, 도루盜壘하다

stealing [stí:liŋ] n. 도둑질, **절도**竊盜, (stealings) 장물贓物

참고 **thief** [θi:f] n. 도둑, 절도범

theft [θeft] n. 절도(죄), 도둑질

thieve [θi:v] v. 훔치다, 도둑질하다

thievish [θí:viʃ] a. 훔치는 버릇이 있는, 도벽盜癖이 있는

sack [sæk] n. 부대負袋, 봉지, 해고, **약탈**掠奪 v. 해고하 다, 약탈하다

sneak [sni:k] v. **몰래** 움직이다 a. 기습적奇襲的인, 느 닷없는

sneaky [sní:ki] a. **몰래** 하는, 교활한, 비열한

burglar [bə́:rglər] n. **절도범**竊盜犯, 밤도둑

burglary [bə́:rgləri] n. 절도, 밤도둑질

연상의 그물망

참고 **housebreaker** [háusbrèikər] n. 가택 침입자, **침입 강도**

rob [rɑb] v. **강도**强盜질하다, 강탈强奪하다, 털다

robber [rɑ́bər] n. 강도

robbery [rɑ́bəri] n. 강도질, **강탈**

참고 **extort** [ikstɔ́:rt] v. **강탈**하다, 갈취喝取하다

소지 所持

possess [pəzés] v. 소유所有하다, 소지하다, 보유하다

possession [pəzéʃən] n. 소유, (possessions) 소유물, **소지품**

belong [bilɔ́:ŋ] v. 속하다, 소속所屬하다

belonging [bilɔ́:ŋiŋ] n. (belongings) 소유물, **소지품** 所持品

own [oun] a. (자기) 자신의 v. **소유**所有하다

owner [óunər] n. 소유자, 소유권자, 주인

ownership [óunərʃip] n. 소유자임, 소유권

연상의 그물망

have [həv, əv, hæv] v. have·has·had·had (has [həz, hæz] 3인칭 단수·직설법·현재형) **가지다**, 시키다, 당하다

결론 結論

conclusion [kənklú:ʒən] n. 결론, 결말, 체결

conclude [kənklú:d] v. 결론을 내리다, 종결하다, 체결 하다

concluding [kənklú:diŋ] a. 종결의

conclusive [kənklú:siv] a. 결정적인

체포 逮捕

arrest [ərést] v. 체포逮捕하다 n. 체포

apprehend [æprihénd] v. 체포하다, **염려**念慮하다

apprehension [æprihénʃən] n. 체포, **염려**

apprehensive [æprihénsiv] a. 염려하는

연상의 그물망

참고 **detain** [ditéin] v. **구류**拘留하다, **구금**拘禁하다, 유치 하다

편견偏見

bias [báiəs] n. 편견偏見 v. 편견을 갖게 하다
biased [báiəst] a. 편견을 가진

prejudice [prédʒudis] n. 편견偏見 v. 편견을 갖게 하다
참고 **stereotype** [stériətàip] n. **고정 관념**固定觀念 v. 틀에 박다

> 연상의 그물망
>
> **bigot** [bígət] **고집**쟁이, 편견이 매우 심한 사람
> 참고 **stubborn** [stʌ́bərn] a. **고집**固執 센, 고집스러운 완고頑固한
>
> **obstinate** [ábstənət] a. 완고한, **고집** 센

연상의 불꽃 | 모방模倣

우리 사회에서 **'섹시하다'**란 말은 무난하게 널리 통용되는 말로 보인다. 댄스 중에서 '섹시 댄스'도 춤의 한 장르로 널리 대중들이 즐겨 보고 추고 한다. 그런데 가만히 보면 이 섹시 댄스 중에 과감(果敢)한 동작들은 섹스 동작(動作)을 **모방(模倣)**했다고 보아도 무방(無妨)한 것들이 있다. 섹시미를 내세우기도 해서 그런가, 섹시 댄스라는 말 자체도 마치 댄스가 섹스를 연상시키는 무브먼트라는 듯이 판단될 여지를 충분히 남긴다. 그러나 불량교생으로서 과감하게 한마디 하자면 이런 건 다 **관점(觀點)**의 문제일 뿐이다. 현대 사회가 지나치게 섹스에 **집착(執着)**하는 **경향(傾向)**이 없지 않아 섹시 댄스에 열광하고 있진 않나? '섹시' 댄스를 '섹스'로 연결시키고 있진 않은가? **의심(疑心)**스럽다. 불량교생은 이러한 **세속적(世俗的)**인 분위기에 맞서 근본적인 **인식(認識)**의 전환을 담은 물음표를 던진다. 다소 **냉소적(冷笑的)**으로 들릴 수도 있겠지만 단적(端的)인 예를 들면 어느 여가수가 댄스 퍼포먼스 중에 **'혀로 핥은 손가락으로 사타구니를 쓸어 올리는 동작'**을 해서 난리(亂離) 법석이 일어난 적이 있다. 이 동작을 섹스랑 연결시켜 **선정적(煽情的)**이네, 공연(公然)히 음란(淫亂)한 행위네, 하며 떠들썩하게 말들이 많았다. 그런데 다들 음란 마귀(淫亂魔鬼)가 씌워져 그렇게들 보는 건 아닌가? 도대체 뭘 생각하고 있는가? 불량교생의 눈에는 그저 **'바지에 <라면 국물>을 흘려서 손에 침 묻혀서 그 <라면 국물>을 닦는 동작'**으로밖에 안 보이더구만. '공연음란죄'(公然淫亂罪)는 무슨. **공연(公演)**을 음란(淫亂)히 본 죄(罪)를 탓들 하시길.

섹시하다

sexy [séksi] a. 섹시한, 성적 매력이 있는, 성적으로 자극하는, 성적으로 자극이 된
sex [seks] n. 성性, 성별, 성교性交, 섹스
sexism [séksizm] n. 성차별, **성차별**주의性差別主義
sexist [séksist] n. 성차별주의자

sexual [sékʃuəl] a. 성적인
sexual harassment [sékʃuəl hərǽsmənt] **성희롱**性戲弄

> 연상의 그물망
>
> 참고 **harass** [hərǽs] v. 괴롭히다, 희롱戲弄하다
> **harassment** [hərǽsmənt] n. 괴롭힘, 희롱
> 참고 **copulate** [kápjulèit] v. 성교하다
>
> **salacious** [səléiʃəs] a. 외설猥褻스러운

모방 模倣

imitate [ímətèit] v. 모방模倣하다, 흉내내다
imitation [ìmətéiʃən] n. 모방, 흉내, 모조품模造品

> 연상의 그물망

참고 **bandwagon effect** 편승 효과便乘效果
jump on the bandwagon (시대 흐름에) 편승하다

mimic [mímik] v. (놀리거나 웃기려고) 흉내내다 n. 흉내쟁이
mimicry [mímikri] n. 흉내, 모조품

mock [mak] v. 흉내내며 놀리다 a. 모의模擬의
mockery [mákəri] n. 조롱, 흉내만 낸 엉터리

simulate [símjulèit] v. 가장假裝하다, 모의실험을 하다, 시뮬레이션하다
simulation [sìmjuléiʃən] n. 가장, 모의실험, 시뮬레이션

emulate [émjulèit] v. 따라 하다, 모방하다, 열심히 배우다
emulation [èmjuléiʃən] n. 경쟁, 모방模倣

참고 **pastiche** [pæstíːʃ] n. 모방模倣 작품, 패스티시, 혼성곡混成曲

copy [kápi] v. 복사複寫하다, 복제複製하다, 베끼다 n. 복사(본), 원고
copyright [kápiràit] n. 저작권著作權, 판권

> 연상의 그물망

참고 **clone** [kloun] n. 클론, 복제 생물 v. 복제하다

duplicate [djúːplikət] a. 꼭 닮은 n. 사본 v. [djúːplikèit] 복사하다, 복제하다
duplication [djùːplikéiʃən] n. 복제, 복사

plagiarism [pléidʒərìzm] n. 표절剽竊

replica [réplikə] n. 복제품
replicable [réplikəbl] a. 반복 가능한, 복제 가능한
replicate [répləkèit] v. 복제하다, 모사模寫하다

pirate [páiərət] n. 해적海賊, 저작권을 침해하는 자,

불법 복제자 v. 저작권을 침해하다, 불법 복제하다
piracy [páiərəsi] n. 해적질, 저작권 침해, 불법 복제

관점 觀點

perspective [pərspéktiv] n. 관점觀點, 시각, 원근법遠近法, 균형 감각

standpoint [stǽndpɔ̀int] n. 관점, 견지見地

angle [ǽŋgl] n. 각, 각도, 시각, 관점
angular [ǽŋgjulər] a. 각의, 각진, 모난, 앙상한

outlook [áutlùk] n. 전망, 관점, 감시, 경계

prospect [práspekt] n. 가망可望, 전망, 예상, 기대, 조망眺望

> 연상의 그물망

prospective [prəspéktiv] a. 유망한, 장래의, 기대되는
참고 **prospectus** [prəspéktəs] n. 사업 설명서, 투자 설명서

invest [invést] v. 투자投資하다
investment [invéstmənt] n. 투자, 투자액
investor [invéstər] n. 투자자

[전망 ➡ 미래]

future [fjúːtʃər] n. 미래未來, 장래성 a. 미래의
futuristic [fjùːtʃərístik] a. 미래적인, 초현대적인
tomorrow [təmárou] n. ad. 내일

> 연상의 그물망 [예시例示로]

pessimistic [pèsəmístik] a. 비관적悲觀的인
pessimism [pésəmìzm] n. 비관주의
pessimist [pésəmist] n. 비관주의자

참고 **optimistic** [àptəmístik] a. 낙관적樂觀的인
optimism [áptəmìzm] n. 낙관주의
optimist [áptəmist] n. 낙관주의자

viewpoint [vjúːpɔint] n. **관점**, 견해, 시각
view [vjuː] n. 견해, **관점**, 눈에 보이는 범위, 전망展望 v. 보다, 여기다, 생각하다
viewer [vjúːər] n. 보는 사람, 시청자
preview [príːvjuː] n. 시사회, 미리 보기 v. 시연을 보다, 시연을 보이다
review [rivjúː] n. 논평, 재검토, 복습 v. 논평하다, 재검토하다, 복습하다
overview [óuvərvjuː] n. 개관, 개요

연상의 그물망

vantage point [væntidʒ pɔint] n. 관망觀望하기에 좋은 위치, **유리한** 위치, 관점
vantage [væntidʒ] n. 유리有利함, **우세**優勢함

advantage [ædvæntidʒ] n. **유리한** 점, 이점
advantageous [ædvəntéidʒəs] a. 유리한, 이로운
disadvantage [dìsədvæntidʒ] n. 불리한 점

참고 **preponderance** [pripándərəns] n. **우세**, 우위

pros and cons 유리한 점과 불리한 점, 장단점, 찬반양론

집착執着

obsess [əbsés] v. 강박감強迫感을 갖다, **집착**執着하게 하다
obsessed [əbsést] a. 집착하는
obsession [əbséʃən] n. 집착, 강박 관념
obsessive [əbsésiv] a. 강박적인, 집착하는

연상의 그물망

preoccupation [priàkjəpéiʃən] n. 몰두沒頭, 심취, **집착**, 생각에 사로잡힘
preoccupy [priákjəpài] v. 마음을 사로잡다, 정신 팔리게 하다
preoccupied [priákjəpàid] a. 마음을 사로잡힌, 정신 팔린, 몰두한, 심취한

occupy [ákjupài] v. 차지次知하다, **점유**占有하다
occupied [ákjupaid] a. 점유된, 바쁜
occupation [àkjupéiʃən] n. 직업, 점유
occupational [àkjupéiʃənl] a. 직업의, 점유하는

fixated [fíkseitid] a. **집착**하는
fixate [fíkseit] v. **고정**시키다
fix [fiks] v. 고정固定하다, 수리修理하다

연상의 그물망

참고 **splint** [splint] v. 부목副木을 대다 n. 부목

anchor [æŋkər] n. 닻, 앵커 v. (닻을 내려) **고정**시키다

tenacious [tənéiʃəs] a. **집요**執拗한, 끈질긴

[집착 ▷ 예시例示로]

addict [ǽdikt] n. **중독자**中毒者 v. [ədíkt] 중독시키다
addicted [ədíktid] a. 중독된
addictive [ədíktiv] a. 중독성의
addiction [ədíkʃən] n. 중독

연상의 그물망

참고 **alcoholic** [ælkəhɔ́ːlik] a. 알코올의 n. 알코올 **중독자**
alcohol [ælkəhɔ̀ːl] n. 알코올, **술**

workaholic [wɔ̀ːrkəhɔ́ːlik] n. 일벌레, 일에 중독中毒된 사람

drink [driŋk] v. drink-drank-drunk 마시다 n. 음료, **술**
drunken [drʌ́ŋkən] a. **술에 취한**
overdrink [òuvərdríŋk] v. overdrink-overdrank-overdrunk 과음하다

참고 **DWI** 음주 운전(driving while intoxicated)

intoxicate [intáksikèit] v. 취하게 하다

potable [póutəbl] a. 음료로 적합한, 마셔도 괜찮은

sip [sip] v. 홀짝홀짝 마시다, 조금씩 마시다 n. 한 모금

slurp [slə:rp] v. 후루룩 소리를 내다
toast [toust] n. 건배, 축배, 축사祝辭, 토스트 v. 건배하다
beer [biər] n. 맥주
beverage [bévəridʒ] n. (물 말고) 음료수, 마실 거리
sober [sóubər] a. 술에 취하지 않은, 맨정신의, 냉정冷靜한 v. 정신을 차리게 하다
sobering [sóubəriŋ] a. 정신이 번쩍 들게 하는

경향傾向

apt [æpt] a. …하기 쉬운, …하는 경향이 있는, 적절한
aptitude [æptətjùːd] n. 적성適性, 소질, 경향
current [kə́:rənt] a. 현재現在의, 통용通用되는 n. 흐름, 전류, 기류, 해류, 경향
currently [kə́:rəntli] ad. 현재, 일반적으로
currency [kə́:rənsi] n. 통화, 통용, 유통
참고 **heretofore** [hìrtəfɔ́:r] ad. 지금까지

연상의 그물망

dispose [dispóuz] v. 배치하다, 처리하다, …한 경향을 갖게 하다, …할 마음을 생기게 하다
disposed [dispóuzd] a. …한 경향이 있는, …할 마음이 있는
disposition [dìspəzíʃən] n. 경향, 성향, 성질, 기질, 배치, 배열
dispositional [dìspəzíʃənəl] a. 성향적인, 성질의, 기질의
predisposition [prìdispəzíʃən] n. 성향, 경향
disposal [dispóuzəl] n. 처리, 처분
disposable [dispóuzəbl] a. 처분할 수 있는, 일회용의

arrange [əréindʒ] v. 배열配列하다, 준비하다, 정하다, 조정하다, 편곡하다
arrangement [əréindʒmənt] n. 배열, 준비, 협의, 조정, 편곡

연상의 그물망

참고 **align** [əláin] v. (일직선으로) 맞추다, (정치적으로) 제휴하다
realign [rìəláin] v. 재정렬하다, 재조정하다
alignment [əláinmənt] n. (일렬로) 정렬, (정치적) 제휴
array [əréi] v. 배열하다, 진열하다 n. 배열, 진열
configuration [kənfìgjuréiʃən] n. 배치, 배열
configurative [kənfígjurətiv] a. 상대적으로 배치하는

prepare [pripéər] v. 준비準備하다
preparation [prèpəréiʃən] n. 준비
preparatory [pripǽrətɔ̀:ri] a. 준비의
preliminary [prilímənèri] a. 예비豫備의 n. 예비, 예선
ready [rédi] a. 준비準備된
readily [rédəli] a. 쉽사리, 기꺼이

연상의 그물망

temper [témpər] n. 성질, 화, 기분 v. 완화緩和하다, 누그러뜨리다, 경감輕減하다
temperament [témpərəmənt] n. 기질氣質
temperamental [tèmpərəméntl] a. 기질적인
temperamentally [tèmpərəméntli] ad. 기질적으로

inclination [ìnklənéiʃən] n. 성질性向, 경향傾向, 경사(도)
incline [inkláin] v. (마음이) 기울다, 경사傾斜지게 하다 n. 경사, 경사면
inclined [inkláind] a. (마음이) 기울어진, 내키는, 경향이 있는
disinclined [dìsinkláind] a. 내키지 않는, 하고 싶지 않은
tend [tend] v. 경향傾向이 있다, 돌보다
tendency [téndənsi] n. 경향
tendance [téndəns] n. 돌보기
trend [trend] n. 경향, 동향, 추세
propensity [prəpénsəti] n. (행동의) 성향, 경향

lean [liːn] v. lean-leaned/leant-leaned/leant 기울다, 기울이다, 기대다 a. 마른, 야윈, 여윈

> 연상의 그물망

참고 **rely** [rilái] v. (on, upon) 의지依支하다, 의존依存하다, 기대다
reliable [riláiəbl] a. 의지할 만한, 신뢰할 만한, 믿을 만한

tip [tip] n. 팁, 뾰족한 끝, 사례금, 비결 v. 기울다
tip forward 앞으로 기울다

point [pɔint] n. 점點, 요점, 시점, 점수, 뾰족한 끝 v. 가리키다

참고 **spire** [spaiər] n. 뾰족한 봉우리, 뽀족탑, 첨탑尖塔

세속적世俗的

worldly [wə́ːrldli] a. 세속적世俗的인

mundane [mʌndéin] a. 세속의, 보통의, (못마땅할 정도로) 평범한

secular [sékjulər] a. 세속적인

> 연상의 그물망

earthly [ə́ːrθli] a. 세속적인, 도대체 지구상에서의
earth [əːrθ] n. 지구, 흙 v. 흙 속에 덮다
earth-friendly [ə́ːrθfrèndli] a. 지구 친화적인, 친환경적인
unearth [ʌnə́ːrθ] v. 흙 속에서 파내다, 발굴發掘하다
earthquake [ə́ːrθkwèik] n. 지진地震

seismic [sáizmik] a. 지진에 의한
seismology [saizmɑ́lədʒi] n. 지진학

[지구 ▶ 위도 경도]

참고 **latitude** [lǽtətjùːd] n. 위도

longitude [lɑ́ndʒətjùːd] n. 경도

soil [sɔil] n. 흙, 땅 v. 더럽히다

mud [mʌd] n. 진흙, 진창
mudslide [mʌ́dslàid] n. 진흙 사태, 이류泥流, 진흙의 흐름

mantle [mǽntl] n. (지구의) 맨틀, 망토

temporal [témpərəl] a. 시간의, 시간에 제한된, 현세의, 속세의

temporalize [témpərəlàiz] v. 시간적으로 한정하다, 세속화하다

참고 **time** [taim] n. 시간 v. 시간을 맞추다, 시간을 재다
timely [táimli] a. 적시의, 시기적절한
timetable [táimtèibəl] n. 시간표

> 연상의 그물망

[시간의 ▶ 예시例示로]

참고 **decade** [dékeid] n. 10년

month [mʌnθ] n. 달, 개월
monthly [mʌ́nθli] a. 매달의, ad. 매달, 다달이

week [wiːk] n. 주, 일주일
weekend [wíːknd] n. 주말週末
weekday [wíːkdei] n. 평일
weekly [wíːkli] a. 매주의 n. 주간지

magazine [mæɡəzíːn] n. 잡지雜誌
참고 **Sunday** [sʌ́ndei, sʌ́ndi] n. 일요일
Monday [mʌ́ndei, mʌ́ndi] n. 월요일
Tuesday [tjúːzdei, tjúːzdi] n. 화요일
Wednesday [wénzdei, wénzdi] n. 수요일水曜日
Thursday [θə́ːrzdei, θə́ːrzdi] n. 목요일
Friday [fráidei, fráidi] n. 금요일
Saturday [sǽtərdèi, sǽtərdi] n. 토요일

year [jiər] n. 해, 연(년), …살(세), 학년
참고 **January** [dʒǽnjuèri] n. 1월
February [fébruèri] n. 2월
March [mɑːrtʃ] n. 3월
April [éiprəl] n. 4월
May [mei] n. 5월

June [dʒuːn] **n.** 6월
July [dʒuːláɪ] **n.** 7월
August [ɔ́ːgəst] **n.** 8월
September [septémbər] **n.** 9월
October [aktóubər] **n.** 10월
November [nouvémbər] **n.** 11월
December [disémbər] **n.** 12월

spring [spriŋ] **n.** 봄, 샘물, 용수철 **v.** spring-sprang/sprung-sprung 튀다, 튀어 나오다

참고 **pop-up** 툭 튀어나오는

summer [sʌ́mər] **n.** 여름

autumn [ɔ́ːtəm] **n.** 가을

winter [wíntər] **n.** 겨울
overwinter [òuvərwíntər] **v.** 겨울을 나다

chronology [krənɑ́lədʒi] **n.** 연대기年代記, 연대표, 연표, 연대순
chronological [krànəlɑ́dʒikəl] **a.** 연대기의, 연대순의, **시간 순서**의
chronologically [krànəlɑ́dʒikəli] **ad.** 연대순으로
참고 **chronometer** [krənɑ́mətər] **n.** (천문·항해용) 정밀시계

synchronize [síŋkrənàiz] **v.** 동시에 움직이다, 동시에 발생하다
synchronous [síŋkrənəs] **a.** 동시에 발생하는, 동시의, 같은 시간의
synchronously [síŋkrənəsli] **ad.** 동시에, 같은 시간에

연상의 그물망

almanac [ɔ́ːlmənæk] **n.** 책력冊曆, 연감年鑑
annals [ǽnlz] **n.** 연대기, 연보

인식認識

recognize [rékəgnàiz] **v.** **인식**認識하다, 인정認定하다
recognition [rèkəgníʃən] **n.** 인식, 인정
cognition [kɑgníʃən] **n.** 인식, 인지認知
cognitive [kɑ́gnitiv] **a.** 인식의, 인지적인
metacognition [mètəkɑgníʃən] **n.** 초超인지

appreciation [əprìːʃiéiʃən] **n.** **감사**, 감상, 감정, 진가의 **인식**
appreciate [əpríːʃièit] **v.** 감사感謝하다, 감상鑑賞하다, 감정鑑定하다, 진가를 인정하다
appreciative [əpríːʃətiv] **a.** 감사하는, 감상하는, 진가를 인식하는 안목이 있는
appreciable [əpríːʃiəbl] **a.** 인식이 용이한, 눈에 띌 정도로 두드러진
underappreciated [ʌndərəpríːʃieitid] **a.** 인정을 받지 못하는, 제대로 평가받지 못하는

연상의 그물망

참고 **thank** [θæŋk] **v.** **감사**하다, 고마워하다
thankful [θǽŋkfəl] **a.** 감사하는, 고맙게 생각하는
grateful [gréitfəl] **a.** **감사**感謝하는, 고마워하는
gratitude [grǽtətjùːd] **n.** **감사**, 고마움, 사의
ingratitude [ingrǽtətjùːd] **n.** 배은망덕背恩忘德, 은혜를 모름, 고마움을 모름

perceive [pərsíːv] **v.** **인식**認識하다, 인지認知하다, 지각知覺하다
perceptible [pərséptəbl] **a.** 인식할 수 있는, 인지할 수 있는, 지각할 수 있는
perceptibility [pərsèptəbíləti] **n.** 인식할 수 있음, 인지할 수 있음, 지각할 수 있음
perceptive [pərséptiv] **a.** 인식력이 있는, 인지력이 있는, 지각력이 있는
perception [pərsépʃən] **n.** 인식, 인지, 지각
misperception [mìspərsépʃən] **n.** 오인誤認, **오해**誤解

연상의 그물망

참고 **illusion** [ilúːʒən] n. 환상幻想, 착각錯覺, 오해誤解
illusory [ilúːsəri] a. 환상의, 착각의

hallucination [həlùːsənéiʃən] n. 환각幻覺, 환영幻影

fantasy [fǽntəsi] n. 공상, 상상, 환상幻想
fantastic [fæntǽstik] a. 환상적인, 공상적인
fancy [fǽnsi] n. 공상空想, 변덕, 기호 a. 장식적인, 고급의 v. 공상하다

[인식 ▷ 혼동]

confuse [kənfjúːz] v. 혼란을 주다, 혼동混同하다
confusion [kənfjúːʒən] n. 혼란, 혼동
confused [kənfjúːzd] a. 혼란한, 혼란스러운
confusing [kənfjúːziŋ] a. 혼란스러운

연상의 그물망

참고 **daze** [deiz] v. 멍하게 하다, 당황하게 하다 n. 멍한 상태, 혼란스러운 상태

muddled [mʌ́dld] a. 혼란스러운, 혼란한

turmoil [tə́ːrmɔil] n. 혼란, 소란, 소동

ghost [goust] n. 유령幽靈, 귀신, 환영幻影
참고 **phantom** [fǽntəm] n. 유령, 환영幻影

haunt [hɔːnt] v. (귀신이나 유령이) 출몰하다 n. 자주 들르는 곳

consciousness [kánʃəsnis] n. 의식, 인식
conscious [kánʃəs] a. 의식意識하는, 의식적인
unconscious [ʌnkánʃəs] a. 의식하지 못하는, 무의식적인
unconsciousness [ʌnkánʃəsnəs] n. 무의식, 인사불성人事不省
subconscious [sʌbkánʃəs] a. 잠재의식潛在意識의
subconsciousness [sʌbkánʃəsnəs] n. 잠재의식

연상의 그물망

참고 **coma** [kóumə] n. 코마, 혼수상태昏睡狀態

awareness [əwɛ́ərnis] n. 의식, 인식
aware [əwɛ́ər] a. 알고 있는, 잘 알고 있는, 정통精通한, 의식하는
unaware [ʌ̀nəwɛ́ər] a. 알지 못하는, 의식하지 못한

연상의 그물망

참고 **oblivious** [əblíviəs] a. 알아차리지 못하는
oblivion [əblíviən] n. 의식하지 못하는 상태, 망각忘却

horizon [həráizn] n. 수평선水平線, 지평선, 인식 범위, 시야
horizontal [hɔ̀ːrəzántl] a. 수평의

냉소적冷笑的

cynical [sínikəl] a. 냉소적冷笑的인, 비꼬는
cynic [sínik] n. 냉소가, 조소가嘲笑家

선정적煽情的

sensational [senséiʃənl] a. 선풍적인, 선정적煽情的인
sensationalism [senséiʃənəlìzm] n. 선정주의
sensation [senséiʃən] n. 감각, 느낌, 선풍旋風적인 일

닦는

wipe [waip] v. 닦다, 문질러 훔치다, 닦아내다, 지우다, 없애다
windshield wiper [wíndʃiːld wáipər] n. 자동차 앞의 유리 닦개

연상의 그물망

참고 **erase** [iréis] v. 지우다, 문질러 없애다
eraser [iréisər] n. 지우개
erasure [iréiʃər] n. 삭제, 말소

mop [map] n. 대걸레 v. 대걸레로 **닦다**
참고 **clean** [kli:n] a. 깨끗한 v. 청소하다
cleanly [klí:nli] ad. 깨끗이 a. [klénli] 청결한
cleanliness [klénlinis] n. 청결
cleanser [klénzər] n. 세제, 세척제洗滌劑, 세정제

sweep [swi:p] v. sweep-swept-swept **쓸다**, 털다, 휩쓸다 n. 쓸기
sweeper [swí:pər] n. 청소부, 청소기
sweeping [swí:piŋ] a. 휩쓰는, 전면적全面的인, 광범위廣範圍한
참고 **broom** [bru:m] n. 빗자루, 비
push broom 긴 자루가 달린 비

연상의 그물망

tidy [táidi] a. 정리된, 정돈整頓된, 단정한 v. 정리하다, **정돈**하다
untidy [əntáidi] a. 지저분한, 단정치 못한, 어수선한
참고 **neat** [ni:t] a. 단정한, **정돈**된, 깔끔한, 말쑥한

towel [táuəl] n. 수건, 타월 v. 수건으로 닦다
참고 **handkerchief** [hæŋkərtʃif] n. 손수건
napkin [næpkin] n. 냅킨, 작은 수건

연상의 그물망

polish [páliʃ] v. 광을 내다, **닦다**, 다듬다 n. **광택제**光澤劑
polished [páliʃt] a. 광택이 나는, 세련洗練된
unpolished [ʌnpáliʃt] a. 닦지 않은, 세련되지 못한
참고 **Polish** [póuliʃ] a. 폴란드의 n. 폴란드어
gloss [glɑs] n. **광택(제)**, 윤기潤氣, 주석註釋 v. 주석을 달다

varnish [vɑ́:rniʃ] n. 니스, **광택제**光澤劑 v. 니스 칠을 하다
참고 **lacquer** [lǽkər] n. 래커(도료의 일종), 칠
lacquer tree 옻나무

sanitary [sǽnətèri] a. **위생**衛生의, 위생적인
sanitation [sæ̀nətéiʃən] n. 위생, 위생 설비
sanitation department 위생과
unsanitary [ʌnsǽnətèri] a. 비위생적인
참고 **hygiene** [háidʒi:n] n. 위생 상태

공연公演

perform [pərfɔ́:rm] v. 수행하다, 공연公演하다, 연주하다, 연기하다
performance [pərfɔ́:rməns] n. 수행, 공연, 연주, 연기
performer [pərfɔ́:rmər] n. 공연하는 사람, 연주자, 연기자
outperform [àutpərfɔ́:rm] v. …보다 뛰어나게 수행하다, 능가하다

연상의 그물망

참고 **impresario** [ìmprisɑ́:riòu] n. 기획자, 단장
rehearsal [rihə́:rsəl] n. 리허설, 예행연습豫行演習, 반복
rehearse [rihə́:rs] v. 리허설하다, 반복하다
repertoire [répərtwà:r] n. 공연 목록, 연주 목록, 레퍼토리
repertory [répərtɔ̀:ri] n. 레퍼토리

| 시츄에이션 | 야한 거 찾아댕겨 |

인터넷이 **발달(發達)**한 현대 사회에서 (특히) 남성들은 —(아마) 나이를 불문(不問)하고— 야한 동영상(動映像)을 **찾아다니기**도 한다. 음란물(淫亂物)을 규제(規制)하는 대한민국 **정부(政府)**는 오늘도 유해 사이트를 차단(遮斷)하기 위해 끝나지 않는 **전쟁(戰爭)**을 벌이고 있다.

발달 發達

develop [divéləp] v. 개발하다, **발달**하다
development [divéləpmənt] n. 개발, 발달
underdeveloped [ʌndərdivéləpt] a. 저개발의
undeveloped [ʌndivéləpt] a. 미개발의

evolution [èvəlúːʃən] n. 진화 進化
evolutionary [èvəlúːʃənèri] a. 진화의
evolve [iválv] v. 진화하다

> 연상의 그물망

참고 **retard** [ritáːrd] v. (**발달**을) **지연** 遲延시키다, 더디게 하다
retarded [ritáːrdid] a. 지연된, 지능 발달이 더딘
tardy [táːrdi] a. 느린, **지체** 遲滯된, 지각 遲刻한
tardily [táːrdili] ad. 느리게

delay [diléi] n. **지연** 遲延, 지체 遲滯, 연기 延期, 늦춤 v. 지연시키다, 지체하다, 연기하다, 늦추다

postpone [poustpóun] v. 미루다, 연기하다

procrastinate [proukrǽstənèit] v. 미루다
procrastination [proukrǽstənéiʃən] n. 미루는 버릇, (일의) **지연**

protract [proutrǽkt] v. (시간을) 오래 끌다, 연장하다

slow [slou] a. 느린
slowly [slóuli] ad. 느리게
slowdown [slóudàun] n. 둔화 鈍化, 감속 減速
참고 **sluggish** [slʌ́giʃ] a. 느린, 느릿느릿한

snail [sneil] n. 달팽이

tortoise [tɔ́ːrtəs] n. 거북

lag [læg] n. **지연** v. 뒤처지다
jet lag (제트기 여행의) 시차 時差로 인한 피로 疲勞

찾아다니기

search [səːrtʃ] v. 찾다, **수색** 搜索하다, 검색 檢索하다 n. 수색, 검색
searchable [sə́ːrtʃəbl] a. 검색 가능한
searchability [sə̀ːrtʃəbíləti] n. 검색 가능성

> 연상의 그물망

참고 **browse** [brauz] v. 대강 **훑어보다**, 둘러보다, (동물이 풀잎을) 뜯어먹다
poke around 여기저기 뒤지다

quest [kwest] n. **탐색** 探索 v. 탐색하다

scan [skæn] v. 꼼꼼히 살피다, 대충 **훑어보다**, 스캔하다, 정밀 검사하다 n. 정밀 검사

wander [wándər] v. **방랑** 放浪하다, 거닐다
wanderer [wándərər] n. 방랑자
참고 **bum** [bʌm] n. 부랑자 浮浪者

nomad [nóumæd] n. 유목민 遊牧民

roam [roum] v. 배회하다, 방랑하다
roaming service 로밍 서비스

rove [rouv] v. 방랑하다, 두리번거리다

stroll [stroul] v. (한가로이) 거닐다, 산책 散策하다, **유랑** 流浪하다 n. 산책
strolling [stróuliŋ] a. 순회 巡廻 공연하는, 떠도는
stroller [stróulər] n. 유모차 (baby stroller)

> 연상의 그물망

참고 **buggy** [bʌ́gi] n. 유모차, (말 한 필이 끄는) 마차

chariot [tʃǽriət] (고대의) 전차, 이륜마차 二輪馬車

정부 政府

government [gʌ́vərnmənt] n. **정부**
govern [gʌ́vərn] v. 통치하다, 지배하다, 다스리다

> 연상의 그물망

참고 regime [reiʒíːm] n. **정권**政權, 제도, 체제
policy [pάləsi] n. **정책**政策, 방책方策, 방침方針
ministry [mínəstri] n. 정부의 부, 내각, 목사의 직
minister [mínəstər] n. 장관長官, 목사, 성직자

administration [ədmìnistréiʃən] n. **행정**行政, (미국) 행정부, 관리, 집행, 투약
administer [ədmínistər] v. 관리하다, 집행하다, 투약하다, 가하다

> 연상의 그물망

참고 bureaucracy [bjuərάkrəsi] n. **관료제**官僚制
bureaucrat [bjúərəkræt] n. 관료

authority [əθɔ́ːrəti] n. **권한**, 권위權威, 권위자, (authorities) **당국**
authorities concerned 관계 당국
authorize [ɔ́ːθəràiz] v. 권한을 인정하다, 인가하다
authoritative [əθɔ́ːrətèitiv] a. 권위 있는, 권위적인
참고 mandate [mǽndeit] n. 위임된 **권한**, 위임 v. 위임하다, 권한을 주다

agency [éidʒənsi] n. 대리점代理店, 대행사, **정부** 기관, 국局, 청廳
agent [éidʒənt] n. 대리인, 에이전트, 요원要員, 행위자

anarchy [ǽnərki] n. **무정부**無政府 (상태)

전쟁戰爭

war [wɔːr] n. **전쟁**戰爭
warfare [wɔ́ːrfɛər] n. 전쟁 상태, 전투 행위
warlike [wɔ́ːrlaik] a. 호전적인, 전쟁의
warship [wɔ́ːrʃip] n. 전함, 군함
postwar [pòustwɔ́ːr] a. 전후戰後의

battle [bǽtl] n. **전투**戰鬪, **싸움** v. 싸우다
battle royal 대혼전大混戰, 난투亂鬪
참고 combat [kɔ́mbæt] n. 전투 v. 싸우다
combatant [kɔ́mbətənt] n. 전투원, 전투 부대

outbreak [áutbrik] n. (**전쟁**, 화재, 질병 등의) 발발勃發, 발생

> 연상의 그물망

fight [fait] v. fight-fought-fought 싸우다 n. **싸움**
fighter [fáitər] n. 전투기, 전사
참고 gladiator [glǽdièitər] n. (고대 로마의) 검투사

warrior [wɔ́ːriər] n. 전사戰士

duel [djúːəl] n. 결투 v. 결투하다
duelist [djúːəlist] n. 결투하는 사람

martial [mάːrʃəl] a. 전쟁의, 싸움의
martial art 무술

quarrel [kwɔ́ːrəl] n. 말다툼, **말싸움** v. 말다툼하다, 말싸움하다
quarrelsome [kwɔ́ːrəlsəm] a. 말다툼하기 좋아하는, 말싸움하기 좋아하는

victory [víktəri] n. **승리**勝利
victor [víktər] n. 승리자
victorious [viktɔ́ːriəs] a. 승리한

참고 triumph [tráiəmf] n. **승리**, 승리한 기쁨, 대성공
triumphant [traiʌ́mfənt] a. 승리한, 의기양양한

> 연상의 그물망

strategy [strǽtədʒi] n. **전략**戰略
참고 tactic [tǽktik] n. 전략, 전술戰術, 병법
tactical [tǽktikəl] a. 전술의, 전략적인
tactics [tǽktiks] n. 전술, 용병술, 작전 행동

maneuver [mənúːvər] n. 움직임, 책략策略, 작전作戰 행동, 기동機動 훈련 v. **책략**을 쓰다
outmaneuver [àutmənúːvər] v. ~에게 이기다, ~에게 책략으로 이기다

win [win] v. win-won-won 이기다, 쟁취爭取하다, 획득하다 n. **승리**
winner [wínər] n. 우승자優勝者, 수상자受賞者

lose [luːz] v. lose-lost-lost 잃다, 지다
loser [lúːzər] n. 패배자
loss [lɔːs] n. 상실, 손실, **패배**

<참고> **stray** [strei] v. 길을 잃다 a. 길을 잃은
astray [əstréi] a. 길을 잃은, 길을 잃어

defeat [difíːt] v. **패배**敗北시키다 n. 패배, 타도打倒

<연상의 그물망>

<참고> **subdue** [səbdjúː] v. **정복**하다, 진압하다, 가라앉히다
subdued [səbdjúːd] a. 약화된, 가라앉은, 정복된

conquer [káŋkər] v. **정복**征服하다
conqueror [káŋkərər] n. 정복자
conquest [káŋkwest] n. 정복

vanquish [væŋkwiʃ] v. **정복**征服하다, 이기다

whomp [wɑmp] v. 찰싹(꽝) 때리다, 결정적으로 **패배**시키다

<연상의 그물망>
[전쟁 ▸ 경쟁]

vie [vai] v. 다투다, **경쟁**競爭하다

compete [kəmpíːt] v. 경쟁競爭하다, 겨루다, 필적匹敵하다
competition [kàmpətíʃən] n. 경쟁, 대회大會
competitive [kəmpétətiv] a. 경쟁하는, 경쟁력 있는
competitor [kəmpétətər] n. 경쟁자
competence [kámpətəns] n. 능력能力
competent [kámpətənt] a. 능력이 있는
incompetent [inkámpətənt] a. 능력이 없는, 무능력한

contest [kántest] n. 콘테스트, 대회, 시합, **경쟁** v. [kɔntést] 경쟁하다, 겨루다

rival [ráivəl] n. 라이벌, **경쟁자**競爭者 v. 경쟁하다, 겨루다, 필적匹敵하다
rivalry [ráivəlri] n. 경쟁

섹스의 결과結果 : 임신, 출산, 아기

sex + result = pregnancy, delivery, baby

결과結果

result [rizʌ́lt] n. 결과結果 v. 결과로 생기다
resultant [rizʌ́ltənt] a. 그 결과로 생긴

임신妊娠

pregnancy [prégnənsi] n. 임신妊娠
pregnant [prégnənt] a. 임신한
pregnant women 임산부

연상의 그물망

참고 **womb** [wu:m] n. 자궁子宮
enwomb [inwú:m] v. 태내胎內에 베다, 깊숙이 파묻다

출산出産

delivery [dilívəri] n. 배달配達, 인도引渡, 출산, 분만分娩
deliver [dilívər] v. 배달하다, 인도하다, 출산을 돕다

연상의 그물망

assist [əsíst] v. 보조補助하다, 거들다 n. 보조, 어시스트
assistant [əsístənt] n. 조수 a. 보조의
assistance [əsístəns] n. 도움, 지원, 원조

aid [eid] n. 도움, 원조, 보조, 보조 기구 v. 돕다
first aid 응급 처치
first-aid kit 구급상자

참고 **cardiopulmonary resuscitation** [kɑ̀rdiəpʌ́lmənèri risʌ̀sətéiʃən] n. (CPR) 심폐 소생술

paramedic [pærəmèdik] n. 응급 구조대원

help [help] v. 돕다 n. 도움

helpful [hélpfəl] **a.** 도움이 되는
helpless [hélplis] **a.** 무력한

아기

baby [béibi] **n.** 아기
infant [ínfənt] **n.** 유아幼兒 **a.** 유아의, 초기初期의
infancy [ínfənsi] **n.** 유아기, 초창기草創期

연상의 그물망

참고 **diaper** [dáiəpər] **n.** 기저귀

pacifier [pǽsəfàiər] **n.** (유아용) 고무젖꼭지, 갓난아기에게 빨리는 장난감

toy [tɔi] **n.** 장난감
doll [dɑl] **n.** 인형

toddler [tɑ́dlər] **n.** (걸음마를 배우는) 아기
toddle [tɑ́dl] **v.** 걸음마를 타다, 아장아장 걷다

fetus [fíːtəs] **n.** 태아(임신 9주 이후)
foetal [fíːtl] **a.** 태아의

연상의 그물망

참고 **abortion** [əbɔ́ːrʃən] **n.** 유산流産, 낙태落胎
abort [əbɔ́ːrt] **v.** 유산하다, 낙태하다
abortive [əbɔ́ːrtiv] **a.** 수포水泡로 돌아간, 유산의, 낙태의

prochoice 낙태의 합법화를 주장하는, 임신 중절 합법화에 찬성하는

💡 issue! 임신妊娠

섹스를 통해 **돌진(突進)**하는 **정자(精子)**가 **난자(卵子)**와 만나 —**뿌려진** 정자가 난자로 **수렴(收斂)**하여— **임신(妊娠)**이 되면서 경이로운 아기의 **탄생(誕生)**으로 이어진다.

돌진突進

rush [rʌʃ] **v.** 돌진突進하다, 서두르다 **n.** 돌진, 쇄도殺到, 서두름

참고 **dash** [dæʃ] **v.** 황급遑急히 달려가다, 돌진하다, 내동댕이치다 **n.** 돌진, 부딪치는 소리

정자精子

sperm [spəːrm] **n.** 정액, 정자

난자卵子

egg [eg] **n.** 알, 달걀, 난자卵子
egg sac 알주머니
eggplant [égplæ̀nt] **n.** 가지 (열매)

연상의 그물망

 hatch [hætʃ] **v.** 부화孵化하다, 알을 깨고 나오다
precocial [prikóuʃəl] **a.** 부화 후 곧 활동하는
spawn [spɔːn] **v.** 알을 낳다 **n.** (물고기, 개구리 등의) 알덩어리

ovum [óuvəm] **n.** 난자

뿌려진

scatter [skǽtər] v. 흩뿌리다, 흩뜨리다, 흩어지게 하다, 흩어지다
scatterbrain 정신이 산만散漫한 사람

dispel [dispél] v. 생각을 떨쳐버리다
dispellable [dispéləbl] a. 떨쳐버릴 수 있는

disperse [dispə́:rs] 흩어지다, 흩어지게 하다
dispersal [dispə́:rsəl] n. 해산, 분산
dispersive [dispə́:rsiv] a. 흩어지는, 분산적인

sprinkle [spríŋkl] v. 뿌리다, 흩뿌리다
sprinkler [spríŋklər] n. 스프링클러, 물 뿌리는 장치

spray [sprei] v. (분무기로) 뿌리다 n. 물보라, 분무, 분무기噴霧器, 스프레이

strew [stru:] v. strew-strewed-strewed/strewn 흩뿌리다
strewn [stru:n] a. 표면을 뒤덮은, 흩뿌려진

sow [sou] v. sow-sowed-sown/sowed (씨를) 뿌리다, 심다

seed [si:d] n. 씨앗, 씨, 종자 v. 씨앗을 뿌리다, 씨가 맺다

연상의 그물망

legume [légju:m] n. 콩과(科) 식물
bean [bi:n] n. 콩
beanbag [bí:nbæg] n. 콩 주머니

[뿌려 ▶ 드문드문]

sparse [spɑ:rs] a. 성긴, 드문드문한

연상의 그물망

[드문드문 ↔ 빽빽]

dense [dens] a. 밀집한, 빽빽한, 촘촘한
densely [dénsli] ad. 밀집하여, 빽빽이
density [dénsəti] n. 밀도, 농도

dilute [dilú:t] v. 희석稀釋시키다, 묽게 하다 a. 희석된
dilution [dilú:ʃən] n. 희석, 묽게 함

수렴收斂

converge [kənvə́:rdʒ] v. 한데 모아지다, (한 곳에) 집중시키다, 수렴收斂하다
convergence [kənvə́:rdʒəns] n. 수렴, 합류점, 한 점으로 모임

연상의 그물망

concentrate [kánsəntrèit] v. 집중集中하다, 농축濃縮하다
concentration [kànsəntréiʃən] n. 집중, 농축, 농도
concentric [kənséntrik] a. 동심원의, 중심이 같은

focus [fóukəs] v. 초점焦點을 맞추다, 집중하다 n. 초점
focal [fóukəl] a. 초점의
focalize [fóukəlàiz] v. 초점을 맞추다, 초점을 잡다

intensive [inténsiv] a. 집중적集中的인, 집약적集約的인
intensively [inténsivli] ad. 집중적으로
intension [inténʃən] n. 강화强化, 내포內包
intensity [inténsəti] n. 강렬함, 강도强度
intensify [inténsəfài] v. 강렬해지다, 강화하다
intense [inténs] a. 강렬强烈한

assemble [əsémbl] v. 모으다, 집합시키다, 조립組立하다, 모이다
assembly [əsémbli] n. 집회集會, 의회, 조립

연상의 그물망

congress [káŋgris] n. 회의, (Congress) 의회
rally [rǽli] n. 집회, 회복 v. 집회하다, 회복하다
parliament [pá:rləmənt] n. 의회議會, 국회
council [káunsəl] n. 의회, 위원회委員會, 협의회協議會

throng [θrɔːŋ] n. **군중**, 인파 v. 떼를 지어 **모이다**

> 연상의 그물망

참고 **crowd** [kraud] n. **군중**群衆 v. 붐비다, 붐비게 하다
crowded [kráudid] a. 붐비는

congestion [kəndʒéstʃən] n. 혼잡
congest [kəndʒést] v. 혼잡하게 하다

mob [mɑb] n. 폭도, **군중** v. 떼를 지어 습격하다

riot [ráiət] n. 폭동暴動 v. 폭동을 일으키다

gather [ɡǽðər] v. **모이다**, 모으다, 수확收穫하다, 늘다, 늘리다
gathering [ɡǽðəriŋ] n. 모임, 수집收集

congregate [káŋgriɡèit] v. **모이다**
참고 **glean** [gliːn] v. 찾아내다, (정보를) **모으다**, (이삭 등을) 주워 모으다

> 연상의 그물망

garner [ɡáːrnər] v. 얻다, **모으다**
muster [mʌ́stər] v. 발휘하다, **모으다**, 소집하다
rake [reik] n. 갈퀴 v. (갈퀴로) 긁어 **모으다**

group [ɡruːp] n. 그룹, **무리**, 집단, 떼 v. 무리 짓다

> 연상의 그물망

참고 **gregarious** [ɡriɡɛ́əriəs] a. 군생群生하는, 사교적인

cluster [klʌ́stər] n. **무리**, 송이, 다발 v. 무리를 이루다
clustered [klʌ́stərd] a. 무리를 이룬

flock [flɑk] n. 무리, 떼 v. 떼를 지어 **모이다**

herd [həːrd] n. 무리, 떼 v. 떼를 지어 이동시키다, 떼를 지어 이동하다
herder [hə́ːrdər] n. 양치기, 목동

convene [kənvíːn] v. 소집하다, **모으다**, 모이다
reconvene [rìːkənvíːn] v. 다시 소집하다

임신 妊娠

conceive [kənsíːv] v. **품다**, **상상**하다, 임신妊娠하다
conception [kənsépʃən] n. 구상構想, 수정受精, 임신
preconceive [prìːkənsíːv] v. 미리 생각하다, 예상하다
preconception [prìkənsépʃən] n. 예상, 선입견
misconception [mìskənsépʃən] n. 오해, 잘못된 생각
misconceive [mìskənsíːv] v. 오해하다, 잘못 생각하다

> 연상의 그물망

참고 **brood** [bruːd] v. (알을) **품다**, 곰곰이 생각하다 n. 한배의 병아리
brood parasite (알을 대신 기르도록 하는) 탁란托卵 동물

imagine [imǽdʒin] v. **상상**想像하다
imagination [imædʒənéiʃən] n. 상상, 상상력
imaginable [imǽdʒənəbl] a. 상상할 수 있는
imaginary [imǽdʒənèri] a. 상상의, 허수虛數의 n. 허수
imaginative [imǽdʒənətiv] a. 상상력이 풍부豐富한

fertile [fəːrtl] a. 비옥肥沃한, 기름진, 다산多産의, **임신**할 수 있는
fertility [fərtíləti] n. 비옥, 다산, 생식력
fertility rate 출생률, 출산율
fertilize [fəːrtəlàiz] v. 수정시키다, 비옥하게 하다, 비료를 주다
fertilizer [fəːrtəlàizər] n. 비료
nitrogen fertilizer [náitrədʒən fəːrtəlàizər] 질소 비료
fertilization [fəːrtəlizéiʃən] n. 비옥화, 다산화, 수정
infertile [infəːrtl] a. 메마른, 불모의, **불임**의

> 연상의 그물망

참고 **barren** [bǽrən] a. 불모不毛의, 메마른, 척박瘠薄한

prolific [prəlífik] a. 다산多産의, 다작의

sterile [stéril] a. **불임**不妊의, 불모의, **살균**殺菌한, 소독消毒한, 무익한
sterilize [stérəlàiz] v. 살균하다, 소독하다, 불임하게 하다

sterilized [stérəlàizd] 살균한, 소독한
antiseptic [æntəséptik] a. 살균 성분이 있는 n. 소독제, 방부제防腐劑

maternity [mətə́ːrnəti] n. 어머니임, 임신 상태
maternal [mətə́ːrnl] a. 어머니다운, 모계母系의
matriarchy [méitriàːrki] n. 모계 사회
matriarchal [mèitriáːrkl] a. 모계 중심의
paternal [pətə́ːrnl] a. 아버지다운, 부계父系의
paternalistic [pətə̀ːrnəlístik] a. 가부장적인
paternity [pətə́ːrnəti] n. 아버지임, 부계父系
patriarchy [péitriàːrki] n. 가부장제
patriarchal [pèitriáːrkəl] a. 가부장제의

탄생誕生

birth [bəːrθ] n. 탄생, 출생
birthday [bə́ːrθdèi] n. 생일

birthplace [bə́ːrθplèis] n. 출생지, 생가, 발상지發祥地
rebirth [ribə́ːrθ] n. 부활, 갱생更生
참고 natal [néitl] a. 출생의

life [laif] n. 삶, 생명, 생명력, 생활, 실물

[life- ▶]

lifeboat [láifbòut] n. 구명보트, 구조선
lifeguard [láifgàːrd] n. 인명 구조원, 수상 안전 요원
lifespan [láifspæn] n. 수명
lifetime [láiftaim] n. 일생, 평생
lifelong [láiflɔ̀ŋ] a. 평생의

연상의 그물망

참고 centenarian [sentənéəriən] n. 100살 이상의 사람

ephemeral [ifémərəl] a. 단명하는, 수명이 짧은
ephemerality [ifèməræləti] n. 단명, 덧없음

vicissitudes [visísətjùːdz] n. (삶의) 파란만장波瀾萬丈, 흥망성쇠興亡盛衰, 변천變遷

연상의 불꽃 | 결과結果

결과(結果)를 뜻하는 말들을 연상한다. 임신의 결과를 이루기 위해 부부(夫婦)가 **계획(計劃)**을 세우는 일도 비일비재(非一非再)하다.

결과結果

consequence [kánsəkwèns] n. 결과結果, 중요성
consequent [kánsəkwènt] a. 결과적인
consequently [kánsəkwèntli] ad. 결과적으로
consequential [kànsəkwénʃəl] a. 결과로서 일어나는, 중요한
inconsequential [inkɑnsikwénʃəl] a. 중요하지 않은

corollary [kɔ́ːrəlèri] n. 필연적必然的인 결과, 추론

연상의 그물망

ensue [insúː] v. 잇따라 일어나다, 뒤따르다
following [fɑ́louiŋ] a. 다음의 prep. …의 다음에 n. 따르는 사람들
follow [fɑ́lou] v. 따르다

outcome [áutkəm] n. 결과
참고 **ramification** [ræməfikéiʃən] n. 파생派生된 문제, 파문波紋

repercussion [rì:pərkʌ́ʃən] n. 반향反響, 영향影響
sequence [sí:kwəns] n. 연속, 연속물, 순서, 결과
sequent [sí:kwənt] a. 다음에 오는, 잇따라 일어나는
subsequent [sʌ́bsikwənt] a. 다음의, 뒤이은, (결과로서) 일어나는
subsequently [sʌ́bsikwəntli] ad. 다음에, 뒤이어
subsequence [sʌ́bsikwəns] n. 다음에 이어짐, 연속

[결과 ▷ 수확]

참고 **harvest** [háːrvist] n. 수확, 수확물 v. 수확하다

reap [riːp] v. 거두다, 수확收穫하다
As you sow, so shall you reap. 뿌린 대로 거두리라.

연상의 그물망

crop [krɑp] n. 농작물, 작물
subsistence crop 생계용 작물, 자급자족自給自足용 작물
subsistence farming 자급 농업, 영세零細 농업
Thanksgiving Day (Thanksgiving) 추수 감사절

grain [grein] n. 곡물, 낟알, (곡식, 모래 등의) 알갱이, 입자粒子, 아주 작은 양
grainy [gréini] a. 낟알이 많은, 입자가 거친
ingrain [ingréin] a. 깊이 배어든 v. 배어들게 하다
ingrained [ingréind] a. 깊이 배어든, 뿌리 깊은

granary [gréinəri] n. 곡물 창고

cereal [síəriəl] n. 곡물, 시리얼

thresh [θreʃ] v. 타작打作하다, 탈곡脫穀하다

[곡물 ▷ 예시例示로]

wheat [wiːt] n. 밀

참고 **flour** [fláuər] n. 밀가루 v. 밀가루를 바르다
dough [dou] n. 밀가루 반죽
doughnut [dóunət] n. 도넛
rye [rai] n. 호밀
corn [kɔːrn] n. 곡식穀食, 곡물, 옥수수
maize [meiz] n. 옥수수

rice [rais] n. 벼, 쌀, 밥
rice paddy 논
참고 **timothy** [tíməθi] n. 큰조아재비, 벼과의 식물

barley [báːrli] n. 보리

barn [bɑːrn] n. 곳간, 헛간
barnstorming [bɑ́rnstɔ̀rmiŋ] n. 곡예비행曲藝飛行

[결과 ▷ 열매]

fruit [fruːt] n. 과일, 열매
fruitful [frúːtfəl] a. 결실이 많은
fruitless [frúːtlis] a. 결실이 없는

연상의 그물망

참고 **fig** [fig] n. 무화과

grape [greip] n. 포도
wine [wain] n. 포도주, 와인
winery [wáinəri] n. 포도주 양조장
vine [vain] n. 포도나무, 덩굴 식물
참고 **creeping plant** 덩굴 식물
tendril [téndril] n. (식물의) 덩굴손
apple [ǽpl] n. 사과

peach [piːtʃ] n. 복숭아
gourd [gɔːrd] n. (호리병)박
mango [mǽŋgou] n. 망고
orange [ɔ́ːrindʒ] n. 오렌지, 오렌지색

tangerine [tændʒərín] n. 감귤

persimmon [pəːrsímən] n. 감

pear [pɛər] n. (서양의) 배

plum [plʌm] n. 자두

prune [pruːn] n. 자두 v. 잘라 내다

pumpkin [pʌ́mpkin] n. 호박

strawberry [strɔ́ːbèri] n. 딸기

tomato [təméitou] n. 토마토

nut [nʌt] n. 견과, 너트, 암나사

walnut [wɔ́ːlnʌt] n. 호두

peanut [pínʌt] n. 땅콩

pea [piː] n. 완두콩

참고 **acorn** [éikɔːrn] n. 도토리

pod [pɑd] n. (완두콩 따위의) 꼬투리

참고 **orchard** [ɔ́ːrtʃərd] n. 과수원果樹園

계획計劃

plan [plæn] n. **계획**計劃, 설계도設計圖 v. 계획하다

planned [plænd] a. 계획된, 예정된

unplanned [ʌnplǽnd] a. 계획에 없는, 예정에 없던

참고 **blueprint** [blúːprint] n. 청사진靑寫眞

scheme [skiːm] n. **계획**, 책략策略, 음모陰謀 v. 음모를 꾸미다

schemer [skíːmər] n. 음모를 꾸미는 사람

참고 **conniving** [kənáiviŋ] a. (남을) 음해陰害하는

연상의 그물망

thwart [θwɔːrt] v. 꺾다, 제압하다, (**계획**을) 좌절시키다

참고 **frustrate** [frʌ́streit] v. 좌절挫折시키다

frustrated [frʌ́streitid] a. 좌절된

frustration [frʌstréiʃən] n. 좌절, 불만

initiative [iníʃiətiv] n. 새로운 **계획**, 진취적進取的인 정신, 주도권主導權

initiate [iníʃièit] v. **개시**開始하다, 입문入門시키다

initiation [inìʃiéiʃən] n. 입문, 입회, 성인식成人式

initial [iníʃəl] a. 처음의, 초기初期의, 머리글자의 n. 머리글자

연상의 그물망

참고 **launch** [lɔːntʃ] v. **개시**하다, 착수着手하다, 진수進水시키다, 발사하다 n. 개시, 착수, 진수, 발사

launching [lɔ́ːntʃiŋ] n. 개시, 착수, 진수, 발사

begin [bigín] v. begin-began-begun **시작**하다

참고 **start** [stɑːrt] v. **시작**하다, 출발하다 n. 시작, 출발

depart [dipɑ́ːrt] v. 떠나다, 출발하다, 이탈離脫하다

departure [dipɑ́ːrtʃər] n. 출발, 이탈

commence [kəméns] v. **시작**하다, 시작되다

onset [ɑ́nsèt] n. (나쁜 일의) **시작**

outset [áutsèt] n. 착수, **시작**
at the outset 처음에

prelude [préljuːd] n. 서곡序曲, 전주곡, 전조前兆

[계획 ➡ 기획]

project [prɑ́dʒekt] n. 프로젝트, 기획企劃 v. [prədʒékt] 기획하다, 예상하다, 투사投射하다

projected 예상된

projection [prədʒékʃən] n. 예상, 투사

[계획 ➡ 여행]

itinerary [aitínərèri] n. **여행** 일정 **계획**, 여행 일정

schedule [skédʒuːl] n. 스케줄, 일정日程

calendar [kǽləndər] n. 캘린더, 달력, 일정표

연상의 그물망

참고 **journey** [dʒə́ːrni] n. (장거리) **여행** v. (먼길을) 여행하다

expedition [èkspədíʃən] n. 탐험探險, 원정遠征, 탐험대, 원정대

voyage [vɔ́iidʒ] n. (오랜) **항해**航海, **여행** v. (오래) 항

해하다, 여행하다
참고 **navigate** [nǽvəgèit] v. **항해**하다, 길을 찾다
navigation [næ̀vəgéiʃən] n. 항해

sail [seil] v. **항해**하다, 요트를 타다 n. 돛, 항해
sailboat [séilbòut] n. 범선帆船, 요트

yacht [jɑt] n. 요트

mast [mæst] n. 돛대

[여행 ➡ 배]

vessel [vésəl] n. (거대한) **선박**船舶, 용기容器, **그릇**, **혈관**, 물관

연상의 그물망

참고 **capillary** [kǽpəlèri] n. 모세관毛細管, 모세**혈관**

tube [tjuːb] n. 관管

pipe [paip] n. 관管, 파이프

funnel [fʌ́nl] n. 깔때기

bowl [boul] n. (가운데가 둥그스름하고 깊게 패어 있는) **그릇** v. 공을 굴리다
bowling [bóuliŋ] n. 볼링

ship [ʃip] n. 배, **선박** v. 배에 싣다, 선적船積하다
참고 **deck** [dek] n. 갑판甲板 v. 꾸미다, 장식하다
deck hand 갑판원

hull [hʌl] n. (배의) 선체, 겉껍질, 껍데기, 쭉정이
run aground (배가) 좌초坐礁하다

purser [pə́ːrsər] n. 선박의 사무장

boat [bout] n. 보트, **배**

연상의 그물망

참고 **ferryboat** [férìbòut] n. 나룻배, 연락선連絡船
ferry [féri] n. 연락선, 나룻배 v. (연락선으로) 나르다

raft [ræft] n. 뗏목, 고무보트

rafting [rǽftiŋ] n. 래프팅, 고무보트로 급류 타기

fore [fɔːr] ad. (배, 비행기의) 앞쪽에, 이물 쪽에 a. 앞쪽의

aft [æft] ad. (배, 비행기의) 뒤쪽에, 고물 쪽에, 선미船尾 쪽으로 a. 선미 쪽의, 뒤쪽의

paddle [pǽdl] n. **노** v. (손이나 노 등으로) 저어서 나아가다, 노를 젓다
참고 **oar** [ɔːr] n. (배를 젓는) **노**

row [rou] v. **노**를 젓다 n. 줄, 열列, 노젓기, [rau] 말다툼

[배 ➡ 바다]

ocean [óuʃən] n. 대양大洋, **바다**

연상의 그물망

참고 **sea** [siː] n. 바다
sea horse 해마, 바다코끼리
walrus [wɔ́ːlrəs] n. 바다코끼리
seafood [síːfùd] n. 해산물
jellyfish [dʒélifiʃ] n. 해파리
hydrozoans [hàidrəzóuənz] n. 히드로충류

Mediterranean [mèdətəréiniən] a. 지중해地中海의 n. 지중해

[바다 ➡ 예시例示로]

Atlantic [ətlǽntik] a. 대서양의 n. (the Atlantic) 대서양
transatlantic [trænzətlǽntik] a. 대서양을 횡단하는

Pacific [pəsífik] a. 태평양의, (pacific) **평화**로운 n. (the Pacific) 태평양

Indian Ocean 인도양

peace [piːs] n. **평화**平和
peaceful [píːsfəl] a. 평화로운
참고 **pacifist** [pǽsəfist] n. 평화주의자, 반전론자反戰論者

idyllic [aidílik] a. 목가적牧歌的인

[바다 ▶ 건너]

cross [krɔːs] v. 건너다, 교차交叉하다 n. 십자가
crosswalk [krɔ́swàk] n. 횡단보도橫斷步道
across [əkrɔ́ːs] ad. prep. 건너서, 가로질러
참고 **jaywalker** [dʒéiwɔ́ːkər] n. 무단無斷 횡단자

intersect [ìntərsékt] v. 교차하다, 가로지르다
intersection [ìntərsékʃən] n. 교차로, 교차점

[바다 ▶ 바닷가]

beach [biːtʃ] n. 해변海邊, 바닷가
beachhead [bíːtʃhèd] n. (군사) 해안 교두보橋頭堡
참고 **coast** [koust] n. 해안 v. (과거의 실적에 기대어) 힘들이지 않고 살아가다
coastal [kóustəl] a. 해안의

shore [ʃɔːr] n. 해안海岸, 해변海邊, 호숫가

cliff [klif] n. 절벽絶壁, 낭떠러지

sand [sænd] n. 모래
sandbox [sǽndbὰks] n. (아이들이 노는) 모래 상자
sandlot ball 동네 야구
참고 **dune** [djuːn] n. 모래 언덕, 사구砂丘

grit [grit] n. 모래알, 근성

shoal [ʃoul] n. 모래톱, (물고기) 떼

silt [silt] n. 침적토, 침니沈泥

bay [bei] n. 만灣, 궁지
참고 **gulf** [gʌlf] n. 만

inlet [ínlet] n. 작은 만, 후미, 주입구

strait [streit] n. 해협海峽

[바닷물 ▶ 소금]

salt [sɔːlt] n. 소금, 염鹽 v. 소금을 치다
salty [sɔ́ːlti] a. 소금기가 있는, 짠
참고 **saline** [séilain] a. 염분을 함유한

salinity [səlínəti] n. 염분, 염도

tide [taid] n. 조수潮水, 밀물과 썰물
tidal [táidl] a. 조수潮水의

[(여행) 계획 ▶ 산]

mountain [máuntən] n. 산
mountaineer [màuntəníər] n. 등산가
mount [maunt] v. 오르다 n. (Mt.) 산

연상의 그물망

참고 **alpinist** [ǽlpənist] n. (알프스) 등반가

hill [hil] n. 언덕

plateau [plætóu] n. 고원高原

climb [klaim] v. 기어오르다, 등반登攀하다
climbing [kláimiŋ] n. 기어오르기, 등반

river [rívər] n. 강江, 강물

연상의 그물망

참고 **basin** [béisn] n. (강의) 유역流域, 분지盆地, 대야
stream [striːm] n. 시내, 개울, 흐름 v. 흐르다, 나부끼다, 스트리밍하다

lake [leik] n. 호수湖水
참고 **lagoon** [ləgúːn] n. 석호潟湖

pond [pɑnd] n. 연못

reservoir [rézərvwὰːr] n. 저수지, 저장소

travel [trǽvəl] v. 여행旅行하다 n. 여행

trip [trip] n. (짧은) 여행 v. 발이 걸려 넘어지다

연상의 그물망

참고 **falter** [fɔ́ːltər] v. 비틀거리다, 불안정해지다, (말을) 더듬다

stumble [stʌ́mbl] v. 걸려 넘어지다, 비틀거리다, 말을 더듬다

stumble upon 우연히 방문하다

stammer [stǽmər] v. 말을 더듬다 n. 말더듬

stutter [stʌ́tər] v. 더듬거리며 말하다
stutterer [slʌ́tərər] n. 말더듬이

excursion [ikskə́ːrʒən] n. 짧은 여행旅行, 소풍消風

연상의 그물망

참고 outing [áutiŋ] n. 소풍, 야유회野遊會
picnic [píknik] n. 소풍 v. 소풍하다

camp [kæmp] n. 캠프, 천막天幕, 야영지野營地, 수용소 v. 야영하다
camping [kǽmpiŋ] n. 캠핑, 야영
campfire [kǽmpfàiər] n. 캠프파이어, 모닥불
참고 tent [tent] n. 텐트, 천막

[여행 ▶ 관광]

tourist [túərist] n. 관광객觀光客
tour [tuər] n. 관광, 순회巡廻 v. 관광하다, 순회하다
tourism [túərizm] n. 관광업
visa [víːzə] n. 비자

sight [sait] n. 시력, 보이는 범위, 보기, 볼거리, 관광지觀光地

sightseeing [sáitsìːiŋ] n. 관광

[계획 ▶ 예산]

budget [bʌ́dʒit] n. 예산豫算 v. 예산을 짜다

---

 situation | 책임責任

아기의 탄생은 곧 책임(責任)의 탄생이다. 엄마로서의 책임, 그리고 아빠로서의 책임. 이 글을 읽는 **여러분은 바로 그런, 그렇게 책임감 있는, 훌륭한 어머니 아버지가 낳은 걸작(傑作)이라는 사실(事實)**을, **보물(寶物)**이라는 사실을 잊지 말길 바란다.

책임責任

responsible [rispánsəbl] a. 책임責任이 있는
responsibility [rispànsəbíləti] n. 책임
irresponsible [irispánsəbl] a. 무책임한

breadwinner [brédwínər] n. 생계를 책임지는 사람
bread [bred] n. 빵, 식빵

연상의 그물망

참고 bagel [béigəl] n. 베이글

bake [beik] v. (빵을) 굽다, 구워지다
baker [béikər] n. 제빵사, 빵집 주인

bakery [béikəri] n. 빵집, 제과점

confectioner [kənfékʃənər] n. 제과업자

참고 blame [bleim] v. 비난非難하다, 탓하다 n. 비난, 탓, 책임

charge [tʃɑːrdʒ] v. 부담負擔시키다, 청구請求하다, 기소起訴하다, 비난하다, 충전하다 n. 부담, 요금, 기소, 비난, 책임
rechargeable [ritʃɑ́ːrdʒəbl] a. 재충전할 수 있는
overcharge [òuvərtʃɑ́ːrdʒ] v. (부당하게) 지나치게 청구하다, 바가지요금을 씌우다

discharge [distʃɑ́ːrdʒ] v. (짐을) 내리다, 방출放出하다, 해방하다, 퇴원시키다 n. [dístʃɑːrdʒ] 방출, 해방, 퇴원
참고 **indict** [indáit] v. 기소하다

burdensome [bə́ːrdnsəm] a. 부담負擔스러운, 짐이 되는
burden [bə́ːrdn] n. 짐, 부담 v. 짐을 지우다, 부담을 주다
overburden [òuvərbə́rdən] v. 너무 많은 짐을 지우다, 과중한 부담을 주다

연상의 그물망
참고 **onerous** [ánərəs] 성가신, 짐스러운, 짐이 되는

baggage [bǽgidʒ] n. 수하물手荷物, (여행할 때) 짐, 가방
baggage claim (area) 수하물 찾는 곳
참고 **luggage** [lʌ́gidʒ] n. 수하물
overhead compartment 머리 위 짐칸
overhead [óuvərhèd] a. 머리 위의 ad. 머리 위에

liable [láiəbl] a. 법적 책임이 있는, (안 좋은 일을) 당하기 쉬운, 겪기 쉬운
liability [làiəbíləti] n. 책임이 있음, 법적 책임, 부채負債, 빚, 불리한 것
참고 **prone** [proun] a. (안 좋은 일을) 당하기 쉬운, 하기 쉬운

owe [ou] v. 빚지다, 신세身世 지다, …덕분이다
owing to prep. …때문에

연상의 그물망
debt [det] n. 빚, 부채負債, 채무
debtor [détər] n. 빚진 사람, 채무자債務者
참고 **default** [difɔ́ːlt] n. 채무 불이행, (컴퓨터) 초기 설정 v. 채무를 이행하지 않다

beholden [bihóuldən] a. 신세를 진
loan [loun] n. 대출貸出, 대출금 v. 대출하다
참고 **foreclosure** [fɔrklóuʒər] n. 압류, 담보권 행사
collateral [kəlǽtərəl] n. 담보 a. 나란한, 부차적인
mortgage [mɔ́ːrgidʒ] n. 주택 융자, 담보 대출, 저당

lend [lend] v. lend-lent-lent 빌려주다
borrow [bɑ́rou] v. 빌리다

연상의 그물망
rent [rent] n. 임대료賃貸料, 집세, 지대地代 v. 임대하다, 임차賃借하다
rental [réntl] a. 임대의 n. 임대, 임대료, 임대 물건
참고 **lease** [liːs] n. 임대차 계약 v. 임대하다, 임차하다

tenant [ténənt] n. 임차인, 세입자貰入者, 소작인小作人 v. 임차하다, 소작하다
tenantable [ténəntəbl] a. 임차할 수 있는

landlord [lǽndlɔ̀rd] n. (임대해주는) 주인, 집주인, 건물주, 지주地主
lord [lɔːrd] n. 지배자, 주인, 왕의 존칭尊稱, (the Lord) 하느님

sublet [sʌ̀blét] v. sublet-sublet-sublet 전대轉貸하다

master [mǽstər] n. 대가, 주인 v. 숙달하다, 억누르다
참고 **master of ceremonies** 진행자, 사회자(MC)
masterwork [mǽstərwə̀ːrk] n. 걸작, 명작, 일품
masterpiece [mǽstərpiːs] n. 걸작傑作, 명작, 일품

바로 그

very [véri] ad. 매우 a. 바로 그

사실事實

fact [fækt] n. 사실
factual [fǽktʃuəl] a. 사실의, 사실에 기반한
de facto [diː fǽktou] (법적은 아니더라도) 사실상
actual [ǽktʃuəl] a. 실제의, 사실상의
actually [ǽktʃuəli] ad. 실제로, 정말로, 사실은
actuality [æ̀ktʃuǽləti] n. 실제, 현실, 사실

연상의 그물망

참고 genuine [dʒénjuin] a. 진정한, **진짜**의
genuinely [dʒénjuinli] ad. 진정으로, 진짜로

authentic [ɔːθéntik] a. 진정한, 믿을 만한, 확실한
authenticity [ɔ̀ːθentísəti] n. 진정함, 확실성

---

realistic [rìːəlístik] a. 현실적인, **사실**적인
reality [riǽləti] n. 실제, 현실
realism [ríːəlìzm] n. 현실주의, 사실주의
realist [ríːəlist] n. 현실주의자, 사실주의자
realize [ríːəlàiz] v. 실현實現하다, 실감實感하다, 깨닫다
real [ríːəl] a. 실제의, **진짜**의
really [ríːəli] ad. 실제로, 진짜로

연상의 그물망

참고 real estate [ríːəlestèit] n. 부동산不動産
real estate agency 부동산 중개소仲介所
estate [istéit] n. 사유지, 토지, (유산인) 재산

realty [ríːəlti] n. 부동산

---

virtual [vɔ́ːrtʃuəl] a. (실제와 매우 근접한 모양) **사실상**의, 가상假想의
virtually [vɔ́ːrtʃuəli] ad. 사실상, 가상으로
참고 cyberspace [sáibərspèis] n. 가상 현실

effectively [iféktivli] ad. **효과적**으로, **사실상**
effective [iféktiv] a. 효과적인, 유효한
ineffective [ìniféktiv] a. 효과가 없는
effect [ifékt] n. 영향, 효과效果 v. 초래招來하다

연상의 그물망

참고 aftereffect [ǽftərəfèkt] n. **여파**餘波, 후유증後遺症

aftermath [ǽftərmæθ] n. (전쟁, 재해 등의) **여파**, 후유증

side effect 부작용

byproduct [báipràdəkt] n. 부산물, **부작용**

---

incur [inkə́ːr] v. (나쁜 일을) 초래하다

counterproductive [kàuntərprədʌ́ktiv] a. **역효과**의
逆效果의

backfire [bǽkfàir] v. **역효과**를 낳다, 역화逆火를 일으키다

misfire [misfáiər] v. 불발不發하다, 의도한 효과를 못 얻다 n. 불발

counteract [kàuntərǽkt] v. 반대로 작용하다, 중화中和하다
counteraction [kàuntərǽkʃən] n. **반작용**, 중화 작용
counteractive [kàuntərǽktiv] a. 반작용의, 중화성의 n. 반작용제, 중화제

---

efficient [ifíʃənt] a. **효율적**效率的인, 능률적인
efficiently [ifíʃəntli] ad. 효율적으로, 능률적으로
efficiency [ifíʃənsi] n. 효율, 능률
inefficiency [ìnifíʃənsi] n. 비효율, 비능률
inefficient [ìnifíʃənt] a. 비효율적인, 비능률적인

selfefficacy [self éfikəsi] 자기 효능감自己效能感

보물寶物

treasure [tréʒər] n. **보물**寶物 v. 귀중히 여기다
treasury [tréʒəri] n. 금고, 재무부財務部

precious [préʃəs] a. 귀중한
참고 jewel [dʒúːəl] n. **보석**寶石
jewelry [dʒúːəlri] n. 보석류

연상의 그물망

[보석 ▷ 예시例示로]

gem [dʒem] n. 보석
amber [ǽmbər] n. 호박, 호박색
bracelet [bréislit] n. 팔찌, (bracelets) 수갑

brooch [broutʃ] **n.** 브로치, 장식핀
diamond [dáiəmənd] **n.** 다이아몬드
jade [dʒeid] **n.** 비취, 옥, 비취색
pearl [pəːrl] **n.** 진주
pendant [péndənt] **n.** 펜던트(목걸이 등에 거는 장식)

섹스에 대해 사춘기思春期는 호기심好奇心이 왕성旺盛할 때다

sex + adolescent = curiosity

사춘기思春期

adolescent [ǽdəlésnt] **a.** 사춘기思春期의, 청소년기青少年期의 **n.** 청소년
adolescence [ǽdəlésns] **n.** 사춘기, 청소년기
puberty [pjúːbərti] **n.** 사춘기
teenage [tíːnèidʒ] **a.** 십대의
teenager [tíːnèidʒər] **n.** 십대

연상의 그물망
참고 **juvenile delinquency** 미성년 비행, 청소년 범죄
juvenile [dʒúːvənl] **a.** 성장기의, 청소년의, 유치한
delinquency [dilíŋkwənsi] **n.** 비행, 범죄

호기심好奇心

curiosity [kjùəriásəti] **n.** 호기심好奇心, 진기珍奇한 것
curious [kjúəriəs] **a.** 궁금한, 호기심이 많은, 호기심을 끄는, 진기한
참고 **intriguing** [intríːgiŋ] **a.** 호기심을 자아내는, 아주 흥미로운

issue! 성숙成熟

그렇게 **아이**는 **성장(成長)**하며 미성숙(未成熟)한 상태에서 벗어나 **성숙(成熟)**한 **어른**이 된다.

아이

child [tʃaild] n. 아이, 어린애
childhood [tʃáildhùd] n. 어린 시절
childish [tʃáildiʃ] a. 어린애 같은, 유치幼稚한
childlike [tʃáildlàik] a. 아이다운, 거짓 없고 순수한
참고 **youth** [juːθ] n. 젊음, 청춘靑春, 젊은이, 청년
young [jʌŋ] a. 젊은, 어린 n. 젊은이들, 동물의 새끼
lad [læd] n. 사내아이, 청년
kindergarten [kíndərgàːrtn] n. 유치원幼稚園

연상의 그물망

[유년 ⟷ 노년]

참고 **old** [ould] a. 늙은, 나이든, 오래된, 나이가 …살인
wrinkle [ríŋkl] n. 주름, 주름살 v. 주름잡다, 주름지다
frown [fraun] v. (눈살을) 찌푸리다, (얼굴을) 찡그리다 n. 찌푸린 얼굴, 우거지상
octogenarian [àktədʒənέəriən] n. 80대의 사람
senile [síːnail] a. 노쇠한, 노망이 난
sprightly [spráitli] a. (노인이) 활기찬, 정정한
참고 **elder** [éldər] a. 손위의, 연장자의 n. 연장자
elderly [éldərli] a. 나이드신, 노인층의
senior [síːnjər] a. 상급의, 상위의, 손위의 n. 상급자, 연장자, 최고 학년
junior [dʒúːnjər] a. 하급의, 부하의, 손아래의 n. 하급자, 부하, 손아랫사람, (대학) 3학년

성장成長

grow [grou] v. grow-grew-grown 자라다, 성장하다, 커지다, 키우다, 재배栽培하다
outgrow [àutgru] v. outgrow-outgrew-outgrown …보다 커지다, (사람의 몸이 성장하여 옷)보다 커지다, (나이를 먹으며) 벗어나다, 흥미를 잃다
overgrow [òuvərgróu] v. overgrow-overgrew-overgrown 무성하게(지나치게) 자라다

연상의 그물망

참고 **hydroponic** [hàidrəpánik] a. 수중 재배의, 수경水耕 재배의

성숙成熟

mature [mətjúər] a. 성숙한, 어른스러운 v. 성숙하다, 어른스럽다
maturation [mætʃuréiʃən] n. 성숙
maturational [mætʃuréiʃənl] a. 성장 과정의
immature [ìmətjúər] a. 미숙한, 다 자라지 못한
premature [prìːmətjúər] a. 때 이른, 너무 이른, 조산의, 시기상조의
참고 **ripe** [raip] a. 익은, 성숙成熟한
ripen [ráipən] v. 익다, 성숙하다

어른

adult [ədʌ́lt, ǽdʌlt] n. 어른, 성인 a. 성인의

연상의 불꽃 | 교육教育

어른들이 청소년들에게 성(性)에 대해 얘기할 때, 살짝 **모순적(矛盾的)**인 상황이 펼쳐진다. 아이들을 성에 대해 완전히 **무지(無知)**한, **순진(純眞)**한 아이들로 **상정(想定)**하는데, 사실 '애들도 알 거 다 **알아**'인 경우가 많기 때문이다.

독자(讀者)에게 질문한다: **섹스는 여러분에게 어떤 이미지로 자리잡혀 있는가?** 악덕(惡德)인가? 미덕(美德)인가? 양자(兩者)가 **섞여** 혼재(混在)되어 있지 않은가? 모순적으로?

교육(敎育)은 늘 **어렵고** 어렵다. 성교육(性敎育)도 마찬가지. 『사랑의 보카』에도 그러한 교육적 고심(敎育的苦心)을 담는다.

모순적矛盾的

contradict [kàntrədíkt] v. **모순**矛盾되다, 반박反駁하다, 부정하다
contradiction [kàntrədíkʃən] n. 모순, 반박
contradictory [kàntrədíktəri] a. 모순되는

inconsistent [ìnkənsístənt] a. **양립하지 않는**, 일치하지 않는, 일관성이 없는
inconsistency [ìnkənsístənsi] n. 양립 불가능, 불일치, 모순矛盾
consistent [kənsístənt] a. 양립하는, 일치하는, 일관된
consistently [kənsístəntli] ad. 일관적으로
consistency [kənsístənsi] n. 양립 가능성, 일관성
consist [kənsíst] v. (of) …로 이루어져 있다, (in) …에 있다, 양립兩立하다, 일치하다

compatible [kəmpǽtəbl] a. 양립兩立할 수 있는, 호환성互換性이 있는
incompatible [ìnkəmpǽtəbl] a. **양립할 수 없는**, 호환성이 없는

참고 **paradox** [pǽrədàks] n. 패러독스, 역설逆說, **모순**
paradoxical [pǽrədàksikəl] a. 역설逆說의, 모순적인

irony [áiərəni] n. 반어反語, **아이러니** a. 철鐵의, 쇠의
iron [áiərn] n. **쇠**, 쇠, 다리미
the Iron Age 철기 시대鐵器時代

연상의 그물망

참고 **ferrous** [férəs] a. **쇠**(쇠)의
rust [rʌst] n. 녹綠 v. 녹슬다, 녹슬게 하다, **부식**腐蝕하다, 부식시키다
rusty [rʌ́sti] a. 녹슨

참고 **corrode** [kəróud] v. **부식**하다, 좀먹다
corrosion [kəróuʒən] n 부식
corrosive [kəróusiv] a. 부식성의 n. 부식제

[모순矛盾 ⇨ 모矛(창) + 순盾(방패)]

참고 **spear** [spiər] n. **창** v. (창으로) 찌르다
lance [læns] n. 긴 창
trident [tráidənt] n. 삼지창三枝槍
javelin [dʒǽvlin] n. 투창投槍

shield [ʃiːld] n. **방패**防牌 v. 보호하다, 가리다
buckler [bʌ́klər] n. 둥근 방패, 방어 수단

무지無知

ignorant [ígnərənt] a. 무지無知한, **무식**無識한
ignorance [ígnərəns] n. 무지, 무식
Ignorance is bliss. 모르면 약藥이요.

ignore [ignɔ́ːr] v. 무시無視하다, 못 본 체하다

illiterate [ilítərət] a. 읽고 쓸 줄 모르는, 문맹의
illiteracy [ilítərəsi] n. 문맹, 무식, 교양 없음
illiteracy rate 문맹률文盲率

literate [lítərət] a. 읽고 쓸 줄 아는
literacy [lítərəsi] n. 읽고 쓸 줄 앎, 교양
literacy rate 문해율文解率

참고 **neglect** [niglékt] v. 소홀히 하다, 등한시等閑視하다, 무시하다, 태만怠慢하다
negligence [néglidʒəns] n. 태만, 부주의
negligent [néglidʒənt] a. 태만한, 부주의한
negligible [néglidʒəbl] a. 무시할 수 있는, 미미한

discount [dìskáunt] v. 할인割引하다, 무시하다 n. [dískaunt] 할인

count [kaunt] v. 세다, 간주看做하다, 중요하다 n. 셈, 계산
countable [káuntəbl] a. 셀 수 있는 n. 가산 명사
uncountable [ʌnkáuntəbl] a. 셀 수 없는 n. 불가산 명사
countless [káuntlis] a. 셀 수 없이 많은, 무수한

counter [káuntər] n. 계산대, 반대 a. 반대의 ad. 반대로
counterforce [káuntərfɔ̀ːrs] n. 반대 세력
counterclockwise [kàuntərklákwàiz] a. 반시계 방향의 ad. 반시계 방향으로

연상의 그물망

참고 **clockwise** [klákwàiz] a. 시계 방향의 ad. 시계 방향으로
clock [klak] n. 시계時計
around the clock 24시간 내내

[시계 ▷ 시침 분침 or 숫자 표기]
analog [ǽnəlɔ̀ːg] n. 아날로그 a. 아날로그의, 유사의
digital [dídʒətl] a. 디지털의
digit [dídʒit] n. 숫자, 자릿수
참고 **binary** [báinəri] a. 2진법의

decimal [désəməl] a. 10진법의, 소수의 n. 소수
decimal point 소수점

dismiss [dismís] v. 일축—蹴하다, 쫓아내다, 파직罷職하다, 해고하다, 해산시키다
dismissal [dismísəl] n. 해고, 해산, 일축
dismissive [dismísiv] a. 일축하는, 무시하는

연상의 그물망

참고 **displacement** [displéismənt] 대체代替, 해고, 치환置換
displace [displéis] v. 대체하다, 쫓아내다, 치환하다
displaceable [displéisəbl] a. 대체할 수 있는

eject [idʒékt] v. 내쫓다, 내뿜다
ejection [idʒékʃən] n. 방출

severance [sévərəns] n. 해직, 단절

disregard [dìsrigáːrd] v. 무시하다 n. 무시
참고 **override** [òuvərráid] v. override-overrode-overridden …을 무시하다, …에 우선하다

순진純眞

innocent [ínəsənt] a. 순진한, 천진天眞한, 결백潔白한, 무고無辜한
innocence [ínəsəns] n. 순진함, 천진함, 결백함, 무고함
참고 **naive** [nɑíːv] a. 세상을 모르는, 순진무구純眞無垢한

상정想定

assume [əsúːm] v. 추정하다, 가정假定하다, 가장假裝하다, 떠맡다, 인수하다
assumption [əsʌ́mpʃən] n. 추정, 가정, 가장, 떠맡음, 인수

assumed [əsú:md] a. 추정된, 가정한, 가장한
assumably [əsú:məbli] ad. 아마

presume [prizú:m] v. **추정**推定하다, 간주看做하다
presumption [prizʌ́mpʃən] n. 추정, 간주
presumable [prizú:məbl] a. 추정할 수 있는
presumably [prizú:məbli] ad. 추정컨대

suppose [səpóuz] v. **가정**假定하다, 상정想定하다, **추정**推定하다
supposition [sʌpəzíʃən] n. 가정, 상정, 추정

hypothesis [haipáθəsis] n. 가설假說, **가정**假定
hypothesize [haipáθisàiz] v. 가설을 세우다
hypothetical [hàipəθétikəl] a. 가설의, 가정의, 가언적인
참고 postulate [pástʃulèit] v. **가정**하다

연상의 그물망

[상정 ▶ 예시例示로]

otherwise [ʌ́ðərwàiz] ad. 만약 그렇지 않으면, 그 밖에, 달리
other [ʌ́ðər] a. 다른 n. 다른 사람, 다른 것
an other 타자他者

unless [ənlés] conj. 만일 …가 아니라면, …가 아닌 한

알아

know [nou] v. know-knew-known 알다

knowledge [nálidʒ] n. 앎, 지식
known [noun] a. 알려진
unknown [ʌnnóun] a. 알려지지 않은, 무명의, 미지의

acknowledge [æknálidʒ] v. 인정認定하다, (공적으로) 감사의 뜻을 밝히다
acknowledg(e)ment [æknálidʒmənt] n. 인정, 감사

acquaintance [əkwéintəns] n. 아는 사람, 지인知人, 지식

acquaint [əkwéint] v. 알게 하다, 숙지시키다
acquainted [əkwéintid] a. 알고 있는

이미지

image [ímidʒ] n. 이미지, 상, 심상心象, 영상

연상의 그물망

참고 imprint [ímprint] v. 강하게 인상지우다, 각인刻印 시키다 n. (눌러서 생긴) 자국

impress [imprés] v. 인상印象 깊게 하다, 감명을 주다
impression [impréʃən] n. 인상, 감명感銘, (연예인의 유명인) 흉내
first impression 첫인상
impressive [imprésiv] a. 인상적인, 감명 깊은

섞여

mix [miks] v. **섞다**, 섞이다, 혼합하다 n. 혼합(물)
mixture [míkstʃər] n. 혼합, 혼합물, 혼합체
mixer [míksər] n. 믹서, 혼합기

blend [blend] v. blend-blended/blent-blended/blent **섞다**, 섞이다 n. 혼합
blender [bléndər] n. 혼합기, 믹서

jumble [dʒʌ́mbl] n. 혼잡, 뒤범벅 v. 뒤죽박죽 **섞다**

shuffle [ʃʌ́fl] v. 발을 질질 끌며 걷다, **섞다** n. 발을 질질 끌며 걷기, 섞기

meld [meld] v. **섞다**, 혼합하다

교육教育

education [èdʒukéiʃən] n. 교육教育
educational [èdʒukéiʃənl] a. 교육의, 교육적인

educator [édʒukèitər] n. 교육자
educate [édʒukèit] v. 교육하다

연상의 그물망
참고 **curriculum** [kəríkjuləm] n. 커리큘럼, 교육 과정, 교과 과정

secondary [sékəndèri] a. 중등 교육의, 이차적인

instruct [instrʌ́kt] v. **가르치다**, 지시指示하다, 설명說明하다, 알려주다
instructor [instrʌ́ktər] n. 강사講師
instruction [instrʌ́kʃən] n. 교수教授, 교육, 지시, 설명
instructive [instrʌ́ktiv] a. 교육적인, 유익한

lecture [léktʃər] n. 강의講義, 강연講演 v. 강의하다, 강연하다
lecturer [léktʃərər] n. 강사, 강연자
참고 **lectern** [léktərn] n. 강의대, 독서대

teach [tiːtʃ] v. teach-taught-taught **가르치다**
teacher [tíːtʃər] n. 교사, 선생
misteach [mistíːtʃ] v. misteach-mistaught-mistaught 잘못 가르치다

연상의 그물망
참고 **pedagogy** [pédəgòudʒi] n. 교수법教授法, 교육학教育學

lesson [lésn] n. 수업, 과, 교훈

didactic [daidǽktik] a. 교훈적教訓的인

learn [ləːrn] v. learn-learned/learnt-learned/learnt **배우다**, 학습學習하다
learn by heart 외우다, **암기**暗記하다

연상의 그물망
참고 **osmosis** [ɑzmóusis] n. 서서히 터득함, 삼투滲透 현상

rote [rout] n. 기계적인 **암기**
rote-learned 기계적으로 암기

academy [əkǽdəmi] n. 아카데미, **학교**, 학원, 학회, 협회
academic [æ̀kədémik] a. 학문의, 학교의, 학원의

school [skuːl] n. **학교**, 학부, (예술가 등의) 파派, (물고기) 떼
school uniform 교복
schoolmate [skúːlmèit] n. 학교 친구, 학우
preschooler [priːskúːlər] n. 취학 전 아동

연상의 그물망
참고 **semester** [siméstər] n. **학기**
student [stjúːdnt] n. 학생

scholar [skɑ́lər] n. (인문계) 학자, 장학생奬學生
scholarship [skɑ́lərʃip] n. 장학금, 학문

blackboard [blǽkbɔ̀ːrd] n. **칠판**
black [blæk] a. 검은, 어두운, 깜깜한, 시꺼먼, 흑인의 n. 검은색, 어둠
blackout [blǽkàut] n. 정전
blacksmith [blǽksmìθ] n. 대장장이
참고 **graphite** [grǽfait] n. 흑연
chalkboard 칠판

chalk [tʃɔːk] n. 분필粉筆 v. 분필로 쓰다, 분필로 그리다

university [jùːnəvə́ːrsəti] n. **대학**

연상의 그물망
college [kɑ́lidʒ] n. 대학, 단과 대학, 학부
collegial [kəlíːdʒiəl] a. 대학의, 평등하게 책임을 지는

campus [kǽmpəs] n. 캠퍼스, 대학의 구내, 교정

faculty [fǽkəlti] n. 능력, 학부, **교수진**教授陣

professor [prəfésər] n. **교수**教授
profess [prəfés] v. 공언(公言)하다, 주장하다
profession [prəféʃən] n. (지식을 기반으로 하는) 공언, 직업, 전문직專門職
professional [prəféʃənl] a. 직업의, 전문적인 n. 전문적으로 일하는 사람, 프로 선수

proficient [prəfíʃənt] a. 능숙能熟한, 숙달熟達된
참고 **proficiency** [prəfíʃənsi] n. 능숙, 숙달
graduate [grǽdʒueit] v. **졸업**卒業하다, 졸업시키다
n. [grǽdʒuət] 졸업생, 대학원생
graduation [grædʒuéiʃən] n. 졸업, 졸업식
graduated [grǽdʒuèitid] a. 등급을 나눈, 눈금을 매긴, 단계적인
undergraduate [ʌ̀ndərgrǽdʒuət] n. 대학 학부생, 재학생 a. 대학 학부생의, 재학생의
참고 **alumni** [əlʌ́mnai] n. 졸업생들
alumni association 동창회
alumna [əlʌ́mnə] n. 여자 졸업생
alumnus [əlʌ́mnəs] n. 남자 졸업생
Cum Laude [kum láudei] ad. 우등으로 (대학 졸업생이 받는 명예)
diploma [diplóumə] n. 졸업장, 수료증修了證

연상의 그물망
[교육 ▷ 단계]
stage [steidʒ] n. 단계段階, 무대舞臺 v. 무대에 올리다
참고 **phase** [feiz] n. 단계, 국면局面 v. 단계적으로 하다
proscenium [prousí:niəm] n. 앞 무대

어렵고

difficult [dífikəlt] a. 어려운
difficulty [dífikəlti] n. **어려움**
참고 **adversity** [ædvə́:rsəti] n. **역경**
predicament [pridíkəmənt] n. **곤경**困境
tough [tʌf] a. **어려운**, 힘든, 튼튼한, 질긴
hard [hɑ:rd] a. 딱딱한, **어려운**, 열심인
hardly [há:rdli] ad. **거의** … 않은
hardship [há:rdʃip] n. **어려움**, 고난
hardness [há:rdnis] n. 딱딱함, 단단함

연상의 그물망
참고 **crisp** [krisp] a. 바삭바삭한, 아삭아삭한
crispy [kríspi] a. 바삭바삭한, 아삭아삭한
참고 **few** [fju:] a. **거의** 없는, (a few) 조금 있는, 몇몇의 n. 몇몇, 소수
several [sévərəl] a. (a few보다는 많은) 몇몇의, 각각의
severally [sévərəli] ad. 각각, 따로따로

dilemma [dilémə] n. 딜레마, 진퇴양난進退兩難의 **어려움**

situation | 유혹誘惑

섹스의 이미지와 관련하여 **유혹적(誘惑的)**인 상황을 빼놓을 수 없다. 영화 같은 데서도 그런 **장면(場面)**이 많이 나오고, 학업(學業) 등 하고자 하는 일에 정진(精進)해야 할 상황에서 이성과의 **접촉(接觸)**은 목적 달성을 **방해(妨害)**하는 **장애 요인(障礙要因)**이 될 수 있다. 금단(禁斷)의 **문(門)**이 **열리며** 활활 타오르는 불에 **기름**을 끼얹는 꼴이 될 수 있다.

유혹적誘惑的

temptation [temptéiʃən] n. **유혹**誘惑

tempt [tempt] v. 유혹하다, 꾀다
invitation [invitéiʃən] n. 초대, 초청, **유혹**誘惑

invite [inváit] v. 초대招待하다, 초청招請하다, 유혹하다, 초래하다

> 연상의 그물망

참고 **host** [houst] n. (초대한) 주인, 진행자, 숙주宿主 v. 주최主催하다, 진행하다
hostess [hóustis] n. (초대한) 여주인
guest [gest] n. 손님, 투숙객投宿客
visit [vízit] v. 방문訪問하다 n. 방문
revisit [rivízit] v. 다시 방문하다, 다시 논의하다, 다시 검토하다
hospitality [hàspətǽləti] n. 환대, 후한 접대
hospitable [háspitəbl] a. (손님 등을) 잘 대접하는, 친절한, (기후 등이) 알맞은, 쾌적한
inhospitable [inháspitəbl] a. (손님) 대접이 나쁜, (기후가) 사람이 살기 힘든

lure [luər] v. 꾀다, 유혹誘惑하다 n. 유혹, 매력, 미끼, 가짜 미끼

decoy [díːkɔi] n. 미끼 v. 유인誘引하다

> 연상의 그물망

참고 **bait** [beit] n. 미끼 v. 미끼를 놓다

carrot [kǽrət] n. 당근, 보상, 미끼

entice [intáis] v. 꾀다, 유혹하다, 유도하다, 부추기다

> 연상의 그물망

참고 **induction** [indʌ́kʃən] n. 유도誘導, 취임就任, 귀납법 歸納法
inductive [indʌ́ktiv] a. 유도의, 귀납적인
induce [indjúːs] v. 유도하다
inducement [indjúːsmənt] n. 유도, 유인誘引

enchant [intʃǽnt] v. 매혹魅惑하다, 황홀恍惚하게 하다, 마법을 걸다
enchanted [intʃǽntid] a. 매혹된, 마법에 걸린

enchanted castle 마법의 성
enchantment [intʃǽntmənt] n. 매혹, 황홀
참고 **chant** [tʃænt] n. 성가聖歌, 구호口號 v. 성가를 부르다, 구호를 (반복해서) 외치다

fuel [fjúːəl] n. 연료燃料 v. 연료를 공급하다, 부채질하다

> 연상의 그물망

참고 **biodiesel** [bàioudíːzəl] n. 바이오디젤, 재활용 연료
biofuel [báioufjùːəl] n. 바이오 연료

coal [koul] n. 석탄

fan [fæn] n. 부채, 선풍기, (연예인 등의) 팬 v. 부채질하다
fanatic [fənǽtik] n. n. 열광적인 지지자, 광신도
fossil fuel 화석 연료燃料

fossil [fásəl] n. 화석化石 a. 화석의
참고 **paleontology** [pèiliəntálədʒi] n. 고생물학古生物學
paleontologist [peiliəntálədʒist] n. 고생물학자

장면場面

scene [siːn] n. 현장, 장소, 장면, (연극의) 장, 풍경
scenery [síːnəri] n. 경치, 풍경, 무대의 배경
참고 **landscape** [lǽndskèip] n. 풍경, 풍경화
vista [vístə] n. 경치景致, 풍경, 전망

접촉接觸

contact [kántækt] n. 접촉接觸, 연락連絡 v. 연락하다
contact lenses 콘택트렌즈
touch [tʌtʃ] v. 만지다, 접촉接觸하다, 감동시키다 n. 만지기, 접촉, 연락
touching [tʌ́tʃiŋ] a. 감동을 주는
touched [tʌtʃt] a. 감동을 받은

연상의 그물망

참고 **tangible** [tǽndʒəbl] **a.** 실체가 있는, 확실한, 유형의, **만질 수 있는**
tangibly [tǽndʒəbli] **ad.** 만져서 알 수 있게, 명백히
intangible [intǽndʒəbl] **a. 만질 수 없는**, 무형의

방해妨害

block [blɑk] **n.** 블록, **덩어리**, 구획區劃, 단지團地 **v. 막다, 방해**하다
blocking [blɑ́kiŋ] **n.** 블로킹

연상의 그물망

참고 **compartment** [kəmpɑ́ːrtmənt] **n.** 구획, 칸막이, 칸막이 객실
compartmentalize [kəmpɑːrtméntəlàiz] **v.** 구획하다
lump [lʌmp] **n. 덩어리**, 혹
loaf [louf] **n.** (빵) **덩어리 v.** 빈둥거리다, 어슬렁거리다
plug [plʌg] **n.** (전기) 플러그 **v.** (구멍을) **막다**

disturb [distə́ːrb] **v. 방해**하다, 어지럽히다
disturbance [distə́ːrbəns] **n.** 방해, 소란
bother [bɑ́ðər] **v.** 폐를 끼치다, 성가시게 하다, 수고하다
encumber [inkʌ́mbər] **v.** 거치적거리다, 거추장스럽다, **방해**妨害하다
unencumbered [ʌ̀ninkʌ́mbərd] **a.** 구애拘礙되지 않은, 방해받지 않는, 방해 없는
참고 **impede** [impíːd] **v. 방해**하다
interfere [ìntərfíər] **v.** 참견參見하다, 간섭干涉하다, **방해**妨害하다
interference [ìntərfíərəns] **n.** 참견, 간섭, 방해
참고 **meddle** [médl] **v.** (in, with) 간섭하다, 참견하다
intercept [ìntərsépt] **v.** 가로막다, 가로채다, **방해**하다 **n.** 가로채기
interceptive [ìntərséptiv] **a.** 가로막는, 방해하는
interrupt [ìntərʌ́pt] **v.** 중간에 끊다, **방해**妨害하다
interrupted [ìntərʌ́ptid] **a.** 중간에 끊긴, 방해받은
interruption [ìntərʌ́pʃən] **n.** 중단, 방해
참고 **interpose** [ìntərpóuz] **v.** 끼어들다, **방해**하다, 사이에 두다
interposition [ìntərpəzíʃən] **n.** 사이에 넣음, 개입介入, 간섭干涉, 방해
intervene [ìntərvíːn] **v.** 사이에 끼다, 개입하다, **중재**仲裁하다, 간섭하다, **방해**하다
intervention [ìntərvénʃən] **n.** 개입, 중재, 간섭

연상의 그물망

참고 **arbiter** [ɑ́ːrbətər] **n. 중재인**, 조정자調停者
mediate [míːdièit] **v.** 중재하다, 조정하다
mediator [míːdièitər] **n. 중재인**, 조정관
intermediary [ìntərmíːdièri] **a.** 중개의 **n.** 중개인, **중재인**

between [bitwíːn] **prep.** … 사이에
among [əmʌ́ŋ] **prep.** … 사이에
amid [əmíd] **prep.** … 가운데에, …로 둘러싸인

[방해 ➡ 망쳐]

spoil [spɔil] **v.** spoil-spoilt/spoiled-spoilt/spoiled **망치다**, 어하다, 응석을 받아주다 **n.** (spoils) **전리품**戰利品, 성과
spoiler [spɔ́ilər] **n.** 망치는 사람, 망치는 것, 스포일러

연상의 그물망

참고 **booty** [búːti] **n. 전리품**, 노획물鹵獲物
pamper [pǽmpər] **v.** 소중히 보살피다, 응석을 받아주다, 오냐오냐하다
ruin [rúːin] **v. 망치다**, 황폐화荒廢化시키다 **n. 붕괴**崩壞, 몰락沒落, 파멸破滅, (ruins) 폐허廢墟, 유적遺蹟
collapse [kəlǽps] **v.** 붕괴崩壞하다, 무너지다 **n. 붕괴**

[망쳐 ▶ 파괴]

destroy [distrói] v. **파괴**破壞하다
destruction [distrʌ́kʃən] n. 파괴
destructive [distrʌ́ktiv] a. 파괴적인

▣ 연상의 그물망

annihilate [ənáiəlèit] v. 전멸시키다
annihilation [ənàiəléiʃən] n. 전멸

demolish [dimɑ́liʃ] v. (건물을) 철거하다, **파괴**하다
demolition [dèməlíʃən] n. 철거, 파괴

devastate [dévəstèit] v. 황폐화시키다, 완전히 **파괴**하다
devastating [dévəstèitiŋ] a. 황폐화시키는, 파괴적인
devastation [dèvəstéiʃən] n. 황폐화, 참화, 파괴

ravaged [rǽvidʒid] a. 황폐하게 된

sabotage [sǽbətɑ̀ːʒ] v. (설비를) **파괴**하다, 방해하다 n. 방해 행위, 고의적 설비 파괴

wreck [rek] n. 난파難破, 충돌 사고, 망가진 것, 망가진 사람 v. 난파시키다, **망가뜨리다**
wreckage [rékidʒ] n. 난파, 잔해

▣ 연상의 그물망

[방해가 있더라도 ▶]

despite [dispáit] prep. ~임에도 불구(不拘)하고
in spite of ~에도 불구하고

spite [spait] n. 악의惡意, 앙심怏心 v. 악의적으로 괴롭히다

nevertheless [nèvərðəlés] ad. 그럼에도 불구하고
nonetheless [nʌ̀nðəlés] ad. 그렇다 하더라도, 그럼에도 불구하고

장애障礙

obstacle [ɑ́bstəkl] n. **장애**障礙, 장애물

obstruct [əbstrʌ́kt] v. 막다, 방해妨害하다
obstruction [əbstrʌ́kʃən] n. 방해물, 장애물

hinder [híndər] v. 방해하다, 저해沮害하다
hindrance [híndrəns] n. 방해, **장애**

hurdle [hə́ːrdl] n. 장애물 v. 뛰어넘다

setback [sétbæk] n. **장애**, 차질蹉跌
set [set] v. set-set-set 놓다, 설정하다, 설치하다 n. 한 벌, 세트, 장치

▣ 연상의 그물망

pair [pɛər] n. (같은 2개의 물건으로 이루어진) 한 쌍 v. 둘씩 짝을 짓다

reset [risét] v. reset-reset-reset 다시 맞추다 n. [ríset] 리셋, 초기화初期化
setting [sétiŋ] n. 배경, 설정
setout [sétàut] n. 출발

bar [bɑːr] n. 바, 술집, (악보의) 마디, **막대기**, 빗장, **장애물** v. 빗장을 지르다, 막다 prep. ~을 제외하고
barrier [bǽriər] n. 장벽, **장애물**

▣ 연상의 그물망

barbell [bɑ́ːrbèl] n. 바벨, 역기

rod [rɑd] n. 막대, **막대기**

club [klʌb] n. 클럽, 동호회, 구단, **곤봉**棍棒 v. 곤봉으로 때리다

disability [disəbíləti] n. 무능력, 심신의 **장애**
disable [diséibl] v. 장애를 입히다, 능력을 상실시키다
disabled [diséibld] a. 장애를 입은, 능력이 없어진
inability [inəbíləti] n. 무능, 무능력
enable [inéibl] v. 할 수 있게 하다, 가능하게 하다
unable [ʌnéibl] a. …할 수 없는
able [éibl] a. 할 수 있는, 능력 있는, 유능한
ability [əbíləti] n. **능력**, 재능

연상의 그물망

meritocracy [mèritákrəsi] **능력**주의, 실력주의
meritocratic [mèritəkrǽtik] a. 능력주의의
merit [mérit] n. 장점, 훌륭한 점, 가치
demerit [dimérit] n. 단점, 결점, 벌점

handicap [hǽndikæp] n. (신체적·정신적) 장애, 불리한 조건 v. 불리한 입장에 놓다

cripple [krípl] v. 무력하게 만들다, 불구로 만들다, (기능을 못할 정도로) 손상하다

hamstring [hǽmstriŋ] v. 무력하게 하다, 방해하다 n. 오금의 힘줄

impairment [impɛ́ərmənt] n. 장애, 손상
impair [impɛ́ər] v. 해치다, 손상시키다

연상의 그물망

harm [hɑːrm] n. 해, 손해, 피해 v. 해를 끼치다
harmful [hɑ́ːrmfəl] a. 해로운
harmless [hɑ́ːrmlis] a. 해롭지 않은

damage [dǽmidʒ] n. 손해損害, 피해被害, 손해 보상 v. 손해를 입히다, 피해를 끼치다
damaged [dǽmidʒd] a. 손해를 입은, 피해를 당한
undamaged [ʌndǽmidʒd] a. 손해를 입지 않은, 손상되지 않은

detrimental [dètrəméntl] a. 유해한, 해로운

intact [intǽkt] a. 손상되지 않은

요인要因

factor [fǽktər] n. 요인要因, 인수因數
ingredient [ingríːdiənt] n. (요리) 재료材料, 성분, 구성 요소構成要素

element [éləmənt] n. 요소, 성분, 원리, 기본, (elements) 악천후惡天候

elemental [èləméntl] a. 기본적인, 자연력의
elementary [èləméntəri] a. 초보初步의, 초등初等의

문門

door [dɔːr] n. 문
doorkeeper [dɔ́ːrkìːpər] n. 문지기, 현관 경비원
doorman [dɔ́ːrmən] n. (호텔 등의) 문지기
indoors [indɔ́ːrz] ad. 실내室內에서
indoor [índɔːr] a. 실내의
outdoor [áutdɔːr] a. 옥외屋外의, 야외野外의
outdoors [àutdɔ́ːrz] ad. 옥외에서, 야외에서 n. 야외

gate [geit] n. 문, 대문, 관문, 탑승구搭乘口
gatekeeper [géitkìːpər] n. 문지기

janitor [dʒǽnitər] n. 수위, 문지기, 잡역부, 관리인

열리며

open [óupən] a. 열린 v. 열다, 열리다
shut [ʃʌt] v. shut-shut-shut 닫다, 닫히다 (눈을) 감다 a. 닫힌, (눈이) 감긴

slam [slæm] v. (문 등을) 쾅 닫다, 쾅 닫히다, 내동댕이치다 n. 쾅 닫음

기름

oil [ɔil] n. 기름, 석유石油, 오일
crude oil 원유

crude [kruːd] a. 투박한, 가공하지 않은, 상스러운, 야한

연상의 그물망

참고 **derrick** [dérik] n. 유정탑油井塔

kerosene [kérəsìːn] n. 등유

petroleum [pətróuliəm] n. 석유

gasoline [ɡǽsəliːn] n. 가솔린, 휘발유

lubricant [lúːbrikənt] n. 윤활유

섹스계의 발명품發明品, 피임약避姙藥

sex + invention = contraceptive

발명품發明品

invent [invént] v. 발명發明하다, 날조捏造하다
invention [invénʃən] n. 발명, 발명품, 날조
inventive [invéntiv] a. 발명의 재능이 있는, 창의적創意的인
inventor [invéntər] n. 발명가, 창안자創案者
참고 **devise** [diváiz] v. 고안考案하다, 궁리窮理하다, 창안하다 n. 유증遺贈

연상의 그물망

device [diváis] n. (고안된) 장치裝置, 계책計策
patent [pǽtnt] n. 특허特許, 특허권, 특허증 a. 특허의 v. 특허를 받다
patent agent 변리사辨理士
patent on a new device 실용신안實用新案 특허

피임약避姙藥

contraception [kàntrəsépʃən] n. 피임避姙
contraceptive [kàntrəséptiv] n. 피임약避姙藥, 피임 기구 a. 피임의

issue! 피임避姙

피임약(避姙藥)은 20세기 최고의 발명품들 사이에 당당히 자리를 잡고 있다. 피임약의 복용으로 원하지 않는 임신에서 벗어난 여성들은 자신들의 삶을 **획기적(劃期的)**으로 변화시키게 된다. 한편 가장 통상적(通常的)인 피임법은 **콘돔**의 **사용(使用)**이다.

피임약 避姙藥

pill [pil] n. 알약, 피임약

획기적 劃期的

epoch [épək] n. 시대, 신기원新紀元, 획기적劃期的인 사건
epoch-making 신기원을 이루는, 획기적인
참고 **era** [íərə, érə] n. (역사적) 시대
age [eidʒ] n. 나이, 시기, 시대 v. 나이를 먹다, 늙다, 노화老化하다, 노화시키다
milestone [máilstòun] n. 획기적劃期的인 사건, 중대한 시점, 이정표里程標
mile [mail] n. (거리 단위) 마일
landmark [lǽndmàːrk] n. 획기적劃期的인 사건, 랜드마크, (멀리서도 인식 가능한) 주요 지형지물
groundbreaking [gráundbrèikiŋ] a. 획기적劃期的인
groundless [gráundlis] a. 근거 없는
ground [graund] n. 땅, 근거根據 v. ground-grounded-grounded 근거하다, 좌초坐礁시키다, 외출을 금지하다

〔연상의 그물망〕
참고 **grind** [graind] v. grind-ground-ground 갈다, 빻다, 으깨다
underground [ʌ́ndərgraund] a. 지하의 ad. 지하에

subterranean [sʌ̀btəréiniən] a. 지하의 n. 지하 동굴
cave [keiv] n. 동굴
참고 **tunnel** [tʌ́nl] n. 터널, 굴 v. 터널을 뚫다, 굴을 파다

innovation [ìnəvéiʃən] n. 혁신, 쇄신刷新, 획기적劃期的인 것
innovative [ínəvèitiv] a. 혁신적인, 획기적인
innovate [ínəvèit] v. 혁신革新하다

[획기적 ▷ 돌파구]

breakthrough [bréikθrùː] n. 돌파구突破口

콘돔

condom [kándəm] n. 콘돔

사용 使用

use [juːz] v. 이용利用하다, 쓰다 n. [juːs] 이용, 사용
reuse [riːjúːz] v. 재사용하다
usage [júːsidʒ] n. 사용, 사용법, 관습
useful [júːsfəl] a. 쓸모 있는, 유용한
useless [júːslis] a. 쓸모없는, 무용한

연상의 그물망

참고 misuse [mìsjúːs] n. 오용誤用, 악용, 남용 v. [misjúːz] 오용하다, 악용하다, 남용하다, 잘못 쓰다
overuse [òuvərjúːz] v. 과도하게 쓰다

abuse [əbjúːz] v. 학대虐待하다, 남용濫用하다, 욕하다 n. [əbjúːs] 학대, 남용, 욕
abusive [əbjúːsiv] a. 학대하는, 남용하는, 욕하는

---

employ [implɔ́i] v. 고용하다, 사용하다
employment [implɔ́imənt] n. 고용, 일자리
employee [implɔ́iiː] n. 고용된 사람, 종업원
employer [implɔ́iər] n. 고용한 사람, 고용주
unemployment [ʌ̀nimplɔ́imənt] n. 실업失業
unemployment rate 실업률
unemployed [ʌ̀nemplɔ́id] a. 실업의, 실직한

연상의 그물망

참고 obsolete [ɑ̀bsəlíːt] a. 한물간, 더이상 쓸모가 없는
outdated [áutdèitid] a. 구식舊式의
out of date 시대에 뒤떨어진, 유효 기간이 지난

expire [ikspáiər] v. 기한期限이 다 되다, 만료滿了하다, 만기滿期가 되다
expiration [èkspəréiʃən] n. (기한의) 만기, 만료

due [djuː] a. 마땅히 치러야 할, 예정된, 만기滿期의 n. 당연히 누려야 할 권리
due to … 때문에
overdue [òuvərdúː] a. 기한이 지난, 연체된

---

versatile [vɑ́ːrsətl] a. 다재다능多才多能한, 용도가 다양한

연상의 불꽃 | 투표권投票權

여성의 **지위(地位)**가 **향상(向上)**된 예가 또 뭐가 있을까? 하나의 예만 들면, **선거(選擧)**에서 (남성에게만 주어지던) **투표권(投票權)**을 (오랜 시간이 지나서야) 여성에게도 인정한 사례가 있다. 즉 여성의 **참정권(參政權)**의 역사다.

지위地位

status [stéitəs] n. 지위地位, 신분, 상태, 상황
status quo [stéitəs kwou] n. 현 상태, 현재 상태, 현재의 상황

rank [ræŋk] n. 등급, 계급, 지위, 줄 v. 등급을 매기다, 정렬整列시키다
ranking [rǽŋkiŋ] n. 순위 a. 상위의, 고위의

향상向上

enhance [inhǽns] v. 향상시키다, 강화하다
enhanced [inhǽnst] a. 향상된, 강화된
enhancement [inhǽnsmənt] n. 향상, 강화

upgrade [ʌ̀pgréid] v. 기능을 향상시키다 n. [ʌ́pgrid] 기능 향상
grade [greid] n. 등급, 학년, 성적 v. 등급으로 나누다

연상의 그물망

degrade [digréid] v. (지위 등을) 떨어뜨리다, 비하卑下하다, 분해되다

degradation [dègrədéiʃən] n. 저하, 비하, 분해
참고 **biodegradation** [bàioudegrədéiʃən] n. 생물 분해
biodegradability [bàioudegrəbíləti] n. 생물 분해성, 생분해성

improve [imprúːv] v. 개선改善하다, 향상向上시키다
advance [ædvǽns] v. 나아가다, 전진前進하다, 승진하다, 진행하다, 미리 자금을 대주다 n. 전진, 승진, 진행 a. 앞선, 사전事前의
advanced [ædvǽnst] a. 앞선, 선진의, 상급의, 진보의, 진행된
advanced class 심화반, 상급반, 고급반
advancement [ædvǽnsmənt] n. 진보, 승진

연상의 그물망
참고 **sophisticated** [səfístəkèitid] a. 세련된, 교양 있는, 정교한, 수준 높은
sophistication [səfístəkéiʃən] n. 세련, 교양, 정교함

progress [prágres] n. 나아감, 진보進步 v. [prəgrés] 나아가다, 진보하다, 진행하다
progression [prəgréʃən] n. 진보, 진행, 수열數列
progressive [prəgrésiv] a. 진보적인, 진행하는

연상의 그물망
참고 **regress** [rigrés] v. 되돌아가다, 퇴행하다, 퇴보退步하다 n. 퇴행, 퇴보
impasse [ímpæs] n. 막다름, 교착膠着 상태

선거選擧

election [ilékʃən] n. 선거, 당선
elect [ilékt] v. 선거하다, 선출하다 a. 선출된, 당선된
electorate [iléktərət] n. 유권자
campaign [kæmpéin] n. 캠페인, 운동, 선거 운동, 전투 v. 캠페인을 벌이다

연상의 그물망
참고 **crusade** [kruːséid] n. (신념을 이루기 위해 사회 변화를 추구하는) 운동, (Crusade) 십자군
Crusader [kruːséidər] n. 십자군 전사

constituency [kənstítʃuənsi] n. 선거구, 유권자들
constituent [kənstítʃuənt] a. 구성하는 n. 유권자
constitute [kánstətjùːt] v. 구성하다, 체질이다
constitution [kànstətjúːʃən] n. 헌법憲法, 구성, 체질
constitutional [kànstətjúːʃənl] a. 헌법의, 체질의

연상의 그물망
참고 **Magna Carta** [mægnə káːrtə] n. 대헌장
charter [tʃáːrtər] n. 헌장憲章

presidential [prèzədénʃəl] a. 대통령의, 대통령 선거의
presidency [prézədənsi] n. 대통령의 지위, 회장의 직
president [prézədənt] n. 대통령大統領, 회장, 장長
ex-president 전직 대통령, 전직 회장
preside [prizáid] v. 주재主宰하다, 의장을 맡다
presider [prizáidər] n. 주재자, 사회자

연상의 그물망
참고 **inaugural** [inɔ́ːgjurəl] a. 취임就任의
inaugurate [inɔ́ːgjurèit] v. 취임하게 하다, 개시하다
inauguration [inɔ̀ːgjuréiʃən] n. 취임식

landslide [lǽndslàid] n. 산사태, (선거에서) 압도적 壓倒的 승리
slide [slaid] v. slide-slid-slid 미끄러지다, 미끄러뜨리다 n. 미끄러짐, 미끄럼틀, 산사태, (현미경, 환등기의) 슬라이드
참고 **skid** [skid] v. 미끄러지다 n. 미끄러짐

slip [slip] v. 미끄러지다 n. 작은 실수, 쪽지, (속옷) 슬립
landslip [lǽndslìp] n. (소규모의) 산사태
slippery [slípəri] a. 미끄러운

sled [sled] n. 썰매 v. 썰매를 타다

slalom [slάːləm] n. 스키 경주의 회전활강回轉滑降

install [instɔ́ːl] v. 설치設置하다, 취임就任시키다
installation [instəléiʃən] n. 설치, 취임
참고 installment [instɔ́ːlmənt] n. 할부금割賦金, (시리즈의) 1회분

참정권參政權

suffrage [sʌ́fridʒ] n. 투표권, 참정권
suffragette [sʌfrədʒét] n. 여성 참정권론자

투표권投票權

vote [vout] n. 투표投票 v. 투표하다
voter [vóutər] n. 투표하는 사람

연상의 그물망

참고 ballot [bǽlət] n. 투표용지, 총 투표수, 무기명 투표 v. 무기명으로 투표하다
ballot box 투표함, 투표 제도
absentee ballot 부재자 투표 (용지)

absentee [æbsəntíː] n. 결석자, 부재자
absence [ǽbsəns] n. 결석, 부재不在
absent [ǽbsənt] a. 없는, (정신이) 없는, 결석缺席한, 부재한 v. 결석하다
without [wiðáut, wiθáut] prep. … 없이

poll [poul] n. 여론 조사, 투표, 투표수

섹스로
사회社會는
세대世代로
존속存續한다

sex + society
= generation

사회社會

society [səsáiəti] n. 사회, 사교
sociology [sòusiálədʒi] n. 사회학
참고 **sociolinguistics** [sòusiəliŋwístiks] n. 사회 언어학
community [kəmjúːnəti] n. 공동체, 지역 사회, 군집, 군락群落

연상의 그물망
참고 **communism** [kámjunìzm] n. 공산주의共産主義
communist [kámjunist] n. 공산주의자
communal [kəmjúːnəl] a. 공동의
communality [kàmjunǽləti] n. 공동체의 상태

social [sóuʃəl] a. 사회社會의, 사교社交의
social relationship 인간관계, 사회적 관계
social skill 사교 기술, 대인 관계 기술
sociometric [sòusiəmétrik] a. 사회관계를 측정하는
Social Security 사회 보장 제도社會保障制度
Social Security checks 연금年金
social studies 사회 과목
socialism [sóuʃəlìzm] n. 사회주의

연상의 그물망
참고 **pension** [pénʃən] n. 연금, 생활 보조금

sociable [sóuʃəbl] a. 사교적社交的인
unsociable [ʌnsóuʃəbl] a. 비사교적인
참고 **dissociative** [disóuʃièitiv] a. 분리적分離的인

세대世代

generation [dʒènəréiʃən] n. 세대世代
generate [dʒénəreit] v. 발생시키다
generator [dʒénəreitər] n. 발전기發電機

연상의 그물망

 electricity [ilektrísəti] n. 전기電氣
electric [iléktrik] a. 전기의
hydroelectric [hàidrouiléktrik] a. 수력 전기의, 수력 발전의
electrical [iléktrikəl] a. 전기의
electrical grid 전력망

electrician [ilektríʃən] n. 전기 기사
electroceptive [ilektroséptiv] a. 전기를 감지하는
electrode [iléktroud] n. 전극

electron [iléktran] n. 전자
electronic [ilektránik] a. 전자의

wire [waiər] n. 철사, 전선 v. 배선하다, 도청 장치를 설치하다
wired [waiərd] a. 유선의, 인터넷을 애용하는
wireless [wáiərlis] a. 무선의 n. 무선 장치

cable [kéibl] n. 케이블, 굵은 철제 밧줄, 전선

💡 issue! 재생산再生産

생식(生殖)을 통해 개체(個體)를 재생산(再生産)함으로써 사회는 유지(維持)된다. 종족(種族)은 생존(生存)한다.

생식生殖

reproduce [rìprədúːs] v. 생식生殖하다, 번식繁殖하다, 복제複製하다, 재생하다, 재생산再生産하다
reproduction [rìprədʌ́kʃən] n. 생식, 번식, 재생, 재생산
reproductive [rìprədʌ́ktiv] a. 생식의, 번식의, 재생의
reproductive organ 생식 기관器官

produce [prədjúːs] v. 생산生産하다, 제작製作하다, 낳다 n. [pródjuːs] 농산물農産物
producer [prədjúːsər] n. 생산자, 제작자
product [prádʌkt] n. 생산물, 제품
production [prədʌ́kʃən] n. 생산
productive [prədʌ́ktiv] a. 생산적인
productivity [pròudʌktívəti] n. 생산성

연상의 그물망
[농산물 ▷ 농업]

agriculture [ǽgrəkʌltʃər] n. 농업農業, 농사
agricultural [ægrikʌ́ltʃərəl] a. 농업의, 농사의

farmer [fáːrmər] n. 농부, 농장주
farming [fáːrmiŋ] n. 농업, 농사
farmhouse [fáːrmhàus] n. 농가
farm [faːrm] n. 농장 v. 농사를 짓다, 가축을 기르다
farm animal 가축

peasant [péznt] n. 소농小農, 소작농小作農

ranch [rǽntʃ] n. 목장, 대농장

fodder [fádər] n. 사료, 꼴

fallow [fǽlou] n. 휴경休耕

plow [plau] n. 쟁기 v. 쟁기질하다, 경작하다
tractor [træktər] n. 트랙터, 견인차

참고 **yield** [jiːld] v. 산출産出하다, **낳다**, 양도讓渡하다, 양보讓步하다, **굴복**屈服하다 n. 산출량, 수확물

연상의 그물망

submit [səbmít] v. 제출提出하다, 제시하다, **굴복**屈服하다, 복종服從하다
submission [səbmíʃən] n. 제출, 제시, 굴복, 복종
submissive [səbmísiv] a. 복종적인

output [áutpùt] n. 산출, 산출량, 출력出力 v. 출력하다
input [ínpùt] n. 입력入力 v. 입력하다
put [put] v. put-put-put 놓다, 넣다

lay [lei] v. lay-laid-laid 놓다, (알을) **낳다** a. 문외한門外漢의, **전문가가 아닌**

연상의 그물망

[lay-]

layup [léiʌp] n. (농구) (골 근처에서 한 손으로 하는) 레이업 슛
lay-off [léiɔːf] n. (일시적인) 해고
layer [léiər] n. 층 v. 층을 이루다
layperson [léipəːrsən] n. **비전문가**, 문외한
laypeople [léipiːpəl] n. **비전문가**들, 문외한들
참고 **amateur** [ǽmətʃùər] n. 아마추어, **비전문가**非專門家 a. 아마추어의, 비전문가의

expert [ékspəːrt] n. **전문가**專門家 a. 전문적인
expertise [èkspəːrtíːz] n. 전문 지식, 전문 기술
specialize [spéʃəlàiz] v. (in) 전문화하다, 전공專攻하다
specialist [spéʃəlist] n. **전문가**專門家, 전문의
special [spéʃəl] a. 특별한 n. 특별한 것
specially [spéʃəli] ad. 특별히

[-lay]

mislay [mìsléi] v. mislay-mislaid-mislaid 제자리에 두지 않다
inlay [inléi] v. inlay-inlaid-inlaid 박아 넣다 n. [ínlèi] (치과) 인레이
interlay [ìntərléi] v. interlay-interlaid-interlaid 사이에 끼워 넣다
overlay [òuvərléi] v. overlay-overlaid-overlaid 덮어씌우다 n. [óuvərlèi] 덮어씌우는 것

개체個體

individual [ìndəvídʒuəl] a. 개개個個의, 개인의, 개성적인 n. 개인, 개체個體
individually [ìndəvídʒuəli] a. 개인적으로, 개별적으로
individuality [ìndəvìdʒuǽləti] n. 개성
individualism [ìndəvídʒuəlìzm] n. 개인주의

연상의 그물망

per [pəːr] prep. …당當, …마다
per capita [pər kǽpitə] 1인당
per capita economic output 1인당 경제 생산액
as per ~에 따라서
참고 **per se** [pəːr séi] 그 자체로

유지維持

maintain [meintéin] v. **유지**維持하다, 주장하다, 부양扶養하다
maintenance [méintənəns] n. 유지, 주장, 부양, 부양비
keep [kiːp] v. keep-kept-kept 지키다, **유지**하다, 계속 …하다
retain [ritéin] v. 유지하다

생존生存

survive [sərváiv] v. 살아남다, 생존生存하다, …보다 오래 살다
survivor [sərváivər] n. 살아남은 사람, 생존자
survival [sərváivəl] n. 살아남기, 생존, 유물
survival of the fittest 적자생존(適者生存)

연상의 그물망
predator [prédətər] n. 포식자捕食者, 약탈자掠奪者
predatory [prédətɔ̀:ri] a. 포식성의, 약탈하는

연상의 불꽃 | 유기체有機體

생식(生殖)을 통해 생명이 연장되는 사회의 속성(屬性)에 근거(根據)하여 사회를 (마치 살아서 **꿈틀**대는) **유기체(有機體)**로 보기도 한다.

꿈틀

wiggle [wígl] v. 꼼지락거리다, 꿈틀거리다, 씰룩거리다 n. 꼼지락거리기, 꿈틀거리기, 씰룩거리기
wiggly [wígli] a. 꼼지락거리는, 꿈틀거리는, 씰룩거리는
wriggle [rígl] v. 꿈틀거리다 n. 꿈틀거림

연상의 그물망
gut [gʌt] n. 창자, (guts) 내장, 배짱, 직감
gut feeling 직감
intestine [intéstin] n. 창자, 장
intestinal [intéstənl] a. 내장의, 창자의
kidney [kídni] 신장, 콩팥
liver [lívər] n. 간
tissue [tíʃu:] n. 신체 조직, 화장지

유기체有機體

organism [ɔ́:rɡənìzm] n. 유기체有機體, 생물
organismic [ɔ̀:rɡənízmik] a. 유기체의
organ [ɔ́:rɡən] n. **(생체) 기관**器官, 오르간

situation | 적응適應

인류의 존속(存續) 속에는 자연(自然)과 사회(社會) 환경(環境)에 **적응(適應)**하는 인간의 노력(努力)이 있다.

적응適應

adapt [ədǽpt] v. **적응**適應하다, 각색脚色하다
adapter [ədǽptər] n. 어댑터, 개작자
adaptation [ædəptéiʃən] n. 적응, 각색
adaptive [ədǽptiv] a. 적응성의

연상의 그물망

참고 **modify** [mάdəfài] v. **수정**하다, 수식하다
modification [mὰdəfikéiʃən] n. 수정, 변경, 수식
modifier [mάdəfàiər] n. 수식어, 한정어

revise [riváiz] v. 개정하다, **수정**하다
revision [rivíʒən] n. 개정, 수정

amend [əménd] v. **수정**修正하다
amendment [əméndmənt] n. 수정, (미국) 수정 헌법
amends [əméndz] n. 보상
mend [mend] v. 고치다, **수리**하다

참고 **repair** [ripέər] v. **수리**修理하다, 고치다, **보상**補償하다 n. 수리

renovate [rénəvèit] v. (건물, 시설 등을) 보수補修하다, **수리**하다
renovation [rènəvéiʃən] n. 보수, 수리, 혁신革新

overhaul [òuvərhɔ́ːl] v. 정비整備하다, 분해해서 검사하다

plumbing [plʌ́miŋ] n. 배관配管 **수리**
plumber [plʌ́mər] n. 배관공

compensate [kάmpənsèit] v. **보상**補償하다
compensation [kὰmpənséiʃən] n. 보상, 보상금

reward [riwɔ́ːrd] n. **보상**報償, 보상금 v. 보상하다
rewarding [riwɔ́ːrdiŋ] a. 보상이 있는, 보람이 있는

참고 **repay** [ripéi] v. repay-repaid-repaid 갚다, 보답 報答하다

adjust [ədʒʌ́st] v. 조정하다, 조절하다, 맞추다, **적응**하다, 순응하다
adjustment [ədʒʌ́stmənt] n. 조정, 조절, 적응, 순응
maladjusted [mæ̀lədʒʌ́stid] n. 조정이 잘 안되는, 적응하지 못하는

orient [ɔ́ːriənt] n. 동양 v. 지향하게 하다, **적응**시키다
oriental [ɔ̀ːriéntl] a. 동양의, 동양인의
orientation [ɔ̀ːriəntéiʃən] n. 지향, 방향, 성향, 적응, 오리엔테이션

섹스가 의무이자 권리가 되는 (법적) 결혼結婚

sex + duty(right) = marriage (feat. law)

의무義務

duty [djúːti] n. **의무**義務
duty-free 면세免稅의, 면세품

obligation [ὰbləgéiʃən] n. **의무**義務
obligatory [əblígətɔːri] a. 의무적인
obligate [άbləgèit] v. 의무를 지우다 a. [άbləgət] 의무적인
oblige [əbláidʒ] v. 의무를 지우다, 은혜를 베풀다

obey [əubéi] v. **복종**服從하다, 따르다
obedience [əubíːdiəns] n. 복종, 순종
obedient [əubíːdiənt] a. 복종하는, 순종하는
disobey [dìsəbéi] v. 불복종하다, 거역拒逆하다

imperative [impérətiv] a. **대단히 중요한**, 반드시 해야 하는, 명령의 n. **의무** 명령

연상의 그물망

참고 **vital** [váitl] a. 생명生命의, **아주 중요한**
vital signs 생명 징후徵候
vitality [vaitǽləti] n. 생명력, 활력
vitalize [váitəlàiz] v. 생기를 불어넣다

foremost [fɔ́ːrmòust] a. **가장 중요한**, 최우선의 ad. 최우선으로

prime [praim] a. **가장 중요한**, 으뜸의 n. 전성기全盛期 v. 준비시키다
prime minister 수상, 국무총리
primed [praimd] a. 준비가 되어 있는
primary [práiməri] a. 첫째의, 최초의, 가장 중요한, 주요한
primarily [praiméərəli] ad. 첫째로, 주로

crucial [krúːʃəl] a. 결정적決定的인, 아주 중요한

key [kiː] n. 열쇠, 키, 실마리, 건반, 어조, (지도의) 기호 해설 a. 핵심적인, 아주 중요한

important [impɔ́ːrtənt] a. 중요한
importance [impɔ́ːrtəns] n. 중요성
unimportant [ʌnimpɔ́ːrtənt] a. 중요하지 않은

material [mətíəriəl] n. 물질物質, 재료, 소재 a. 물질의, 중요한
materialism [mətíəriəlìzm] n. 물질주의, 유물론
materialize [mətíəriəlàiz] v. 구현하다

measurable [méʒərəbl] a. 측정할 수 있는, 아주 중요한
immeasurable [iméʒərəbl] a. 헤아릴 수 없는, (측정할 수 없을 정도로) 광대한, 무한한
measurement [méʒərmənt] n. 측정, 치수
measure [méʒər] v. 측정測定하다, 재다 n. 측정 단위, 척도, 조치措置
참고 **gauge** [geidʒ] n. 측정기, 측정 기준, 치수 v. 측정하다

barometer [bərɑ́mitər] n. 기압계, 지표指標, 바로미터
barometric [bærəmétrik] a. 기압의

calibrate [kǽləbrèit] 눈금을 매기다, 조정하다

highlight [háilàit] v. 강조強調하다 n. 하이라이트, 가장 중요한 부분
highlighter [háilàitər] n. 형광펜

참고 **emphasize** [émfəsàiz] v. 강조強調하다
emphasis [émfəsis] n. 강조
emphatic [imfǽtik] a. 강조된, 단호한

accent [ǽksent] n. 악센트, 강세, 강조
accentuate [ækséntʃuèit] v. 강조하다

권리權利

right [rait] a. 오른쪽의, 우측의, 옳은, 수직의 n. 오른쪽, 우측, 옳음, 권리權利, 우파

연상의 그물망
참고 **left** [left] a. 왼쪽의, 좌측의 n. 왼쪽, 좌측, 좌파
leftover [léftòuvər] n. 먹고 남은 음식 a. 먹다 남은

결혼結婚

marriage [mǽridʒ] n. 결혼結婚, 결혼식, 결혼 생활, 결혼 상태
marry [mǽri] v. ~와 결혼하다

wedding [wédiŋ] n. 결혼, 결혼식結婚式
wed [wed] v. wed-wed/wedded-wed/wedded 결혼하다

참고 **bouquet** [boukéi] n. 부케, 꽃다발

💡 | **issue!** | 결혼結婚

달콤한 **프러포즈**라는 **성스러운 의식(儀式)**을 거쳐 **신부(新婦)**와 **신랑(新郞)**이 **아내**와 **남편**으로서 자격(資格)을 갖추고 **부부(夫婦)**가 된다. 사람들의 **축복(祝福)**을 받으며 **가족(家族)**이 된다. **비**가 오나 **눈**이 오나 동고동락(同苦同樂)의 **길**을 걷게 된다. 혼인(婚姻)에는 동거(同居) 의무(義務)가 있고, 사랑하는 사람과 하는 동거는 부부 사이의 **특권(特權)**이라 말해도 무방하다. (요즈음은 많이 달라지긴 했지만) 가정을 위해 바깥일에 헌신(獻身)하는 남편의 모습, 가족을 위해 **부엌**에서 **식사(食事)**를 차리는 아내의 모습은 전통적인 가정에서 볼 수 있는 행복(幸福)의 단상(斷想)이다.

프러포즈

propose [prəpóuz] v. 제안提案하다, 청혼請婚하다, 프러포즈하다
proposal [prəpóuzəl] n. 제안, 청혼, 프러포즈
proposition [prὰpəzíʃən] n. 제의提議, 명제命題
propositional [prὰpəzíʃənl] a. 제의하는, 명제의
참고 **offer** [ɔ́:fər] v. 제안提案하다, 제공提供하다 n. 제안, 제공

성스러운

sacred [séikrid] a. **신성**神聖한, 성스러운, 종교적인
holy [hóuli] a. **신성**神聖한, 성스러운, 독실한

연상의 그물망

참고 **god** [gɑd] n. 신神
goddess [gάdis] n. 여신
deity [dí:əti] n. 신神
muse [mju:z] n. (Muse) 예술적 영감을 주는 신 v. 골똘히 생각하다

divine [diváin] 신神의, **신성**한
divinity [divínəti] n. **신성**, 신학

shrine [ʃrain] n. 성지
enshrine [inʃráin] v. 소중히 하다, (**신성**하게) 모시다

consecration [kὰnsəkréiʃən] n. 헌당, 헌당식獻堂式, **신성**화神聖化

oracle [ɔ́:rəkl] n. 신탁神託, 신탁을 전하는 사람(신관)

saint [seint] n. (St.) 성인, 성자

atheist [éiθiist] n. 무신론자

profane [prəféin] a. **신성** 모독冒瀆의, 속된
profanation [prὰfənéiʃən] n. **신성** 모독, 오용, 악용

theology [θiálədʒi] n. 신학神學
theological [θì:əládʒikəl] a. 신학의
theologian [θì:əlóudʒən] n. 신학자

religion [rilídʒən] n. **종교**宗敎
religious [rilídʒəs] a. 종교의, 종교적인
religiously [rilídʒəsli] ad. 종교적으로

연상의 그물망

참고 **altar** [ɔ́:ltər] n. 제단祭壇

Buddhism [bú:dizm] n. 불교
Buddhist [bú:dist] n. 불교도 a. 불교의

nirvana [niərvά:nə] n. (불교) 극락極樂
zen [zen] n. (불교) 선禪

Christianity [krìstʃiǽnəti] n. 기독교
Christian [kristʃən] n. 기독교도 a. 기독교의

Easter [í:stər] n. 부활절復活節 (기간)
Easter Egg Hunt 부활절 달걀 찾기 행사

Judaism [dʒú:di:izm] n. 유대교

Hinduism [híndu:izm] n. 힌두교

Islam [ízləm] n. 이슬람교
Islamic [izlǽmik] a. 이슬람교의

Muslim [mázlim] n. 이슬람교도 a. 이슬람교도의

martyr [mά:rtər] n. 순교자殉敎者

pilgrim [pílgrim] n. 순례자巡禮者

Roman Catholicism 로마 가톨릭교, 천주교
Roman [róumən] a. 로마의 n. 로마인
Rome [roum] n. 로마

church [tʃə:rtʃ] n. 교회
churchman [tʃə:rtʃmən] n. 성직자, **목사**
참고 **liturgical** [litə́:rdʒikəl] a. 예배용의

surplice [sə́:rplis] n. (교회에서 성직자나 성가대가 입는) 흰 가운

priest [priːst] n. 사제司祭, 신부神父, **목사**, 성직자
참고 **pastor** [pǽstər] n. **목사**

clergy [klə́ːrdʒi] n. (기독교) 성직자들
clergyman [klə́ːrdʒimən] n. 성직자, **목사**

bishop [bíʃəp] n. 주교主敎, (체스) 비숍

cathedral [kəθíːdrəl] n. 대성당大聖堂
참고 **catholicism** [kəθáləsizm] n. 가톨릭교

pope [poup] n. (the Pope) 교황敎皇

bible [báibl] n. 성경, 성서
참고 **the New Testament** 신약 성서

sermon [sə́ːrmən] n. **설교**說敎, 잔소리

sermonize [sə́ːrmənàiz] v. 설교하다, 잔소리하다
참고 **preach** [priːtʃ] v. **설교**하다, 전도하다
preachy [príːtʃi] a. 설교하려 드는
preacher [príːtʃər] n. 설교자, 전도사
preachment [príːtʃmənt] n. (장황한) 설교, (지루한) 훈계訓戒

讚揚하다
celebrated [séləbrèitid] a. 유명한
celebrity [səlébrəti] n. 유명 인사有名人士, 연예인, 명성名聲

congratulate [kəngrǽtʃulèit] v. **축하**祝賀하다
congratulation [kəngrætʃuléiʃən] n. 축하

연상의 그물망

[의식 ➡ 기념]

참고 **anniversary** [ænəvə́ːrsəri] n. 기념일
monument [mánjumənt] n. 기념물記念物, 기념비
monumental [mànjuméntl] a. 기념비적인

memorial [məmɔ́ːriəl] n. 기념비記念碑, 기념물(記念物
a. 기념의

memorabilia [mèmərəbíliə] n. 기념품

souvenir [sùːvəníər] n. 기념품
참고 **commemorate** [kəmémərèit] v. 기념하다
commemoration [kəmèməréiʃən] n. 기념, 기념식

의식儀式

ceremony [sérəmòuni] n. **의식**儀式, 식식

연상의 그물망

참고 **rite** [rait] n. (종교적) **의식**
rite of passage 통과 의례通過儀禮

ritual [rítʃuəl] n. (종교 등의) **의식** a. 의식의, 의례적인

occasion [əkéiʒən] n. (특정한) 경우, 때, (특별한) 행사, **의식**, 이유, 원인
occasional [əkéiʒənəl] a. 가끔의, 때때로의
occasionally [əkéiʒənəli] ad. 가끔, 때때로

celebration [sèləbréiʃən] n. **축하**, 축하 행사, **의식**, 찬양
celebrate [séləbrèit] v. 기념記念하다, 축하하다, 찬양

신부新婦, 신랑新郞

bride [braid] n. 신부, 새색시

bridegroom [bráidgrùːm] n. 신랑
groom [gruːm] n. 신랑, 마부 v. 몸단장하다, (동물의 털을) 손질하다
grooming [grúːmiŋ] n. 몸단장

자격資格

qualification [kwàləfikéiʃən] n. **자격**資格, 자격증, 자질
qualified [kwáləfàid] a. 자격이 있는, 조건이 붙은
qualify [kwáləfài] v. 자격을 주다, 자격을 얻다, 자격을 지니다

disqualify [diskwáləfài] v. 자격을 박탈하다, 실격시키다

참고 **habilitate** [həbílitèit] v. **자격**을 얻다, (심신 장애자의 사회 복귀) 훈련하다

entitle [intáitl] v. **자격**을 주다, 제목을 붙이다
title [táitl] n. 표제標題, 제목題目, 타이틀, 선수권 v. 제목을 붙이다

eligible [élidʒəbl] a. **자격**資格이 있는, 적격適格의
eligibility [èlidʒəbíləti] 자격, 적격, 적임
ineligible [inélidʒəbl] a. 자격이 없는, 부적격의

deserve [dizə́ːrv] v. …을 받을 만하다, (…을 받을 만한) 가치가 있다, **자격**이 있다

부부夫婦

couple [kʌ́pl] n. 커플, 부부, 연인, 한 쌍 v. 연결하다

honeymoon [hʌ́nimùːn] n. 신혼여행
honey [hʌ́ni] n. 벌꿀, 꿀, 사랑하는 사람에 대한 호칭

연상의 그물망

참고 **bee** [biː] n. 벌, 꿀벌

wasp [wɑsp] n. 말벌

swarm [swɔːrm] n. 벌떼, 무리, 떼 v. 떼를 지어 다니다

husband [hzbənd] n. 남편男便
wife [waif] n. 아내

연상의 그물망

참고 **house** [haus] n. **집**, 주택 v. [hauz] 거처居處를 제공하다, 소장所藏하다
household [háushòuld] n. 가구(세대), 가정
housework [háuswə̀rk] n. 집안일, 가사
househusband 전업專業 남편, 가사를 전업으로 하는 남편
housewife [háuswàif] n. (전업) 주부
housekeeper [háuskìːpər] n. 가정부
housewarming [háuswɔ̀ːmiŋ] n. 집들이

chalet [ʃæléi] n. 샬레, 산지 가옥家屋
mansion [mǽnʃən] n. 대저택, 맨션
warehouse [wɛ́ərhaus] n. 창고倉庫
ware [wɛər] n. 제품, 용품

home [houm] n. **집** ad. 집으로
hometown [hóumtàun] n. 고향
homeland [hóumlænd] n. 고국故國, 조국祖國
homestead [hóumstèd] n. 정부 공여供與 농지
home remedy 가정 요법
home run 홈런
homeroom teacher 담임 선생님
homework [hóumwə̀rk] n. 숙제宿題
참고 **neighbor** [néibər] n. 이웃 사람
neighborhood [néibərhùd] n. 이웃, 인근隣近

[2-1 ▶ 1]

참고 **widow** [wídou] n. 과부寡婦
widowed [wídoud] a. 과부가 된, 홀아비가 된
widower [wídouər] n. 홀아비

orphan [ɔ́ːrfən] n. 고아孤兒
orphanage [ɔ́ːrfənidʒ] n. 고아원

연상의 그물망

single [síŋgl] a. **하나**의, 단일한, 혼자의, 독신의, 1인용의 n. 1인실, 싱글 음반, 1루타, 단타
singular [síŋgjulər] a. 하나뿐인, 뛰어난, 기묘한, 단수형의 n. 단수형
only [óunli] a. 유일한 ad. 오직, 오로지, 단지, 겨우

merely [míərli] ad. 단지, 그저, 오직
mere [miər] a. 단순한, 겨우 …인

monist [mɑ́nist] a. 일원론一元論의 n. 일원론자

dualism [djúːəlìzm] n. 이원론二元論
dual [djúːəl] a. **둘**의, 이중의

double [dʌ́bl] a. 두 배의, 갑절의, 이중의, 2인용의 n. 두 배, 갑절 v. 두 배로 하다, 2루타를 치다

twofold [túːfould] a. 이중의, 두 배의, 두 부분으로 된

축복祝福

bless [bles] v. bless-blessed/blest-blessed/blest 축복祝福하다, 축복을 빌다

benediction [bènədíkʃən] n. 축복, 축복의 **기도**
beneficent [bənéfəsənt] a. 자선하는
beneficial [bènəfíʃəl] a. 이익이 되는, 이로운
benefit [bénəfit] n. **이익**, 혜택惠澤 v. 이익이 되다

참고 **pray** [prei] v. **기도**祈禱하다
prayer [prɛər] n. 기도, [préiər] 기도하는 사람

profit [práfit] n. **이익**利益
profitable [práfitəbl] a. 이익이 되는
unprofitable [ʌnpráfitəbəl] a. 이익이 없는

연상의 그물망

참고 **upside** [ʌ́psàid] n. 위쪽, 좋은 점, 상승세
upside down 거꾸로
downside [dáunsàid] n. 아래쪽, 불리한 면, **하락**세
underneath [ʌndərníːθ] prep. …의 밑에, …의 아래에 ad. 밑에, 아래에

[하락 ▶ 떨어지다]

fall [fɔːl] v. fall-fell-fallen **떨어지다** n. 가을, 폭포
참고 **fell** [fel] v. 베어 넘어뜨리다 a. 악랄惡辣한, 맹렬한

swoop [swuːp] v. 급강하하다, 급습하다 n. 급강하, 급습

tumble [tʌ́mbl] v. 굴러 떨어지다, 뒹굴다, 폭락하다, 텀블링하다 n. 굴러 떨어짐, 폭락

drop [drɑp] v. 떨어뜨리다, **떨어지다** n. 방울, 소량, 하락, 감소

droplet [drɑ́plit] n. 작은 물방울
참고 **drip** [drip] v. (물방울 등이) 뚝뚝 떨어지다 n. 뚝뚝 떨어지는 소리, (액체) 방울

plummet [plʌ́mit] v. 똑바로 떨어지다, 폭락暴落하다, 곤두박질치다

plunge [plʌndʒ] v. 급히 아래로 움직이다, 급락急落하다 n. 급락

plunger [plʌ́ndʒər] n. 배수관용 청소 도구, 뛰어드는 사람

trickle [tríkl] v. 가늘게 흐르다, 똑똑 떨어지다 n. 똑똑 떨어짐, 실개울

가족家族

family [fǽməli] n. 가족家族, (동식물 분류상의) 과科
father [fɑ́ːðər] n. 아버지
mother [mʌ́ðər] n. 어머니 v. (어머니처럼) 보살피다
parent [pɛ́ərənt] n. 부모 중 한 사람
grandparent [grǽndpɛərənt] n. 조부모
daughter [dɔ́ːtər] n. 딸
son [sʌn] n. 아들

sibling [síbliŋ] n. 형제, 자매, 형제자매 a. 형제의, 자매의

nephew [néfjuː] n. (남자) 조카
niece [niːs] n. 조카딸
참고 **clan** [klæn] n. 씨족, 문중
clansman [klǽnzmən] n. 씨족 구성원, 문중 사람

familiar [fəmíljər] a. 친밀한, 잘 아는
familiarity [fəmìliǽrəti] n. 친밀함, 친숙함, 정통함
unfamiliar [ʌnfəmíljər] a. 친숙하지 않은, 생소한
unfamiliarity [ʌnfəmìljérəti] n. 친숙하지 않음, 생소함

비

rain [rein] n. 비 v. 비가 내리다
rain cats and dogs 비가 억수 같이 퍼붓다
raincoat [réinkòut] n. 우비雨備, 비옷
rainbow [réinbòu] n. 무지개
rainfall [réinfɔ̀ːl] n. 강우량
rain forest 열대 우림熱帶雨林

연상의 그물망

참고 **drizzle** [drízl] n. 이슬비 v. 이슬비가 내리다, 비가 보슬보슬 내리다

hail [heil] n. 싸락눈, 우박雨雹 v. 싸락눈(우박)이 내리다, 환호歡呼하다

hailstone [héilstòun] n. 우박

pour [pɔːr] v. (비가) 억수로 쏟아지다, 퍼붓다, (액체를) 붓다, 따르다

puddle [pʌ́dl] n. (비가 온 뒤의) 웅덩이

shower [ʃáuər] n. 샤워, 샤워기, 소나기

umbrella [ʌmbrélə] n. 우산雨傘
참고 **parachute** [pǽrəʃùːt] n. 낙하산落下傘 v. 낙하산을 타고 내려오다
parasol [pǽrəsɔ̀ːl] n. 파라솔, 여성용 양산

연상의 그물망

mist [mist] n. 안개, 연무煙霧, 분무噴霧 v. 김이 서리다, 이슬이 맺히다

참고 **dew** [djuː] n. 이슬

fog [fɔːg] n. 안개 v. 수증기가 서리다

hazy [héizi] a. 안개가 낀, 흐린, 흐릿한

steam [stiːm] n. 증기, 수증기, 김 v. 김을 내다, 증기를 뿜다

cloud [klaud] n. 구름 v. 구름으로 덮다
cloudy [kláudi] a. 구름 낀, 흐린

참고 **overcast** [òuvərkǽst] v. overcast-overcast-overcast 구름으로 뒤덮다 a. 구름이 끼어 흐린

연상의 그물망

[비 와 ⇄ 비 안 와]

drought [draut] n. 가뭄

precipitation [prisìpətéiʃən] n. 강우降雨, 강수(량)
참고 **precipitate** [prisípitèit] v. 촉발하다, 몰아넣다

눈

snow [snou] n. 눈 v. 눈이 오다
snowflake [snóuflèik] n. 눈송이
snow-slide 눈사태
snowstorm [snóustɔ̀ːrm] n. 눈보라
snowy [snóui] a. 눈에 덮인, 눈이 많이 내리는

blizzard [blízərd] n. 눈보라

avalanche [ǽvəlæntʃ] n. 눈사태, 쇄도殺到
an avalanche of 많은, 쇄도하는
참고 **tsunami** [tsunáːmi] n. 쓰나미, (지진 등에 의한) 엄청난 해일

연상의 그물망

weather [wéðər] n. 날씨, 일기 v. (비바람 등에) 변색되다, 풍화風化시키다, (어려움 등을) 견디다
weather vane [wéðər vin] n. 풍향계 (vane)
weathering [wéðəriŋ] n. 풍화 작용

참고 **erode** [iróud] v. (비바람에) 침식하다, 침식되다, 부식하다
erosion [iróuʒən] n. 침식, 부식
erosive [iróusiv] a. 침식적인, 부식성의

meteorology [mìːtiərálədʒi] n. 기상학
meteorologist [mìːtiərálədʒist] n. 기상학자

길

road [roud] n. 길, 도로(道路)

> 연상의 그물망

참고 **interchange** [íntərtʃindʒ] n. 나들목, 인터체인지, 교환交換 v. [intərtʃéindʒ] 교환하다

lane [lein] n. 좁은 길, 차선, (수영) 레인, 항로

pave [peiv] v. (도로를) 포장鋪裝하다
pavement [péivmənt] n. 포장도로

---

street [striːt] n. 거리, …가街, 도로
참고 **avenue** [ǽvənjuː] n. …가街, 거리, 길

alley [ǽli] n. 골목

bypass 우회 도로

overpass [óuvərpæs] n. 고가高架 도로

highway [háiwèi] n. 고속도로, 간선幹線 도로
high [hai] a. 높은 ad. 높이
highly [háili] ad. 매우, 높이 평가하여

> 연상의 그물망

참고 **height** [hait] n. 높이, 신장, 정점, 최고조最高潮
heighten [háitn] v. 높이다, 고조高調시키다, 고조되다

aloft [əlɔ́ːft] ad. 높이
lofty [lɔ́ːfti] a. 우뚝 솟은, (호감) 고귀한, 고상高尙한, (비호감) 오만傲慢한

[높은 ⇔ 낮은]

참고 **beneath** [biníːθ] ad. 아래에 prep. (…보다) 아래에
low [lou] a. 낮은 ad. 낮게 n. 최저치, 저기압

below [bilóu] ad. 아래에 prep. (…보다) 아래에

---

track [træk] n. 트랙, 자국, 선로線路 v. 추적追跡하다, 발자국을 남기다

> 연상의 그물망

참고 **trace** [treis] v. 추적하다, (선을) 긋다 n. 자취, 소량

trajectory [trədʒéktəri] n. 이동 경로, 궤도, 궤적, 탄도

path [pæθ] n. 경로, 길, 방향

vestige [véstidʒ] n. 흔적痕迹, 자취, 유물

route [ruːt] n. 경로經路, 노선路線, 루트
참고 **course** [kɔːrs] n. 코스, 강좌講座, 과목科目, 과정課程, 진로進路

---

bridge [bridʒ] n. 다리

> 연상의 그물망

참고 **ladder** [lǽdər] n. 사다리

link [liŋk] v. 잇다, 연결하다 n. 연결, 연결 고리
linkage [líŋkidʒ] n. 연결, 연결 장치

---

aisle [ail] n. (버스, 기차 등 좌석 사이의) 통로通路

> 연상의 그물망

참고 **corridor** [kɔ́ːridər] n. 통로, 복도
passageway [pǽsidʒwèi] n. 통로
passage [pǽsidʒ] n. 통로, 구절, 악절

---

canal [kənǽl] n. 운하運河, 수로水路
참고 **aqueduct** [ǽkwədʌkt] n. 수로

특권特權

privilege [prívəlidʒ] n. 특권特權, 특혜特惠
privileged [prívəlidʒd] a. 특권이 있는
underprivileged [ʌndərprívəlidʒd] a. 사회적·경제적 형편形便이 어려운

부엌

kitchen [kítʃən] n. 부엌, 주방廚房

sideboard [sáidbɔ̀:rd] n. 찬장饌欌, 식기대
side [said] n. 쪽, 면, 옆, 변, 편
side dish 곁들임 요리
sidewalk [sáidwɔ̀k] n. 인도, 보도

sink [siŋk] v. sink-sank/sunk-sunk/sunken 가라앉다 n. 싱크대
sinker [síŋkər] n. (낚싯줄의) 추錘, 봉돌

> 연상의 그물망

참고 **subside** [səbsáid] v. 가라앉다, 잠잠해지다
subsidence [səbsáidns] n. 침강沈降

pot [pɑt] n. 냄비, 항아리, 커피포트
potholder [pɑ́thòuldər] n. 냄비 드는 헝겊
참고 **pan** [pæn] n. 냄비, 프라이팬

wok [wɑk] n. 중국 요리용 냄비

식사食事

meal [mi:l] n. **식사**, 끼니, 한끼

breakfast [brékfəst] n. 아침, 아침 식사

> 연상의 그물망

fast [fæst] a. **빠른** ad. 빨리, 꽉, 꼭 v. **단식**斷食하다 n. 단식
fast food 패스트푸드, 즉석식
fasting [fǽstiŋ] n. **단식** a. 단식의
fasten [fǽsn] v. 매다, 고정시키다, 잠그다

참고 **rapid** [rǽpid] a. **빠른** n. (rapids) 급류
rapidity [rəpídəti] n. 빠름, 신속, 급속

porridge [pɔ́:ridʒ] n. (아침 식사로 많이 먹는) 죽

staple [stéipl] a. 주요한 n. 주요 산물, **주된 식사**, 철사 침, 꺾쇠 v. 스테이플러로 고정固定하다

> 연상의 그물망

참고 **stapler** [stéiplər] n. 스테이플러, 호치키스

chief [tʃi:f] a. 주요主要한, 최고(의 지위)의 n. 최고의 지위, 우두머리, 장長, 추장
chiefly [tʃí:fli] ad. 주로

mainly [méinli] ad. 주로
main [mein] n. 주主된

mostly [móustli] ad. 주로

diet [dáiət] n. 규정식, **식사**, 식단, 음식, **다이어트**
dietary [dáiətèri] a. 규정식規定食의 n. 규정식
dietary fiber 식이 섬유
dietitian [dàiətíʃən] n. 영양사營養士
menu [ménju:] n. 메뉴, 식단표

> 연상의 그물망

[다이어트 ▷ 살찐 거 시로 시로!]

참고 **fat** [fæt] a. **살찐**, 뚱뚱한, 두툼한 n. 지방脂肪, 기름
fat-free 무지방의

grease [gri:s] n. 기름, 지방

chubby [tʃʌ́bi] a. **통통한**, 토실토실한

plump [plʌmp] a. **통통한**, 포동포동한

stout [staut] a. **뚱뚱한**, 튼튼한

obesity [oubí:səti] n. **비만**肥滿
obese [oubí:s] a. 비대한, 비만인

overweight [òuvərwéit] n. **과체중** a. 과체중의, 중량 초과의
weight [weit] n. 무게, 추, 역기, 중요성, 영향력
weigh [wei] v. 무게가 나가다, 무게를 재다, 저울질하다
outweigh [àutwéi] v. …보다 중요하다, …**보다 무겁다**

heavy [hévi] a. 무거운
heavily [hévili] ad. 무겁게, 심하게

참고 **BMI** 비만도 지수, 체질량 지수 (body mass index)

calorie [kǽləri] n. 칼로리, 열량熱量
ounce [auns] n. 온스(≒28그램, 무게 단위)

shape [ʃeip] n. 모양, 형태, 체형, **몸매** v. 모양을 만들다, 형성하다
misshape [misʃéip] v. 기형奇形으로 만들다, 보기 흉하게 하다
misshapen [misʃéipən] a. 기형의, 보기 흉한

lunch [lʌntʃ] n. 점심點心
dinner [dínər] n. 정식, 정찬正餐, **저녁 식사**
dine [dain] v. 정찬을 들다, 식사를 하다
supper [sʌ́pər] n. **저녁 식사**, 야식

연상의 그물망
[간식 ▶ 예시例示로]
snack [snæk] n. 간식 v. 간식을 먹다
tea [ti:] n. 차茶
cake [keik] n. 케이크
crumb [krʌm] n. (케이크, 빵 등의) **부스러기**
crumble [krʌ́mbl] v. 바스러지다, 바스러뜨리다, **부스러기** 가루로 만들다
chocolate [tʃɔ́:kələt] n. 초콜릿
dessert [dizə́:rt] n. 디저트, 후식

banquet [bǽŋkwit] n. 연회宴會, 만찬, 축하연
참고 **feast** [fi:st] n. 축제祝祭, 연회, 잔치 v. 대접하다, 실컷 먹다, (안구를) 정화하다
cook [kuk] v. 요리料理하다 n. 요리사
cookery [kúkəri] n. **요리법**

연상의 그물망
참고 **chef** [ʃef] n. 주방장, 요리사
cuisine [kwizí:n] n. **요리법**, (비싼) 요리
recipe [résəpi] n. **요리법**, 조리법, 비법, 비결

culinary [kʌ́linəri] a. 요리의
gourmet [gúərmei] n. **미식가**美食家, 식도락가食道樂家 a. 미식가를 위한
gastronome [gǽstrənòum] n. **미식가**
epicure [épikjùər] n. **미식가**, 식도락가

fry [frai] v. (기름에) 튀기다, 굽다 n. 튀김, 프라이
frying pan 프라이팬
stir-fry v. (다진 고기를 재빨리) 볶다 n. 볶은 요리
grill [gril] n. 석쇠 v. 석쇠에 **굽다**
roast [roust] v. (오븐 등에) **굽다**
oven [ʌ́vən] n. 오븐

vinegar [vínəgər] n. 식초食醋

dish [diʃ] n. 접시, 음식, 요리
참고 **plate** [pleit] n. 접시, 판
tray [trei] n. 쟁반
meat [mi:t] n. **고기**
bushmeat 야생 동물 고기
bush [buʃ] n. 덤불, 관목灌木
shrub [ʃrʌb] n. 관목

연상의 그물망
참고 **beef** [bi:f] n. 소고기, 쇠고기
broth [brɔ:θ] n. 고깃국, 묽은 수프
kebab [kəbáb] n. 꼬챙이에 채소와 고기를 꿰어 구운 요리
paella [pɑ:éijə] n. 파에야(스페인 요리의 하나)
sausage [sɔ́:sidʒ] n. 소시지
steak [steik] n. (쇠고기) 스테이크
stew [stju:] n. 스튜 v. 안달하다

spice [spais] n. **양념**, 향신료香辛料 v. 양념을 넣다, 향신료를 곁들이다

spicy [spáisi] a. 양념 맛이 강한, 매운, 매콤한

참고 cinnamon [sínəmən] n. 계피

gravy [gréivi] n. (육즙을 이용해 만든) 소스, 육즙·밀가루·우유로 만든 소스

mustard [mʌ́stərd] n. 겨자, 겨자색

pepper [pépər] n. 후추, 고추 v. 후추를 치다

condiment [kάndəmənt] n. 양념, 향신료, 조미료, 소스

seasoning [síːzəniŋ] n. 양념, 조미료
season [síːzn] n. 계절季節, 시즌 v. 양념하다

sauce [sɔːs] n. 소스

chicken [tʃíkən] n. 닭, 닭고기, 치킨
chick [tʃik] n. 병아리

참고 hen [hen] n. 암탉

cock [kɑk] n. 수탉

crow [krou] n. 까마귀, 수탉의 울음소리

poultry [póultri] n. 가금류家禽類 (닭·오리·거위 등)

pig [pig] n. 돼지
pork [pɔːrk] n. 돼지고기
bacon [béikən] n. 베이컨

참고 cloven-hoofed [klóuvn huft] a. 발굽이 갈라진

feed [fiːd] v. feed-fed-fed 먹이다, 먹을 것을 주다, 먹다 n. 먹이
feedback [fíːdbæk] n. 피드백
overfeed [òuvərfíːd] v. overfeed-overfed-overfed 지나치게 많이 먹이다
underfeed [ʌ̀ndərfíːd] v. underfeed-underfed-underfed 지나치게 적게 먹이다

[식사 ▶ 장소]

참고 buffet [bəféi] n. 뷔페

cafeteria [kæfətíəriə] n. 식당

terrace [térəs] n. 테라스

table [téibl] n. 테이블, 탁자, 표, 목록
table of contents (책 등의) 목차, 차례

참고 catalog [kǽtəlɔ̀ːg] n. 카탈로그, 도서 목록, 상품 목록

inventory [ínvəntɔ̀ːri] 목록, 재고품

list [list] n. 목록目錄, 리스트 v. 목록을 작성하다
enlist [inlíst] v. 입대入隊하다, 요청하다

chart [tʃɑːrt] n. 차트, 도표圖表, 인기 음반 순위표 v. 도표화하다, 지도화하다

uncharted waters 미개척未開拓 영역

eat [iːt] v. eat-ate-eaten 먹다
eating utensil 식기 도구
overeat [òuvəríːt] v. overeat-overate-overeaten 과식하다

참고 edible [édəbl] a. 먹을 수 있는, 식용의
inedible [inédəbl] a. 먹을 수 없는

intake [íntik] n. 섭취攝取, 흡입, 흡입구吸入口
참고 ingest [indʒést] v. 섭취하다

suck [sʌk] v. 빨아들이다, 빨다, 빨아 먹다

chew [tʃuː] v. 씹다 n. 씹기
chewing gum 껌

참고 gnaw [nɔː] v. gnaw-gnawed-gnawed/gnawn 물어뜯다, 갉아먹다

| 연상의 불꽃 | 유대 紐帶

사랑으로 맺어진 관계는 더욱더 **유대(紐帶)**가 돈독(敦篤)해진다. 『어린 왕자』(The Little Prince)에 나온 말과 같이 서로가 서로를 (단단히 **묶으며**) 길들인다. 피가 섞이는 **따끈따끈한** 끈끈함이다. 사랑하며 끈끈해지고, **그 역(逆)도 마찬가지**다.

유대 紐帶

bond [band] n. 끈, 띠, 채권債券, 유대紐帶, 결속結束
bondage [bándidʒ] n. 속박束縛

참고 **combine** [kəmbáin] v. 결합하다, 겸비하다 n. [kómbain] 연합체, 콤바인(농기계)
combination [kàmbənéiʃən] n. 결합結合, 조합組合

연상의 그물망

union [júːnjən] n. 연합, 조합, 결합, (the Union) 학생 회관
reunion [riːjúːniən] n. 재회再會, (친목) 모임, 동창회同窓會

unite [juːnáit] v. 연합하다, 결합하다, 통합하다
united [juːnáitid] a. 연합된, 단결된
unity [júːnəti] n. 통일, 통일성, 통일체

unify [júːnəfài] v. 통합하다, 통일하다
unification [jùːnəfikéiʃən] n. 통합, 통일
reunification [riːjùːnəfəkéiʃən] n. 재통합, 재통일

unit [júːnit] n. 구성단위構成單位, 단위

참고 **modular** [mádʒulər] a. 모듈식의(여러 개의 개별 단위로 되어 있는)

item [áitəm] n. 아이템, 물품物品, 품목品目, 항목項目

cohesive [kouhíːsiv] a. 점착성粘着性의, 응집력이 있는
cohesion [kouhíːʒən] n. 결속, 결합, 응집력
incoherent [ìnkouhíərənt] a. 일관되지 않은
cohere [kouhíər] v. 결합하다, 응집凝集하다, 논리정연論理井然하다
coherent [kouhíərənt] a. 시종일관始終一貫한, 논리적인

연상의 그물망

conflate [kənfléit] v. 융합融合하다
fuse [fjuːz] v. 녹이다, 융합하다 n. 퓨즈, 도화선, 기폭장치
fusion [fjúːʒən] n. 융합, 핵융합

merge [məːrdʒ] v. 합병合併하다
merger [məːrdʒər] n. 합병
참고 **annexation** [ænikséiʃən] n. (무력으로 영토를) 병합, 합병

묶으며

tie [tai] v. 매다, 묶다, 동점이 되다 n. 유대紐帶, 구속拘束, 동점
untie [ʌntái] v. 끄르다, 풀다

gird [gəːrd] v. gird-girt/girded-girt/girded 둘러싸다, 묶다

bind [baind] v. bind-bound-bound 묶다, 구속拘束하다
rebind [riːbáind] v. rebind-rebound-rebound 다시 묶다
unbind [ʌnbáind] v. unbind-unbound-unbound 끄르다, 풀다, 석방釋放하다

[묶으면 ▶ 꽉 조여]

참고 **tight** [tait] a. 꽉 끼는, 꽉 조이는, 빡빡한, 팽팽한
tightly [táitli] ad. 꽉, 단단히
tighten [táitn] v. 꽉 조이다, 팽팽하게 하다

연상의 그물망

[조이는 ⇔ 느슨한]

loose [luːs] a. **느슨한**, 풀린 v. 풀다
loosen [lúːsn] v. 느슨하게 하다
참고 **lax** [læks] a. 태만怠慢한, 해이解弛한, **느슨한**

floppy [flápi] a. **헐렁한**, 유연한
flop [flɑp] v. 털썩 주저앉다, 벌렁 드러눕다, **헐렁하게** 매달리다 n. 털썩(쿵) 소리, 실패작

[묶다 ⇔ 끄르다]

unleash [ʌnlíːʃ] v. 묶었던 가죽끈을 **끄르다**, 구속拘束을 풀다, 촉발하다, 야기하다
leash [liːʃ] n. 가죽끈, **구속** v. 가죽끈으로 **묶다**, 구속하다

handcuff [hǽndkʌf] n. **수갑**手匣 v. 수갑을 채우다
cuff [kʌf] n. 윗옷의 소매, (cuffs) 수갑
uncuff [ʌnkʌf] v. 수갑을 풀다

[묶다 ⇨ 꿰다]

sew [sou] v. sew-sewed-sewn/sewed 바느질하다, **꿰매다**, 깁다
sewing machine 재봉틀

sewer¹ [sóuər] n. 바느질하는 사람, 재봉사裁縫師, 꿰매는 기계

참고 **sewer**² [súːər] n. 하수구下水溝
sewer system 하수 처리 시스템
sewage [súːridʒ] n. 오물汚物, 하수

연상의 그물망

[바느질 ⇨ 바늘 + 실]

needle [níːdl] n. 바늘, 침
thread [θred] n. **실** v. (실을) 꿰다
참고 **stitch** [stitʃ] n. 바늘땀 v. 꿰매다

string [striŋ] n. **끈**, 줄 v. string-strung-strung 끈을 꿰다, 줄을 매다
lint [lint] n. 실밥, 실보무라지
fiber [fáibər] n. 섬유
loom [luːm] n. 직조기, 베틀 v. 어렴풋이 나타나다
looming [lúːmiŋ] a. 어렴풋이 나타나는

cord [kɔːrd] n. 줄, **끈**, (전기) 코드
umbilical cord [ʌmbílikəl kɔːrd] n. 탯줄
참고 **discord** [dískɔːrd] n. 불화, 불일치, 불협화음

band [bænd] n. (음악) 밴드, 띠, **끈**, 무리, 주파수대
band shell (뒤쪽이 반원형인) 음악당
bandage [bǽndidʒ] n. 붕대 v. 붕대를 감다
bandwidth [bǽndwidθ] n. (주파수의) 대역폭
참고 **belt** [belt] n. 벨트, 허리띠, 띠

sash [sæʃ] n. 띠, **끈**

길들인다

tame [teim] a. 길들여진, 유순한 v. 길들이다

domesticate [dəméstikèit] v.길들이다
domestic [dəméstik] a. 가정家庭의, **국내의**, 길들여진

연상의 그물망

[국내 ⇔ 외국]

참고 **foreign** [fɔ́ːrən] a. **외국의**, 이질적異質的인
foreigner [fɔ́ːrənər] n. 외국인, 이방인

exotic [igzάtik] a. 이국적인, 외국(산)의

xenophobia [zènəfóubiə] n. 외국인 공포증恐怖症, 외국인 혐오증嫌惡症
xenophobic [znəfábik] a. 외국인 공포증의, 외국인 혐오증의

alien [éiliən] n. **외국인**, 외계인 a. 외국의, 외계의, **이**

질적인
alienate [éiljənèit] v. 소외시키다, 양도하다
alienation [èiljənéiʃən] n. 소외, 양도
inalienable [inéiljənəbl] a. 양도할 수 없는

참고 heterogeneous [hètərədʒíːniəs] a. 이질적인
heterogeneity [hètəroudʒəníːəti] n. 이질성異質性
homogeneous [hòuməʤíːniəs] a. 동종의, 동질의, 동질적인
homogeneity [hòuməʤəníːəti] n. 동질성同質性

abroad [əbrɔ́ːd] ad. 해외에, 해외로
overseas [òuvərsíːz] a. 해외의 ad. 해외로
참고 diaspora [daiǽspərə] n. 디아스포라(이주하여 해외에 사는 사람들 또는 그 집단)
exodus [éksədəs] n. (대규모) 출국, 탈출
expatriate [ekspéitriət] n. 국외 거주자

[외국 ➡ 예시例示로]

Europe [júərəp] n. 유럽
European [jùərəpíən] a. 유럽의 n. 유럽인
참고 Nordic [nɔ́ːrdik] a. 북유럽 사람의 n. 북유럽 사람
Asia [éiʒə] n. 아시아
Asia Minor 소아시아
Asian [éiʒən] a. 아시아의 n. 아시아인
western [wéstərn] a. 서쪽의, (Western) 서양西洋의 n. 서부 영화
west [west] n. 서쪽
occidental [àksədéntl] a. 서양의, 서양인의 n. 서양인, 서양 사람
참고 eastern [íːstərn] a. 동쪽의, east [iːst] n. 동쪽
southern [sʌ́ðərn] a. 남쪽의, south [sauθ] n. 남쪽
northern [nɔ́ːrðərn] a. 북쪽의, north [nɔːrθ] n. 북쪽

train [trein] n. 기차, 열차 v. 훈련訓練하다, 길들이다

연상의 그물망
참고 drill [dril] n. 드릴, (반복) 훈련 v. (드릴로) 뚫다, (반복적으로) 훈련시키다
platform [plǽtfɔːrm] n. (기차역의) 승강장, 플랫폼, 연단, 강단
podium [póudiəm] n. 연단, 지휘대
rail [reil] n. (철도의) 레일, 철도, 난간
railroad [réilròud] n. 철도, 선로
derail [diːréil] v. 탈선하다, 탈선시키다, 벗어나게 하다

피

bleed [bliːd] v. bleed-bled-bled 피를 흘리다, 출혈하다
blood [blʌd] n. 피, 혈액(血液), 혈통
blood vessel 혈관
blood clot 혈액 응고물, 혈전
blood level 혈류 속의 콜레스테롤, 알코올 등의 농도
blood plasma 혈장
bloody [blʌ́di] a. 피의, 유혈의, 잔혹한
bloody tissue 혈액 조직

연상의 그물망
참고 clot [klat] n. (피의) 엉긴 덩어리
hemolymph [híːməlìmf] n. 혈림프
plasma [plǽzmə] n. 혈장
transfusion [trænsfjúːʒən] n. 수혈, (자금의) 투입

참고 vein [vein] n. 정맥靜脈, 잎맥, 광맥
artery [áːrtəri] n. 동맥動脈

따끈따끈한

warm [wɔːrm] a. **따뜻한** v. 따뜻하게 하다, 따뜻해지다
warm-hearted [wɔ́ːrmháːrtid] a. 마음이 따뜻한, 인정 많은
lukewarm [lùːkwɔ́ːrm] a. 미지근한, 미온적인

mild [maild] a. **온화한**, 가벼운
cold [kould] a. **추운**, 차가운 n. 추위, **감기** 感氣

연상의 그물망

참고 **influenza** [influénzə] n. 유행성 감기, 독감
flu [fluː] n. 유행성 감기, 독감
cough [kɔːf] v. 기침하다 n. **기침**
참고 **sneeze** [sniːz] v. 재채기하다 n. **재채기**
sneezy [sníːzi] a. 재채기가 나는

runny [rʌ́ni] a. **콧물**이 나는
run [rʌn] v. run-ran-run **달리다**, 운영運營하다
outrun [autrʌ́n] v. outrun-outran-outrun …보다 빨리 달리다, 넘다(웃돌다), 앞지르다
overrun [òuvərʌ́n] v. overrun-overran-overrun 들끓다, (시간, 비용 등을) 초과超過하다
참고 **jog** [dʒɔg] v. 조깅하다, 살짝 밀다 n. 조깅
jogging path 조깅 코스

marathon [mǽrəθàn] n. 마라톤

chill [tʃil] n. 냉기 v. **쌀쌀**해지다, 오싹하게 하다
chilly [tʃíli] a. 쌀쌀한, 냉랭冷冷한, **냉담**冷淡한
frigid [frídʒid] a. **몹시 추운**, 냉랭한, **냉담**한, 불감증 不感症의
aloof [əlúːf] ad. 떨어져 a. **냉담**한

[차가운 ▶ 예시例示로]

참고 **ice** [ais] n. 얼음
break the ice 서먹서먹한 분위기를 없애다
iceberg [áisbəːrg] n. 빙산氷山

tip of the iceberg 빙산의 일각一角
icy [áisi] a. 얼음의, 얼음 같은
frost [frɔst] n. 서리, 성에 v. 서리가 내리다
glacier [gléiʃər] n. 빙하氷河
glacial [gléiʃəl] a. 빙하의

freeze [friːz] v. freeze-froze-frozen 얼다, 얼리다, 동결凍結하다 n. 동결
freezer [fríːzər] n. 냉동실, 냉동고
freezing [fríːziŋ] a. 꽁꽁 얼리는, 혹한의
antifreeze [ǽntifriːz] n. 부동액
frozen food 냉동식품

refrigerator [rifrídʒərèitər] n. 냉장고, 냉동 장치
refrigerant [rifrídʒərənt] a. 냉각하는, 냉동하는 n. 냉각제, 해열제

그 역逆도 마찬가지

vice versa [váisə vɔ́ːrsə] ad. 역逆도 또한 그렇게, **반대**도 역시 마찬가지로

opposite [ápəzit] a. 맞은편의, **정반대**의 prep. …의 맞은편에, …의 상대역으로 n. 정반대, 반의어
참고 **against** [əgénst] prep. …에 반대하여, 불리한, 대비對備하여, 기대어, …을 배경으로

reverse [rivə́ːrs] v. 뒤집다, **반전**反轉시키다 n. 역逆, **반대** a. 반대의
reversal [rivə́ːrsəl] n. 반전, 역전逆轉, 좌절

contrary [kántreri] a. **반대**의, 정반대의, 불리한 n. 정반대

연상의 그물망

참고 **invert** [invə́ːrt] v. 뒤집다, 거꾸로 하다, 도치倒置시키다
inverted [invə́ːrtid] a. 거꾸로 된, **반전**된, 성도착性倒錯의
inverse [invə́ːrs] a. 역의, **반대**의 n. 역, 반대

inversion [invə́ːrʒən] **도치**, 전도顚倒
참고 **porcupine** [pɔ́ːrkjupàin] **n.** 호저, 고슴**도치** (feat. 물론 쪼끔 다른 '도치'겠지만서두 무어 우쨌든~! ♬♪)

situation | 스쳐지나가

이와 **대조적(對照的)**으로 아주 짧은 만남에 불과한 사랑도 그 양이 상당하다. **즉각적(卽刻的)**인 관계, **일시적(一時的)**으로 타인(他人)들끼리 하룻밤 스쳐**지나가는** 만남들이다. 경우에 따라서는 (영화에서 어쩌다 나오듯이) 남은 평생 동안 **기억(記憶)**될 소중한 추억(追憶)이 될 수도 있겠지만, **정신적(精神的)** 결속(結束)이 없는 육체적(肉體的) 관계는 그 끝이 **무의미(無意味)**하고 **후회(後悔)**만 남고 **공허(空虛)**할 가능성(可能性)이 농후(濃厚)하다. 섹스 자체가 **목적(目的)**이 되는 측면도 없진 않지만, 오로지 섹스만이 목적인 관계가 오래 **지속(持續)**될 리는 없다. (말이 좀 낯설게 들릴 수도 있지만) 섹스를 도구로 사람 그 자체를 목적으로 한 관계가 더 오래 지속될 수 있다.

대조적對照的

contrast [kəntræst] **v.** 대조對照하다 **n.** [kɑ́ːntræst] 대조
whereas [wɛəræz] **conj.** (…에) 반하여, 반면에

즉각적卽刻的

instant [ínstənt] **a.** 인스턴트의, **즉각적**卽刻的인 **n. 순간**
instantly [ínstəntli] **ad.** 즉각, 즉시

moment [móumənt] **n. 순간**, 잠깐
momentary [móuməntèri] **a.** 순간적瞬間的인, 순간의, 잠깐의
momentous [mouméntəs] **a.** 중대重大한
momentum [mouméntəm] **n.** 여세餘勢, 힘

immediately [imíːdiətli] **ad. 즉시**卽時, 바로
immediate [imíːdiət] **a.** 즉시의, 바로 가까이의
immediacy [imíːdiəsi] **n.** 즉시성, 직접성

prompt [prɑːmpt] **a. 신속**한, **즉각적**인 **v.** 촉구하다, 자극하다 **n.** (컴퓨터) 프롬프트
promptly [prɑ́mptli] **ad.** 신속히, 즉시

연상의 그물망
참고 **quick** [kwik] **a.** 빠른, **신속**迅速한 **ad.** 빨리 **n.** (손톱 밑의) 속살, 생살
quickly [kwíkli] **ad.** 빨리
quickness [kwíknis] **n.** 빠름

nimble [nímbl] **a.** 동작이 날렵한, 민첩敏捷한

swift [swift] **a.** 빠른, **신속**한 **n.** 칼새
swiftly [swíftli] **ad.** 빨리, 신속히

일시적一時的

transient [trǽnʃənt] **a.** 일시적인, 순간적인

temporary [témpərèri] **a.** 일시적一時的인, 임시臨時의
temporarily [tèmpərérəli] **ad.** 일시적으로, 임시로

지나가는

pass [pæs] **v.** 통과하다, 지나가다, 넘기다, 건네주다, 합격시키다 **n.** 통과, 통행증, 합격

passerby [pǽsərbái] n. 통행인
passport [pǽspɔːrt] n. 여권旅券

기억記憶

recall [rikɔ́ːl] v. **기억**해내다, 소환하다, (불량품을) 회수하다 n. 기억, 소환, 회수, 리콜
call [kɔːl] v. **부르다**, 전화하다 n. 전화, 요구
calling [kɔ́ːliŋ] n. 소집, 소명召命, 천직天職, 직업

> 연상의 그물망
> 참고 **beckon** [békən] v. 손짓하다, 손짓하여 **부르다**

recollect [rèkəlékt] v. **기억**해내다, 회상回想하다
recollection [rèkəlékʃən] n. 기억, 기억력, 회상

> 연상의 그물망
> **collect** [kəlékt] v. 모으다, 수집蒐集하다, 모이다
> **collection** [kəlékʃən] n. 수집, 모금募金, 수집품, 컬렉션
> **collective** [kəléktiv] n. 집단적인
> **collectively** [kəléktivli] ad. 집단적으로
> **collectivism** [kəléktəvìzm] n. 집산주의集産主義
> **collectivize** [kəléktəvàiz] v. 집산화하다

refresh [rifréʃ] v. 기운이 나게 하다, **기억**나게 하다
refreshment [rifréʃmənt] n. 다과, 가벼운 식사, 원기 회복

> 연상의 그물망
> **fresh** [freʃ] a. 신선新鮮한, 산뜻한
> **freshman** [fréʃmən] n. 신입생, 1학년
> **afresh** [əfréʃ] ad. 새로이, 새롭게 다시

memory [méməri] n. **기억**記憶
memorable [mémərəbl] a. 기억할 만한
memorize [méməràiz] v. 기억하다, 암기하다
참고 **mnemonic** [niːmɑ́nik] a. 기억을 도와주는 n. 연상 기호, 기억술
method of loci [lóusai] 장소를 활용한 기억법

retention [riténʃən] n. 보유, **기억** 보유력, 기억
remember [rimémbər] v. **기억**記憶하다
remembrance [rimémbrəns] n. 기억, 기념記念

retrospect [rétrəspèkt] n. 회상回想, 회고回顧, 소급력遡及力
참고 **retroactively** [rètrouǽktivli] ad. 시간을 거슬러, 소급적으로

정신적精神的

mental [méntl] a. **정신**의
mentally [méntəli] ad. 정신적으로
mentality [mentǽləti] n. 사고방식, 정신, 심리

spirit [spírit] n. 영혼靈魂, **정신**精神, (spirits) 독한 술
spiritual [spírituəl] a. 영혼의, 정신의

soul [soul] n. 영혼, **정신**, 마음
참고 **sublime** [səbláim] a. 숭고崇高한

무의미無意味

meaning [míːniŋ] n. 의미
meaningful [míːniŋfəl] a. 의미 있는
meaningless [míːniŋlis] a. 의미 없는
mean [miːn] v. mean-meant-meant **의미**意味하다, 의도하다 a. 비열한, 비천한, 인색한, 중간의, 평균의 n. 중간, 평균
means [miːnz] n. 수단, 재산
meantime [míːntàim] n. 그동안
meanwhile [míːnwàil] ad. 그동안에, 한편

significant [signífikənt] a. 중요한, 상당한, **의미심장**意味深長한
significantly [signífikəntli] ad. 중요하게, 상당하게, 의

미심장하게
significance [signífikəns] n. 중요성, 의미, 의의
signify [sígnəfài] v. 나타내다, 의미하다, 중요하다
insignificant [ìnsignífikənt] a. 중요하지 않은, 사소한, 하찮은, 무의미한
insignificance [ìnsignífikəns] n. 사소함, 하찮음, 무의미
denotation [dì:noutéiʃən] n. 지시, 명시적 의미, 외연外延
denote [dinóut] v. 지시하다, (징후를) 나타내다
connotation [kànətéiʃən] n. 함축含蓄, 내포內包
connote [kənóut] v. 함축하다

> 연상의 그물망

참고 **indicate** [índikèit] v. 가리키다, 나타내다, 암시하다
indication [ìndikéiʃən] n. 표시, 조짐兆朕, 암시

import [impɔ́:rt] v. 수입하다, 내포內包하다 n. [ímpɔ:rt] 수입, 의미
export [ikspɔ́:rt] v. 수출輸出하다 n. [ékspɔ:rt] 수출
port [pɔ:rt] n. 항구

> 연상의 그물망

참고 **embargo** [imbá:rgou] n. 수출 금지
contraband [kántrəbænd] n. 밀수품密輸品
smuggle [smʌ́gl] v. 밀수하다

semantics [simǽntiks] n. (언어학의 일종인) 의미론
semantically [simǽntikəli] ad. 의미적으로

후회後悔

regret [rigrét] v. 후회後悔하다, 유감遺憾스럽게 여기다 n. 후회, 유감
regretful [rigrétfəl] a. 후회하는, 유감스러워 하는
regrettable [rigrétəbl] a. 유감스러운
repent [ripént] v. 뉘우치다, 후회後悔하다, 회개悔改하다

공허空虛

vanity [vǽnəti] n. 허영심虛榮心, 자만심自慢心, 헛됨, 공허空虛
vacuous [vǽkjuəs] a. 공허한, 얼빠진
void [vɔid] a. 빈, 공허한, 무효無效의 n. 빈 공간, 공허함 v. 무효화하다

> 연상의 그물망

참고 **undo** [ʌndú] v. undo-undid-undone 원상태로 돌리다, 무효로 하다, 취소하다, 망치다, 풀다, 끄르다
undoing [ʌndúiŋ] n. 원상태로 돌리기, 취소, 망친 원인, 끄르기
vain [vein] a. 헛된, 헛수고의, 허영심虛榮心이나 자만심自慢心이 강한
vainly [véinli] ad. 헛되이, 뽐내며
futile [fjú:tl] a. 헛된, 효과 없는

empty [émpti] a. 빈, 비어 있는 v. 비우다
참고 **hollow** [hálou] a. 속이 빈, 움푹 들어간 n. 움푹 들어간 구멍

vacant [véikənt] a. 비어 있는
vacancy [véikənsi] n. 비어 있는 자리, 멍함, 얼빠짐

목적目的

purpose [pə́:rpəs] n. 목적目的
object [ɔ́bdʒikt] n. 물건, 대상, 목적, 목적어 v. [əbdʒékt] (to ~ing) 반대하다
objection [əbdʒékʃən] n. 반대, 이의
objectionable [əbdʒékʃənəbl] a. 반대할 만한, 못마땅한
참고 **destination** [dèstənéiʃən] n. 목적지目的地

지속持續

last [læst] a. 마지막의, 최후의, 지난 v. 지속持續하다, 계속繼續하다
outlast [àutlíst] v. …보다 오래 지속되다, …보다 오래 계속하다

persist [pərsíst] v. 지속하다, 고집固執하다
persistence [pərsístəns] n. 지속, 고집
persistent [pərsístənt] a. 지속하는, 고집하는
persistently [pərsístəntli] ad. 지속적으로, 고집스럽게

연상의 그물망
insist [insíst] v. 주장主張하다, 고집固執하다, 우기다
insistent [insístənt] a. 주장하는, 고집하는, 우기는
insistence [insístəns] n. 주장, 고집

endure [indjúər] v. 견디다, 참다, 인내하다, 지속하다
endurable [indjúərəbl] a. 견딜 수 있는
endurance [indjúərəns] n. 인내忍耐, 참을성
duration [djuréiʃən] n. 지속, 지속 기간
durable [djúərəbl] a. 내구성耐久性이 있는, 내구력이 있는, 오래 가는
durability [djúərəbíləti] n. 내구성, 내구력
during [djúəriŋ] prep. … 동안, … 내내

연상의 그물망
참고 **bear** [bɛər] v. bear-bore-born/borne 지니다, 견디다, 낳다 n. 곰
inborn [inbɔ́ːrn] a. 타고난, 선천적先天的인

persevere [pə̀ːrsəvíər] v. 인내忍耐하다, 견뎌내다
perseverance [pə̀ːrsəvíərəns] n. 인내심, 참을성
perseverant [pə̀ːrsəvíərənt] a. 인내심이 강한

patient [péiʃənt] a. 인내심忍耐心이 있는 n. 환자患者
patience [péiʃəns] n. 인내심
impatient [impéiʃənt] a. 인내심이 없는, 조급한
impatience [impéiʃəns] n. 조급躁急함, 조바심
참고 **gurney** [gə́ːrni] n. 환자 수송용 들것

leper [lépər] n. 나병癩病 환자, 문둥병자

sustain [səstéin] v. 지속持續하다, 지탱支撑하다
sustainable [səstéinəbl] a. 지속 가능한
sustainability [səstèinəbíləti] n. 지속 가능성
sustained [səstéind] a. 지속된, 지속적인
sustenance [sʌ́stənəns] n. 지속, 음식물, 자양물滋養物

섹스의 전통傳統은 규범規範이 된다

sex + tradition = norm

전통傳統

tradition [trədíʃən] n. 전통傳統
traditional [trədíʃənl] a. 전통의, 전통적인

참고 **conventional** [kənvénʃənl] 인습적因襲的인, 관습적인
convention [kənvénʃən] n. 관습, 인습, 협의회, 협약, 협정

연상의 그물망
folk [fouk] n. 사람들 a. 민속民俗의
folklore [fóuklɔːr] n. 민속
lore [lɔːr] n. (민간에서 전승되는) 지식
folktale [fóuktèil] n. 민간 설화

native [néitiv] a. 태어난, 토착土着의, 원주민原住民의 n. 토착민

참고 **aboriginal** [æbərídʒənl] a. 원래의, 원주민의, (Aboriginal) 호주 원주민의 n. (Aboriginal) 호주 원주민
aboriginally [æbərídʒənli] ad. 원시 상태로, 토착적으로
aboriginality [æbərìdʒənǽləti] n. 토착성

indigenous [indídʒənəs] 토착土着의, 고유한
indigene [índidʒìːn] n. 토착민, 토착종, 원산종

tribe [traib] n. 부족部族, 종족種族
tribal [tráibl] a. 부족의, 종족의

참고 **pygmy** [pígmi] n. 피그미 족

규범規範

norm [nɔːrm] n. 규범, 기준
normal [nɔ́ːrməl] a. 정상적正常的인, 보통의
normally [nɔ́ːrməli] ad. 정상적으로, 보통

참고 **base** [beis] n. **기초**基礎, 기반基盤, 기점, 기지 a. 천한, 비열한, 야비한
base material 원재료, 원료
basement [béismənt] n. 지하, 지하층, 지하실
baseball [béisbɔ̀ːl] n. **야구**, 야구공

bat [bæt] n. **야구** 방망이, 배트, 박쥐
at-bat 타석, 타수
batter [bǽtər] n. 타자, 반죽 v. 두드리다, 강타強打하다
참고 **racket** [rǽkit] n. (테니스 등의) 라켓

basis [béisis] n. **기초**, 기준, 근거
criterion [kraitíəriən] n. (pl. **criteria** [kraitíəriə]) 기준基準
found [faund] v. 세우다, **설립**設立하다, **기초**基礎하다
foundation [faundéiʃən] n. 설립, 기초, 토대, 재단財團
founded [fáundid] a. 설립된, 기초로 한
unfounded [ʌnfáundid] a. 근거根據가 없는, 사실무근 事實無根인

참고 **establish** [istǽbliʃ] v. **설립**하다, 확립하다
establishment [istǽbliʃmənt] n. 설립, 확립, 시설, 기관

issue! 규범規範

앞서 본 결혼은 사회 구성원이 마땅히 따라야 할 **본보기**, 즉 규범의 영역에 있다. 이 규범은 예로부터 지금까지 내려오는 바람직한 전통으로서 **제도화(制度化)**되어 남녀의 성행위를 공식적으로 인정한다. 그 제도는 바로 **일부일처제(一夫一妻制)**다. 한 남자와 한 여자가 만나 서로 **영원(永遠)**을 **약속(約束)**하는 제도이자 우리에게 **익숙**한 **문화(文化)**이고 **관습(慣習)**이다. 세상에 only you를 외치는 **노래** 가사들이 넘치고 넘치는 하나의 이유로도 볼 수 있다.

본보기

model [mάdl] n. 모형, 모범, 본보기, 모델
remodel [rimάdəl] v. 개조하다, 리모델링하다
참고 **dummy** [dʌ́mi] n. 인체 모형, 마네킹

제도화制度化

institution [ìnstətjúːʃən] n. 시행, 제도制度, 기관, 협회
institute [ínstətjùːt] v. 시행施行하다, **도입**導入하다 n. 기관機關, 협회協會, 연구소研究所, 이공계 대학

연상의 그물망
introduce [ìntrədjúːs] v. 소개紹介하다, **도입**導入하다

introduction [ìntrədʌ́kʃən] n. 소개, 도입, 서론序論, **서문**序文, 입문서入門書
introductory [ìntrədʌ́ktəri] a. 소개의, 서론의, 서문의, 입문의
참고 **prologue** [próulɔːg] n. 프롤로그, **머리말**
epilogue [épəlɔːg] n. 에필로그, 끝맺음 말

일부일처제一夫一妻制

monogamy [mənάgəmi] n. 일부일처제一夫一妻制, 일부일처혼
참고 **polygamy** [pəlígəmi] n. (주로) 일부다처제, (드물게) 일처다부제

영원 永遠

endless [éndlis] a. 끝없는
never-ending [névəréndiŋ] a. 끝나지 않는, 끝없는
end [end] n. 끝, 목적 v. 끝내다, 끝나다
참고 **finish** [fíniʃ] v. 끝내다, 끝나다 n. 끝, 마무리

everlasting [èvərlǽstiŋ] a. 영원 永遠한, 끊임없는
eternal [itə́ːrnəl] a. 영원한, 끝없는
perennial [pəréniəl] a. 영원한, 다년생의 n. 다년생 식물

연상의 그물망

참고 **biannual** [baiǽnjuəl] a. 1년에 두 번의
biennial [baiéniəl] a. 2년마다의, 격년의, 2년생의 n. 2년생 식물
semiannual [sèmiǽnjuəl] a. 반년마다의

triennial [traiéniəl] a. 3년마다의
triannual [traiǽnjuəl] a. 1년에 세 번의

annual [ǽnjuəl] a. 1년의, 1년생의, 연간의, 연례의, 해마다의 n. 1년생 식물
annual ring 나이테
annually [ǽnjuəli] ad. 해마다, 1년에 한 번씩

permanent [pə́ːrmənənt] a. 영구적 永久的인, 영속 永續하는
permanent wave 파마
permanently [pə́ːrmənəntli] ad. 영구적으로, 영원히
permanence [pə́ːrmənəns] n. 영구성, 영속성

perpetual [pərpétʃuəl] a. 영속적인, 끊임없는
perpetually [pərpétʃuəli] ad. 영속적으로, 끊임없이
perpetuate [pərpétʃueit] v. 영속시키다, 영구화하다
perpetuity [pə̀ːrpətʃúːəti] n. 영속성

infinite [ínfənət] a. 무한 無限한 n. 무한
infinity [infínəti] n. 무한, 무한대
infinitive [infínətiv] n. 부정사 不定詞
finite [fáinait] a. 유한 有限한, 제한된

참고 **eon** [íːən] n. 무한히 긴 시대, 영겁 永劫

immortal [imɔ́ːrtl] a. 죽지 않는, 불멸 不滅의, 불후不朽의
immortality [ìmɔːrtǽləti] n. 불멸, 불후
mortal [mɔ́ːrtl] a. 반드시 죽는, 치명적 致命的인
mortality [mɔːrtǽləti] n. 반드시 죽음, 사망률

연상의 그물망

참고 **lethal** [líːθəl] a. 치명적인 n. 치사 유전자
lethally [líːθəli] ad. 치명적으로

fatal [féitl] a. 치명적인
fatality [feitǽləti] n. 치사율 致死率, 사망자(수)

약속 約束

promise [prɑ́mis] v. 약속 約束하다 n. 약속
참고 **oath** [ouθ] n. 맹세, 서약 誓約, 선서

pledge [pledʒ] n. 서약, 굳은 약속 v. 맹세하다

appoint [əpɔ́int] v. 임명 任命하다, 지명하다, (약속을) 정하다
appointment [əpɔ́intmənt] n. 임명, 약속

연상의 그물망

undertaking [ʌ̀ndərtéikiŋ] n. 떠맡은 일, 보증, 약속
undertake [ʌ̀ndərtéik] v. undertake-undertook-undertaken 떠맡다, 착수 着手하다, 보증하다

warrant [wɔ́ːrənt] n. 영장令狀, 보증, 보증서, (정당성의) 근거, 이유 v. 정당성을 인정하다, 보증하다, 보장하다
warranty [wɔ́ːrənti] n. 품질 보증서
unwarranted [ʌnwɔ́ːrəntid] a. 보증되지 않은, 부당한
unwarrantedly [ʌnwɔ́ːrəntidli] a. 보증되지 않고, 부당하게
참고 **guarantee** [gærəntíː] v. 보증하다, 보장하다 n. 보증, 보장, 담보
guaranteed 보장된

[약속 ➡ 시간 지켜!]

punctual [pʌ́ŋktʃuəl] a. 시간을 엄수嚴守하는, 시간을 지키는
punctuality [pʌ̀ŋktʃuǽləti] n. 시간 엄수

익숙

used [juːst] v. (to) …하곤 했다 a. 익숙한, [juːzd] 중고中古의

accustom [əkʌ́stəm] v. 익숙하게 하다
accustomed [əkʌ́stəmd] a. 익숙한

문화文化

culture [kʌ́ltʃər] n. 문화文化, 재배栽培, (세균 등의) 배양균培養菌 v. 배양하다
cultural [kʌ́ltʃərəl] a. 문화의
multicultural [mʌ̀ltikʌ́ltʃərəl] a. 다문화의
intercultural [ìntərkʌ́ltʃərəl] a. 문화 간의
cultured [kʌ́ltʃərd] a. 교양 있는
culturology [kʌ̀ltʃərάlədʒi] n. 문화학
enculturate [inkʌ́ltʃərèit] v. 문화에 적응시키다, 문화화시키다

연상의 그물망

cultivate [kʌ́ltəvèit] v. 경작耕作하다, 재배하다
cultivated [kʌ́ltəvèitid] a. 경작된, 재배된, 교양 있는
cultivation [kʌ̀ltəvéiʃən] n. 경작, 재배
cultivator [kʌ́ltəvèitər] n. 경작자, 재배자
참고 monoculture [mάnəkʌ̀ltʃər] n. 단일 경작

till [til] conj. prep. …까지, …할 때까지 v. 갈다, 경작하다
until [əntíl] conj. prep. …까지, …할 때까지

[문화 ➡ 문명]

참고 civilization [sìvəlizéiʃən] n. 문명文明
civilian [sivíljən] n. 시민, 민간인 a. 민간인의
civilize [sívəlàiz] v. 문명으로 이끌다, 개화開化하다, 교화敎化하다
civilized [sívəlàizd] a. 문명화된, 개화된, 교화된
uncivilized [ʌnsívəlàizd] a. 미개未開한, 야만적野蠻的인

관습慣習

custom [kʌ́stəm] n. 관습慣習, 습관習慣
customs [kʌ́stəmz] n. 세관稅關, 관세關稅
customer [kʌ́stəmər] n. 고객, 손님, 단골
참고 client [kláiənt] n. 고객顧客, 손님, 의뢰인依賴人

노래

sing [siŋ] v. sing-sang-sung 노래하다
singer [síŋər] n. 가수歌手, 성악가
song [sɔːŋ] n. 노래, 가곡
songwriter [sɔ́ː(ː)ŋràitər] n. 작사가, 작곡가
outsing [àutsíŋ] v. outsing-outsang-outsung …보다 노래를 잘 부르다

연상의 그물망

참고 baritone [bǽrətòun] n. 바리톤 (테너와 베이스 사이) a. 바리톤의

bass [beis] n. 베이스, 저음, [bæs] 배스(농어의 일종) a. 베이스의, 저음의
bass riff 저음 반복 악절
tenor [ténər] n. 테너, 취지 a. 테너의
soprano [səprǽnou] n. 소프라노 a. 소프라노의
choir [kwaiər] n. 합창단合唱團, 성가대聖歌隊
참고 chorus [kɔ́ːrəs] n. 코러스, 합창단, 합창, 후렴後斂

연상의 불꽃 | 금지禁止

그 사회의 규범은 그 사회의 구성원에게 '그러지 마!'라고 **명령(命令)**한다. **엄격(嚴格)**한 **의지(意志)**로 **특정(特定)** 행위를 **금기(禁忌)**로 규정하고 **금지(禁止)**한다. **경계선(境界線)**을 긋는다. 규범과 일치(一致)하면 **이상적(理想的)** 행동으로 **승인(承認)**되지만, 규범에 어긋난 행동을 하면 사람들이 **비정상적(非正常的)**이라며 **이상(異常)**하게 **여길** 수 있다.

이 책 『사랑의 보카』의 원제(原題)는 『섹스 보카』(Sex Voca)였다. 그러나 '섹스'라는 말 자체가 금기어(禁忌語)가 되고 있는 우리 사회의 분위기 때문에 부득이(不得已)하게 제목(題目)을 바꿀 수밖에 없었음을 밝히는 바이다.

명령命令

command [kəmǽnd] v. **명령**하다, 지휘指揮하다 n. 명령, 지휘, 언어 구사력驅使力

commander [kəmǽndər] n. 지휘관, 사령관司令官

dictate [díkteit] v. 받아쓰게 하다, (이래라저래라) 지시하다 n. [díkteit] 지시, **명령**

dictation [dikṭéiʃən] n. 받아쓰기

dictator [díkteitər] n. **독재자**獨裁者

dictatorial [dìktətɔ́:riəl] a. 독재적인

연상의 그물망

autocracy [ɔːtɑ́krəsi] n. **독재** 정치

autocratic [ɔ̀ːtəkrǽtik] a. 독재적인

tyranny [tírəni] n. 폭정暴政, 전제, 압제, 독재

tyrannical [tirǽnikəl] a. 폭군의, **전제**專制적인

tyrant [táiərənt] n. 폭군, 폭군적인 사람

엄격嚴格

strict [strikt] a. **엄격**嚴格한, 엄한, 엄밀嚴密한

rigorous [rígərəs] a. **엄격**한, 혹독酷毒한

rigorously [rígərəsli] ad. 엄격히, 혹독하게

rigor [rígər] n. 엄함, 엄격함, 고됨

rigid [rídʒid] a. **엄격**嚴格한, 뻣뻣한

rigidly [rídʒidli] ad. 엄격하게, 뻣뻣하게

rigidify [ridʒídəfài] v. 굳게 하다

연상의 그물망

stiff [stif] a. **뻣뻣한**, 경직硬直된, 단단한

stiffen [stífən] v. 뻣뻣해지다, 뻣뻣하게 하다, 강화强化하다

stiffness [stífnis] n. 단단함, 뻣뻣함

stern [stəːrn] a. **엄격**한, 엄중한 n. (배의) 고물, 선미船尾

의지意志

will [wəl, wil] aux. (미래, 의지 등) …할 것이다 n. **의지**意志, 유언장遺言狀

ill will 악의, 적의

benevolent [bənévələnt] a. **선의**善意의, 자애로운, 자비로운

연상의 그물망

malevolent [məlévələnt] a. **악의**惡意 있는

malignant [məlígnənt] a. **악의**에 찬, 악성의

malice [mǽlis] n. **악의**, 적의

goodwill [gúdwil] n. 친선, **신의**善意, **호의**
good [gud] a. 좋은 n. 선, 이익
참고 **terrific** [tərífik] a. 아주 좋은, 엄청난, 굉장한

연상의 그물망

favor [féivər] n. **호의**好意, **부탁**, 친절 v. 호의를 베풀다, 편들다, 찬성贊成하다
favorable [féivərəbl] a. 호의적인, 유리한
favorite [féivərit] a. 아주 좋아하는 n. 아주 좋아하는 대상

request [rikwést] n. 요청要請, **부탁**付託 v. 요청하다, 부탁하다
참고 **entreaty** [intríːti] n. 간청懇請, 탄원歎願

[의지 ➡ 의도]

design [dizáin] v. 디자인하다, 설계設計하다 n. 디자인, 설계, **의도**
designed [dizáind] a. 설계된, 의도적인
designer [dizáinər] n. 디자이너, 설계자

intend [inténd] v. **의도**意圖하다
intent [intént] n. 의도 a. 열중熱中하는
intention [inténʃən] n. 의도, 고의故意, 개념槪念
intentional [inténʃənəl] a. 의도적인, 고의적인
intentionally [inténʃənəli] ad. 의도적으로, 고의로, 일부러
unintentional [ʌninténʃənəl] a. 의도하지 않은

특정特定

particular [pərtíkjulər] a. 특정特定한, 특별한, 까다로운, 상세詳細한 n. 상세한 사항
particularly [pərtíkjulərli] ad. 특히

금기禁忌

taboo [təbúː] n. 금기禁忌 a. 금기의

금지禁止

ban [bæn] v. 금지禁止하다 n. 금지

forbid [fərbíd] v. forbid-forbade/forbad-forbidden 금지禁止하다

prohibit [prouhíbit] v. 금지禁止하다
prohibition [pròuibíʃən] n. 금지

proscribe [prouskráib] v. 금지하다

경계선境界線

boundary [báundəri] n. **경계**, 경계선

bound [baund] a. 묶인, 구속된, …할 듯한, …를 행선지로 하는 v. bound-bounded-bounded **뛰다**, 되튀다, 껑충껑충 뛰다, 경계를 이루다 n. 경계
rebound [ribáund] v. 다시 **튀어**오르다, 반등하다 n. [ríːbaund] 되튐, 반등, 리바운드
bounce [bauns] v. **튀다**, 튕기다 n. 튐, 튀길심

border [bɔ́ːrdər] n. 국경, **경계** v. 접하다, 가장자리를 두르다
참고 **frontier** [frʌntíər] n. 국경, 한계

adjacent [ədʒéisnt] a. 인접隣接한
adjacency [ədʒéisnsi] n. 인접

연상의 그물망

[경계 ➡ 예시例示로]

fence [fens] n. 울타리 v. 울타리를 치다
참고 **hedge** [hedʒ] n. 산울타리, (금전 손실을 막는) 대비 v. 산울타리를 두르다
hedgerow [hédʒrou] n. 산울타리

이상적 理想的

ideal [aidí:əl] a. 이상적理想的인 n. 이상
idealism [aidí:əlìzm] n. 이상주의
idealist [aidí:əlist] n. 이상주의자
idealistic [aidì:əlístik] a. 이상주의의
idealize [aidí:əlàiz] v. 이상화하다

optimal [áptəməl] a. 최적最適의

승인 承認

accept [əksépt] v. 받아들이다, 인정하다, 승인하다
acceptance [əkséptəns] n. 받아들임, 승인
acceptable [əkséptəbl] a. 받아들일 수 있는
unacceptable [ʌnəkséptəbl] a. 받아들일 수 없는

approve [əprú:v] v. 승인承認하다, 찬성하다
approval [əprú:vəl] n. 승인, 찬성
disapproval [dìsəprú:vəl] n. 불승인, 불찬성
disapprove [dìsəprú:v] v. 승인하지 않다, 마음에 들지 않다

sanction [sǽŋkʃən] n. 제재, 인가, 승인 v. 제재하다, 승인하다

> 연상의 그물망

참고 **receive** [risí:v] v. 받다, 받아들이다
reception [risépʃən] n. 받아들임, 환영歡迎, 환영회
receptive [riséptiv] a. 받아들이는, 수용受容하는
receipt [risí:t] n. 영수증領收證, 수령受領
recipient [risípiənt] n. 수령인, 수취인

welcome [wélkəm] v. 환영歡迎하다 a. 환영받는 n. 환영 interj. 환영합니다

비정상적 非正常的

abnormal [æbnɔ́:rməl] a. 비정상적인
abnormality [æbnɔ:rmǽləti] n. 비정상, 이상

이상 異常

strange [streindʒ] a. 이상異常한, 낯선
stranger [stréindʒər] n. 낯선 사람

> 연상의 그물망

참고 **bizarre** [bizá:r] a. 기묘한, 기괴奇怪한, 매우 이상한
grotesque [groutésk] a. 기괴한 n. 기괴한 것
grotesquely [groutéskli] ad. 기괴하게, 우스꽝스럽게
eccentric [ikséntrik] a. 기이한, 별난 n. 괴짜
queer [kwiər] a. 괴상한
outlandish [autlǽndiʃ] a. 이상한, 기이한

insane [inséin] a. 정신 이상精神異常의, 미친, 실성失性한
insanity [insǽnəti] n. 정신 이상
sane [sein] a. 제정신의
참고 **lunatic** [lú:nətik] a. 미친, 정신 이상의 n. 미치광이, 정신 이상자

odd [ɑd] a. 이상異常한, 홀수의, 남짓의, 이따금의, 임시의
odd duck 미운 오리 새끼, 별난 사람

> 연상의 그물망

weird [wiərd] a. 기이奇異한, 기묘奇妙한, 기괴奇怪한
weirdo [wiərdou] n. 괴짜, 별난 사람

monster [mánstər] n. 괴물怪物
monstrous [mánstrəs] a. 괴물 같은, 무시무시한

여길

regard [rigá:rd] v. 주목注目하다, 간주看做하다, 여기다 n. 주목, 존경, (regards) 안부

regarding [rigá:rdiŋ] prep. …에 관하여

regardless [rigá:rdlis] a. (of) 상관相關하지 않는 ad. …에 상관없이

연상의 그물망

ascribe [əskráib] v. (~ to…) ~을 …에 속하는 것으로 생각하다, …로 돌리다

attribute [ətríbju:t] v. (~ to…) ~을 …의 탓으로 돌리다, ~을 …에 속한다고 여기다 n. [ǽtrəbjù:t] 속성屬性

attribution [ὰetrəbjú:ʃən] n. 귀속歸屬

tribute [tríbju:t] n. 찬사讚辭, 감사, 존경尊敬, 경의敬意, 공물貢物

참고 **impute** [impjú:t] v. 귀속시키다, 전가轉嫁하다

cherish [tʃériʃ] v. 소중히 하다, 소중히 여기다

배신背信의 성관계, 불륜不倫

sex + betray = affair

배신背信

betray [bitréi] v. 배신背信하다, 배반하다, 넘겨주다, 누설하다, 무심코 드러내다

betrayal [bitréiəl] n. 배신, 배반

참고 **traitor** [tréitər] n. 배신자

leak [líːk] v. 새다, 누설漏泄하다, 누출되다 n. 새는 곳, 누설, 누출

leaky [líːki] a. 새는, 비밀을 누설하는

불륜不倫

affair [əféər] n. 일, 문제, 사건, 불륜(不倫)

issue! | 신뢰信賴

사랑은 **믿음**을 **전제(前提)**로 한다. 그 믿음을 깨뜨리는 행위가 바로 배신(背信)이다. **배우자(配偶者)**가 아닌 자와 성관계를 맺으면 혼인 당사자 간에 **이혼(離婚)** 사유가 성립한다. 친생자(親生子)인지 여부를 **증명(證明)**하여 판가름하는 **진실(眞實)** 공방(攻防)도 생길 수 있다. 일편단심(一片丹心)을 약속(約束)한 사람과 하는 사랑은 찬미(讚美)되는 **미덕(美德)**이지만, 그러한 약속을 깨뜨리는 사랑은 **악덕(惡德)**이 된다. 다른 **맥락(脈絡)**에서 사랑하는 사람의 뒤통수를 제대로 치는 배신 행위로, 사랑을 이용하여 사람을 **속이면서 금전적** 이익을 취득하는 **사기(詐欺)**가 있을 수 있다.

전제前提

premise [prémis] n. 전제前提 v. 전제로 말하다
prerequisite [priːrékwəzət] n. 전제 조건, 필요조건 a. 미리 필요한, 필수적必須的인

믿음

trust [trʌst] v. **믿다**, 신뢰信賴하다 n. 신뢰, 신탁 (재산)
trusting [trʌ́stiŋ] a. (남을 잘) 믿는, 신뢰하는
trustworthy [trʌ́stwəːrði] a. 믿을 수 있는, 신뢰할 수 있는
entrust [intrʌ́st] v. **맡기다**, 위임하다, 위탁委託하다
distrust [distrʌ́st] n. 불신 v. 불신하다
mistrust [mistrʌ́st] v. 불신하다 n. 불신

연상의 그물망

assign [əsáin] v. (일·책임 등을) **맡기다**, 배정配定하다, 선임選任하다
assignment [əsáinmənt] n. 배정, 임무, 과제
참고 **allocate** [ǽləkèit] v. 할당割當하다
allocation [ǽləkéiʃən] n. 할당, 할당량, 할당액
allot [əlát] v. 할당하다
earmark [íːrmàːrk] v. 책정策定하다, 배정하다

believe [bəlíːv] v. **믿다**
belief [bəlíːf] n. 믿음
believable [bəlíːvəbl] a. 믿을 만한
unbelievable [ʌnbəlíːvəbəl] a. 믿기 힘든, 믿기 어려운

연상의 그물망

참고 **creed** [kriːd] n. **신조**信條, 교리
pious [páiəs] a. 독실한, 경건한
piety [páiəti] n. 독실함, 경건함

doctrine [dáktrin] n. 교리, **신조**, 주의, 정책
indoctrinate [indáktrənèit] v. **주입**注入시키다, 세뇌洗腦하다

참고 **inject** [indʒékt] v. 주사注射하다, **주입**注入하다
injection [indʒékʃən] n. 주사, 주입

inculcate [inkʌ́lkeit] v. (생각을) **주입**하다
infuse [infjúːz] v. **주입**하다, 불어넣다, 우려내다
instill [instíl] v. (서서히) **주입**하다

faith [feiθ] n. **믿음**, 신앙
faithful [féiθfəl] a. **충실**한, 성실한, 바람을 피우지 않는

연상의 그물망

참고 **chastity** [tʃǽstəti] n. 정결, 순결純潔, 정절貞節

loyalty [lɔ́iəlti] n. 충성忠誠, **충실**忠實, 성실
loyal [lɔ́iəl] a. 충성스러운, 충실한

disloyal [dislɔ́iəl] a. 충성스럽지 않은, 불성실한
참고 **fidelity** [fidéləti] n. 충실, 정절貞節, 정확도
lo-fi [lóufái] a. 화질 혹은 음질이 낮은 (low-fidelity)
 n. 낮은 충실도
infidelity [ìnfədéləti] n. 부정不貞

myth [miθ] n. 신화神話, 근거 없는 믿음
mythical [míθikəl] a. 신화의, 가공架空의
mythology [miθάlədʒi] n. 신화

연상의 그물망

superstition [sùːpərstíʃən] n. 미신迷信
superstitious [sùːpərstíʃəs] a. 미신적인, 미신을 믿는
참고 **shaman** [ʃάːmən] n. 무당, 주술사呪術師

trance [træns] n. 영매靈媒, 최면 상태, 무아지경, 비몽사몽

배우자配偶者

spouse [spaus, spauz] n. 배우자配偶者
espouse [ispáuz] v. (정치적으로) 지지하다
참고 **partner** [pάːrtnər] n. 파트너, 배우자, 동료同僚, 상대방 v. 짝을 짓다

counterpart [káuntərpὰːrt] n. 상대방, 상대, 사본

연상의 그물망

mate [meit] n. 짝, 친구 v. 짝짓다
match [mætʃ] n. 성냥, 경기, 경쟁 상대, 어울리는 대상 v. 어울리다, 일치하다, 대등하다, 필적匹敵하다
matchless [mǽtʃlis] a. 겨룰 상대가 없는, 비할 데 없는, 무적의
matchmaker [mǽtʃmèikər] n. 중매쟁이
mismatch [mismǽtʃ] v. 어울리지 않게 짝을 짓다 n. [mísmætʃ] 어울리지 않는 짝

이혼離婚

divorce [divɔ́ːrs] n. 이혼離婚 v. 이혼하다
참고 **alimony** [ǽləmòuni] n. 이혼 수당, 별거 수당

증명證明

prove [pruːv] v. prove-proved-proved/proven 증명證明하다, 입증立證하다
disprove [disprúːv] v. 틀렸음을 입증하다, 오류誤謬임을 증명하다

연상의 그물망

proof [pruːf] n. 증명, 입증, (수학) 증명, 증거 v. 방수防水 등의 처리를 하다, 내구성耐久性을 갖추다
disproof [disprúːf] n. 반증反證, 논박論駁
참고 **vindicate** [víndəkèit] v. (정당성을) 입증하다

evidence [évədəns] n. 증거證據, 증언證言
evident [évədənt] a. 분명한
evidently [évədəntli] ad. 분명히

testimony [téstəmòuni] n. (법정에서의) 증언證言, 증거證據
testimonial [tèstəmóuniəl] n. 증거, 증명서, 추천장
testify [téstəfài] v. 증언하다, 증명하다
attest [ətést] v. (법정에서) 증언하다, 증명하다, (to) ~을 입증하다

참고 **certificate** [sərtífikeit] n. 증명서證明書, 자격증
gift certificate 상품권
certification [sὰːrtəfikéiʃən] n. 증명, 보증, 증명서, 자격증
certify [sɔ́ːrtəfài] v. 증명하다, 보증하다
certifiable [sɔ́ːrtəfàiəbl] a. 증명할 수 있는, 정신이 이상하다고 여길 만한

credentials [krədénʃlz] n. 자격, 자격증

연상의 그물망

identification [aidèntəfəkéiʃən] n. 동일시, 신원身元 확인, 신원 증명, 신분증
identity [aidéntəti] n. 동일성, 신원, 정체성正體性
identical [aidéntikəl] a. 동일한
identify [aidéntəfài] v. (신원을) 확인確認하다, 동일시 同一視하다
identified [aidntəfàid] a. 확인된
unidentified [ʌnaidntəfàid] a. 확인되지 않은
UFO [júːeɾòu, júːfou] n. (Unidentified Flying Object) 미확인 비행 물체
confirm [kənfə́ːrm] v. 확인確認하다, 확실하게 하다
verify [vérəfài] v. 검증檢證하다, 입증立證하다, 확인確 認하다
verification [vèrəfikéiʃən] n. 검증, 입증, 확인
veritable [vérətəbl] a. 진정한

witness [wítnis] v. 목격目擊하다, 증언하다, 증명하 다 n. 목격자, 증인, 증거

진실眞實

truth [truːθ] n. 진실
truthful [trúːθfəl] a. 진실한, 정직한
true [truː] a. 진실한
untrue [ʌntrú] a. 진실하지 않은

미덕美德

virtue [və́ːrtʃuː] n. 선善, 미덕, 장점
virtuous [və́ːrtʃuəs] a. 덕이 있는, 도덕적인

악덕惡德

vice [vais] n. 악惡, 악덕 a. 부副-, 대리의

vicious [víʃəs] a. 사악한, 악독한, 심한
evil [íːvəl] a. 사악한, 악마의 n. 악惡
wicked [wíkid] a. 사악한, 짓궂은
worst [wəːrst] a. 가장 나쁜, 최악의 ad. 가장 나쁘게, 최악으로
worsen [wə́ːrsn] v. 악화惡化되다, 악화시키다

연상의 그물망

참고 **aggravate** [ǽgrəvèit] v. 악화시키다
degenerate [didʒénərèit] v. 악화되다 a. 타락墮落한, 퇴폐적頹廢的인
degeneration [didʒènəréiʃən] n. 악화, 타락
deteriorate [ditíəriərèit] v. 악화되다
deterioration [ditìəriəréiʃən] n. 악화, (품질의) 저하, 노화
deteriorative [ditíəriərèitiv] a. 악화되는

exacerbate [igzǽsərbèit] v. 악화시키다

devil [dévl] n. 악마
참고 **demon** [díːmən] n. 악마, 악령
exorcise [éksɔːrsàiz] v. 몰아내다, (악령을) 쫓아내다

bad [bæd] a. bad-worse-worst 나쁜
badly [bǽdli] ad. 나쁘게, 몹시, 심하게

연상의 그물망

참고 **egregious** [igríːdʒəs] a. 매우 나쁜
lousy [láuzi] a. (아주) 나쁜
terrible [térəbl] a. 아주 나쁜, 끔찍한, 지독한
terribly [térəbli] ad. 끔찍하게, 지독하게

맥락脈絡

context [kántekst] n. 문맥文脈, 맥락脈絡
contextual [kəntékstʃuəl] a. 문맥상의, 맥락의

속이면서

cheat [tʃiːt] v. 부정행위不正行爲를 하다, 속이다 n. 부정행위, 속임수
deceive [disíːv] v. 속이다, 기만欺瞞하다
deceit [disíːt] n. 속임수, 기만
deception [disépʃən] n. 속임, 기만
dissemble [disémbl] v. (감정, 생각을) 숨기다, 시치미떼다, 속이다

연상의 그물망

참고 **cunning** [kʌ́niŋ] a. 교활狡猾한 n. 교활함
sly [slai] a. 교활한, 음흉陰凶한

fool [fuːl] n. 바보 v. 속이다, 놀리다
foolish [fúːliʃ] a. 바보 같은, 어리석은

연상의 그물망

참고 **silly** [síli] a. 어리석은
stupid [stjúːpid] a. 어리석은 n. 바보
folly [fáli] n. 어리석은 행위
nonsense [nánsens] n. 터무니없는 생각, 허튼소리
idiot [ídiət] n. 바보, 멍청이
booby [búːbi] n. 멍청이
dumb [dʌm] a. 벙어리의, 멍청한

trick [trik] n. 속임수, 묘책妙策, 책략策略 v. 속이다
tricky [tríki] a. 교묘한, 까다로운

연상의 그물망

참고 **gullible** [gʌ́ləbl] a. 잘 속아 넘어가는
gull [gʌl] v. 갈매기 v. 속이다

artifice [áːrtəfis] n. 책략

금전적

financial [fənǽnʃəl] a. 재정의, 재무의, 금융의, 금전적金錢的인
financial literacy 재무 분야에 대한 지식, 이해력
financing [finǽnsiŋ] n. 자금 조달, 조달된 자금, 융자融資
finance [fáinæns] n. 재정, 재무, 재원 v. 재정을 처리하다, 자금을 조달하다
참고 **asset** [ǽset] n. 자산資産, 재산

money [mʌ́ni] n. 돈
monetary [mʌ́nətèri] a. 금전적인, 통화의, 화폐의

연상의 그물망

참고 **earn** [əːrn] v. (돈을) 벌다, 얻다
earnings [ə́ːrniŋz] n. 소득, 수입, 수익
drachma [drǽkmə] n. 그리스의 화폐 명칭
franc [fræŋk] n. 프랑(프랑스의 옛 화폐 단위)
krone [króunə] n. 덴마크와 노르웨이의 화폐 단위, 크로네

pecuniary [pikjúːnièri] a. 금전의, 금전상의
penny [péni] n. (화폐 단위) 페니, 푼돈
penniless [pénilis] a. 무일푼의, 극빈한

wallet [wálit] n. 지갑紙匣, 서류 가방
purse [pəːrs] n. 지갑, 핸드백

연상의 그물망

bag [bæg] n. 가방, 봉지封紙, 봉투封套
backpack [bǽkpæk] n. 배낭背囊
참고 **pocket** [pákit] n. 주머니, 호주머니 v. 주머니에 넣다
portfolio [pɔːrtfóuliòu] n. 포트폴리오, 서류 가방, 작품집, 유가증권의 일람표一覽表

사기詐欺

fraud [frɔːd] n. 사기詐欺, 사기꾼

fraudulent [frɔ́ːdʒulənt] a. 사기를 치는
swindle [swíndl] v. 사기 치다 n. 사기

연상의 불꽃 | 위선僞善

사건, **사고(事故)**가 끊이지 않는 TV 뉴스나 특히 영화에서 보면, 성범죄를 처벌하는 지위에 계신 (사회적으로 존경받는 직업인) **판사(判事)** 분이 성범죄를 저지른다거나, (실제 일인진 잘 모르겠는데) 앞에서 사회 **정의(正義)**를 떠들어대는 고위 **공직자(公職者)**들이 뒤에서 버젓이 성범죄를 저지르는 경우를 보게 된다. 이런 섹스 **스캔들**은 **거짓**된 선(善), **위선(僞善)**을 보여주는 **대표적(代表的)**인 행태다. 국민의 신뢰를 저버린다는 점에서 배신과 일맥상통(一脈相通)한 면이 없지 않다.

사고事故

accident [ǽksidənt] n. 사고 우연
accidental [æksədéntl] a. 우연한, 부수적附隨的인
accidentally [æksədéntəli] ad. 우연히, 부수적으로

incident [ínsədənt] n. (우발적) 사건 a. 입사하는
incident wave 입사파入射波
incidence [ínsədəns] n. (사건의) 발생, 발생률, (빛의) 입사

incidental [ìnsədéntl] a. 부수적인
incidentally [ìnsədéntəli] ad. 부수적으로, 그런데
참고 **inadvertently** [ìnədvə́ːrtntli] ad. 무심코, 우연히

mishap [míshæp] n. 작은 사고 불상사

연상의 그물망

contingency [kəntíndʒənsi] n. 비상사태, 만일의 사태, 우발사고 불확실성
contingent [kəntíndʒənt] a. 불확정적인, 의존하는, ~ 여하에 달린
참고 **uncertain** [ʌnsə́ːrtən] a. 불확실한, 확신이 없는
uncertainty [ʌnsə́ːrtənti] n. 불확실성

certain [sə́ːrtn] a. 확실한, 확신하는, 어떤, 특정한
certainty [sə́ːrtnti] n. 확실성
certainly [sə́ːrtnli] ad. 확실히

sure [ʃuər] a. 확신確信하는, 확실確實한
surely [ʃúərli] ad. 확실히, 틀림없이
ensure [inʃúər] v. 보장保障하다

assure [əʃúər] v. 보장하다, 장담壯談하다, 확인하다
assurance [əʃúərəns] v. 보장, 장담, 확인

reassure [rìəʃúr] v. 안심시키다
reassurance [rìəʃúrəns] n. 안심시키기

insure [inʃúər] v. 보험保險에 들다
insurance [inʃúərəns] n. 보험, 보험금, 보험료

판사判事

judge [dʒʌdʒ] n. 판사判事, 심사위원 v. 판단하다, 재판裁判하다
judgement [dʒʌ́dʒmənt] n. 판단, 판결, 재판

연상의 그물망

참고 **judiciary** [dʒuːdíʃièri] n. 사법부, 사법 제도
jurisdiction [dʒùərisdíkʃən] n. 사법권, 재판권, 재판 관할管轄
jurisprudence [dʒùərisprúːdns] n. 법체계, 법학
jury [dʒúəri] n. 배심, 배심원단陪審員團
juror [dʒúərər] n. 배심원
verdict [vɜ́ːrdikt] n. 평결評決, 결정, 의견
magistrate [mǽdʒəstrèit] n. 치안 판사
summon [sʌ́mən] v. (법원으로) 소환召喚하다, (회의를) 소집召集하다
summons [sʌ́mənz] n. (법원) 소환장, 호출
Supreme Court 대법원, 최고 법원, 연방 대법원
supreme [suprí:m] a. 최고最高의
supreme commander 최고 사령관
supremacy [supréməsi] n. 우위優位, 패권覇權
참고 **superb** [supə́ːrb] a. 훌륭한, 최고의

---

sentence [séntəns] n. 문장文章, 선고, 판결 v. 선고하다, 판결하다
참고 **paragraph** [pǽrəgræf] n. 문단文段, 단락段落

decree [dikríː] n. 법령, 칙령勅令, (법원의) 판결 v. 판결하다, 포고布告하다

연상의 그물망

prosecutor [prásikjùːtər] n. 검사檢事, 검찰관
prosecute [prásikjùːt] v. 기소起訴하다, 소추訴追하다
prosecution [prɑ̀sikjúːʃən] n. 기소, 소추, 검찰檢察 측側

lawyer [lɔ́ːjər] n. 변호사辯護士
lawsuit [lɔ́ːsùːt] n. 소송訴訟, 고소告訴

suit [suːt] n. 정장正裝, 의복, 소송訴訟 v. 어울리다, 맞다, 맞추다
suitable [súːtəbl] a. 어울리는, 알맞은, 적당한

---

suitor [súːtər] n. 구혼자求婚者
sue [suː] v. 고소告訴하다, 소송을 제기하다
out-of-sync [áutəvsíŋk] a. 맞지 않는
참고 **litigation** [litəgéiʃən] n. 소송

attorney [ətə́ːrni] n. 변호사, 대리인

정의正義

justice [dʒʌ́stis] n. 공정함, 정당함, 정의正義, 재판, 재판관
injustice [indʒʌ́stis] n. 공정하지 않음, 부당함, 부정
just [dʒʌst] a. 공정한 ad. 바로, 막, 단지
unjust [ʌndʒʌ́st] a. 공정하지 않은

justify [dʒʌ́stəfài] v. 정당화正當化하다
justification [dʒʌ̀stəfikéiʃən] n. 정당화, 정당한 이유
참고 **obstruction of justice** 사법 방해

연상의 그물망

fair [fɛər] a. 공정한, 상당한, 피부가 흰, 금발의 n. 장터, 박람회
fairly [fɛ́ərli] ad. 상당히, 꽤, 공정하게
unfair [ʌnfɛ́ər] a. 불공정한, 불공평한

공직자公職者

official [əfíʃəl] n. 관리, 공무원, 공직자 a. 공직의, 공식의
officer [ɔ́ːfisər] n. 장교, 담당관, 경찰관
office [ɔ́ːfis] n. 사무실, 사무소, 공직

[공직자 ▶ 예시例示로]

cop [kɑp] n. 경찰관
연상의 그물망
참고 **policeman** [pəlíːsmən] n. 경찰관

police [pəlíːs] n. 경찰 v. 치안을 유지하다
police station 경찰서
patrol [pətróul] v. 순찰하다, 순찰을 돌다 n. 순찰
sheriff [ʃérif] n. 보안관, (잉글랜드·웨일즈에서) 주 장관

servant [sə́ːrvənt] n. 하인, 종, **공무원**
serve [səːrv] v. 섬기다, 시중들다, (음식을) 제공하다, 봉사하다, 근무하다, **기여**하다
service [sə́ːrvis] n. 서비스, 봉사 v. (차량, 기계를) 정비하다
serving [sə́ːrviŋ] n. 접대, 1인분
server [sə́ːrvər] n. 시중드는 사람, 서브 넣는 사람, (컴퓨터) 서버
참고 maid [meid] n. 가정부, 하녀, 처녀, 아가씨

연상의 그물망
참고 subserve [səbsə́ːrv] v. **공헌**하다, 도움이 되다
subservient [səbsə́ːrviənt] a. 도움이 되는, 종속하는, 복종하는
subordinate [səbɔ́ːrdənət] a. 부수적附隨的인, 종속하는 n. 부하 직원, 부하, 하급자
contribute [kəntríbjuːt] v. 기부寄附하다, **기여**寄與하다, 기고寄稿하다
contribution [kàntrəbjúːʃən] n. 기부, 기여, 공헌, 기고

[공무원 ▶ 예시例示로]
mayor [méiər] n. 시장市長
참고 city hall 시청市廳

스캔들

scandal [skǽndl] n. 스캔들, 추문醜聞, 수치羞恥

거짓

false [fɔːls] a. 틀린, **가짜**의, 위조僞造의
falsehood [fɔ́ːlshùd] n. 거짓임, **거짓**
falsify [fɔ́ːlsəfài] v. 거짓임을 입증하다, **위조**하다
falsifiable [fɔ́ːlsəfàiəbl] a. 속일 수 있는, 위조할 수 있는
falsification [fɔ̀ːlsəfikéiʃən] n. 위조, 변조

facade [fəsáːd] n. 정면, 겉, (**가짓**된) 표면
참고 spurious [spjúəriəs] a. 허위의, **가짜**의

fake [feik] a. **가짜**의 v. 조작造作하다

counterfeit [káuntərfit] a. **위조**僞造의, 모조模造의 n. 위조품, 모조품 v. 위조하다
참고 forge [fɔːrdʒ] v. **위조**하다, 구축하다

[거짓 ▶ 거짓말]
lie [lai] v. lie-lied-lied 거짓말하다 n. 거짓말
liar [láiər] n. 거짓말쟁이

위선僞善

hypocrisy [hipákrəsi] n. 위선僞善
hypocrite [hípəkrit] n. 위선자
hypocritical [hìpəkrítikəl] a. 위선적인
hypocritically [hìpəkrítikəli] ad. 위선적으로

[위선 ▶ 가면]
mask [mæsk] n. 마스크, 가면假面 v. 가리다

연상의 그물망
참고 disguise [disgáiz] v. 변장變裝하다, 위장僞裝하다, 숨기다 n. 변장, 위장

camouflage [kǽməflàːʒ] n. 위장 v. 위장하다
camouflaged a. 위장한

[위선 ▶ 부패]

corrupt [kərʌ́pt] a. 부패 腐敗한, 타락 墮落한 v. 부패시키다, 타락시키다
corruption [kərʌ́pʃən] n. 부패, 타락, 비리
corruptive [kərʌ́ptiv] a. 부패시키는

decay [dikéi] n. 부패 腐敗 v. 부패하다
decayed tooth 충치

연상의 그물망

 compost [kámpoust] n. 퇴비, 두엄 v. 퇴비를 만들다, 두엄을 만들다
compost heap 퇴비 더미
composting [kámpoustiŋ] n. 퇴비화

decompose [dìːkəmpóuz] v. 부패 하다, 분해하다
decomposition [dìːkɑmpəzíʃən] n. 부패, 분해

manure [mənjúər] n. 거름

muck [mʌk] n. 가축의 분뇨, 거름 v. 거름을 주다

rot [rɑt] v. 썩다, 부패 하다, 부패시키다 n. 부패

[부패 ▶ 뇌물]

bribe [braib] n. 뇌물 賂物 v. 뇌물을 주다, 매수하다
bribery [bráibəri] n. 뇌물 수수 授受

대표적 代表的

represent [rèprizént] v. 대표 代表하다, 표현 表現하다
representative [rèprizéntətiv] n. 대표, 대리인 代理人 a. 대표적인
House of Representatives (미국 등의) 하원 下院
representation [rèprizentéiʃən] n. 대표제, 표현

연상의 그물망

on behalf of ~을 대표하여, ~을 대신하여, ~을 위하여
behalf [biháef] n. 이익

for the sake of ~을 위해서, ~ 때문에
sake [seik] n. 위함, 이익

📋 *situation* | 아이돌

스캔들과 관련하여 종종 세상을 떠들썩하게 하는 게 **아이돌** 스캔들이다. 정말 어처구니없게도 아이돌은 **연애(戀愛)**만 하다 걸려도 대역(大逆) **죄인(罪人)**이 되어 **대중(大衆)**의 뭇매를 맞는다. 무어, 아이돌의 연애가 아이돌을 너무도 사랑하는 사람들의 마음에 못을 박는 일이기에, 아이돌 스캔들이 터지면 아이돌에게 **비판(批判)**의 **화살**이 꽂히는 건 어느 정도 이해할 수 있는 면도 없진 않다. 그러나 한국 사회에서 아이돌을 향한 비판, **비난(非難)**은 이미 그 도(道)를 넘어선 것으로 보인다. 감히 상상조차 할 수 없는 **마녀(魔女)사냥**이 온라인에서 **익명(匿名)**으로 버젓이 자행(恣行)된다. 어디서부터 잘못된 걸까? '아이돌도 사람이다!'라고 아이돌을 **옹호(擁護)**하기에는 뭔가 어색하다. 아이돌은 **상품(商品)**으로 **시장(市場)**에 내놓은 물성(物性)인 측면이 있기 때문이다. 성인 영화 **산업(産業)**과 같이 내놓고 sex를 다루지는 않더라도 아이돌 산업도 sexy를 내걸고 은근히 sex를 **호소(號召)**하는 형국(形局)이다. 불량교생은 **근본적(根本的)**으로 이게 다 인간을 상품화(商品化)하는 빌어먹을 **자본주의(資本主義)**가 낳은 **코미디**가 아닐까? **의심(疑心)**하고 있다.

아이돌

idol [áidl] n. 우상, 맹목적 숭배의 대상

연상의 그물망

참고 **worship** [wə́ːrʃip] n. 예배禮拜, 숭배崇拜 v. 예배하다, 숭배하다

revere [rivíər] v. 숭배崇拜하다, 공경恭敬하다, 존경尊敬하다

reverence [révərəns] n. 숭배, 공경, 존경

참고 **Reverend** [révərənd] n. 목사, 신부

연애戀愛

romance [rouméns] n. 로맨스, 연애戀愛, 모험담冒險談
romantic [rouméntik] a. 로맨틱한, 연애의, 낭만주의浪漫主義의 n. 낭만적인 사람

죄인罪人

sinner [sínər] n. (종교·도덕상의) 죄인罪人
sin [sin] n. 죄罪 v. (죄를) 짓다

대중大衆

mass [mæs] n. 덩어리, 질량, 대량, 대중大衆, 미사 a. 대량의, 대중의
mass media 매스 미디어, 대중 매체
amass [əmǽs] v. 모으다, 축적蓄積하다

연상의 그물망

참고 **churn out** 잇달아 내다, 대량 생산하다

churn [tʃəːrn] v. 휘젓다

popular [pápjulər] a. 인기人氣 있는, 대중大衆의
popularity [pàpjulǽrəti] n. 인기, 대중성
unpopular [ʌ̀npápjələr] a. 인기 없는, 대중적이지 않은

참고 **vogue** [voug] n. 유행流行, 인기人氣

연상의 그물망

accumulate [əkjúːmjulèit] v. 축적蓄積하다, 누적累積하다
accumulation [əkjùːmjuléiʃən] n. 축적, 누적
참고 **cumulate** [kjúːmjulèit] v. 쌓아올리다 a. [kjúːmjulət] 쌓아올린
cumulation [kjùːmjuléiʃən] n. 쌓아올림, 누적, 축적
cumulative [kjúːmjulətiv] a. 누적되는

pile [pail] n. 쌓인 것, 더미 v. 쌓다
참고 **stack** [stæk] v. 쌓다, 쌓아올리다 n. 더미, 다량

heap [hiːp] n. (아무렇게 쌓은) 더미 v. 쌓다, 쌓아올리다

mound [maund] n. 흙더미, (야구) 마운드

mogul [móugəl] n. 모굴(스키의 활주 사면에 있는 단단한 눈 더미), 거물巨物

비판批判

criticize [krítəsàiz] v. 비평批評하다, 비판批判하다, 비난하다
criticism [krítəsìzm] n. 비평, 비난
critic [krítik] n. 비평가
critical [krítikəl] a. 비판적인, 결정적인
critical point 임계점臨界點

연상의 그물망

참고 **castigate** [kǽstəgèit] v. 혹평酷評하다, 크게 책망責望하다

chastisement [tʃǽstaizmənt] n. 신랄辛辣한 비난, 징벌懲罰

scold [skould] v. 꾸짖다, 야단치다

sarcasm [sάːrkæzm] n. 풍자諷刺, 빈정거림, 비꼼
sarcastic [saːrkǽstik] a. 빈정대는, 비꼬는

참고 **satire** [sǽtaiər] n. 풍자

allegory [ǽligɔ̀ːri] n. 우화, 풍자諷刺
참고 **fable** [féibl] n. (동물이 나오는) 우화寓話

parable [pǽrəbl] n. (성경의) 우화

화살

arrow [ǽrou] n. 화살, 화살표

연상의 그물망

참고 **target** [tάːrgit] n. 과녁, 표적, 목표 v. 겨냥하다, 표적으로 삼다

aim [eim] n. 겨냥, 조준照準, 목표 v. 겨냥하다, 겨누다, 목표로 하다

archer [άːrtʃər] n. 활 쏘는 사람, 궁수
arc [ɑːrk] n. 둥근[활] 모양, 호弧, 포물선抛物線
arch [ɑːrtʃ] n. 아치, 아치형 구조물 v. (몸을) 아치 모양으로 구부리다

bow [bau] v. 절하다, 인사하다, 고개를 숙이다 n. 절, 인사, [bou] 활

연상의 그물망

참고 **greet** [griːt] v. 맞이하다, 인사하다

salute [səlúːt] v. 경례敬禮하다, 경의를 표하다 n. 경례, 경의의 표시

비난非難

accuse [əkjúːz] v. 고소告訴하다, 고발하다, 기소하다, 비난하다

accused [əkjúːzd] a. 고소된, 고발된, 기소된 n. 피고인, 피의자
accusation [æ̀kjuzéiʃən] n. 고소, 고발, 기소, 비난

condemn [kəndém] v. 비난하다, (유죄) 선고를 내리다
decry [dikrái] v. 공공연히 비난하다

연상의 그물망

recriminate [rikrímənèit] v. (비난에 비난으로) 맞받아치다, 맞고소하다
criminate [krímənèit] v. …에게 죄를 씌우다
incriminate [inkrímənèit] v. 죄를 뒤집어씌우다

reproach [ripróutʃ] v. 비난非難하다, 책망責望하다 n. 비난, 책망
self-reproach [sèlfripróutʃ] n. 자기 비난, 자책
reproachful [ripróutʃfəl] a. 비난하는, 책망하는
reprove [riprúːv] v. 꾸짖다, 나무라다, 책망하다

연상의 그물망

참고 **vulnerable** [vʌ́lnərəbl] a. 상처傷處받기 쉬운, 비난받기 쉬운, 취약脆弱한
vulnerability [vʌ̀lnərəbíləti] n. 상처받기 쉬움, 취약성
invulnerable [invʌ́lnərəbl] a. 상처받지 않는

susceptible [səséptəbl] a. (병에) 걸리기 쉬운, 취약한, 쉽게 영향을 받는
susceptibility [səsèptəbíləti] n. 취약성, 감염되기 쉬움, 영향받기 쉬움

fragile [frǽdʒəl] a. 취약한, 부서지기 쉬운
fragility [frədʒíləti] n. 부서지기 쉬움, 연약함

shatter [ʃǽtər] v. 산산이 부수다, 산산조각 나다
shatter-proof [ʃǽtərprùːf] a. 바스러지지 않는

breakable [bréikəbl] a. 깨지기 쉬운
unbroken [ʌnbróukən] a. 깨지지 않는, 중단되지 않는
break [breik] v. break-broke-broken 깨다, 부수다, 어기다, 깨지다, 고장나다 n. 깨짐, 중단, 휴식, 휴가

piece [piːs] **n. 조각**, 곡, 작품
참고 **debris** [dəbríː] **n.** 파편破片, 쓰레기

fragment [frǽgmənt] **n.** 파편 **v. 조각**내다, 산산이 부서지다
fragmentary [frǽgməntèri] **a.** 단편적斷片的인
fragmentation [frægməntéiʃən] **n.** 분열分裂, 파편화

particle [páːrtikl] **n.** 입자粒子, 물질의 극히 작은 구성 부분
particulate [pərtíkjulət] **n.** 분진粉塵, 미립微粒 물질

shred [ʃred] **v.** 갈가리 찢다, 잘게 자르다 **n.** (가느다란) **조각**
shredded [ʃrédid] **a.** 잘게 조각난

slice [slais] **n.** (얇게 썬) **조각 v.** 얇게 썰다

patch [pætʃ] **n.** 헝겊 **조각**, 안대眼帶, 부분 **v.** 헝겊 조각을 덧대다
patchy [pǽtʃi] **a.** 헝겊 조각으로 기운 듯한, 균일하지 못한

마녀魔女

witch [witʃ] **n.** 마녀魔女
bewitch [biwítʃ] **v.** 매혹魅惑하다

사냥

hunt [hʌnt] **v. 사냥**하다, 물색物色하다 **n.** 사냥, 수색搜索

연상의 그물망
참고 **game** [geim] **n.** 게임, 경기, 야생의 **사냥감**

forage [fɔ́ːridʒ] **v.** 먹이를 찾아다니다, 식량을 찾아다니다, 수렵 채집狩獵採集하다 **n.** 먹이, 사료
forager [fɔ́ːridʒər] **n.** 수렵 채집 생활인, 수렵채집인
foraging [fɔ́(ː)ridʒiŋ] **n.** 수렵 채집, (동물에 의한) 피식被食

익명匿名

anonymous [ənánəməs] **a. 익명**匿名의
anonymously [ənánəməsli] **ad.** 익명으로
anonymity [ænəníməti] **n.** 익명, 익명성
anonym [ǽnənim] **n.** 익명의 인물, 무명씨

참고 **pseudonym** [súːdənim] **n.** 필명, **가명**
pseudonymous [suːdánəməs] 필명의, 유사 익명성의

옹호擁護

defend [difénd] **v.** 방어防禦하다, **옹호**擁護하다, 변호辯護하다
defense [diféns] **n.** 방어, 옹호, 변호
defensive [difénsiv] **a.** 방어의, 방어적인
defender [diféndər] **n.** 방어자, 옹호자
defendant [diféndənt] **n.** 피고, 피고인
참고 **plaintiff** [pléintif] **n.** 원고, 고소인

champion [tʃǽmpiən] **n.** 챔피언, 우승자, **옹호자**擁護者, 대변자代辯者

연상의 그물망
[옹호 ➡ 후원]

support [səpɔ́ːrt] **v.** 지지支持하다, **후원**後援하다, 부양扶養하다 **n.** 지지, 후원, 부양
supporter [səpɔ́ːrtər] **n.** 지지자, 후원자
참고 **endorse** [indɔ́ːrs] **v.** (공개적으로) 지지하다
endorsement [indɔ́ːrsmənt] **n.** (공개적인) 지지, (유명인의) 상품 보증 선전

patron [péitrən] **후원자**, 단골 고객
patronage [péitrənidʒ] **n.** 보호, 후원, 찬조贊助, 단골 거래
patronize [péitrənàiz] **v.** 생색生色내다, 후원하다
patronizing [péitrənàiziŋ] **a.** 생색내는

sponsor [spánsər] **n.** 스폰서, **후원자**後援者 **v.** 후원하다
참고 **backer** [bǽkər] **n. 후원자**

상품商品

goods [gudz] n. 상품 상품, 제품

commodity [kəmádəti] n. 상품, (commodities) 일용품

merchandise [mə́ːrtʃəndàiz] n. 상품, 물품 v. 판매하다
merchandiser [mə́ːrtʃəndàizər] n. 상품 판매업자
merchant [mə́ːrtʃənt] n. 상인 상인, 무역상
참고 **mercantilism** [mə́ːrkəntilìzm] n. 중상주의重商主義

연상의 그물망

vendor [véndər] n. 노점상露店商, 행상인 行商人
vend [vend] v. 돌아다니며 팔다, (길에서) 팔다
vending machine [véndiŋ məʃíːn] n. 자동판매기
참고 **peddler** [pédlər] n. 행상인

brand [brænd] n. 상표 상표, 브랜드
brand-name 상표명, 브랜드명
brand-new [brǽndnjúː] a. 신제품의, 아주 새로운
name-brand 유명 상표의

시장市場

market [máːrkit] n. 시장, 장 v. 시장에 내놓다
supermarket [súːpərmàːrkit] n. 슈퍼마켓
market share 시장 점유율

mart [maːrt] n. 마트, 시장
cart [kaːrt] n. 수레, 손수레, 카트 v. 수레로 나르다

bazaar [bəzáːr] n. 바자회, 자선시, 시장
참고 **grocery** [gróusəri] n. 식료품 가게, 잡화점
flea market 벼룩시장
flea [fliː] n. 벼룩
niche market 틈새시장
niche [nitʃ] n. 틈새, 적소適所, 안성맞춤인 자리, 생태적 지위

연상의 그물망

[시장에서 ▷ 사고]

buy [bai] v. buy-bought-bought 사다
buyer [báiər] n. 구매자購買者, 사는 사람, 바이어
overbuy [òuvərbái] v. overbuy-overbought-overbought 너무 많이 사다

purchase [pə́ːrtʃəs] n. 구입購入, 구매購買 v. 구입하다, 구매하다

bill [bil] n. 청구서請求書, 계산서, 지폐, 법안法案, 부리
Bill of Rights 권리 장전權利章典

pay [pei] v. pay-paid/payed-paid/payed 지불支拂하다, 이롭다 n. 급료, 급여
paycheck [péitʃk] n. 급료 지불 수표, 봉급
prepay [priːpéi] v. prepay-prepaid-prepaid 선불하다
overpay [òuvərpéi] v. overpay-overpaid-overpaid 초과지급하다
underpay [ʌ̀ndərpéi] v. underpay-underpaid-underpaid 부당하게 저임금을 주다

store [stɔːr] n. 가게, 백화점百貨店, 저장貯藏 v. 저장하다
storage [stɔ́ːridʒ] n. 저장, 보관, 저장소, 창고倉庫
storehouse [stɔ́ːrhàus] n. 저장소, 보고寶庫
참고 **repository** [ripázətɔ̀ːri] 저장소, 보고寶庫

silo [sáilou] n. 사일로, (곡식이나 무기) 저장고

shop [ʃap] n. 상점, 가게 v. 물건을 사다, 쇼핑하다
참고 **mall** [mɔːl] n. 쇼핑센터

stock [stak] n. 재고在庫, 저장, 주식, 증권, 가축家畜 v. 들여놓다, 갖추다
livestock [láivstak] n. 가축
stockpile [stákpàil] n. 비축량備蓄量 v. 비축하다
참고 **stocking** [stákiŋ] n. (stockings) 스타킹, 긴 양말

[시장에서 ▷ 팔고]

sell [sel] v. sell-sold-sold 팔다, 팔리다

resell [risél] v. resell-resold-resold 되팔다, 전매轉賣하다
outsell [àutsél] v. outsell-outsold-outsold …보다 많이 팔다(팔리다)
oversell [òuvərsl] v. oversell-oversold-oversold 지나치게 팔다, 과장하다
undersell [ʌ̀ndərsl] v. undersell-undersold-undersold 싸게 팔다
참고 **syndicate** [síndikèit] v. (기사·사진·텔레비전 프로그램 등을 여러 신문사 등에) 팔다
wholesale [hóulsil] a. 도매都賣의, 대량의 ad. 도매로, 대량으로 n. 도매 v. 도매하다
wholesaler [hóulsilər] n. 도매상인, 도매업자
참고 **retail** [ríːteil] n. 소매小賣 a. 소매의 ad. 소매로 v. 소매하다, 소매되다
retailer [ríːteilər] n. 소매상인, 소매업자

산업産業

industry [índəstri] n. 산업産業, 공업, 근면勤勉, 부지런
industrious [indʌ́striəs] a. 근면한, 부지런한
industrial [indʌ́striəl] a. 산업의, 공업의
industrialize [indʌ́striəlàiz] v. 산업화하다, 공업화하다
industrialization [indʌ̀striəlizéiʃən] n. 산업화, 공업화

연상의 그물망

참고 **infrastructure** [ínfrəstrʌ̀ktʃər] n. (산업) 기반 시설 基盤施設

lazy [léizi] a. 게으른, 나태懶怠한
idle [áidl] a. 게으른, 나태懶怠한, 한가閑暇한, 빈둥거리는 v. 빈둥거리다
참고 **complacent** [kəmpléisnt] a. 현실에 안주安住하는, 자기만족적인
complacently [kəmpléisntli] ad. 현실에 안주하여, 자기만족적으로

diligent [díləd ʒənt] a. 부지런한, 근면勤勉한
diligence [díləd ʒəns] a. 부지런, 근면

호소號召

appeal [əpíːl] n. 호소, 애원, 상소, 매력 v. 호소하다, 애원하다, 상소하다, 매력적이다
appealing [əpíːliŋ] a. 매력적인, 호소하는, 애원하는
참고 **implore** [implɔ́ːr] v. 간청하다, 애원하다
plead [pliːd] v. plead-pleaded/pled-pleaded/pled 애원하다, 변호하다, 변명하다, 주장하다
plea [pliː] n. 애원, 변호, 변명, 주장
beg [beg] v. 빌다, 간청懇請하다, 구걸求乞하다
beggar [bégər] n. 거지
petition [pətíʃən] n. 청원서請願書, 탄원서歎願書, 탄원 v. 청원하다, 탄원하다

근본적根本的

fundamental [fʌ̀ndəméntl] a. 근본적根本的인, 기본적인, 핵심적인 n. 근본, 기본, 핵심
fundamentally [fʌ̀ndəméntəli] ad. 근본적으로
basic [béisik] a. 기본적基本的인, 기초적인, 근본적인 n. 기본, 기초, 근본
basically [béisikəli] ad. 기본적으로, 근본적으로, 원래
underlying [ʌ̀ndərláiiŋ] a. 기저에 놓여 있는, 기본적基本的인, 근본적根本的인
underlie [ʌ̀ndərlái] v. underlie-underlay-underlain …의 기저基底에 놓여 있다, …의 밑에 깔려 있다

자본주의 資本主義

capitalism [kǽpətəlìzm] n. 자본주의
capitalist [kǽpitlist] n. 자본주의자, 자본가
capital [kǽpətl] n. 수도首都, 자본, 대문자 a. 주요한, 자본의, 대문자의, 사형의
capitalize [kǽpətəlàiz] v. 대문자로 쓰다, 자본화하다, 자기 목적에 이용하다

연상의 그물망
참고 **uppercase** 대문자
lowercase 소문자
upper [ʌ́pər] a. 위의, 위쪽의
upper class [ʌ́pər klǽs] n. 상류 계층, 상류 사회 a. 상류 계층의, 상류 사회의
alphabet [ǽlfəbèt] n. 알파벳

[자본 ▷ 자금]

fund [fʌnd] n. 자금資金, 기금基金 v. 자금을 대다
refund [rifʌ́nd] v. 환불還拂하다 n. [ríːfʌnd] 환불

[자본주의 ▷ 경제]

economy [ikánəmi] n. 경제經濟, 절약節約
economics [èkənámiks] n. 경제학, (한 나라의) 경제 상태
economic [èkənámik] a. 경제의
economical [èkənámikəl] a. 경제적인, 절약하는
참고 **boom** [buːm] n. 붐, (갑작스러운) 호황好況, 쾅, 꽝, 탕, 쿵 (소리) v. 호황을 일으키다
commerce [káməːrs] n. 상업商業, 무역貿易
commercial [kəmə́ːrʃəl] a. 상업의, 상업적인, 영리적營利的인 n. (상업) 광고

연상의 그물망
참고 **trade** [treid] n. 무역, 거래, 교역, 직종 v. 무역하다, 거래하다, 교역하다, 교환하다
barter [báːrtər] v. 물물 교환物物交換을 하다, n. 물물 교환

코미디

comedy [kámədi] n. 코미디, 희극喜劇
comedian [kəmíːdiən] n. 코미디언, 희극 배우, 희극 작가, 익살꾼
sitcom [sítkàm] n. 시트콤 (situation comedy)

연상의 그물망
참고 **tragedy** [trǽdʒədi] n. 비극悲劇
tragic [trǽdʒik] a. 비극적인

drama [dráːmə] n. 드라마, 연극演劇, 극적劇的인 사건
dramatic [drəmǽtik] a. 연극의, 극적인
play [plei] v. 놀다, 경기競技하다, 연기演技하다, 연주演奏하다 n. 놀이, 연극, 플레이
player [pléiər] n. 선수, 연주자, 재생 장치
playground [pléigràund] n. 운동장, 놀이터

actor [ǽktər] n. 배우俳優
actress [ǽktris] n. 여배우

understudy [ʌ́ndərstʌ̀di] n. 대역 (배우) v. 대역을 하다
casting [kǽstiŋ] n. 캐스팅, 배역 선정
cast [kæst] v. cast-cast-cast 던지다 n. 던지기, 배역配役
miscast [miskǽst] v. 배역을 잘못 선정하다, 부적당한 역을 배정하다
role [roul] n. 역할役割, 배역配役

series [síəriːz] n. 시리즈, 일련一連, 연속連續, 연쇄連鎖
serial [síəriəl] n. (신문 등의) 연재물, (TV 등의) 연속물 a. 연속물의, 연쇄적인, 순차적인
soap opera (TV 등의) 연속극, 멜로드라마
chain [tʃein] n. 사슬, 연쇄連鎖, 체인점, 속박束縛 v. 사슬로 묶다
food chain 먹이 사슬, 먹이 연쇄
chainsaw [tʃéinsɔː] n. 사슬톱, 기계톱

comic [kámik] n. 만화, 만화 잡지, 코미디언 a. 코미디의, 희극의, 웃기는

연상의 그물망

참고 **cartoon** [kɑːrtúːn] n. 만화, 시사時事만화, 만평

animation [æ̀nəméiʃən] n. 만화 영화, 애니메이션, 생기, 활기
animate [ǽnəmèit] v. 생명을 불어넣다, 생기를 불어넣다
reanimate [riːǽnəmèit] v. 다시 생명을 불어넣다, 되살리다
animism [ǽnəmìzm] n. 애니미즘, 물활론
inanimate [inǽnəmət] a. 생명이 없는, 생기가 없는, 무생물의
inanimation [inæ̀nəméiʃən] n. 생명이 없음, 무기력
참고 **lethargic** [ləθáːrdʒik] a. 무기력한

의심疑心

doubt [daut] v. 의심疑心하다 n. 의심
doubtful [dáutfəl] a. 의심스러운, 의심하는
undoubted [ʌndáutid] a. 의심할 여지가 없는, 확실한
undoubtedly [ʌndáutidli] ad. 의심할 여지없이, 확실히

dubious [djúːbiəs] a. 수상殊常한, 의심스러운

skeptical [sképtikəl] a. 회의적懷疑的인, 의심 많은
skepticism [sképtəsìzm] n. 회의론, 무신론, 의심

misgive [misgív] v. misgive-misgave-misgiven 걱정, 의심, 불안 등을 주다
misgiving [misgíviŋ] n. 걱정, 의심, 불안
give [giv] v. give-gave-given 주다, (힘을 받아) 휘다

question [kwéstʃən] n. 질문質問, 의문, 문제 v. 질문하다, 의문을 품다
questionnaire [kwèstʃənéər] n. 설문지設問紙
questionable [kwéstʃənəbl] a. 의문스러운
unquestionable [ʌnkwéstʃənəbəl] a. 의문의 여지가 없는, 명백한

연상의 그물망

참고 **survey** [sə́ːrvei] n. (설문) 조사, 측량 v. [sərvéi] (설문) 조사하다, 측량하다

ask [æsk] v. 묻다, 질문하다, 부탁하다, 요청하다
참고 **pester** [péstər] v. (반복적으로 부탁하며) 조르다
pester power 부모에게 떼를 써서 물건을 구매하게 하는 힘

quiz [kwiz] n. 퀴즈 v. 자세히 질문하다, 심문하다, 간단히 테스트하다

suspect [səspékt] v. 의심疑心하다 n. [sʌ́spekt] 용의자容疑者
suspicion [səspíʃən] n. 의심
suspicious [səspíʃəs] a. 의심스러운, 수상殊常한

섹스를 할 사랑에 대한 態度태도

sex + love = attitude

態度태도

attitude [ǽtitjùːd] n. 태도, 자세

issue! 態度태도

사랑하는 사람을 바라보는 자세(姿勢)다. 우리는 사랑하는 사람을 **열망(熱望)**하고 사랑하는 사람에게 **헌신(獻身)**한다. 우리의 **심장(心臟)**이 **터질** 듯이 **진심(眞心)**으로 그렇게 **반응(反應)**한다.

熱望열망

eager [íːgər] a. **열망**하는, 열렬熱烈히 바라는, 갈망하는
eagerly [íːgərli] ad. 열망하여
eagerness [íːgərnis] n. 열망
 fervent [fə́ːrvənt] a. 열렬한, 강렬한

aspire [əspáiər] v. **열망熱望**하다
aspiration [æspəréiʃən] n. 열망
longing [lɔ́ːŋiŋ] n. **갈망**, **열망** a. 갈망하는, 열망하는
long [lɔːŋ] a. 긴 ad. 길게, 오래 v. 간절懇切히 바라다
long face 우울한 얼굴, 시무룩한 얼굴

> 연상의 그물망

참고 **elongation** [iːlɔːŋɡéiʃən] **n.** 연장延長

prolong [prəlɔ́ːŋ] **v.** 연장하다
prolonged [prəlɔ́ːŋd] **a.** 장기적인

thirsty [θə́ːrsti] **a.** 목마른, 갈증渴症이 나는, **갈망**渴望하는
thirst [θəːrst] **n.** 갈증, 갈망
참고 **quench** [kwentʃ] **v.** (갈증을) 해소解消시키다, (타는) 불을 끄다

yearn [jəːrn] **v. 갈망**渴望하다, 그리워하다
참고 **miss** [mis] **v.** 놓치다, 그리워하다 **n.** (Miss) 미스, …양

헌신獻身

committed [kəmítid] **a.** 전념하는, 헌신적獻身的인
commitment [kəmítmənt] **n.** 전념, **헌신**, 약속
commit [kəmít] **v.** 저지르다, 맡기다, 전념專念하다, 약속하다
commission [kəmíʃən] **n. 위임**委任, 의뢰, 커미션, 수수료手數料, 위원회 **v.** 위임하다, 의뢰하다
committee [kəmíti] **n.** 위원회

> 연상의 그물망

참고 **delegate** [déligət] **n.** 대표 **v.** [déligèit] **위임**하다
delegation [dèligéiʃən] **n.** 위임, 대표단

depute [dipjúːt] **v. 위임**하다, 대리자로 삼다
deputy [dépjuti] **n.** 대리인 **a.** 대리의, 부副의

devote [divóut] **v. 헌신**獻身하다, 바치다
devoted [divóutid] **a.** 헌신적인
devotion [divóuʃən] **n.** 헌신, 전념

dedicate [dédikèit] **v.** 바치다, **헌신**하다, 전념하다, 헌정하다
dedicated [dédikèitid] **a.** 헌신하는, 전념하는
dedication [dèdikéiʃən] **n.** 헌신, 전념, 헌정, 헌정사

심장心臟

heart [hɑːrt] **n.** 심장, 가슴, 마음
heartfelt [hɑ́ːrtfèlt] **a.** 진심 어린

> 연상의 그물망

참고 **throb** [θrɑb] **v.** 고동치다, 욱신거리다, 욱신욱신 쑤시다, 자꾸 쑤시듯 아프다 **n.** 고동, 욱신거림

pulse [pʌls] **n.** 맥박脈搏 **v.** 맥박이 뛰다
pulsation [pʌlséiʃən] **n.** 맥박, 파동

cardiac [kɑ́ːrdiæk] **a.** 심장의
cardiac pacemaker 심박 조율기心搏調律器
cardiovascular [kɑ̀ːrdiəvǽskjulər] **a.** 심장 혈관의, 심혈관의
cardiopulmonary resuscitation [kɑ̀ːrdiəpʌ̀lmənèri risʌ̀sətéiʃən] **n.** 심폐소생술CPR

터질

burst [bəːrst] **v.** burst-burst-burst 터지다, 파열破裂하다, 갑자기 …하다 **n.** 갑자기 터짐, 파열
outburst [áutbəːrst] **n.** 돌발, **폭발**
참고 **rupture** [rʌ́ptʃər] **n.** 파열 **v.** 파열시키다, 파열되다

explosion [iksplóuʒən] **n. 폭발** (폭발적) 증가
explode [iksplóud] **v.** 폭발하다, 터지다, 폭발시키다
explosive [iksplóusiv] **a.** 폭발하는 **n.** 폭발물

> 연상의 그물망

참고 **erupt** [irʌ́pt] **v.** (화산, 용암 등이) 분출하다, **폭발**하다, 솟아나다
eruption [irʌ́pʃən] **n.** (화산) 폭발, 분출
volcanic eruption 화산 폭발

volcanic [vɑlkǽnik] **a.** 화산의
volcano [vɑlkéinou] **n.** (pl. volcanoes, volcanos) 화산火山

bomb [bɑm] **n.** 폭탄 **v.** 폭격하다, **폭발**하다

참고 **blast** [blæst] n. 폭발, 돌풍 v. 폭발하다
land mine 지뢰地雷

진심眞心

cordial [kɔ́ːrdʒəl] a. 다정한, 진심 어린
earnest [ə́ːrnist] a. 진심 어린, 성실한, 진지한
sincere [sinsíər] a. 진심眞心의, 진심 어린
sincerely [sinsíərli] ad. 진심으로, 진정으로
wholeheartedly [hòulhɑ́ːrtidli] ad. 진심으로, 전적全的으로
wholehearted [hòlhɑ́ːrtid] a. 진심인, 전적인

연상의 그물망

참고 **serious** [síəriəs] a. 진지眞摯한, 심각深刻한
seriously [síəriəsli] ad. 진지하게, 심각하게

severe [sivíər] a. 매우 심각한, 혹독酷毒한, 엄격한
severity [səvérəti] n. 심각성, 혹독함, 엄격

harsh [hɑːrʃ] a. 가혹苛酷한

solemn [sɑ́ləm] a. 엄숙한, 근엄한

grim [grim] a. 엄격한, 걱정을 끼치는
grimly [grímli] ad. 엄격하게, 무섭게
grimness [grímnis] n. 엄격함, 무서움

반응反應

respond [rispánd] v. **반응**反應하다, 응답應答하다
respondent [rispándənt] a. 반응하는, 응답하는 n. (이혼 소송의) 피고被告
response [rispáns] n. 반응, 응답
responsive [rispánsiv] a. 반응하는, 응답하는

react [riǽkt] v. **반응**하다
reaction [riǽkʃən] n. 반응, 반작용反作用

연상의 그물망

chemistry [kémistri] n. 화학, **화학 반응**, (두 사람 사이의) 친화력
chemical [kémikəl] a. 화학化學의 n. 화학 물질
chemical formula 화학식
참고 **chlorine** [klɔ́ːriːn] n. [화학] 염소Cl

silicate [sílikət] n. 규산염

sodium [sóudiəm] n. 나트륨

elicit [ilísit] v. (정보나 **반응**을) 이끌어내다
참고 **allergy** [ǽlərdʒi] n. 알레르기, **거부 반응**
allergic [ələ́ːrdʒik] a. 알레르기의, 거부 반응을 보이는

📝 *situation* 삼각三角

그런데 사랑을 둘러싸고 세 사람이 얽히면 —예를 들어 **친구(親舊)** 사이인 못해솔로, 모태솔로라는 **이름**의 두 남자가 한 여인을 둘러싸고 **삼각관계(三角關係)**를 벌인다면— 상황이 복잡해진다. **구애(求愛)**하며 사랑을 쟁취(爭取)하려고 **시도(試圖)**하다, 못해 **대(對)** 모태의 **대결(對決)**에서 못해솔로가 **망설이고 갈등(葛藤)**하던 여인과 커플 탄생을 이룬다면? **선택(選擇)**된 못해솔로는 **천국(天國)**을 경험하고, 모태솔로는 **지옥(地獄)** 속에서 **실망감(失望感)**과 **외로움**과 **부러움** 또는 **질투(嫉妬)**의 감정에 사로잡힐 수 있다. 혹은 못해솔로가 **부자(富者)**라서 모태솔로는 **가난**한 자신의 **환경(環境)**을 탓할지도 모른다.

친구親舊

friend [frend] n. 친구親舊, 벗
friendship [fréndʃip] n. 우정, 교우
friendliness [fréndlinis] n. 우정, 친절
friendly [fréndli] a. 친한, 우호적인, 사용하기 용이한, 친화적인
unfriendly [ʌnfrńdli] a. 우호적이지 않은
befriend [bifrénd] v. 친구가 되다, 친구가 되어 도와주다

<연상의 그물망>

참고 **rapport** [ræpɔ́ːr] n. **친밀감**, 친밀한(공감적인) 관계

buddy [bʌ́di] n. (남자) 친구

fraternity [frətə́ːrnəti] n. 동포애, 우애, 남학생들의 사교 단체

congenial [kəndʒíːnjəl] a. 마음이 맞는, 마음에 드는, 알맞은

intimate [íntəmət] a. **친밀한**
intimacy [íntəməsi] n. 친밀함, 육체관계

pal [pæl] n. 친구

---

companion [kəmpǽnjən] n. **동반자**同伴者, 친구, 벗
companionate [kəmpǽnjənit] a. 친구의, 우애의
companionship [kəmpǽnjənʃip] n. 교제交際, 교우
accompany [əkʌ́mpəni] v. 동행하다, **동반하다**, (피아노로) 반주를 하다
company [kʌ́mpəni] n. **함께 함**, 사람들의 모임, **회사**會社

<연상의 그물망>

firm [fəːrm] a. 단단한 n. **회사**
firmly [fə́ːrmli] ad. 단단하게
firmness [fə́ːrmnis] n. 단단함
참고 **conglomerate** [kənglámərit] n. **대기업**, 재벌財閥
executive [igzékjutiv] n. (**기업**의) 임원, 중역, 간부 幹部 a. 집행의, 행정의, 경영의

---

execute [éksikjùːt] v. **실행**하다, 집행하다, 사형하다, 처형하다
execution [èksikjúːʃən] n. 실행, 집행, 사형 집행, 처형
executor [igzékjutər] n. 유언 집행자

practice [prǽktis] n. **실행**, 관행慣行, 연습, (의사·변호사의) 업무 v. 실행하다, 연습하다
practical [prǽktikəl] a. 실제적인, 실용적인
practicable [prǽktikəbl] a. 실행 가능한
참고 **feasible** [fíːzəbl] a. 실현 가능한, **실행** 가능한

이름

name [neim] n. 이름 v. 이름을 지어주다, 이름을 대다
nickname [níknèim] n. 별명別名 v. 별명을 붙이다
surname [sə́ːrnèim] n. 가족의 성姓

<연상의 그물망>

참고 **nominate** [námənèit] v. (후보로) 지명指名하다, 추천하다, 임명하다
nomination [nàmənéiʃən] n. 지명, 추천, 임명

삼각관계三角關係

triangle [tráiæŋgl] n. 삼각형, 삼각**관계**
triangular [traiǽŋgjulər] a. 삼각형의, 삼각관계의
참고 **vertex** [vɔ́ːrteks] n. (pl. vertexes, vertices [vɔ́ːrtisìːz]) 꼭짓점, 정점頂點

<연상의 그물망>

concern [kənsə́ːrn] v. **관계**하다, **걱정**시키다 n. 관계, 관심, 걱정
concerned [kənsə́ːrnd] a. 걱정하는, 관계하는, 관심 있는
concerning [kənsə́ːrniŋ] prep. …에 관하여, …에 관한
unconcern [ʌ̀nkənsə́ːrn] n. 무관심, 태연泰然
참고 **worry** [wə́ːri] v. **걱정**하다, 걱정하게 하다, 성가

시게 하다 n. 걱정, 걱정거리
worried [wə́:rid] a. 걱정하는
worrying [wə́:riiŋ] a. 걱정스러운

[삼각관계 ▷ 연적戀敵]

enemy [énəmi] n. 적敵
참고 **foe** [fou] n. 적

연상의 그물망

adversary [ǽdvərsèri] n. 적, 적수
adversarial [ædvə:rséəriəl] a. 대립 관계의, 적대적인, 반대자의
adverse [ædvə́:rs] a. 거스르는, 역의, 부정적인, 불리한
adverse effect 역효과, 부작용
opponent [əpóunənt] n. 적수, 상대자
hostile [hástl, hástail] a. 적의를 품은, 적대적敵對的인
hostility [hastíləti] n. 적의, 적대감

[삼각관계 ▷ 얽힘]

entanglement [intǽŋglmənt] n. 얽힘, 얽힌 관계
entangle [intǽŋgl] v. 얽히게 하다, 꼼짝 못하게 하다
tanglement [tǽŋglmənt] n. 엉키게 함, 헝클어지게 함
tangle [tǽŋgl] v. 얽히다, 엉키다 n. 얽힌 것, 엉킨 것
disentangle [disentǽŋgl] v. 얽힌 것을 풀다, 구분하다

연상의 그물망

[얽힘 ▷ 미로]

참고 **labyrinth** [lǽbərìnθ] n. 미로

maze [meiz] n. 미로迷路

mutuality [mjù:tʃuǽləti] n. 상호성, 상호 관계
mutual [mjú:tʃuəl] a. 상호相互 간의, 서로의
mutually [mjú:tʃuəli] ad. 상호 간에, 서로
참고 **bilateral** [bailǽtərəl] a. 양측의, 쌍무적雙務的인

reciprocal [risíprəkəl] a. 상호간의

reciprocally [risíprəkəli] ad. 호혜적互惠的으로, 서로
reciprocity [rèsəprásəti] n. 호혜주의, 상호의 이익
reciprocate [risíprəkèit] v. 보답하다, 답례答禮하다, 보복하다
reciprocation [risìprəkéiʃən] n. 보답, 답례, 보복

interpersonal [ìntərpə́rsənəl] a. 대인 관계의
intrapersonal [ìntrəpə́:rsənəl] a. 개인의 마음속에서 생기는
impersonal [impə́:rsənəl] a. 비인간적인, 인간미 없는
personal [pə́rsənl] a. 개인의, 개인적인
personality [pə̀:rsənǽləti] n. 성격, 인격, 개성, 유명 인사
person [pə́:rsn] n. 사람, 개인

연상의 그물망

참고 **personnel** [pə̀:rsənél] n. (전체의) 직원들, 인사과 人事課
personnel department 인사과, 인사부

[인사과 ▷ 신입 모집]

recruit [rikrú:t] v. 신입新入 (사원)을 모집募集하다, (신병)을 징집徵集하다, (원기를) 회복하다 n. 신입 회원, 신입 사원, 신병
recruitment [rikrú:tmənt] n. (신입 사원, 신입 회원, 신병) 모집, (원기) 회복
참고 **newcomer** [njúkə̀mər] n. 새로 온 사람, 신참新參, 신입

newbie [njú:bi:] n. 풋내기, 컴퓨터를 처음 쓰는 사람

poach [poutʃ] v. (인력을) 빼내다

relationship [riléiʃənʃip] n. 관계
relation [riléiʃən] n. 관련, 관계
relate [riléit] v. 관련關聯시키다, 관련되다, 이야기하다
related [riléitid] a. 관련된, 동족의

correlate [kɔ́:rəlèit] v. 상관관계相關關係가 있다, 상관관계를 보이다
correlation [kɔ̀:rəléiʃən] n. 상관관계

연상의 그물망

relevant [réləvənt] a. **관련**關聯이 있는, 적절適切한
relevance [réləvəns] n. 관련성, 적절성
irrelevant [iréləvənt] a. 관련이 없는, 무관한
irrelevance [iréləvəns] n. 무관함, 부적절

extraneous [ikstréiniəs] a. 관계없는, **관련** 없는

pertinent [pə́ːrtənənt] a. 적절한

connect [kənékt] v. 연결連結하다, **관련**짓다, 잇다, 이어지다
connected [kənéktid] a. 연결된, 관련된
connection [kənékʃən] n. 연결, 관련

연상의 그물망

참고 **affiliate** [əfílièit] v. 가입하다, 가맹하다, 제휴提携하다 n. [əfíliət] 계열사, 계열 회사
affiliated [əfílièitid] a. 부속된, 계열의, 가맹한
affiliated store 가맹점
affiliation [əfìliéiʃən] n. 가입, 가맹, 제휴

referential [rèfərénʃəl] a. **관련**한, **참고**參考의
reference [réfərəns] n. 참조, 언급, 추천서 v. 참조할 자료를 표시하다
referent [réfərənt] n. 지시 대상
refer [rifə́ːr] v. 보내다, **참조**參照하게 하다, 참조하다, 맡기다, …의 탓으로 돌리다, 관련되다, **언급**言及하다, …라고 부르다, 지시하다, 가리키다

연상의 그물망

[참고 ➡ 인용]

참고 **cite** [sait] v. 예를 들다, **인용**하다
citation [saitéiʃən] n. 인용구, 인용문, 인용

quote [kwout] v. 인용引用하다
quotation [kwoutéiʃən] n. 인용, 인용구, 인용문
quotation mark 인용 부호

mention [ménʃən] v. 말하다, **언급**言及하다, 거론擧論하다

구애 求愛

court [kɔːrt] n. 법정法廷, 궁정宮廷, (테니스) 코트 v. **구애**求愛하다
courtship [kɔ́ːrtʃip] n. 구애, 교제
courteous [kə́ːrtiəs] a. 예의 바른, 공손恭遜한
courtesy [kə́ːrtəsi] n. **예의**
참고 **civil** [sívəl] a. 시민의, 민간인의, **예의** 바른

연상의 그물망

decent [díːsnt] a. 버젓한, 상당한, **예의**를 지키는
decency [díːsnsi] n. 예의, 체면

decorous [dékərəs] 품위 있는, **예의** 바른

grace [greis] n. **우아함**, **예의**, 유예 기간猶豫期間 v. 장식하다
graceful [gréisfəl] a. 우아한, 품위를 유지하는
gracious [gréiʃəs] a. 우아한, 예의바른
graciously [gréiʃəsli] a. 우아하게, 예의바르게
disgrace [disgréis] n. 수치스러움, **불명예**, 망신亡身 v. 망신시키다
disgraceful [disgréisfəl] a. 수치스러운, 명예롭지 못한

참고 **elegance** [éligəns] n. **우아함**, 고상함
elegant [éligənt] a. 우아한, 고상한

honor [ánər] n. 명예名譽
dishonor [disánər] n. **불명예**

glory [glɔ́ːri] n. 영광, 장관壯觀, 명예로운 것

[불명예 ➡ 부끄러워]

ashamed [əʃéimd] a. 부끄러운, 부끄러워하는
shame [ʃeim] n. 수치심羞恥心, 부끄러움, 창피 v. 수치스럽게 하다, 망신을 주다
참고 **stigma** [stígmə] n. 오명汚名, 치욕, 불명예, 암술머리

manner [mǽnər] n. 방식, 태도, (manners) **예의**, 예의범절禮儀凡節
참고 **netiquette** [nétiket] n. 네티켓, 인터넷 상의 에티켓

polite [pəláit] **a.** 예의 바른
impolite [impəláit] **a.** 무례한
propriety [prəpráiəti] **n.** (도덕적·사회적) 적절성, 예의 바름
참고 **naughty** [nɔ́ːti] **a.** (아이가) 버릇없는, 장난꾸러기의
naughtily [nɔ́ːtili] **ad.** 짓궂게, 버릇없이, 장난스럽게
mischief [místʃif] **n.** 장난, 장난기, 해害, 위해危害
mischievous [místʃəvəs] **a.** 장난기 어린, 해로운
mischievously [místʃəvəsli] **ad.** 장난기 있게, 해롭게
rude [ruːd] **a.** 무례無禮한, 버릇없는
참고 **insolent** [ínsələnt] **a.** 무례한, 버릇없는, 건방진

시도試圖

attempt [ətémpt] **v.** (어려운 일을) 시도試圖하다, 기도企圖하다 **n.** 시도, 기도, 미수未遂
endeavor [indévər] **v.** (아주 열심히) 노력하다 **n.** 노력, 시도
try [trai] **v.** 노력하다, 시도試圖하다, 해보다, 심리審理하다 **n.** 노력, 시도
trial [tráiəl] **n.** 시도, 실험, 시련試鍊, 재판

연상의 그물망

참고 **foray** [fɔ́ːrei] **n.** 시도, 급습, 습격襲擊, 약탈掠奪
essay [ései] **n.** 에세이, 과제, 소론小論, 논평, 시도, 기도
stab [stæb] **v.** 찌르다 **n.** 찌르기, 시도
ordeal [ɔːrdíːəl] **n.** 시련試鍊, 고난苦難

대對

versus [vɔ́ːrsəs] **prep.** (vs or vs.) …대對, …와 대비되어

대결對決

confront [kənfrʌ́nt] **v.** 직면直面하게 하다, 직면하다, 대결하게 하다, 맞서다
confrontation [kɑ̀nfrəntéiʃən] **n.** 대립, 대결, 직면

망설이고

hesitate [hézətèit] **v.** 주저躊躇하다, 망설이다
hesitation [hèzətéiʃən] **n.** 주저, 망설임
hesitancy [hézətənsi] **n.** 주저, 망설임
hesitant [hézətənt] **a.** 주저하는, 망설이는

갈등葛藤

conflict [kɑ́nflikt] **n.** 갈등葛藤, 충돌 **v.** [kənflíkt] 상충하다
conflicting [kənflíktiŋ] **a.** 상충하는
conflictive [kənflíktiv] **a.** 상충하는
참고 **strife** [straif] **n.** 갈등, 분쟁, 불화

연상의 그물망

[갈등 ▶ 충돌]

collide [kəláid] **v.** 충돌衝突하다, 부딪치다
collision [kəlíʒən] **n.** 충돌
참고 **clash** [klæʃ] **n.** 충돌衝突 **v.** 충돌하다
crash [kræʃ] **v.** 충돌하다, 추락墜落하다, 박살나다 **n.** 충돌, 추락, 요란한 소리
crash-land [kræʃlǽnd] **v.** 불시착不時着하다, 불시착시키다

선택選擇

choose [tʃuːz] **v.** choose-chose-chosen 선택選擇하다, 고르다

choice [tʃɔis] n. 선택
mischoose [mistʃúːz] v. mischoose-mischose-mischosen 선택을 그르치다, 잘못 선택하다

option [ápʃən] n. 선택, 선택권
optional [ápʃənl] a. 선택의, 선택적인

pick [pik] v. 고르다, (꽃이나 과일을) 따다 n. 고르기, 선택
picky [píki] a. 까다로운
참고 fussy [fʌ́si] a. 까다로운, 안달복달하는

select [silékt] v. 선택選擇하다, 선발選拔하다 a. 정선精選된, 엄선嚴選된
selection [silékʃən] n. 선택, 선발

adopt [ədápt] v. 채택採擇하다, 입양入養하다
adoptive [ədáptiv] a. 양자養子 관계의, 채용의
adoption [ədápʃən] n. 채택, 입양

연상의 그물망

참고 foster [fɔ́ːstər] v. 조성造成하다, 조장助長하다, (수양 자식을) 기르다 a. 양養…
foster home 양부모의 집, 보호 시설
foster parent 양부모, 수양부모
foster kid 위탁 아동

stepparent [stéppɛərənt] n. 의붓 부모
stepfather [stépfàðər] n. 의붓아버지, 새아버지
stepmother [stépmʌ̀ðər] n. 의붓어머니, 새어머니
step [step] n. 걸음, 단계, 계단, 조치措置
참고 nurture [nə́ːrtʃər] v. 양육養育하다, 기르다, 키우다 n. 양육, 육성育成

raise [reiz] v. 올리다, 들어올리다, 기르다 n. 고양高揚, 인상引上
raise the bar 기준을 높이다

[선택 ▸ 선택지選擇肢]

whether [wéðər] conj. …인지 아닌지, …이든 아니든

천국天國

heaven [hévən] n. 천국, 천당, 하늘
heavenly [hévənli] a. 천국의, 하늘의

연상의 그물망

참고 celestial [səléstʃəl] a. 천체의, 천상의, 하늘의
celestially [səléstʃəli] ad. 거룩하게, 신성하게

sky [skai] n. 하늘
skyrocket [skáirɑ̀kət] v. 급등急騰하다, 급상승急上昇하다
rocket [rɑ́kit] n. 로켓 v. 급상승急上昇하다, 돌진突進하다

angel [éindʒəl] n. 천사

지옥地獄

hell [hel] n. 지옥

실망감失望感

disappoint [dìsəpɔ́int] v. 실망失望시키다
disappointed [dìsəpɔ́intid] a. 실망한
disappointing [dìsəpɔ́intiŋ] a. 실망스러운, 실망시키는
disappointment [dìsəpɔ́intmənt] n. 실망

dismay [disméi] n. 실망, 경악 v. 실망시키다, 경악驚愕하게 하다

despair [dispɛ́ər] n. 절망絶望 v. 절망하다
desperate [déspərət] a. 자포자기自暴自棄의, 간절히 원하는, 필사적인
desperately [déspərətli] ad. 절망적으로, 필사적으로

외로움

lonely [lóunli] a. 외로운
lonesome [lóunsəm] a. 외로운
loneliness [lóunlinis] n. 외로움
alone [əlóun] a. 혼자인, 외로운 ad. 혼자, 홀로, 외로이

연상의 그물망

참고 **solitary** [sálətèri] a. 혼자의, 단 하나의
solitude [sálətjù:d] n. (혼자 있는 시간을 누리는) 고독孤獨

solo [sóulou] n. 독주, 독창 a. 독주의, 독창의

부러움

envy [énvi] n. 부러움, 선망 v. 부러워하다, 선망羨望하다
envious [énviəs] a. 부러워하는, 선망하는

질투嫉妬

jealous [dʒéləs] a. 질투嫉妬하는, 시기猜忌하는
jealousy [dʒéləsi] n. 질투, 시기

부자富者

rich [ritʃ] a. 부자의, 부유한, **풍부**한
richness [rítʃnis] n. 풍부함, 풍요로움
enrich [inrítʃ] v. 부유하게 하다, 풍부하게 하다
enrichment [inrítʃmənt] n. 풍부하게 함

abundant [əbʌ́ndənt] a. **풍부**豊富한
abundance [əbʌ́ndəns] n. 풍부

abound [əbáund] v. 풍부하다
affluent [ǽfluənt] a. 부유한, **풍부**한
bounty [báunti] n. 풍요로움, 포상금
wealth [welθ] n. 부, 재산, 부유함, **풍부**한 양
wealthy [wélθi] a. 부유한, 재력이 있는
참고 **ostentatious** [àstəntéiʃəs] a. (과시적인 뉘앙스로) 대단히 비싼, 과시적인

연상의 그물망
[부유 ▶ 번창]

flourish [flə́:riʃ] v. **번창**繁昌하다, 번영繁榮하다
flourishing [flə́:riʃiŋ] a. 번창하는, 번영하는

thrive [θraiv] v. **번창**하다, 번성하다, 잘 자라다
thriving [θráiviŋ] a. 번영하는, 번성하는, 무성한

prosper [práspər] v. 번영繁榮하다, **번창**繁昌하다
prosperous [práspərəs] a. 번영하는, 번창하는
prosperity [prɑspérəti] n. 번영, 번창

plenty [plénti] n. **풍부**豊富함, 많음
plentiful [pléntifəl] a. 풍부한, 많은
참고 **ample** [ǽmpl] a. (넘칠 정도로) 충분充分한, **풍부**한
amplify [ǽmpləfài] v. 증폭增幅하다, 부연敷衍하다

가난

poverty [pávərti] n. **가난**, 빈곤貧困, 부족
poor [puər] a. **가난**한, 빈곤한, 부족한, 불쌍한

impoverish [impávəriʃ] v. 가난하게 하다, 빈곤하게 하다, 저하低下시키다
impoverished [impávəriʃt] a. 빈곤한

destitute [déstətjù:t] a. 극빈한, 매우 **가난**한, …이 없는

연상의 그물망

참고 **slum** [slʌm] n. 빈민가

ghetto [ɡétou] n. (slum) 미국의 빈민가貧民街

ragged [rǽɡid] a. **누더기**의, (옷이) 낡고 찢어진
rag [ræɡ] n. 누더기

shabby [ʃǽbi] a. (옷이) 해진, 낡은, 허름한

tatter [tǽtər] n. (tatters) 넝마, **누더기**
tatty [tǽti] a. **누더기**의, 넝마의

[가난 ▶ 부족]

scarce [skɛərs] a. 부족한, 모자라는
scarcely [skɛ́ərsli] ad. 거의 …하지 않은, 간신히, 겨우
scarcity [skɛ́ərsəti] n. **부족**, **결핍**, 희소성

scant [skænt] a. 부족한, 충분하지 않은

lack [læk] n. **부족**不足 v. 부족하다
참고 **dearth** [də:rθ] n. **부족**, **결핍**
devoid of ~이 없는

devoid [divɔ́id] a. 전혀 없는

deficient [difíʃənt] a. **결핍**缺乏된, 모자라는
deficiency [difíʃənsi] n. 결핍, 결함

deficit [défəsit] n. **부족**, 결손缺損, **결핍**缺乏, 적자赤字
참고 **surplus** [sə́:rplʌs] n. 잉여剩餘, 흑자黑字 a. 잉여의

연상의 그물망
[가난 ▶ 영양실조]

참고 **malnourished** [mælnə́:riʃt] a. **영양실조**營養失調의

undernourishment [ʌ̀ndərnə́:riʃmənt] n. 영양 **부족**
undernourished [ʌ̀ndərnə́:riʃt] a. 영양 부족의

nourish [nə́:riʃ] v. 영양분營養分을 공급하다, 기르다, 조장助長하다
nourishment [nə́:riʃmənt] n. 영양분, 음식물

malnutrition [mæ̀lnutríʃən] n. **영양실조**

nutrition [nju:tríʃən] n. 영양營養
nutritional [nju:tríʃənl] a. 영양의

nutritionist [nju:tríʃənist] n. 영양사, 영양학자

nutrient [njú:triənt] n. 영양소
micronutrient [màikrounjú:triənt] n. 미량 영양소, 미량 원소
macronutrient [mækrounjú:triənt] n. 다량 영양소

[영양 ▶ 예시例示로]

참고 **trophic** [tráfik] a. 영양의

protein [próuti:n] n. 단백질

vitamin [váitəmin] n. 비타민

환경環境

circumstance [sə́:rkəmstæns] n. 상황狀況, **환경**環境

condition [kəndíʃən] n. 컨디션, 상태, 조건條件, (conditions) **환경** v. 조건화하다
conditioned reflex 조건 반사

environment [inváiərənmənt] n. **환경**環境

surrounding [səráundiŋ] a. 둘러싸는, 주위周圍의 n. (surroundings) **환경**環境
surround [səráund] v. 둘러싸다

연상의 그물망
참고 **around** [əráund] ad. prep. … 주위에, 대략

about [əbáut] ad. 대략, 약, 주위에 prep. ~에 대한, ~에 관한, ~의 주위에
be about to … 막 …하려고 하다

besiege [bisí:dʒ] v. 포위包圍하다, **둘러싸다**

encircle [insə́:rkl] v. **둘러싸다**, 일주一周하다

enclose [inklóuz] v. 에워싸다, **둘러싸다**, 동봉同封하다
enclosure [inklóuʒər] n. 에워쌈, 둘러싸인 곳, 울타리로 둘러싸인 구역, 울타리, 동봉

wrap [ræp] v. 싸다, **포장**(包裝)하다, **두르다** n. 포장지, 랩
참고 **pack** [pæk] v. (짐을) 싸다, 꾸리다, 포장하다 n. 꾸러미, **묶음**, 팩, 집단, 무리
package [pǽkidʒ] n. 소포, 꾸러미, 패키지, 포장된 물건 v. 포장하다
parcel [pɑ́ːrsəl] n. 소포, 꾸러미, (토지의) 구획
bundle [bʌ́ndl] n. **묶음**, 꾸러미, 뭉치, 다발, 보따리 v. 서둘러 밀어넣다, 무리 짓다
참고 **bunch** [bʌntʃ] n. 다발, **묶음**, 송이

[환경 ▷ 생태계]

ecosystem [íkousistəm] n. 생태계生態系
ecology [ikálədʒi] n. 생태, 생태학
ecological [ìːkəládʒikəl] a. 생태의, 생태학의, 환경 보호의
ecologist [ikálədʒist] n. 생태학자, 환경 운동가
참고 **eco-friendly** [ìkoufréndli] a. 환경 친화적인, 친환경적인
eco-activity [ìkouæktívəti] n. 생태계 보전 활동, 환경 보호 운동

연상의 불꽃 | 예쁨

사랑에 대한 태도와 관련하여 남자가 여자를 바라보는 마음은 **단순(單純)**하다고 흔히들 말한다. '**예쁘냐?**' 하나로 끝나는 그런 아주 단순한 마음이다. 무어, 틀린 말은 아닌 것 같고 이런 관점에서 남자들의 마음은 되게 **투명(透明)**하다고 볼 수도 있다. 수컷의 본능이라고 해야 하나? 무어 요즘 세상에서는 남자만 그렇다 하기도 뭣하다. 여자들도 잘생긴 남자, 이쁜 남자를 거침없이 좋아하고 그러한 아름다움을 따르는 풍조(風潮)라서.
이런 분위기(雰圍氣)는 **외모** 지상주의(外貌至上主義)가 **만연(蔓延)**하고 과열(過熱)되고 있는 **현대(現代)** 사회를 **반영(反映)**한다고 볼 수도 있는데, 불량교생은 이러한 경향(傾向)에 매우 비판적(批判的)인 시각을 견지(堅持)하고 있다. 사람과 사람의 외모를 **비교(比較)**하고 우열(優劣)을 가리고 있다니, 막말로 정말 싸가지 없는 **행태(行態)**다. **이 세상에 안 예쁜 사람은 없는데** 말이다. 겉만 **매끈**하고 속은 **거칠** 수도 있고 말이다.

단순單純

simplify [símpləfài] v. 간단하게 하다, 단순화하다
simplified [símpləfàid] a. 간단하게 한, 단순화한
simplicity [simplísəti] n. 간단함, 단순함
oversimple [òuvərsímpl] a. 지나치게 단순한
oversimplify [òuvərsímpləfài] v. 지나치게 단순화하다
uncomplicated [ʌnkámpləkèitid] a. 복잡하지 않은, 단순한
complicated [kámpləkèitid] a. 복잡한
complicate [kámpləkèit] v. 복잡하게 하다, 악화시키다
complication [kàmpləkéiʃən] n. 복잡성, (complications) 합병증

[단순 ◁▷ 복잡]

complex [kəmpléks, kámpleks] a. 복잡한 n. 복합 단지
sports complex 스포츠 단지
complexity [kəmpléksəti] n. 복잡성
intricate [íntrikət] a. 복잡複雜한, 뒤얽힌

참고 **multi-faceted** [mʌltiféistid] **a.** 다면多面의

연상의 그물망

brief [bri:f] **a.** 간단한, 짧은 **v.** 개요槪要를 알려주다, 보고報告하다
debrief [di:brí:f] **v.** 보고를 듣다
briefing [brí:fiŋ] **n.** 간단한 보고, 상황 설명
참고 **concise** [kənsáis] **a.** 간결簡潔한

succinct [səksíŋkt] **a.** 간결한

report [ripɔ́ːrt] **v.** 보고報告하다, 보도報道하다 **n.** 보고, 보도
reporter [ripɔ́ːrtər] **n.** 기자, 보고하는 사람
reporting [ripɔ́ːrtiŋ] **n.** 보도, 보고
overreport [òuvərripɔ́ːrt] **v.** 과장誇張하여 보고하다
underreport [ʌ̀ndərripɔ́ːrt] **v.** 실제보다 적게 보고하다, 실제보다 적게 보도하다

'예쁘냐?'

beautiful [bjú:təfəl] **a.** 아름다운, 예쁜
beauty [bjú:ti] **n.** 아름다움, 미美, 미인

연상의 그물망

참고 **gorgeous** [gɔ́ːrdʒəs] **a.** 대단히 아름다운, 굉장히 즐거운

splendid [spléndid] **a.** 아주 좋은, 아주 아름다운

pageant [pǽdʒənt] **n.** 화려한 행렬, 가장행렬假裝行列, 미인 대회

pretty [príti] **a.** 귀여운, 예쁜, 매력적인 **ad.** 꽤, 상당히

cute [kju:t] **a.** 귀여운, 예쁜
quite [kwait] **ad.** 꽤, 상당히
참고 **handsome** [hǽnsəm] **a.** 잘생긴

ugly [ʌ́gli] **a.** 못생긴, 추醜한

hideous [hídiəs] **a.** 흉측凶測한, 끔찍한

aesthetic [esθétik] **a.** 미학美學의, 심미적審美的인
aesthetically [esθétikəli] **ad.** 미학적으로, 심미적으로
aesthetics [esθétiks] **n.** 미학
aestheticism [esθétisìzm] **n.** 유미주의唯美主義, 탐미주의耽美主義, 예술 지상주의

투명透明

transparent [trænspέərənt] **a.** 투명透明한, 속 보이는
transparency [trænspέərənsi] **n.** 투명성
참고 **translucent** [trænslúːsnt] **a.** 반투명한

opaque [oupéik] **a.** 불투명한

외모外貌

appearance [əpíərəns] **n.** 나타남, 출현, 등장, 외모, 겉모습
appear [əpíər] **v.** 나타나다, …인 것 같다
disappear [dìsəpíər] **v.** 사라지다, 실종失踪되다
disappearance [dìsəpíərəns] **n.** 사라짐, 소멸, 실종

연상의 그물망

참고 **fade** [feid] **v.** (서서히) 사라지다, (색이) 바래다

vanish [vǽniʃ] **v.** 사라지다

emerge [imə́ːrdʒ] **v.** 나타나다, 출현出現하다
emerging [imə́ːrdʒiŋ] **a.** 신생의, 신흥의
emergent [imə́ːrdʒənt] **a.** 나타나는, 출현하는, 신생의
emergence [imə́ːrdʒəns] **n.** 출현, 발생
참고 **advent** [ǽdvent] **n.** 도래到來, 출현出現

apparent [əpǽrənt] **a.** 외견상의, ~인 것으로 보이는, 분명한, 명백한
apparently [əpǽrəntli] **ad.** 겉보기에, 분명히

연상의 그물망

semblance [sémbləns] n. 외관, **겉모습**, 유사, 비슷함
seem [si:m] v. …인 것 같다, …처럼 보이다
seemingly [síːmiŋli] ad. 겉**보기**에는, 외견상으로

ostensibly [asténsəbli] ad. **표면상**으로

surface [sə́ːrfis] n. **표면**表面 v. 표면화하다
참고 **crust** [krʌst] n. (빵) 껍질, (지구의) 지각地殻
encrust [inkrʌ́st] v. 외피外皮를 형성하다

superficial [sùːpərfíʃəl] a. **표면적**表面的인, **피상적**皮相的인
superficies [sùːpərfíʃiːz] n. 표면, 외면
참고 **shallow** [ʃǽlou] a. **얕은**

[겉모습을 ▷ 보다]

look [luk] v. **보다**, 보이다 n. 보기, 표정, 외양外樣
참고 **overlook** [òuvərlúk] v. 못 보고 넘어가다, 눈감아주다
overlooker [óuvərlùkər] n. 감독자

peek [piːk] v. 훔쳐보다, 엿보다 n. 엿보기

peep [piːp] v. 엿보다, 살짝 보이다 n. 엿보기, 훔쳐보기

squint [skwint] v. 눈을 가늘게 뜨고 보다

연상의 그물망

see [siː] v. see-saw-seen 보다, 이해하다
seesaw [síːsɔ̀ː] n. 시소
참고 **behold** [bihóuld] v. behold-beheld-beheld 보다, 바라보다

saw [sɔː] n. 톱 v. saw-sawed-sawn/sawed 톱질하다

eye [ai] n. **눈** v. 눈여겨보다
eyebrow [áibràu] n. 눈썹
eyelash [áilæ̀ʃ] n. 속눈썹
eyelid [áilìd] n. 눈꺼풀
lid [lid] n. 뚜껑, 눈꺼풀
eyesore [áisɔ̀ːr] n. 눈에 거슬리는 것

eyewitness [aiwítnis] n. 목격자, 증인

blink [bliŋk] v. (눈을) 깜박이다, 깜박거리다 n. 깜박임, 깜박거림

blind [blaind] a. 눈이 먼, 맹목적(盲目的)인 v. 눈멀게 하다 n. 블라인드

[눈 ▷ 구성 요소]

참고 **cornea** [kɔ́ːrniə] n. 각막

iris [áiəris] (안구의) 홍채, 붓꽃

pupil [pjúːpl] n. 동공, 눈동자, 학생

retina [rétənə] n. (눈의) 망막
retinal [rétənəl] a. 망막의

fovea [fóuviə] n. (망막의) 중심와窩

monocular [mənákjulər] a. 단안單眼의, 외눈의

optical [áptikəl] a. **시각**의, 광학光學의
optical illusion 착시錯視
optic [áptik] a. 눈의
optics [áptiks] n. 광학
optician [aptíʃən] n. 안경사, 안경점

visible [vízəbl] a. **눈에 보이는**, 가시적인, 눈에 띄는
visible light 가시광선
invisible [invízəbl] a. 눈에 보이지 않는
invisible man 투명 인간
invisibility [invìzəbíləti] n. 눈에 보이지 않음, 불가시성不可視性

vision [víʒən] n. **시력**, 미래상, 환상
visionary [víʒənèri] a. 앞일을 내다보는 안목을 지닌, 환상의
참고 **bifocal vision** 이중 초점 시력
bifocals (원근 겸용의) 이중 초점 안경

nearsighted [níərsàitid] a. 근시안近視眼의
far sighted 선견지명先見之明이 있는, 원시안遠視眼의

visual [víʒuəl] a. **시각**視角의, 시각적인
visualize [víʒuəlàiz] v. 시각화하다, 상상하다

만연蔓延

pervade [pərvéid] v. **널리 스며들다**, 널리 퍼지다, **만연**蔓延하다
pervasive [pərvéisiv] a. 널리 스며있는, 널리 퍼진
참고 **permeate** [pə́ːrmièit] v. **스며들다**, 배어들다

infest [infést] v. (곤충이나 쥐 같은 동물이나 강도가) **들끓다**
infestation [infestéiʃən] n. 횡행橫行, 만연

prevail [privéil] v. **우세**優勢하다, **만연**蔓延하다, 이기다
prevailing [privéiliŋ] a. 우세한, 지배적인
prevalent [prévələnt] a. 만연한, 널리 퍼진
prevalence [prévələns] n. 널리 퍼짐, 유행, 보급普及

dominate [dámənèit] v. 지배支配하다, **우세**優勢하다
domination [dàmənéiʃən] n. 지배, 우세
dominant [dámənənt] a. 지배적인, 우세한
dominance [dámənəns] n. 우세, 우월

predominance [pridámənəns] n. 우세, 우위
predominant [pridámənənt] a. 우세한, 두드러진
predominate [pridámənèit] v. 우세하다, 두드러지다

현대現代

contemporary [kəntémpərèri] a. 동시대의, 당대의, **현대**의 n. 동시대의 사람
contemporarily [kəntèmpəréril] ad. 동시대에, 당대에
contemporize [kəntémpəràiz] v. 동시대에 두다

modern [mádərn] a. 근대近代의, **현대**現代의
modernize [mádərnàiz] v. 근대화하다, 현대화하다

modernism [mádərnìzm] n. 현대적 사상, 모더니즘
postmodernism [poustmádərnìzm] n. 포스트 모더니즘

연상의 그물망
[근세 ◀▶ 중세]

참고 **medieval** [mìːdíːvəl] a. 중세의
knight [nait] n. (중세의) 기사騎士
chivalry [ʃívəlri] n. 기사도騎士道 (정신)
castle [kǽsl] n. 성城

[현대 ◀▶ 고대]

ancient [éinʃənt] a. 고대古代의 n. 고대인
참고 **immemorial** [ìməmɔ́ːriəl] a. 태고의, 먼 옛날의
primeval [praimíːvəl] a. 원시의, 원시 시대의
primordial [praimɔ́ːrdiəl] a. 원시의
primitive [prímətiv] a. 원시적인
primitive man 원시인
primitive society 원시 사회
the Primitive Age 원시 시대
primitive colors 원색
primitively [prímətivli] ad. 원시적으로, 소박하게

antiquity [æntíkwəti] n. 오래됨, (-ties) 고대의 유물
antique [æntíːk] a. 골동품骨董品의 n. 골동품

반영反映

mirror [mírə(r)] n. 거울 v. 비추다, **반영**하다
reflect [riflékt] v. 반사反射하다, **반영**反映하다, 반성反省하다
reflection [riflékʃən] n. 반사, 반영, 반성
reflectional [riflékʃənl] a. 반사하는
reflective [rifléktiv] a. 반사하는, 반영하는, 반성하는,

숙고하는
reflex [ríːfleks] n. 반사 작용
reflexive [rifléksiv] a. 반사적인, 재귀再歸 용법의

연상의 그물망

참고 **flection** [flékʃən] n. 굴곡屈曲

refract [rifrǽkt] v. 굴절屈折시키다
refraction [rifrǽkʃən] n. 굴절

deflect [diflékt] v. (원래의 방향에서) 빗나가게 하다, 피하다

introspective [intrəspéktiv] a. 자기 성찰省察적인

echo [ékou] n. 메아리, 공명共鳴, 반향反響 v. 메아리치다, 공명하다, 반향하다

연상의 그물망

참고 **resonance** [rézənəns] n. 울림, 반향, 공명
resonate [rézənèit] v. 공명하다, 울리다, 떠올리게 하다
resonation [rèzənéiʃən] n. 반향, 공명

비교比較

compare [kəmpέər] v. 비교比較하다, 비유比喩하다
comparison [kəmpǽrisn] n. 비교, 비유
comparable [kámpərəbl] a. 비교할 만한, 필적匹敵하는
comparative [kəmpǽrətiv] a. 비교의, 비교적인
comparatively [kəmpǽrətivli] ad. 비교적
incomparable [inkámpərəbl] a. 비할 데가 없는, 두드러지게 뛰어난
incomparably [inkámpərəbli] ad. 비할 데가 없을 정도로

relative [rélətiv] a. 상대적相對的인, 비교적比較的인 n. 친척親戚
relatively [rélətivli] ad. 상대적으로, 비교적比較的

연상의 그물망

참고 **kin** [kin] n. 친족

uncle [ʌ́ŋkl] n. 삼촌, 고모부, 이모부, 아저씨
aunt [ænt] n. 고모, 이모, 숙모, 아주머니, 아줌마
cousin [kʌ́zn] n. 사촌

행태行態

behavior [bihéivjər] n. 행동, 처신處身, 행위
behave [bihéiv] v. 행동하다, 처신하다
misbehave [mìsbihéiv] v. 버릇없이 굴다, 못된 짓을 하다
참고 **demeanor** [dimíːnər] 행동거지, 태도, 표정

deed [diːd] n. 행위, (소유권을 증명하는) 증서
misdeed [mìsdíːd] n. 나쁜 짓, 비행非行, 악행
do [du] v. do·does-did-done 하다
misdo [misdúː] v. misdo-misdid-misdone 잘못하다, 실수하다
redo [ridúː] v. redo-redid-redone 다시 하다
overdo [òuvərdúː] v. overdo-overdid-overdone 지나치게 하다, 지나치게 사용하다

매끈

smooth [smuːð] a. 매끄러운 v. 매끄럽게 하다

연상의 그물망

참고 **fluffy** [flʌ́fi] a. 솜같이 부드러운

mellow [mélou] a. (색깔, 기질 등이) 부드러운
tender [téndər] a. 부드러운, 상냥한, 다정한 v. 입찰하다, 제출하다

even [íːvən] ad. 심지어, …조차, 훨씬 a. 평평한, 균일한, 고른, 짝수의

연상의 그물망

참고 **flat** [flæt] a. 평평한, 단호한, 펑크 난 n. 평평한 부분, 내림표(♭)

level [lévəl] n. 수준 a. 평평한 v. 평평하게 하다

거칠

rough [rʌf] a. 거친, 대충의, 대강大綱의 n. 초안草案, 개략槪略

roughage [rʌ́fidʒ] n. 섬유질 식품

참고 **coarse** [kɔːrs] a. 거친, 굵은, 상常스러운, 음탕淫蕩한

섹스는 분노憤怒하면 모욕侮辱이 된다

sex + anger = curse

분노憤怒

anger [ǽŋgər] n. 화, 분노憤怒 v. 화나게 하다
angry [ǽŋgri] a. 화난, 성난

annoy [ənɔ́i] v. 짜증나게 하다
annoyance [ənɔ́iəns] n. 짜증
annoyed [ənɔ́id] a. 짜증난
annoying [ənɔ́iiŋ] a. 짜증나게 하는

irritate [írətèit] v. 짜증나게 하다, 분통憤痛을 터뜨리다, 염증炎症을 일으키다
irritation [ìrətéiʃən] n. 짜증, 염증
irritable [írətəbl] a. 쉽게 짜증내는

연상의 그물망
참고 **inflammation** [ìnfləméiʃən] n. 염증
anti-inflammatory [æntiinflǽmətɔ̀:ri] n. 소염제消炎劑

vex [veks] v. 짜증나게 하다
vexation [vekséiʃən] n. 짜증, 짜증나게 하는 것

모욕侮辱

curse [kəːrs] n. 욕설, 저주詛呪 v. 욕하다, 저주하다

연상의 그물망
참고 **humiliate** [hjuːmílièit] v. 굴욕屈辱스럽게 하다, 창피猖披를 주다
humiliation [hjuːmìliéiʃən] n. 굴욕

issue! 모욕侮辱

아무리 영어랑 안 친한 사람이라 하더라도 'Fxxx You'란 표현을 모르는 사람은 **아마** 없을 것이다. 'fxxx'이란 단어는 sex와 **동의어(同義語)**라 할 수 있으나 분노(憤怒)한 감정 상태에서 상대방을 **모욕(侮辱)**하는 표현으로 주로 쓰인다. 아주 유사하게, 우리말에도 쌍시옷이 들어간 'x하다'란 말이 성교하다란 의미가 있으면서 **더러운 욕설(辱說)**로 사용된다. 언어(言語)가 **무기(武器)**가 된다.

아마

perhaps [pərhǽps] ad. 아마, 아마도, 어쩌면

maybe [méibi:] ad. 아마, 어쩌면, 혹시

possibly [pásəbli] ad. 아마, 어쩌면
possible [pásəbl] a. 가능한
possibility [pàsəbíləti] n. **가능성**, 기회
impossible [impásəbl] a. 불가능한

〔연상의 그물망〕

참고 **potential** [pəténʃəl] a. 잠재적潛在的인 n. 잠재력, 잠재 능력, 가능성
potentially [pəténʃəli] ad. 잠재적으로
potentiality [pətènʃiǽləti] n. 잠재력

latent [léitnt] a. 잠재하는, 잠복潛伏해 있는
latently [léitntli] ad. 잠재적으로

likely [láikli] a. …일 것 같은
likelihood [láiklihùd] n. **가능성**
unlikely [ənláikli] a. …일 것 같지 않은

probably [prábəbli] ad. 아마, 십중팔구十中八九
probable [prábəbl] a. **있음직한**, 개연성 있는
improbable [imprábəbl] a. 있음직하지 않은
probability [pràbəbíləti] n. **개연성**蓋然性, 확률確率

plausible [plɔ́:zəbl] a. 그럴듯한, **타당**妥當하게 여겨지는

plausibly [plɔ́:zəbli] ad. 그럴듯하게, 그럴싸하게
plausibility [plɔ̀:zəbíləti] n. 그럴듯함, **있음직함**, 타당성
implausible [implɔ́:zəbl] a. 그럴듯하지 않은, 타당해 보이지 않는, 믿기 힘든

〔연상의 그물망〕

참고 **valid** [vǽlid] a. **타당**妥當한, 정당한, 유효한
validity [vəlídəti] n. 타당성, 정당성, 유효성
validate [vǽlədèit] v. 입증하다, 인증하다, 효력을 인정하다
invalid [ínvəlid] a. 무효의, 효력 없는 n. (자립하기 어려운) 병약자
tried-and-true 유효성이 증명된

viable [váiəbl] a. 실행 **가능한**, 생존 가능한, 성장 가능한

동의어同義語

synonym [sínənim] n. 동의어同義語, 유의어類義語
synonymous [sinánəməs] a. 밀접한 연관을 갖는, 동의어인, 유의어인
참고 **antonym** [ǽntənìm] n. 반의어反義語

〔연상의 그물망〕

[동의同義 ⇨ 동의同意]

agree [əgríː] v. **동의**同意하다, 일치하다

agreed [əgríːd] a. 동의된, 동의하는
agreeable [əgríːəbl] a. 기꺼이 동의하는, 기분 좋은, 적합한
agreement [əgríːmənt] n. 동의, 합의, 협정, 일치
disagree [disəgríː] v. 동의하지 않다
disagreeable [disəgríːəbl] a. 기분 나쁜
disagreement [disəgríːmənt] n. 의견의 불일치
assent [əsént] v. 찬성贊成하다, 동의하다 n. 찬성, 동의
참고 dissent [disént] v. 반대하다 n. 반대
dissenter [diséntər] n. 반대자
concur [kənkə́ːr] v. 동의하다, 일치하다
consent [kənsént] n. 동의, 합의 v. 동의하다
consensus [kənsénsəs] n. 합의, 의견의 일치
참고 opinion [əpínjən] n. 의견, 견해
oppose [əpóuz] v. 반대反對하다, 대항하다
opposed [əpóuzd] a. 반대하는
opposition [àpəzíʃən] n. 반대, 반대 측, 반대당, 야당

[동의하는 상황의 ▶ 예시例示로]

negotiation [nigòuʃiéiʃən] n. 협상協商, 교섭交涉
negotiate [nigóuʃièit] v. 협상하다, 교섭하다
negotiator [nigóuʃièitər] n. 협상자, 교섭자
compromise [kámprəmàiz] n. 타협妥協, 절충 v. 타협하다, 절충하다, 위태롭게 하다
bargain [báːrgən] n. 싸게 사는 물건, 흥정 v. 흥정하다
treaty [tríːti] n. 조약條約, 협정

모욕侮辱

insult [insʌ́lt] v. 모욕侮辱하다 n. [ínsʌlt] 모욕
indignity [indígnəti] n. 모욕侮辱
affront [əfrʌ́nt] n. 모욕 v. 모욕하다

더러운

dirty [də́ːrti] a. 더러운
dirt [dəːrt] n. 먼지, 때, 흙

foul [faul] a. 더러운, 역겨운, 상스러운 n. 반칙 v. 반칙하다

연상의 그물망

dust [dʌst] n. 먼지, 티끌
dust mite 먼지진드기

mite [mait] n. 진드기
dustbin [dʌ́stbìn] n. 쓰레기통
dustpan [dʌ́stpæ̀n] n. 쓰레받기
dustcloth [dʌ́stklɔ̀ːθ] n. 걸레
duster [dʌ́stər] n. 먼지떨이
dusty [dʌ́sti] a. 먼지투성이의, 칙칙한

욕설辱說

swear [swɛər] v. swear-swore-sworn 욕辱하다, 맹세하다 n. 욕(설)
참고 vow [vau] n. 맹세 v. 맹세하다

무기武器

arms [ɑːrmz] n. 무기
armament [áːrməmənt] n. (armaments) 무기, 군비
armor [áːrmər] n. 갑옷
arm [ɑːrm] n. 팔 v. 무장武裝시키다
armpit [áːrmpìt] n. 겨드랑이
forearm [fɔ́ːrɑːrm] n. 팔뚝, 전완前腕

연상의 그물망

참고 sleeve [sliːv] n. (옷의) 소매 v. 소매를 달다
sleeveless [slíːvlis] a. 소매가 없는

elbow [élbou] n. 팔꿈치 v. 팔꿈치로 밀다

nudge [nʌdʒ] n. 팔꿈치로 찌르기, 넌지시 권하기 v. 팔꿈치로 찌르다

---

weapon [wépən] n. 무기
참고 **missile** [mísəl] n. 미사일, 던지는 무기

연상의 그물망

[무기 ▷ 예시例示로]

gun [gʌn] n. 총銃
tranquilizer gun [træŋkwəlàizər gʌn] n. 마취총
tranquilizer [træŋkwəlàizər] a. 진정제
pistol [pístəl] n. 권총拳銃
shotgun [ʃá:tgʌn] n. 산탄총散彈銃, 엽총獵銃
rifle [ráifl] n. 라이플총, 소총
참고 **bullet** [búlit] n. 총알, 탄환

bulletproof [búlətprùːf] a. 방탄의

cartridge [káːrtridʒ] n. 탄약통, 작은 용기(통), 카트리지

holster [hóulstər] n. 권총용 가죽 케이스, 권총집

trigger [trígər] n. 방아쇠 v. 방아쇠를 당기다, 촉발하다, 유발하다

knife [naif] n. (pl. knives) 칼
참고 **dagger** [dǽgər] n. (무기로 사용되는) 단도短刀, 단검短劍

sword [sɔːrd] n. (무기로 사용되는) 검, 칼

blade [bleid] n. (칼)날, (풀)잎

cannon [kǽnən] n. 대포
참고 **artillery** [aːrtíləri] n. 대포

---

wield [wiːld] v. (무기 등을) 잘 다루다, 휘두르다, (힘이나 권력 등을) 행사하다

연상의 불꽃 | 분노憤怒

욕 나오게 하는 정신 상태인 **분노(憤怒), 혐오(嫌惡), 증오(憎惡), 경멸(輕蔑)** 단어들을 떠올려 보자.

분노憤怒

indignation [ìndignéiʃən] n. 분개憤慨
indignant [indígnənt] a. 분개한

resent [rizént] v. 분개하다
resentful [rizéntfəl] a. 분개하는
resentment [rizéntmənt] n. 분개, 분노憤怒

rage [reidʒ] n. 분노憤怒, 격노激怒 v. 격노하다
outrage [áutreidʒ] n. 격분, 격노 v. 격노하게 만들다, 격분하게 하다

exasperation [igzæspəréiʃən] n. 격분

wrath [ræθ] n. 분노憤怒, 노여움, 천벌

mad [mæd] a. 미친, 화난

연상의 그물망

참고 **crazy** [kréizi] a. 미친, 열망熱狂한
craze [kreiz] v. 미치게 하다 n. (일시적) 열광, 대유행

deranged [diréindʒd] a. 제정신이 아닌, (정신병으로) 미친

frantic [frǽntik] a. 광란狂亂의, 제정신이 아닌, 미친

듯이 허둥대는
frantically [fræntikəli] ad. 미친 듯이

mania [méiniə] n. 열광
maniac [méiniæk] n.미치광이, -광狂

furiously [fjúəriəsli] ad. 미친 듯이, 광적으로
furious [fjúəriəs] a. 몹시 화난, 광분狂奔한, 맹렬猛烈한
fury [fjúəri] n. 광분, 격분激忿

참고 **upset** [ʌpsét] v. upset-upset-upset 뒤엎다, 속을 뒤집다 a. [ʌpset] 뒤집힌, 속상한

혐오嫌惡, 증오憎惡

hate [heit] v. 매우 싫어하다, 질색窒塞하다, 혐오嫌惡하다
hater [héitər] n. 매우 싫어하는 사람, 남을 헐뜯는 사람
hatred [héitrid] n. 혐오, 증오

disgust [disgʌ́st] v. 혐오감을 일으키다
disgusting [disgʌ́stiŋ] a. 역겨운, 혐오스러운

detest [ditést] v. 몹시 싫어하다, 혐오하다
detestation [dìːtestéiʃən] n. 혐오, 증오

loathe [louð] v. 혐오하다, 질색하다, 몹시 싫어하다
loathing [lóuðiŋ] n. 혐오, 질색

abhor [æbhɔ́ːr] v. 혐오嫌惡하다
abhorrence [æbhɔ́ːrəns] n. 혐오, 질색

참고 **abominate** [əbɑ́mənèit] v. 몹시 싫어하다, 질색이다
abominable [əbɑ́mənəbl] a. 질색인, 가증스러운

averse [əvə́ːrs] a. (to) ~을 싫어하는
aversion [əvə́ːrʒən] n. 반감, 혐오

경멸輕蔑

contempt [kəntémpt] n. 경멸輕蔑
contemptuous [kəntémptʃuəs] a. 경멸적인

despise [dispáiz] v. 경멸輕蔑하다

scorn [skɔːrn] n. 경멸 v. 경멸하다

snub [snʌb] n. 경멸 v. 무시無視하다

sneer [sniər] v. 비웃다 n. 비웃음, 냉소冷笑, 경멸輕蔑

ridicule [rídikjùːl] n. 조소嘲笑, 조롱嘲弄, 비웃음 v. 조소하다, 조롱하다, 비웃다
ridiculous [ridíkjuləs] a. 웃기는, 우스운, 터무니없는

연상의 그물망
[비웃다 ➡ 웃다]

참고 **laugh** [læf] v. (소리 내어) 웃다 n. 웃음
laughter [lǽftər] n. 웃음, 웃음소리

grin [grin] v. 활짝(방긋) 웃다 n. 활짝(방긋) 웃음

smile [smail] v. 미소 짓다, (소리를 내지 않고) 웃다 n. 미소

섹스는 (간혹) 문학文學에서 극단極端으로 치닫는다

sex + literature = extreme

문학文學

literature [lítərətʃər] n. 문학文學, 문헌文獻
literary [lítərèri] a. 문학의

극단極端

extreme [ikstríːm] a. 극단적極端的인, 극도의 n. 극단, 극도
extremely [ikstríːmli] ad. 극단적으로, 극도로

연상의 그물망

polarization [pòulərizéiʃən] n. 극단화極端化, 양극화
polarize [póuləràiz] v. 양극화하다
polar [póulər] a. 북극의, 남극의, 극성의, 극과 극의

polar bear 북극곰, 흰곰
polar zone 극지방
pole [poul] n. 극, 막대기
참고 **antarctic** [æntάːrktik] a. 남극南極의 n. (the Antarctic) 남극
the Antarctic Ocean 남극해
Antarctica [æntάːrktikə] n. 남극 대륙

arctic [άːrktik] a. 북극北極의 n. the Arctic 북극
the Arctic Ocean 북극해
Arctic tern [άːrktik təːrn] n. 북극 제비갈매기

ultimate [ʌ́ltəmət] a. 궁극적窮極的인, 최후의, 극단極端의, 최대의
ultimately [ʌ́ltəmətli] ad. 궁극적으로
참고 **ultimatum** [ʌ̀ltəméitəm] n. 최후통첩最後通牒

final [fáinl] a. **최종적**인, 최후의, 마지막의 n. 결승전, 기말 시험
semifinal [sèmifáinl] n. 준결승전
finally [fáinəli] ad. 최종적으로, 마지막으로, 마침내
finale [fináeli] n. 피날레, 최후의 막, 대단원

eventually [ivéntʃuəli] ad. **최종적**으로, 결국
eventual [ivéntʃuəl] a. 최후의, 최종적인
event [ivént] n. 사건事件, 행사, 종목, 결과

utmost [ʌ́tmòust] a. **극도의**, 최대의, **최고의** n. 최대한도
maximum [mǽksəməm] n. 최대, 최고 a. 최대의, **최고의**
참고 **minimum** [mínəməm] n. 최소, 최저 a. 최소의, 최저의
minimal [mínəməl] a. 최소의
minimalism [mínəməlizəm] n. 미니멀리즘

issue! 표현表現

세계적인 문학상(文學賞)을 **수상(受賞)**하여 대한민국 문학사(文學史)에 위대한 **업적(業績)**을 이룬 한강 **작가(作家)**의 『**채식주의자**』(菜食主義者)란 소설(小說) 작품의 **줄거리**를 보면, 성(性)과 관련하여 다소 극단적인 장면(場面)들이 연출된다. 문신(文身)처럼 몸에 미술(美術) **그림**을 그리기도 하고, 공공 장소에서 전라(全裸)를 **노출(露出)**하기도 한다. 이런 적나라(赤裸裸)한 **표현(表現)**으로 이 작품이 청소년 유해물인가 아닌가 **논란(論難)**이 일기도 한다. 수위(水位)가 높은 문학이나 **영화(映畫)**에서 이런 변태적(變態的)인 자극(刺戟)으로 독자나 **관객(觀客)**의 시선을 끄는 일이 비일비재(非一非再)하지만, 어떨 땐 그저 **평범(平凡)**한 게 어쩌면 가장 위대(偉大)한 게 아닐까? 싶기도 하다.

수상受賞

award [əwɔ́:rd] n. 상 v. (상을) 수여授與하다
prize [praiz] n. 상, 상품, 경품

업적業績

accomplish [əkάmpliʃ] v. **성취**하다, 완수하다
accomplishment [əkάmpliʃmənt] n. 성취, 완수, 업적, 기량
achieve [ətʃíːv] v. **성취**하다, 달성하다
achievement [ətʃíːvmənt] n. 성취, 달성, 업적

achievable [ətʃíːvəbl] a. 성취할 수 있는, 달성할 수 있는
feat [fiːt] n. 위업偉業, **공적**功績, 뛰어난 솜씨, 재주, 묘기

연상의 그물망
참고 **acrobatic** [ækrəbǽtik] a. 곡예를 부리는
flying acrobatics 곡예비행

juggler [dʒʌ́glər] n. 던지기 곡예사
juggle [dʒʌ́gl] v. 저글링하다, 여러 물체를 연속적으로 공중에 던지며 받는 묘기를 하다

exploit [ikspl5it] v. 이용하다, 부당하게 사용하다, 착취搾取하다 n. [éksplɔit] 위업偉業, 공훈功勳, **공적**功績

[성취 ➡ 기록]

record [rékərd] n. 기록記錄, 음반 v. [rikɔ́:rd] 기록하다, 녹음하다

참고 **label** [léibəl] n. 라벨, 꼬리표, 음반사音盤社 v. 꼬리표를 붙이다

archive [ά:rkaiv] n. 기록 보관소 v. 보관하다
archival [ɑ:káivəl] a. 기록 보관소의, 기록의

document [dάkjumənt] n. 서류, 문서, 기록 v. 문서화하다, 기록하다

documentary [dὰkjuméntəri] n. 다큐멘터리, 기록물 a. 기록의, 문서의

참고 **file** [fail] n. 파일, 서류철, (소송을) 제기하다, (손톱을 다듬는) 줄 v. (날을) 갈다

[다큐멘터리 ➡ 전기]

autobiography [ɔ̀:təbaiάgrəfi] n. 자서전自敍傳

biography [baiάgrəfi] n. 전기傳記
biographer [baiάgrəfər] n. 전기 작가

[기록적 ➡ 성공적]

succeed [səksí:d] v. (in) 성공成功하다, (to) 계승繼承하다

succeeding [səksí:diŋ] a. 다음의

succession [səkséʃən] n. 계승, 연속
successive [səksésiv] a. 연속적인, 계승하는
successor [səksésər] n. 계승자

success [səksés] n. 성공
successful [səksésfəl] a. 성공적인, 성공한
unsuccessful [ʌ̀nsəksésfəl] a. 성공하지 못한

[계승 ➡ 후임이 전임에게]

predecessor [prédəsèsər] n. 전임자前任者, 전신前身

[성공 ⬅➡ 실패]

fail [feil] v. 실패失敗하다
failure [feil] n. 실패
참고 **downfall** [dáunfɔ:l] n. 몰락, 폭우, 폭설

streak [stri:k] n. (성공이나 실패의) 연속, 줄무늬

작가作家

author [ɔ́:θər] n. 저자著者, 작가作家

연상의 그물망

참고 **editor** [édətər] n. 편집자編輯者, 편집장編輯長
editorial [èdətɔ́:riəl] a. 편집의 n. 사설
edit [édit] v. 편집하다
edition [idíʃən] n. 판, (발행된) 1회분

compile [kəmpáil] v. 편찬編纂하다, 편집編輯하다
compilation [kὰmpəléiʃən] n. 편찬, 편집, 편찬한 내용물

write [rait] v. write-wrote-written 쓰다, 집필執筆하다
written [rítn] a. 글로 쓰인, 서면의
rewrite [rì:ráit] v. rewrite-rewrote-rewritten 다시 (고쳐) 쓰다
overwrite [òuvərráit] v. overwrite-overwrote-overwritten 겹쳐 쓰다, (컴퓨터) 덮어 쓰다

연상의 그물망

참고 **transcribe** [trænskráib] v. (말 등을) 글로 옮기다, 옮겨 쓰다, 필사筆寫하다
transcription [trænskríp∫ən] n. 글로 옮김, 필사

manuscript [mǽnjuskrìpt] n. 원고原稿, 필사본筆寫本

script [skript] n. 손으로 쓴 글, 원고原稿, 대본臺本
scribe [skraib] v. n. 필기사, 필경사, 서기

참고 **scribble** [skríbl] v. 휘갈겨 쓰다, 낙서하다 n. 낙서
doodle [dú:dl] v. 낙서하다, 끼적대다, 빈둥거리다 n. 낙서

publish [pʌ́bliʃ] v. 出版출판하다, 발표하다
publication [pʌ̀bləkéiʃən] n. 출판, 발표
publishing [pʌ́bliʃiŋ] n. 출판 (사업)

채식주의자 菜食主義者

vegetarian [vèdʒətɛ́əriən] n. 채식주의자
vegetarianism [vèdʒətɛ́əriənizm] n. 채식주의
vegan [ví:gən] n. 극단적 채식주의자
vegetable [védʒətəbl] n. 채소, 야채
vegetation [vèdʒətéiʃən] n. 초목, 식물, 식물의 생장

연상의 그물망

[채식 음식 ▶ 예시例示로]

참고 **onion** [ʌ́njən] n. 양파

garlic [gáːrlik] n. 마늘

potato [pətéitou] n. 감자

tuber [tjúːbər] n. (감자 등의) 덩이줄기

radish [rǽdiʃ] n. 무

lettuce [létis] n. 상추, 양상추

spinach [spínitʃ] n. 시금치

cabbage [kǽbidʒ] n. 양배추

cucumber [kjúːkʌmbər] n. 오이

pickle [píkl] n. 피클, 오이절임

[채소 ▶ 식물]

참고 **botany** [bátəni] n. 식물학, 식물의 생태生態
botanical [bətǽnikəl] a. 식물의 (= botanic)
botanical garden 식물원
botanist [bátənist] n. 식물학자

plant [plænt] n. 식물植物, 공장工場 v. 심다

plantation [plæntéiʃən] n. 대규모 농장
replant [riplǽnt] v. 옮겨 심다, 이식移植하다
replantation [riplæntéiʃən] n. 이식, 이식된 식물
transplant [trænsplǽnt] v. 옮겨 심다, 이식하다 n. [trǽnsplænt] 이식, 이식된 장기(조직)

연상의 그물망

참고 **flora** [flɔ́ːrə] n. 식물군

moss [mɔːs] n. 이끼
algae [ǽldʒiː] n. 해조류
blight [blait] n. (식물의) 마름병
chlorophyll [klɔ́ːrəfil] n. 엽록소
taro [táːrou] n. (식물) 타로토란

stalk [stɔːk] n. 줄기 v. 집요執拗하게 쫓아다니다

stem [stem] n. 줄기 v. 저지沮止하다
stem cell 줄기 세포

reed [riːd] n. 갈대

straw [strɔː] n. 밀짚, 빨대

cactus [kǽktəs] n. (pl. cacti [kǽktai]) 선인장仙人掌

garden [gáːrdn] n. 정원庭園
gardener [gáːrdnər] n. 정원사, 원예사

weed [wiːd] n. 잡초雜草 v. 잡초를 뽑다
seaweed [síːwiːd] n. 해초
참고 **kelp** [kelp] n. 켈프(다시마 등 해초의 일종)
hoe [hou] n. (잡초를 제거할 때 쓰는 자루가 긴) 괭이

lawn [lɔːn] n. 잔디, 잔디밭
참고 **grass** [græs] n. 풀, 잔디
grassland [grǽslænd] n. 풀밭, 초원

mow [mou] v. mow-mowed-mowed/mown (잔디) 깎다, (풀) 베다
mower [móuər] n. 잔디 깎는 기계

hay [hei] n. 건초

참고 **forest** [fɔ́:rist] n. 숲, 삼림森林
forestry [fɔ́:rəstri] n. 임학, 삼림 관리
afforestation [əfɔ̀:ristéiʃən] n. 숲 가꾸기, 조림
deforest [di:fɔ́:rist] v. 삼림을 벌채(伐採하다
deforestation [di:fɔ̀:ristéiʃən] n. 삼림 벌채

grove [grouv] n. 작은 숲, 과수원
jungle [dʒʌ́ŋgl] n. 밀림, 정글

연상의 그물망

tree [tri:] n. 나무
treetop [trítɔ̀p] n. 나무 꼭대기, 우듬지
mangrove [mǽŋgròuv] n. 맹그로브(강가나 늪지에서 자라는 열대 나무)
참고 **swamp** [swɑmp] n. 늪, 습지濕地 v. 잠기게 하다

marsh [mɑ:rʃ] n. 늪, 습지
marshy [mɑ́:rʃi] a. 늪의, 습한

mire [maiər] n. 늪, 진흙탕, 수렁

quagmire [kwǽgmàiər] n. 수렁, 진창

sap [sæp] n. 수액樹液

sapling [sǽpliŋ] 묘목, 어린나무

seedling [sí:dliŋ] n. 묘목

stump [stʌmp] n. 그루터기

[나무 ➡ 예시例示로]

bamboo [bæmbú:] n. 대나무
maple [méipl] n. 단풍나무
mulberry tree [mʌ́lbèri tri:] 뽕나무

pine [pain] n. 솔, 소나무
pine knot 관솔(송진이 엉긴 소나무의 옹이)
pine tree 소나무
pineapple [páinæ̀pəl] n. 파인애플
참고 **evergreen** [évərgrìn] n. 상록수, 늘푸른나무
oak [ouk] n. 오크 나무, 참나무

poplar [pɑ́plər] n. 포플러나무
spruce [spru:s] n. 전나무, 가문비나무
Korean fir tree 구상나무

branch [bræntʃ] n. 나뭇가지, 가지, 지사支社, 지점, 분과, 부서 v. 갈라지다
참고 **bough** [bau] n. (나무의) 큰 가지

twig [twig] n. (나무의) 잔가지

department [dipɑ́:rtmənt] n. 부서, 학과
department store 백화점百貨店

leaf [li:f] n. (pl. leaves) 잎, 낱장
leaflet [lí:flit] n. 전단지傳單紙
참고 **greenery** [grí:nəri] n. 녹색 잎, 푸른 나무
cotyledon [kàtəlí:dn] n. 떡잎

bud [bʌd] n. 봉오리, 꽃봉오리, 눈, 새 순 v. 싹트다
redbud [rédbʌd] n. (미국) 박태기나무
참고 **sprout** [spraut] v. 싹트다 n. 싹, 새싹

germinal [dʒə́:rmənl] a. 초기의
germinate [dʒə́:rmənèit] 싹트다, 발아發芽하다
germination [dʒə̀:rmənéiʃən] n. 발아, 발생

wood [wud] n. 나무, 목재木材
wooden [wúdn] a. 나무로 된, 목재의, 경직된, 어색한
woodland [wúdlənd] n. 삼림 지대 a. 삼림 지대의
참고 **woodchuck** [wúdtʃʌk] n. 마멋(다람줫과의 짐승)

timber [tímbər] n. 목재, (목재가 되는) 수목

lumber [lʌ́mbər] n. 목재 v. (육중한 몸으로) 느릿느릿 움직이다
lumbering [lʌ́mbəriŋ] a. 느릿느릿 움직이는
mahogany [məhɑ́gəni] n. 마호가니(적갈색 열대산 목재)

carpenter [kɑ́:rpəntər] n. 목수木手

줄거리

plot [plɑt] n. 구상構想, 줄거리, 음모陰謀, 작은 구획의 땅 v. 구상하다, 표시하다, **음모**를 꾸미다

연상의 그물망

conspire [kənspáiər] v. **음모**陰謀를 꾸미다, 공모共謀하다
conspiracy [kənspírəsi] n. **음모**, **공모**
conspiratorial [kənspirətɔ́:riəl] a. 음모의, 공모의
참고 **collude** [kəlú:d] 결탁하다, **공모**하다
collusion [kəlú:ʒən] n. 공모, 담합

complicit [kəmplísət] a. 공범인, **공모**한
complicity [kəmplísəti] n. 공범, 공모

confederate [kənfédərət] n. **공모자**, 공범 a. 공모한

그림

picture [píktʃər] n. 그림, 사진, 영화映畵 v. 마음에 그리다

painting [péintiŋ] n. 그림, 페인트칠
painter [péintər] n. 화가, 칠장이
paint [peint] n. 페인트, 그림물감 v. 페인트로 칠하다, 그리다

연상의 그물망

[그림 ▶ 도구]

brush [brʌʃ] n. 솔, 붓, 솔질, 붓질 v. 솔질하다, 붓질하다
brushwork [brʌ́ʃwə̀rk] n. (화가의) 화법, 붓놀림

[그림 ▶ 예시例示로]

참고 **mural** [mjúərəl] n. 벽화壁畵 a. 벽화의
avant-garde [əvɑ̀:ntgɑ́:rd] n. 전위파, 아방가르드
Fauve [fouv] n. 야수파 화가

cubism [kjú:bizm] n. 입체파, 큐비즘
cube [kju:b] n. 정육면체, 큐브, 세제곱

[그림 ▶ 예술 미술]

art [ɑ:rt] n. 예술藝術, 미술, 기술
artful [ɑ́:rtfəl] a. 교묘한, 기교적인
artist [ɑ́:rtist] n. 아티스트, 예술가, 화가
artistic [ɑ:rtístik] a. 예술의, 예술적인
artwork [ɑ́:rtwə̀rk] n. 예술 작품

virtuoso [və̀:rtʃuóusou] n. 대가大家, 거장巨匠

[그림 ▶ 보는 곳]

museum [mju:zí:əm] n. 박물관博物館, 미술관
참고 **curator** [kjuəréitər] n. 큐레이터(박물관 등의 책임자)
gallery [gǽləri] n. 미술관, 화랑

[그림 ▶ 색]

color [kʌ́lər] n. 색, 색깔, 빛깔 v. 채색彩色하다
coloration [kʌ̀ləréiʃən] n. 채색, 천연색
colored [kʌ́lərd] a. 채색된
colorful [kʌ́lərfəl] a. 다채로운, 파란만장波瀾萬丈한
참고 **tinted** [tíntid] a. 색이 엷게 들어간

pigment [pígmənt] n. 안료顔料, 색소

dye [dai] v. 염색染色하다 n. 염료
dyeing [dáiiŋ] n. 염색

brown [braun] a. 갈색의 n. 갈색

drab [dræb] a. 칙칙한 갈색의

chromatic [kroumǽtik] a. 유채색의, 반음계의

crimson [krímzn] n. 진홍색 a. 진홍색의

indigo [índigòu] n. (indigo blue) 남색, 쪽빛

maroon [mərú:n] n. 밤색 a. 밤색의 v. (무인도에) 고립시키다

purple [pə́:rpl] n. 자주색 a. 자주색의

노출露出

expose [ikspóuz] v. 드러내다, 폭로暴露하다, 노출露出시키다
exposure [ikspóuʒər] n. 드러냄, 폭로, 노출
exposition [èkspəzíʃən] n. 전시회, 박람회, 상세한 설명

연상의 그물망

참고 **expound** [ikspáund] v. 상세하게 설명하다

reveal [rivíːl] v. 드러내다
revelation [rèvəléiʃən] n. 폭로暴露, 계시啓示

표현表現

express [iksprés] v. 표현하다, 짜내다 a. 명시된, 급행의
expression [ikspréʃən] n. 표현, 표정
expressive [iksprésiv] a. 표현하는

연상의 그물망

articulate [ɑːrtíkjulèit] v. 분명히 표현하다, 또렷이 발음하다 a. [ɑːrtíkjulət] 분명히 표현한, 발음이 또렷한
articulation [ɑːrtìkjuléiʃən] n. 분명한 표현, 또렷한 발음
pronounce [prənáuns] v. 발음發音하다, 선고하다, 표명하다
pronouncement [prənáunsmənt] n. 선고, 표명
pronunciation [prənʌ̀nsiéiʃən] n. 발음
Received Pronunciation 영국 표준 발음
참고 **inflection** [inflékʃən] n. 억양, 어형 변화, 어미語尾 변화
inflect [inflékt] v. 어형을 변화시키다, 어미를 변화시키다

eloquent [éləkwənt] a. 웅변雄辯의, 웅변적인, 잘 표현하는, 잘 보여주는
eloquently [éləkwəntli] ad. 설득력 있게, 웅변으로
eloquence [éləkwəns] n. 웅변, 능변, 달변
참고 **rhetoric** [rétərik] n. 수사(학), 수사법修辭法, (부정적 의미로) 미사여구美辭麗句

rhetorical [ritɔ́ːrikəl] a. 수사적인, 수사법의, 미사여구의
exaggeration [igzædʒəréiʃən] n. 과장, 과장된 표현
exaggerative [igzædʒərèitiv] a. 과장적인, 침소봉대針小棒大하는
exaggerate [igzædʒərèit] v. 과장誇張하다

formulate [fɔ́ːrmjulèit] v. 공식화하다, 명확히 표현하다, 고안하다
formulation [fɔ̀ːrmjuléiʃən] n. 공식화, 명확한 표현
formula [fɔ́ːrmjulə] n. 공식公式, 유아용 분유

phrase [freiz] n. 구句, 구절 v. 표현하다
phrasal [fréizəl] a. 구句의, 구로 된

render [réndər] (어떤 상태가 되게) 만들다, 주다, 표현하다
참고 **make** [meik] v. make-made-made 만들다, 되다 n. 제품
remake [riːméik] v. remake-remade-remade 다시 만들다 n. [ríːmèik] 리메이크 작품

연상의 그물망

[표현 ▶ 창작]

create [kriéit] v. 창조創造하다, 창작創作하다
creation [kriéiʃən] n. 창작, 창조, 창작물, 창조물
creative [kriéitiv] a. 창의적인, 창조적인 n. 창의적인 사람
creator [kriéitər] n. 창작자, 창조자, (the Creator) 창조주
creature [kríːtʃər] n. 생명체, 생물, 피조물被造物

참고 **recreate** [rékrièit] v. 기분 전환을 하다, 기운을 북돋다, 원기 회복을 하다
recreation [rèkriéiʃən] n. 레크리에이션, 오락娛樂, 기분 전환, 원기 회복

boost [buːst] v. 북돋우다, 밀어올리다 n. 증가, 부양책浮揚策, 밀어올리기
참고 **bolster** [bóulstər] v. 강화하다, 북돋우다

논란 論難

controversy [kάntrəvə̀ːrsi] n. 논란論難, **논쟁**
controversial [kὰntrəvə́ːrʃəl] a. 논란의 여지가 있는, 논쟁의
controversially [kὰntrəvə́ːrʃəli] ad. 논쟁적으로

debate [dibéit] n. **논쟁**, 토론, 토의 v. 논쟁하다, 토론하다, 토의하다
참고 **discuss** [diskʌ́s] v. 논의하다, 토론하다

argue [άːrgjuː] v. **논쟁**하다, 주장하다
argument [άːrgjumənt] n. 논쟁, 논거, 주장
참고 **dispute** [dispjúːt] n. 분쟁, 논쟁 v. 분쟁하다, 반론하다

contend [kənténd] v. 주장하다, 다투다
contention [kənténʃən] n. 주장, **논쟁**, 다툼

연상의 그물망
[논쟁 ▶ 논박]

refute [rifjúːt] v. 논박하다, 반박하다
refutation [rèfjutéiʃən] n. 논박, 반박

retort [ritɔ́ːrt] v. 대꾸하다, 말대꾸하다, 반박하다 n. 말대꾸, 반박
참고 **reply** [riplái] v. 대답하다, 응답하다, 대응하다 n. 대답, 응답, 대응
answer [ǽnsər] n. 대답 v. 대답하다

영화 映畫

movie [múːvi] n. 영화
film [film] n. 필름, 영화 v. 촬영하다
film stock (사용하지 않은) 영화 촬영용 필름

연상의 그물망
참고 **theater** [θíːətər] n. 극장, 연극
footage [fútidʒ] n. 장면

sequel [síːkwəl] n. (영화, 문학 등의) 속편
prequel [príːkwəl] n. 전편, (그 이전의 일을 다룬) 속편

trailer [tréilər] n. (영화 등의) 예고편, 트레일러
trail [treil] v. 질질 끌다, 끌리다, 뒤쫓다, 추적하다 n. 자국, 자취, 오솔길

관객 觀客

audience [ɔ́ːdiəns] n. 청중, **관중**, 시청자

audible [ɔ́ːdəbl] a. 들리는
inaudible [inɔ́ːdəbl] a. 들리지 않는
audio [ɔ́ːdiòu] a. 가청 주파의, 음성의 n. 음성, 오디오

auditorium [ɔ̀ːditɔ́ːriəm] n. 강당, 객석, 청중석

auditory [ɔ́ːditɔ̀ːri] a. 청각의
auditory cortex 청각 피질

aural [ɔ́ːrəl] a. 청각의

연상의 그물망
참고 **audit** [ɔ́ːdit] n. 회계 감사會計監査 v. 회계 감사를 하다
auditor [ɔ́ːditər] n. 회계 감사관
audition [ɔːdíʃən] n. 오디션 v. 오디션을 하다, 오디션을 받다

spectator [spékteitər] n. **관중**, 관객, 구경꾼
spectate [spékteit] v. 관전觀戰하다, 구경하다
참고 **bystander** [báistændər] n. 구경꾼

평범 平凡

average [ǽvəridʒ] a. **평균** 平均의 n. 평균 v. 평균이다

common [kάmən] a. 공동共同의, 보통의, **평범**한 n. (commons) 공동 자원, **공유**지
uncommon [ʌnkάmən] a. **드문**

연상의 그물망

rare [rɛər] a. 드문, 희귀稀貴한, (고기를) 설구운
rarely [rɛ́ərli] ad. 드물게, 좀처럼 …하지 않는, 거의 …하지 않는

seldom [séldəm] ad. 좀처럼 …하지 않는, 거의 …하지 않는

참고 **share** [ʃɛər] v. 공유共有하다, 나누다 n. 몫, 주식株式
shareholder [ʃɛ́ərhòuldər] n. 주주株主

divide [diváid] v. 나누다
divided [diváidid] a. 나뉜, 분열된
division [divíʒən] n. 나눗셈, 분할, 분열, 부, 국
dividend [dívədènd] n. 배당금

참고 **Balkanization** [bɔ̀ːlkənəzéiʃən] n. (국가·지역 등의) 분열, 발칸화

dispense [dispéns] v. 나누어 주다, 분배하다, 내놓다, 조제하다, 시행하다, 면제하다
dispenser [dispénsər] n. 디스펜서, 일정량을 배분해 주는 장치
dispensable [dispénsəbl] a. 없어도 되는, 불필요한
indispensable [ìndispénsəbl] a. 없어서는 안 될, 필수적인, 꼭 필요한

---

ordinary [ɔ́ːrdənèri] a. 보통의, 통상의
extraordinary [ikstrɔ́ːrdənèri] a. 예사롭지 않은, 보통이 아닌, 비범非凡한, 임시의
ordinarily [ɔ́ːrdənɛ̀rəli] ad. 보통, 통상

plain [plein] a. 분명한, 쉬운, 솔직率直한, 수수한, 평범한 n. 평원
plainly [pléinli] ad. 분명히, 솔직히, 수수히

연상의 그물망

참고 **explain** [ikspléin] v. 설명說明하다, 해명解明하다
explanation [èksplənéiʃən] n. 설명, 해명
explainable [ikspléinəbl] a. 설명할 수 있는
explanatory [iksplǽnətɔ̀ːri] a. 설명을 위한

explicable [iksplíkəbl] a. 설명할 수 있는, 납득이 가는
inexplicable [inéksplikəbl] a. 설명할 수 없는, 불가해한

illustrate [íləstrèit] v. 삽화插畵를 넣다, (예를 들어) 설명하다
illustration [ìləstréiʃən] n. 삽화, (설명을 돕는) 실례
illustrator [íləstrèitər] n. 삽화가

regular [régjulər] a. 규칙規則적인, 정기적인, 보통의
regularly [régjulərli] ad. 규칙적으로, 정기적으로, 자주, 보통
regulate [régjulèit] v. 규제規制하다, 조정調整하다
regulation [règjuléiʃən] n. 규제, 규정, 조정

연상의 그물망

참고 **routine** [ruːtíːn] n. 일상日常, 일과日課, 루틴, 판에 박힌 일 a. 판에 박힌

rut [rʌt] n. 고정固定된 틀, 바퀴 자국

frequent [fríːkwənt] a. 잦은, 빈번頻繁한
frequently [fríːkwəntli] ad. 빈번히, 자주
frequency [fríːkwənsi] n. 주파수, 진동수, 빈도, 빈발
infrequent [infríːkwənt] a. 드문
infrequently [infríːkwəntli] ad. 드물게, 어쩌다가

standard [stǽndərd] n. 표준標準, 기준基準 a. 표준의, 보통의
standardize [stǽndərdàiz] v. 표준화하다
substandard [sʌbstǽndərd] a. 표준 이하의, 수준 미달未達의

usual [júːʒuəl] a. 보통普通의, 평소平素의
usually [júːʒuəli] ad. 보통, 평소에
unusual [ənjúːʒuəl] a. 보통이 아닌, 특이한
unusually [ənjúːʒuəli] ad. 보통이 아닐 정도로

casual [kǽʒuəl] a. 평상시平常時의, 무심한, 우연한, 임시의 n. 평상복
casually [kǽʒuəli] ad. 무심코, 우연히, 임시로

연상의 불꽃 | 검열檢閱

불량교생도 이 『사랑의 보카』 집필 단계에서 이 책도 청소년 유해물이 아닌가 라는 진지한 질문을 끊임없이 스스로에게 던진다. 청소년을 대상으로 쓴 보카책인데 청소년에게 유해하다면 이건 정말 큰일 날 일이기 때문이다. 청소년 유해물 **지정(指定)**이 뭔가 관련 기관도 찾아보고 해당 법령도 살펴보기도 하면서, 간행물**윤리(倫理)**위원회란 곳에서 관할하고 있고, 청소년 보호법 시행령 [별표 2]에 그 기준이 나와 있다는 사실도 알게 된다.
음담패설(淫談悖說)이 아무 **여과(濾過)** 장치 없이 청소년들에게 노출(露出)되어서는 아니될 것이기에 이와 같은 제도(制度)의 취지(趣旨)에 동의(同意)하면서, 위 기관이 그렇게 **검열(檢閱)**을 행하고 있지만, 불량교생도 위 법령(法令)을 **가져와** 스스로 철저(徹底)히 자기 검열(自己檢閱)을 수행한다. 그리고 맑고 밝은 이해력(理解力)으로 이 『사랑의 보카』는 저 청소년 유해물 심의기준의 어느 기준에도 저촉(抵觸)되지 않는다! 다시 말하면 **절대로 청소년 유해물이 아니다!**라는 결론을 내린다. '섹스'라는 말만 붙이면 청소년 유해물이다 란 논리(論理)는 설득력(說得力)이 전무(全無)하여 일고(一考)의 가치(價値)도 없는 말이고, 이 『사랑의 보카』는 훌륭하게 '건전한' 성교육(性敎育)과 영어 교육(敎育)이라는 두 마리 토끼를 잡는 책!이라고 자부(自負)하기 때문이다.

지정指定

designate [dézignèit] v. 지정하다, 지명하다
designated [dézignèitid] a. 지정된, 지명된
designation [dèzignéiʃən] n. 지정, 지명

윤리倫理

ethical [éθikəl] a. 윤리倫理의, 도덕의
ethic [éθik] n. 윤리, 도덕 a. 윤리의, 도덕의
ethics [éθiks] n. 윤리학, 윤리, 도덕

moral [mɔ́ːrəl] a. 도덕의, 도덕적인 n. 도덕, 교훈
morality [mərǽləti] n. 도덕성, 도덕
immoral [imɔ́ːrəl] a. 부도덕한

연상의 그물망

[윤리 ▷ 양심]

scrupulous [skrúːpjuləs] a. **양심적**良心的인, 꼼꼼한
unscrupulous [ʌnskrúːpjələs] a. 비양심적인, 부도덕한

[윤리 ▷ 원칙]

참고 **principle** [prínsəpl] n. 원리原理, **원칙**, 법칙

axiom [ǽksiəm] n. 원리, 공리公理

exception [iksépʃən] n. 예외例外
exceptional [iksépʃənl] a. 예외적인, 이례적異例的인, 아주 뛰어난
except [iksépt] prep. …을 제외하고 conj. (that) 제외하고는 v. 제외하다

여과濾過

filter [fíltər] v. 여과濾過하다, 걸러내다 n. 여과 장치, 필터

> 연상의 그물망

참고 **colander** [kʌ́ləndər] n. (음식 재료의 물을 빼는 데 쓰는) 체

refine [rifáin] v. 정제精製하다, 정련하다, 제련하다, 세련되게 하다, 순수지다
refined [rifáind] a. 정제된, 제련된, 세련된
refinement [rifáinmənt] n. 정제, 제련, 세련, 개선
refinery [rifáinəri] n. 정유소, 제당 공장

검열檢閱

censor [sénsər] v. 검열檢閱하다 n. 검열관
censorship [sénsərʃip] n. 검열

가져와

bring [briŋ] v. bring-brought-brought 가져오다, 데려오다

참고 **fetch** [fetʃ] v. 가서 가져오다, 가서 데려오다

> 연상의 그물망

take [teik] v. take-took-taken 취取하다, 가져가다, 데려가다, 받다, 겪다, (시간이) 걸리다 n. (1회분의) 촬영
retake [rìːtéik] v. retake-retook-retaken 탈환하다, 재시험을 치르다

절대

absolute [ǽbsəlùːt] a. 절대絶對的인, 완전한
absolutely [ǽbsəlùːtli] ad. 절대적으로, 완전히

implicit [implísit] a. 암시적인, 내포되는, 절대絶對的인

> 연상의 그물망

참고 **imply** [implái] v. 암시暗示하다, 내포內包하다, 함축 含蓄하다
implied [impláid] a. 암시된, 내포된, 함축된
implicate [ímplikèit] v. 연관聯關시키다
implication [ìmplikéiʃən] n. 연관, 영향, 시사점示唆點

allude [əlúːd] v. (to) 암시하다, 넌지시 언급하다

complete [kəmplíːt] a. 완전完全한 v. 완성하다
completely [kəmplíːtli] ad. 완전히
completion [kəmplíːʃən] n. 완성
incomplete [ìnkəmplíːt] a. 불완전한

참고 **altogether** [ɔ̀ːltəgéðər] ad. 완전히, 전적으로

integral [íntigrəl] a. 없어서는 안 될, 불가결不可缺한, 완전完全한, (수학) 적분積分의
integrally [íntigrəli] ad. 완전하게, 불가결하게
integrality [ìntigrǽləti] n. 완전성, 불가결성
integrity [intégrəti] n. 정직성正直性, 고결성高潔性, 완전 完全함

> 연상의 그물망

integrate [íntəgrèit] v. 통합統合하다
integration [ìntəgréiʃən] n. 통합, 인종 차별 철폐人種差別撤廢
integrative [íntəgrèitiv] a. 통합하는, 인종 차별 폐지廢止의
disintegrate [disíntəgrèit] v. 붕괴崩壞되다, 박살나다, 분해分解하다, 해체解體하다

---

perfection [pərfékʃən] n. 완벽完璧, 완전, 완성
perfect [pə́ːrfikt] a. 완벽한
perfectly [pə́ːrfiktli] ad. 완벽하게
imperfect [impə́ːrfikt] a. 불완전한, 결함缺陷이 있는
imperfection [ìmpərfékʃən] n. 결함, 결점

flawless [flɔ́:lis] a. 흠잡을 데 없는, **완벽**한
flaw [flɔ:] n. 결점, 결함, 흠
참고 **drawback** [drɔ́:bæk] n. 결점

faultless [fɔ́:ltlis] a. 결함이 없는, 무결점의, 흠잡을 데 없는
fault [fɔ:lt] n. 결함缺陷, 결점, 단점, 흠, (지질) 단층 v. 흠잡다
faulty [fɔ́:lti] a. 결함이 있는. 그릇된. 잘못된

profoundly [prəfáundli] ad. **깊이**, 깊게, **완전히**
profound [prəfáund] a. 심오한, 깊은

연상의 그물망

참고 **deep** [di:p] a. 깊은, 극심한 ad. 깊게 n. 깊은 곳, 심연
deeply [dí:pli] ad. **깊이**, 깊게, 매우, 대단히
deepen [dí:pən] v. 깊어지다, 심화하다
depth [depθ] n. 깊이, 심도, 농도

thorough [θə́:rou] a. 철저徹底한, **완전한**
thoroughly [θə́:rouli] 철저히, 완전히

연상의 그물망

total [tóutl] a. 전체의, 총계의, 총액의 n. 전체, 총계, 총액 v. 전체 …이다, 총 …이다
totally [tóutəli] ad. 전적으로, 완전히
참고 **aggregate** [ǽgrigət] a. 합계의, 총계의, 집합의 n. 총계, 집합체

gross [grous] a. 총總-, 역겨운

utter [ʌ́tər] v. 입으로 소리를 내다 a. **완전한**
utterly [ʌ́tərli] ad. 완전히
utterance [ʌ́tərəns] n. 발언發言

entire [intáiər] a. 전체의, **완전한**
entirely [intáiərli] ad. 전적으로, 완전히
whole [houl] a. 전체全體의, 전부의 n. 전체, 전부
참고 **holistic** [hòulístik] a. 전체론적인

downright [dáunràit] a. (부정적으로) 순전한, **완전**完全한

연상의 그물망

참고 **sheer** [ʃiər] a. 순전純全한, (섞이지 않고) **순수**한

pure [pjuər] a. **순수**純粹한, 깨끗한
purify [pjúərəfài] v. 정화淨化하다
purity [pjúərəti] n. 순수, 순도純度
Puritan [pjúərətn] n. 청교도
impure [impjúər] a. 불순한

논리論理

logic [ládʒik] n. 논리論理, 논리성, 논리학
logical [ládʒikəl] a. 논리적인
illogical [iládʒikəl] a. 비논리적인

연상의 그물망

[논리 ▶ 추론]

deduction [didʌ́kʃən] n. 추론, 연역법演繹法, 공제控除
deduce [didʌ́kt] v. 추론하다, 연역하다
deduct [didʒú:s] v. 공제하다, 빼다

설득력說得力

convince [kənvíns] v. 설득하다, 납득納得시키다, 확신시키다
convincible [kənvínsəbl] a. 설득할 수 있는
conviction [kənvíkʃən] n. 확신, 유죄 선고

연상의 그물망

convict [kənvíkt] v. 유죄 선고를 내리다 n. [kánvikt] 유죄 선고를 받은 사람
ex-convict 전과자前科者

persuade [pərswéid] v. 설득說得하다
persuasion [pərswéiʒən] n. 설득, 신념
persuasive [pərswéisiv] a. 설득력이 있는
참고 **dissuade** [diswéid] v. 단념斷念하도록 설득하다

연상의 그물망

instigate [ínstəgèit] v. (정치나 법적으로) 부추기다
instigation [ìnstəgéiʃən] n. (~하도록) 부추김

가치價値

value [vǽljuː] n. 가치 v. 가치 있게 평가하다, 평가하다

valuable [vǽljuəbl] a. 가치 있는, 귀중한, 값비싼
invaluable [invǽljuəbl] a. (가치를 평가할 수 없을 정도로) 아주 귀중한
valueless [vǽljuːlis] a. 가치 없는, 무가치한
devaluation [diːvæljuéiʃən] n. 가치의 떨어짐, 평가 절하

연상의 그물망

참고 **ambivalent** [æmbívələnt] a. 양면 가치의, 상반되는 감정이 공존하는

worth [wəːrθ] a. 가치價値가 있는 n. 가치, 값어치
worthless [wə́ːrθlis] a. 가치 없는, 쓸모없는
worthwhile [wə̀ːrθwáil] a. 가치 있는
worthy [wə́ːrði] a. 가치 있는, …을 받을 만한

청소년 보호법

제9조(청소년유해매체물의 심의 기준) ① 청소년보호위원회와 각 심의기관은 제7조에 따른 심의를 할 때 **해당** 매체물이 다음 각 호의 어느 하나에 해당하는 경우에는 청소년유해매체물로 결정하여야 한다.
1. 청소년에게 성적인 욕구를 자극하는 선정적인 것이거나 음란한 것
2. 청소년에게 포악성이나 범죄의 **충동**을 일으킬 수 있는 것
3. 성폭력을 **포함**한 각종 형태의 폭력 행위와 약물의 남용을 자극하거나 미화하는 것
4. **도박**과 사행심을 조장하는 등 청소년의 건전한 생활을 **현저**히 해칠 우려가 있는 것
5. 청소년의 건전한 인격과 시민의식의 형성을 저해(沮害)하는 반사회적·비윤리적인 것
6. 그 밖에 청소년의 정신적·신체적 **건강**에 **명백**히 해를 끼칠 우려가 있는 것
② 제1항에 따른 기준을 **구체적**으로 **적용**할 때에는 사회의 **일반적**인 통념에 따르며 그 매체물이 가지고 있는 문학적·예술적·교육적·의학적·과학적 측면과 그 매체물의 **특성**을 함께 고려하여야 한다.
③ 청소년 유해 여부에 관한 구체적인 심의 기준과 그 적용에 **필요한** 사항은 대통령령으로 정한다.

해당該當

correspond [kɔ̀ːrəspánd] v. 해당該當하다, 일치하다, 편지를 주고받다
correspondence [kɔ̀ːrəspándəns] n. 상응, 일치, 편지 왕래, 통신
correspondent [kɔ̀ːrəspándənt] n. 특파원, **기자**

연상의 그물망

journalist [dʒə́ːrnəlist] n. 저널리스트, **기자**, 언론인
journalism [dʒə́ːrnəlizm] n. 저널리즘
journal [dʒə́ːrnl] n. 저널, 정기적으로 발행되는 전문적 잡지, **일지**, 일기
참고 **log** [lɔ(ː)g] n. 통나무, (항해, 운항 등의) **일지** v. 일지에 기록하다

diary [dáiəri] n. 일기日記, 수첩

newspaper [njúːzpipər] n. **신문**
news [njuːz] n. 뉴스, 소식
news-stand [njúːzstænd] n. 신문·잡지 판매점, 가판대
참고 scoop [skuːp] n. (신문의) 특종, 국자, (국자 모양의) 숟갈 v. (국자로) 뜨다, 특종을 싣다

article [áːrtikl] n. **기사**, 조항, 물품, 관사冠詞

충동衝動

impulse [ímpʌls] n. **충동**衝動, **충격**, 자극刺戟
impulsive [impʌ́lsiv] a. 충동적인

> 연상의 그물망

참고 **impact** [ímpækt] n. 충돌衝突, 충격衝擊, 영향影響 v. [impǽkt] 충돌하다, 충격을 주다, 영향을 끼치다

influence [ínfluəns] n. 영향影響 v. 영향을 끼치다
influential [influénʃəl] a. 크게 영향을 끼치는

militate [mílətèit] v. (against) 불리하게 영향을 끼치다, (in favor of) 유리하게 작용하다

compulsion [kəmpʌ́lʃən] n. 강제, 강박, **충동**
compulsory [kəmpʌ́lsəri] a. 강제적인, **의무적인**
compulsive [kəmpʌ́lsiv] a. 강박적强迫的인, 조절이 힘든

> 연상의 그물망

compelling [kəmpéliŋ] a. 강렬한, 설득력이 있는
compel [kəmpél] v. 강제强制하다, 강요强要하다
참고 **mandatory** [mǽndətɔ̀ːri] a. **의무적인**
mandate [mǽndeit] n. (정부의) 권한, 명령 v. 명령하다

trauma [tráumə] n. 정신적 **충격**, 정신적 외상外傷, 트라우마
traumatic [trəmǽtik] a. 충격적인
PTSD 외상 후 스트레스 장애 (Post Traumatic Stress Disorder)

포함包含

include [inklúːd] v. **포함하다**
inclusion [inklúːʒən] n. 포함包含, 포함된 내용
참고 **subsume** [səbsúːm] v. 포섭包攝하다, **포함하다**

incorporate [inkɔ́ːrpərèit] v. 법인체를 설립하다, 회사를 만들다, **포함하다**
corporate [kɔ́ːrpərət] a. 기업企業의, 회사의, 법인의, 공동의
corporation [kɔ̀ːrpəréiʃən] n. 기업, 회사, 법인

> 연상의 그물망

참고 **entrepreneur** [àːntrəprənə́ːr] n. 기업가, 사업가
entrepreneurship [àːntrəprənə́ːrʃip] n. 창업 의욕, 기업가 정신

enterprise [éntərpràiz] 기업(체), 기획企劃, 진취進取성
enterprising [éntərpràiziŋ] a. 진취적인, 기업적인

business [bíznis] n. 사업, 장사, 일
businessman [bíznəsmæ̀n] n. 사업가, 실업가實業家, 경영인
busy [bízi] a. **바쁜**
참고 **hectic** [héktik] a. 매우 **바쁜**

bustle [bʌ́sl] v. 분주히 움직이다, 북적이다 n. 북적거림, 부산함

[포함 ⟷ 배제]

참고 **exclude** [ikskluːd] v. 배제排除하다, 제외除外하다
excluding [ikskluːdiŋ] prep. …을 제외하고
exclusion [ikskluːʒən] n. 배제, 제외
exclusive [ikskluːsiv] a. 배타적排他的인, **독점**獨占的인, 고급의
exclusively [ikskluːsivli] ad. 배타적으로, 독점적으로

monopoly [mənápəli] n. **독점**獨占, 전매專賣
monopolize [mənápəlàiz] v. 독점하다

도박賭博

gamble [gǽmbl] v. 도박賭博하다 n. 도박

연상의 그물망
참고 **lottery** [látəri] n. 복권福券
lotto [látou] n. 로토, 복권
raffle [rǽfl] n. 복권 추첨抽籤

bet [bet] v. bet-bet-bet 돈을 걸다, 내기하다 n. 내기, 내기로 건 돈
참고 **stake** [steik] n. 말뚝, 위험 부담, (stakes) 내기에 건 돈, (계획·행동 등의 성공 여부에) 걸려 있는 것 v. 말뚝을 박다

현저顯著

prominent [prámənənt] a. 눈에 띄는, 두드러진, 현저顯著한, 유명한, 저명著名한
prominently [prámənəntli] ad. 눈에 띄게, 현저하게
prominence [prámənəns] n. 두드러짐, 유명함, 저명함
참고 **outstanding** [àutstǽndiŋ] a. 두드러진, 뛰어난, 걸출傑出한

eminent [émənənt] a. 저명著名한, 탁월卓越한, 현저顯著한
eminently [émənəntli] ad. 현저히, 탁월하게
eminence [émənəns] n. 명성, 저명

연상의 그물망
famous [féiməs] a. 유명有名한
infamous [ínfəməs] a. 악명惡名 높은
famed [feimd] a. 유명한
fame [feim] n. 명성

renowned [rináund] a. 유명한, 명성 있는
참고 **notorious** [noutɔ́:riəs] a. 악명惡名 높은
notoriety [nòutəráiəti] n. 악명, 악평

prestige [prestíːʒ] n. 명성名聲, 위신威信

prestigious [prestídʒəs] a. 명성 있는, 일류의

reputation [rèpjutéiʃən] n. 평판評判, 명성名聲
repute [ripjúːt] n. 평판, 명성 v. 평가하다
참고 **stature** [stǽtʃər] n. 수준水準, 위상位相, 평판, (사람의) 키, 신장身長

remarkable [rimáːrkəbl] a. 주목할 만한, 놀랄 만한, 두드러진
remarkably [rimáːrkəbli] ad. 현저顯著히, 놀라울 정도로
remark [rimáːrk] v. 주목注目하다, 언급言及하다, 논평하다 n. 주목, 언급, 논평

conspicuous [kənspíkjuəs] a. 눈에 잘 띄는, 돋보이는, 두드러진, 뚜렷한
inconspicuous [inkənspíkjuəs] a. 눈에 띄지 않는

salient [séiliənt] a. 현저顯著한, 두드러진

obtrusive [əbtrúːsiv] a. (거슬리게) 눈에 띄는
obtrude [əbtrúːd] v. 의사意思에 반하여 끼어들다
unobtrusive [ʌ̀nəbtrúːsiv] a. 눈에 띄지 않는

건강健康

health [helθ] n. 건강健康
healthy [hélθi] a. 건강한, 건강에 좋은
healthful [hélθfəl] a. 건강에 좋은

연상의 그물망
참고 **fitness** [fítnis] n. 신체 건강, 적합성
fit [fit] v. 맞다, 적합하다 a. 적합한, 알맞은, 건강한 n. 발작

wholesome [hóulsəm] a. 건강健康에 좋은, 건전한

명백明白

obvious [άbviəs] a. **명백**한, **분명**한, 뻔한, 빤한
obviously [άbviəsli] ad. 명백히, 분명히

연상의 그물망

참고 **platitude** [plǽtitjùːd] n. 상투적인 말, 진부陳腐한 이야기

clear [kliər] a. 분명分明한, **명백**한, 맑은, 결백한 v. 치우다, 해결하다
clearly [klíərli] ad. 분명히, 명백히
unclear [ʌ̀nklíər] a. 분명하지 않은, 명백하지 않은

clarify [klǽrəfài] v. 분명히 하다, 맑게 하다
clarification [klærəfikéiʃən] n. 해명解明, 설명, 정화淨化
참고 **vivid** [vívid] a. 생생한, 선명鮮明한

demonstrable [dimάnstrəbl] a. 입증할 수 있는, 논증할 수 있는, **명백**한
demonstrably [dimάnstrəbli] ad. 논증에 의하여, 명백하게
demonstrate [démənstrèit] v. (예를 들어) 보여주다, 설명하다, 입증立證하다, 시위示威하다
demonstration [dèmənstréiʃən] n. 설명, 표명, 입증, 시위
demonstrative [dəmάnstrətiv] a. (애정을) 숨김없이 드러내는 n. 지시사

manifest [mǽnəfèst] a. **분명**한 v. 분명히 나타내다
manifestation [mæ̀nəfistéiʃən] n. 외적 형태, 표시, 표명

연상의 그물망

[분명 ◁▷ 불분명]

obscure [əbskjúər] a. **불분명**한, 어둑어둑한, 무명(無名)의 v. 가리다, 불분명하게 하다
obscurely [əbskjúərli] a. 불분명하게
obscurity [əbskjúərəti] n. 불분명함, 어둑어둑함, 무명

참고 **blur** [bləːr] v. **흐릿**해지다, 흐리게 하다 n. 흐릿함, 흐릿한 것
blurred [bləːrd] a. 흐릿한

blurry [bləːri] a. 흐릿한

vague [veig] a. **불분명**한, 모호模糊한, 어렴풋한
vaguely [véigli] ad. 불분명하게, 모호하게, 어렴풋이
vagueness [véignis] n. 모호함
참고 **faint** [feint] a. 희미한 v. 기절하다 n. 기절
faintly [féintli] ad. 희미하게, 가냘프게

[불분명 ◁▷ 애매]

ambiguous [æmbígjuəs] a. **애매**曖昧한, 모호模糊한
ambiguity [æmbigjúːəti] n. 애매함, 모호함
disambiguate [dìsæmbígjuèit] v. 명확하게 하다
unambiguous [ʌ̀næmbígjuəs] a. 애매하지 않은, 모호하지 않은, 분명한, 확실한

equivocal [ikwívəkəl] a. **애매**曖昧한, 모호模糊한, 불분명한
equivocate [ikwívəkèit] v. 애매하게 말하다, 얼버무리다
unequivocal [ʌ̀nikwívəkəl] a. 분명한, 명료明瞭한

구체적具體的

concrete [kάnkriːt] a. 구체적인, 콘크리트의 n. 콘크리트

연상의 그물망

[구체적 ◁▷ 추상적]

abstract [ǽbstrækt] a. 추상적抽象的인 n. 추상화, 개요, **요약** v. [æbstrǽkt] 추출抽出하다, 요약하다
abstraction [æbstrǽkʃən] n. 추상적 관념, **추출**

참고 **extract** [ikstrǽkt] v. 뽑아내다, **추출**抽出하다, 발췌拔萃하다 n. [ékstrækt] 뽑아낸 것, 추출물, 발췌
extraction [ikstrǽkʃən] n. 뽑아냄, 추출, 발치, 혈통, 가문

excerpt [éksəːrpt] n. 발췌, 발췌곡, 인용引用
참고 **summary** [sʌ́məri] n. **요약**要約, 개요概要 a. 요약한, 간략簡略한, 약식略式의, 즉결卽決의
summarize [sʌ́məràiz] v. 요약하다

sum [sʌm] n. 총계總計, 총합, 액수, 금액 v. 총계를 내다, 요약하다

---

specific [spəsífik] a. 특정特定한, 특유特有한, **구체적** 具體的인
specifically [spəsífikəli] ad. 특정하게, 특유하게, 구체적으로
non-specific [nɑ̀nspəsífik] a. 불특정한, 비특이성非特異性의

적용適用

apply [əplái] v. (to) 적용適用하다, 적용되다, 응용하다, 바르다, (for) 신청하다, 지원하다
application [æpləkéiʃən] n. 적용, 응용 **프로그램**, 앱, 바르기, 신청, 지원서
applicable [ǽplikəbl, əplíkəbl] a. 적용할 수 있는, 응용할 수 있는
applicant [ǽplikənt] n. 신청자, 지원자
appliance [əpláiəns] n. (가정용) 전기 제품

연상의 그물망
program [próugræm] n. **프로그램**, 진행進行 목록
참고 **software** [sɔ́ftwèr] n. 소프트웨어, 프로그램
soft [sɔːft] a. 부드러운
hardware [hɑ́rdwèr] n. 하드웨어, 기계 설비

일반적一般的

general [dʒénərəl] a. 일반적인, 대체적인, 총總… n. 장군將軍
generally [dʒénərəli] ad. 일반적으로, 대체적으로
generalize [dʒénərəlàiz] v. 일반화하다, 보편화普遍化하다

특성特性

feature [fíːtʃər] n. **특징**特徵, 특집, 이목구비耳目口鼻 v. 특징을 이루다, 특징으로 하다
참고 **hallmark** [hɔ́lmɑ̀rk] n. 증표, **특징**, 특질

연상의 그물망
character [kǽriktər] n. 성격, 기질, 특성特性, **특징**, **등장인물**, **문자**
characteristic [kæriktərístik] a. 특유의, 특징적인 n. 특징, 특질
참고 **trait** [treit] n. 특성
cuneiform [kjuːníːəfɔ̀ːrm] n. 쐐기 **문자**(cuneiform script)

[등장인물 ▶ 예시例示로]
protagonist [proutǽgənist] n. 주인공
antagonist [æntǽgənist] n. 적대자, 악역
antagonize [æntǽgənàiz] v. 적대감을 생기게 하다
hero [híərou] n. **영웅**, 남자 주인공
heroine [hérouin] n. 여걸, 여주인공
참고 **saga** [sɑ́ːgə] n. (특히 노르웨이·아이슬란드의) **영웅전설**, 대하소설大河小說
legend [lédʒənd] n. **전설**傳說, (지도·도표의) 범례凡例
legendary [lédʒəndèri] a. 전설적인

---

quality [kwɑ́ləti] n. **질**質, 품질, 양질, **특질**, 자질
참고 **quantity** [kwɑ́ntəti] n. **양**, 분량, 다량
amount [əmáunt] n. 양量 v. 양이 …가 되다

연상의 그물망
signature [sígnətʃər] n. **서명**, 대표적인 **특징**
sign [sain] n. 부호符號, 기호記號, **신호**信號, 몸짓, 표지판, 징조, 조짐 v. 서명署名하다, 신호하다
sign language 수화手話, 수어手語
signal [sígnəl] n. 신호 v. 신호하다

참고 **autograph** [ɔ́təɡræf] n. (유명한 사람의) **서명** v. (유명한 사람이) 서명하다

logograph [lɔ́(ː)ɡəɡræf] n. 약호略號, 표의 문자(즉, 한자)

cue [kjuː] n. **신호**信號, 암시暗示
참고 **hint** [hint] n. 힌트, 암시 v. 암시하다, 넌지시 말하다

필요必要한

necessary [nésəsèri] a. **필요한**, 필연적인
necessity [nəsésəti] n. 필요(성), (necessities) 필수품
참고 **boon** [buːn] n. 요긴要緊한 것

inevitable [inévətəbl] a. 불가피不可避한, 필연적인
inevitably [inévətəbli] ad. 불가피하게
evitable [évitəbl] a. **피할 수 있는**

연상의 그물망

avoid [əvɔ́id] v. **피하다**
avoidance [əvɔ́idəns] n. 회피回避
avoidable [əvɔ́idəbl] a. 피할 수 있는
unavoidable [ʌ̀nəvɔ́idəbl] a. 피할 수 없는, 불가피한

dodge [dɑdʒ] v. **날쌔게 피하다** n. (탈세 등의) 책략

evade [ivéid] v. **피하다**
evasion [ivéiʒən] n. 회피, 모면謀免

elude [ilúːd] v. 교묘하게 벗어나다, **교묘하게 피하다**

escape [iskéip] v. 탈출脫出하다, 도망치다, 달아나다 n. 탈출, 도망, 도피
참고 **flee** [fliː] v. flee-fled-fled 달아나다, 도망치다

need [niːd] v. **필요**必要하다 n. 필요, 욕구, **곤경**困境
참고 **plight** [plait] n. **곤경**, 역경

require [rikwáiər] v. **요구**하다, **필요**로 하다
requirement [rikwáiərmənt] n. 필요한 것, 필요조건

requisite [rékwəzit] a. **필요**한 n. 필수품
requisition [rèkwəzíʃən] n. (공식적) 요구, 요청 v. 징발하다

연상의 그물망

참고 **demand** [dimǽnd] n. **요구**要求, 수요需要 v. 요구하다
demanding [dimǽndiŋ] a. 요구가 심한, (일이) **힘든**

strenuous [strénjuəs] a. **힘**이 많이 **드는**, 힘을 많이 쓰는, 분투적인

claim [kleim] v. 주장主張하다, **요구**하다, 청구하다, (생명을) 앗아가다 n. 주장, 요구, 청구, 권리
unclaimed luggage 찾아가지 않은 짐

[-claim]

참고 **reclaim** [rikléim] v. 되찾다, 개간開墾하다, 복원하다, 교화하다
reclamation [rèkləméiʃən] n. 개간, 간척干拓, 갱생更生, 교화

proclaim [prəkléim] v. **선언**宣言하다, 선포宣布하다
proclamation [prɑ̀kləméiʃən] n. 선언, 선언서, 성명서
proclamatory [prəklǽmətɔ̀ːri] a. 선언의, 선언적인

참고 **declare** [dikléər] v. **선언**하다, 공표하다, (세관에) 신고申告하다
declaration [dèkləréiʃən] n. 선언, 선언문, 신고, 신고서

provide [prəváid] v. (**필요**한 것을) **제공**提供하다, 규정規定하다
provided [prəváidid] conj. …라는 조건으로, 만일 …라면
providing [prəváidiŋ] conj. …라는 조건으로, 만일 …라면

provision [prəvíʒən] n. **공급**供給, 조항條項 v. 공급하다
provisional [prəvíʒənl] a. 임시臨時의, 일시적一時的인, 잠정적暫定的인
provisional specification 임시 제품 설명서

supply [səplái] n. **공급**供給, 공급 물품 v. 공급하다
참고 **rationing** [rǽʃəniŋ] n. **배급**, 배급제配給制

irrigate [írəgèit] v. 관개灌漑하다, 물을 대다, **물을 공급하다**
irrigation [irəgéiʃən] n. 관개

distribute [distríbjuːt] v. 분배分配하다, 유통시키다

distribution [dìstrəbjúːʃən] n. 분배, **배급**, 유통, 분포
distributor [distríbjutər] n. 배급 업체
참고 **intersperse** [ìntərspə́ːrs] v. (~ 사이에) **배치**하다

청소년 보호법 시행령 [별표 2]

청소년유해매체물의 심의 기준(제9조 관련)
1. 일반 심의 기준
  가. 매체물에 관한 심의는 해당 매체물의 전체 또는 부분에 관하여 평가하되, 부분에 대하여 **평가**하는 경우에는 **전반적** 맥락을 함께 고려할 것
2. 개별 심의 기준
  가. 음란한 자태를 **지나치게** 묘사한 것
  나. 성행위와 관련하여 그 방법·감정·음성 등을 지나치게 묘사한 것
  다. 동물과의 성행위를 묘사하거나 집단 성행위, 근친상간, **가학**·**피학성** 음란증 등 **변태** 성행위, 성매매 그 밖에 사회 통념상 허용되지 아니한 성관계를 조장하는 것
  라. 청소년을 대상으로 하는 성행위를 조장하거나 여성을 성적 대상으로만 기술하는 등 성 윤리를 **왜곡**시키는 것
  마. 존속에 대한 상해·폭행·**살인** 등 전통적인 가족 윤리를 **훼손**할 우려가 있는 것
  바. 잔인한 살인·폭행·고문 등의 장면을 자극적으로 묘사하거나 조장하는 것
  사. 성폭력·**자살**·자학행위, 그 밖에 육체적·정신적 학대를 미화하거나 조장하는 것
  아. 범죄를 미화하거나 범죄방법을 상세히 묘사하여 범죄를 조장하는 것
  자. **역사적** 사실을 왜곡하거나 **국가**와 사회 존립의 기본체제를 훼손할 우려가 있는 것
  차. 저속한 **언어**나 대사를 지나치게 남용하는 것
  카. 도박과 사행심 조장 등 건전한 생활 태도를 현저하게 해칠 우려가 있는 것
  타. 청소년유해약물등의 효능 및 **제조**방법 등을 구체적으로 기술하여 그 복용·제조 및 사용을 조장하거나 이를 **매개**하는 것
  파. 청소년유해업소에의 청소년 고용과 청소년 출입을 조장하거나 이를 매개하는 것
  하. 청소년에게 불건전한 교제를 조장 또는 매개할 우려가 있는 것

평가評價

evaluate [ivǽljuèit] v. 평가하다
evaluation [ivæ̀ljuéiʃən] n. 평가
참고 **appraise** [əpréiz] v. 평가하다

appraisal [əpréizəl] n. 평가
assess [əsés] v. 평가評價하다, 사정査定하다
assessment [əsésmənt] n. 평가, 사정

전반적全般的

overall [òuvərɔ́ːl] a. 전반적全般的인 ad. 전반적으로 n. [óuvərɔ̀ːl] 작업복
all [ɔːl] a. 모든 ad. pron. 모두

지나치게

excessively [iksésivli] ad. 지나치게
excessive [iksésiv] a. 지나친, 과도한
excess [iksés] n. 초과, 과잉過剩

참고 **overly** [óuvərli] ad. 지나치게, 너무
plethora [pléθərə] n. 과다, 과잉, 적혈구 과다증
superfluous [supə́ːrfluəs] a. 여분의, 과잉의, 불필요한

가학加虐 피학성被虐性 변태變態

sadistic [sədístik] a. 가학적加虐的인
masochistic [mæ̀səkístik] a. 자기 학대의, 피학대被虐待 음란증의
pervert [pərvə́ːrt] v. 왜곡하다, 비뚤어지게 하다 n. 변태變態 성욕자, 성도착자性倒錯者
perverse [pərvə́ːrs] a. 심술궂은, 비뚤어진, 뒤틀린

참고 **warped** [wɔːrpt] a. 뒤틀린, 휜, 비뚤어진
warp [wɔːrp] v. 휘게 하다, 뒤틀리게 하다, 비뚤어지게 하다

왜곡歪曲

distort [distɔ́ːrt] v. 왜곡歪曲하다, 곡해曲解하다, 비틀다, 뒤틀다
distorted [distɔ́ːrtid] a. 왜곡된, 곡해된, 뒤틀린
distortion [distɔ́ːrʃən] n. 왜곡, 곡해
twist [twist] v. 비틀다, 비틀리다, 꼬다, 꼬이다, 왜곡歪曲하다 n. 비틀기, 꼬기, 왜곡
twisted [twístid] a. 왜곡된, 뒤틀린, 일그러진, 비뚤어진

참고 **twitch** [twitʃ] v. 경련하다, 씰룩거리다, 홱 잡아당기다 v. 경련, 씰룩거림, 갑작스러운 움직임
sprain [sprein] v. (발목 등을) 삐다, 접지르다 n. 염좌
intertwine [ìntərtwáin] v. 뒤얽히다
wrench [rentʃ] v. 비틀다, 삐다, 뒤틀다 n. 렌치, 스패너, 비틀기, 뒤틀기
wring [riŋ] v. wring-wrung-wrung 짜다, 짜내다, 비틀다

살인殺人

murder [mə́ːrdər] n. 살인殺人 v. 살인하다
murderer [mə́ːrdərər] n. 살인자
참고 **homicide** [háməsàid] n. 살인

[살인 ➡ 집단적 살인]

genocide [dʒénəsàid] n. 집단 학살虐殺, 대량 학살
slaughter [slɔ́ːtər] n. 대량 학살, 도살屠殺, 도축屠畜 v. 대량 학살하다, 도살하다, 도축하다
massacre [mǽsəkər] n. 대학살 v. 대량으로 학살하다
butcher [bútʃər] n. 정육점 주인, 푸줏간 주인, 도살자, 학살자 v. 도살하다, 학살하다

kill [kil] v. 죽이다 n. 죽이기

연상의 그물망

참고 **euthanize** [júːθənàiz] v. 안락사安樂死 시키다
euthanasia [jùːθənéiʒə] n. 안락사

exterminate [ikstə́ːrmənèit] v. 몰살沒殺하다, 근절根絕하다
terminate [tə́ːrmənèit] v. 종결하다, 끝나다, 끝내다
termination [tə̀ːrmənéiʃən] n. 종료, 종결
terminator [tə́ːrmənèitər] n. 종결자終結者
terminal [tə́ːrmənl] n. 종점, 터미널 a. 말기의

slay [slei] v. slay-slew-slain 죽이다

strangle [stræŋgl] v. 목 졸라 죽이다, 교살絞殺하다

연상의 그물망

assassin [əsǽsn] n. 암살자暗殺者, 암살범
assassinator [əsǽsənèitər] n. 암살자
assassinate [əsǽsənèit] v. 암살하다
assassination [əsæ̀sənéiʃən] n. 암살

훼손毀損

undermine [ʌ̀ndərmáin] v. …의 아래를 파내다, 약화弱化시키다, 훼손毀損하다
mine [main] n. 나의 것, 광산鑛山 v. 채굴採掘하다
mining [máiniŋ] n. 채굴, 채광, 광업

연상의 그물망

참고 **ore** [ɔːr] n. 광석

lode [loud] n. 광맥

[광산에서 캐는 ▷ 예시例示로]

metal [métl] n. 금속金屬

alloy [əlɔ́i] n. 합금 v. 합금하다

bronze [branz] n. 청동
the Bronze Age 청동기 시대

copper [kápər] n. 구리

silver [sílvər] n. 은

gold [gould] n. 금
golden [góuldən] a. 황금의, 황금빛의

alchemist [ǽlkəmist] n. 연금술사鍊金術師
alchemy [ǽlkəmi] n. 연금술

platinum [plǽtənəm] n. 백금

nickel [níkəl] n. 니켈, 5센트짜리 동전

steel [stiːl] n. 강철, 철강업

tin [tin] n. 주석, 양철, 깡통

자살自殺

suicide [sjúːəsàid] n. 자살自殺

역사적歷史的

historical [histɔ́ːrikəl] a. 역사의, 역사적인
historic [histɔ́ːrik] a. 역사적으로 중요한
prehistoric [prìhistɔ́rik] a. 선사 시대의
history [hístəri] n. 역사歷史

참고 **pseudohistory** [súːdouhistəri] n. 가짜 역사, 유사 역사학

연상의 그물망

[역사 ▷ 옛날 역사]

the Stone Age 석기 시대

참고 **stone** [stoun] n. 돌, 돌멩이

stone mason [stóun mèisn] n. 석공石工

pebble [pébl] n. 조약돌, 자갈

flint [flint] n. 부싯돌

catapult [kǽtəpʌlt] n. 투석기投石器, 새총

Paleolithic [pèiliəlíθik] a. 구석기 시대의
Paleolithic Age 구석기 시대

Neolithic [nì:əlíθik] a. 신석기 시대의
Neolithic Age 신석기 시대

brick [brik] n. 벽돌
brick-and-mortar [brìkənmɔ́:rtər] a. 오프라인 거래의
참고 **adobe** [ədóubi] n. 아도비 벽돌, 아도비 점토, 흙을 재료로 한 건축 양식의 일종

국가國家

nation [néiʃən] n. 국가國家, (전) 국민
nationwide [néiʃənwàid] a. 전국적인
national [nǽʃənl] a. 국가의, 전국적인
nationalism [nǽʃənəlìzm] n. 민족주의, 애국심
nationality [næʃənǽləti] n. 국적, 민족

연상의 그물망
[국가를 ⇨ 사랑하는]

patriot [péitriət] n. 애국자, (Patriot) 독립전쟁 당시의 애국단원
patriotic [pèitriátic] a. 애국적인
patriotism [péitriətizm] n. 애국심

[국가의 ⇨ 노래]

national anthem 국가國歌, 애국가
anthem [ǽnθəm] n. 성가聖歌, 찬송가, 축가
참고 **flag** [flæg] n. 깃발, 국기
flag-draped 깃발이 드리워진

country [kʌ́ntri] n. 나라, 국가, (the country) 시골
countryside [kʌ́ntrisàid] n. 시골, 지방地方

rural [rúərəl] a. 시골의
village [vílidʒ] n. 마을, 마을 사람들

연상의 그물망
[시골 ⇦⇨ 도시]

urban [ə́:rbən] a. 도시의
urbanized [ə́:rbənàizd] a. 도시화된
참고 **suburban** [səbə́:rbən] a. 교외郊外의
suburb [sbə:rb] n. 교외

outskirt [áutskə̀:rt] n. (outskirts) 변두리, 교외
skirt [skə:rt] n. 스커트, 치마 v. 가장자리를 둘러 가다

apron [éiprən] n. 앞치마
edge [edʒ] n. 가장자리, 테두리, 모서리, 우위, 위기 v. 테두리를 달다
참고 **rim** [rim] n. (둥근 물건의) 가장자리, 테두리 v. 테두리를 하다

periphery [pərífəri] n. 주변周邊
peripheral [pərífərəl] a. 주변적인, 지엽적枝葉的인 n. 주변 장치

verge [və:rdʒ] n. 가장자리 v. 근접하다
brink [briŋk] n. 가장자리, 직전
fringe [frindʒ] n. 가장자리
margin [má:rdʒin] n. (페이지의) 여백餘白, 가장자리, 여지, 수익(profit margin), 차이

downtown [dauntáun] n. 도심지 ad. 도심지로
uptown [ʌptáun] a. 도심지 외곽의 ad. 도심지 외곽으로
town [taun] n. (작은) 도시, 읍邑

city [síti] n. 도시, 시
citizen [sítəzən] n. 시민
citizenship [sítəzənʃip] n. 시민권, 시민의 신분, 시민의 지위

참고 **metropolis** [mitrápəlis] n. 주요 도시, 대도시
metropolitan [mètrəpálitən] a. 대도시의, 수도권의
metro [métrou] a. 대도시의 n. 대도시, (파리의) 지하철
subway [sʌ́bwèi] n. 지하철
bus [bʌs] n. 버스
station [stéiʃən] n. 역驛, 정거장, 장소 v. 주둔駐屯하다, 배치配置하다
stationary [stéiʃənèri] a. 움직이지 않는
참고 **stationery** [stéiʃənèri] n. 문방구文房具, 편지지

state [steit] n. 상태, 국가, 주州 a. 국가의, 주州의 v. 명백하게 진술하다
state-of-the-art [stitəvðiá:rt] a. 최첨단最尖端의, 최신식의, 최고 수준의
statement [stéitmənt] n. 진술, 성명, 성명서聲明書, 명세서明細書
statesman [stéitsmən] n. 정치인, 정치가
overstate [òuvərstéit] v. 실제보다 부풀려 말하다
understate [ʌ̀ndərstéit] v. 실제보다 줄여서 말하다

연상의 그물망

참고 **federal** [fédərəl] a. 연방聯邦의, 연방 정부의
federation [fèdəréiʃən] n. 연합, 동맹, (여러 주나 국가로 이루어진) 연방
alliance [əláiəns] n. 동맹同盟, 연합
ally [əlái] v. 동맹하다, 연합하다 n. [ǽlai] 동맹국, 협력자
참고 **league** [li:g] n. 연맹, 동맹, (스포츠) 리그

[동맹 ⇨ 협력]

cooperate [kouápərèit] v. 협력하다, 협동하다, 협조하다
cooperation [kouàpəréiʃən] n. 협력, 협동, 협조
cooperative [kouápərətiv] a. 협력하는, 협동하는, 협조하는
uncooperative [ʌ̀nkouápərətiv] a. 협력하지 않는, 협동하지 않는, 협조하지 않는

[국가 ⇨ 정치]

politics [pálətiks] n. 정치政治, 정치학
political [pəlítikəl] a. 정치의, 정치적인
politician [pàlitíʃən] n. 정치인, 정치가, 정치꾼
참고 **politic** [pálətik] a. 신중한, 현명한

party [pá:rti] n. 파티, 정당, 당사자當事者
third party 제삼자
참고 **nonpartisan** [nɑnpɑ́:rtizən] a. 공정한, 초당파의, 당파심이 없는

연상의 그물망

[정치 ⇨ 민주주의]

democracy [dimákrəsi] n. 민주주의民主主義
democratize [dimákrətàiz] v. 민주화하다
democrat [déməkræt] n. 민주주의자, 민주당원

참고 **republic** [ripʌ́blik] n. 공화국共和國
republican [ripʌ́blikən] n. 공화주의자

[국가 ⇨ 세금 거둠]

tax [tæks] n. 세금稅金 v. 과세課稅하다
tax evasion 탈세脫稅
참고 **tariff** [tǽrif] n. 관세關稅

ratable [réitəbl] a. 과세할 수 있는, 평가할 수 있는
revenue [révənjù:] n. 세입稅入, 수입, 수익, 총수익, 총수입
income [ínkʌm] n. 소득所得, 수입收入

언어言語

language [lǽŋgwidʒ] n. 언어言語, 말
proto-language [próutou lǽŋgwidʒ] n. 원시 언어

> 연상의 그물망

lingual [líŋgwəl] a. 언어의, 혀의
bilingual [bailíŋgwəl] a. 두 개의 언어를 구사하는, 이중 언어를 사용하는
monolingual [mànəlíŋgwəl] a. 하나의 언어를 사용하는
multilingual [màltilíŋgwəl] a. 여러 언어를 사용하는

linguistic [liŋgwístik] a. 언어의
linguistically [liŋgwístikli] ad. 언어적으로
linguistics [liŋgwístiks] n. 언어학
참고 **chunking** [tʃʌ́ŋkiŋ] n. (말의 의미를 인식하는 과정에서) 덩어리로 나누기
chunk [tʃʌŋk] n. 덩어리 v. 덩어리로 나누다

corpus [kɔ́ːrpəs] n. 언어 자료, 집적集積

morphology [mɔːrfάlədʒi] n. 형태, (언어) 형태론, 어형론, (생물) 형태학

[언어 규칙 ▶ 문법]

grammar [grǽmər] n. 문법文法
grammatical [grəmǽtikəl] a. 문법의, 문법적인, 문법상 옳은
grammatically [grəmǽtikəli] ad. 문법적으로
ungrammatical [ʌ̀ngrəmǽtikəl] a. 비문법적인
ungrammatically [ʌ̀ngrəmǽtikəli] ad. 비문법적으로

verbal [və́ːrbəl] a. 말의, 언어의, 언어적인, 구두口頭의
nonverbal [nɑnvə́rbəl] a. 비언어적인, 말로 하지 않는
verbally [və́ːrbəli] ad. 말로, 구두로
verb [vəːrb] n. 동사

[외국 언어 ▶ 번역]

translate [trænsléit, trænzléit] v. 번역飜譯하다
translation [trænsléiʃən, trænzléiʃən] n. 번역
translator [trænsléitər, trænzléitər] n. 번역가
참고 **dub** [dʌb] v. 다른 나라 말로 재녹음하다

제조製造

manufacture [mænjufǽktʃər] n. 제조製造, 제작 v. 제조하다, 제작하다
manufactured (공장에서) 제조된
manufacturer [mænjufǽktʃərər] n. 제조업자, 제작자
참고 **factory** [fǽktəri] n. 공장

매개媒介

medium [míːdiəm] n. (pl. media) 매체, 매개媒介, 수단 a. 중간의
media [míːdiə] n. 매체媒體

> 연상의 그물망

참고 **halfway** [hǽfwèi] ad. 중간에
half [hæf] n. 반, 절반 a. 반의, 절반의 ad. 반쯤, 절반쯤
quarter [kwɔ́ːrtər] n. 4분의 1, 반의 반, 15분, 분기, 구역, 지구, 숙소, 막사

middle [mídl] n. 중간, 한가운데, 중앙 a. 중간의, 한가운데의, 중앙의
middle point 중점
middleman [mídlmæn] n. 중간 상인, 중개인
the Middle Ages 중세
참고 **intermediate** [ìntərmíːdiət] a. 중간의, 중급 수준의 n. 중급

carrier [kǽriər] n. 나르는 것, 항공사, 운송 회사, 보균자保菌者, 매개체
carry [kǽri] v. 나르다, 옮기다, 지니다
carriage [kǽridʒ] n. 마차, 객차, 운반, 운송

> 연상의 그물망

transfer [trænsfə́ːr] v. 옮기다, 이적移籍하다, 갈아타다 n. [trǽnsfər] 이동, 이적, 환승
참고 **porter** [pɔ́ːrtər] n. 운반인, 짐꾼

portable [pɔ́ːrtəbl] a. 휴대携帶할 수 있는, 휴대용의
portability [pɔ̀ːrtəbíləti] n. 휴대성
freight [freit] n. 화물貨物 v. 화물로 운송하다
참고 **cargo** [káːrgou] n. 화물, 짐

load [loud] n. 짐, 화물, 무게 v. (짐을) 싣다, 적재하다
overload [òuvərlud] v. 너무 많은 짐을 싣다, 과적過積하다 n. [úvərloud] 과적, 과부하過負荷
download [dáunloud] n. 다운로드, 내려받기 v. 다운로드하다, 내려받다
upload [ʎploud] n. 업로드 v. 업로드하다

vehicle [víːikl] n. 차량, 탈것, 매체, 매개 수단

연상의 그물망

참고 **passenger** [pǽsəndʒər] n. 승객

automobile [ɔ́ːtəməbíːl] n. 자동차
automatic [ɔ̀ːtəmǽtik] a. 자동自動의
automate [ɔ́ːtəmèit] v. 자동화하다
automation [ɔ̀ːtəméiʃən] n. 자동화

drive [draiv] v. drive-drove-driven 몰다, 운전하다
driver [dráivər] n. 운전자, 기사
driving [dráiviŋ] n. 운전 a. 몰아붙이는

[몰다 ▷ 추진]

propel [prəpél] v. 나아가게 하다, 추진推進하다
propeller [prəpélər] n. 프로펠러

car [kɑːr] n. 차, 자동차, 객차

truck [trʌk] n. 트럭, 화물차

[차량 관련 ▷ 예시例示로]

참고 **gear** [giər] n. 기어, 장치, 장비 v. 기어를 넣다

garage [gəráːdʒ] n. 차고, 주차장

park [pɑːrk] n. 공원, 경기장 v. 주차하다

bumper [bʎmpər] n. 범퍼 (자동차의 완충 장치)
bump [bʌmp] v. 부딪치다 n. 충돌衝突, 쿵, 쾅, 탁 (소리), 혹
참고 **buffering** [bʎfəriŋ] a. 완화緩和하는

wheel [wiːl] n. 바퀴, 자동차의 핸들
참고 **helm** [helm] n. 배의 키, 조타操舵 장치
at the helm 실권을 가진

axle [ǽksl] n. (바퀴의) 굴대, 차축

windshield [wíndʃiːld] n. 자동차 앞 유리, (오토바이 등의) 바람막이 창

[탈것 ▷ (자동차 말고) 자전거]

bicycle [báisikl] n. 자전거自轉車
bike [baik] n. 자전거, 오토바이 v. 자전거를 타다, 오토바이를 타다

ride [raid] v. ride-rode-ridden (탈것을) 타다 n. 타기
outride [autráid] v. outride-outrode-outridden …보다 빨리 타다, …보다 멀리 타고 가다
참고 **tandem** [tǽndəm] n. 2인승 자전거
in tandem 동시에

tricycle [tráisəkl] n. 세발자전거, 삼륜 오토바이

pedal [pédl] n. (자전거·자동차 등의) 페달
backpedal 페달을 뒤로 돌리다

via [váiə, víːə] prep. …을 경유하여, …을 매개로

연상의 그물망

참고 **parameter** [pərǽmətər] n. 규정 요소, 매개媒介 변수, 한계, 한도

vector [véktər] n. (수학) 벡터, 병균을 매개하는 곤충(동물)
vectored 곤충(동물) 매개의

섹스를 비유比喩하면 시적 표현詩的表現이 된다

sex + metaphor = poem

비유比喩

metaphor [métəfɔːr] n. 은유隱喻, 비유
metaphorical [mètəfɔ́ːrikəl] a. 은유적인, 비유의

연상의 그물망
참고 **metonymy** [mitánəmi] n. 환유換喻

시적詩的

poem [póuəm] n. (한 편의) 시詩
poet [póuit] n. 시인詩人
poetry [póuətri] n. (집합적) 시, 시집詩集

연상의 그물망
참고 **lyric** [lírik] a. 서정시抒情詩의, 노래 가사의 n. 서정시, (lyrics) 노래 가사
lyricist [lírəsist] n. 서정 시인, 작사가
rhyme [raim] n. 운韻 v. 운韻을 맞추다
stanza [stǽnzə] n. (시의) 연聯
verse [vəːrs] n. 시, 운문韻文
참고 **prose** [prouz] n. 산문散文

issue! 비유 比喩

'우리 둘만의 우주(宇宙)가 펼쳐진다'와 같이 섹스를 은근하게 **비유적(比喩的)**으로 표현하면 그 자체로 한 편의 시가 될 수 있다. 인체의 굴곡(屈曲)을 **골짜기**에 비유하면 그 우주는 시원한 물이 흐르는 **계곡**에서 노니는 곳으로 변모(變貌)할 수도 있다. 남성이 여성의 사랑을 얻는 과정을 **숲, 골**로 비유하면 **운동(運動)** 경기가 한창인 스포츠가 될 수도 있고 말이다. 그 **이야기**는 무궁무진(無窮無盡)하다.

비유적 比喩的

analogy [ənǽlədʒi] n. 유추類推, 유사類似, 유사성, 유사점, **비유**比喩, 비교
analogous [ənǽləgəs] a. 유사한
analogical [ænəládʒikəl] a. 유추의
analogize [ənǽlədʒàiz] v. 유추하다

figurative [fígjurətiv] a. **비유적**인
figure [fígjər] n. 수치數値, 숫자, 몸매, 인물, 도형, 도표, (figure of speech) **비유적 표현** v. 중요하다, 생각하다, (figure out) 생각해 내다, 계산해 내다, 이해하다
figure skating 피겨 스케이팅
disfigure [disfígjər] v. (외관을) 망가뜨리다

연상의 그물망

[비유적比喩的 ◀▶ 직설적直說的]
참고 **literal** [lítərəl] a. 글자 그대로의
literally [lítərəli] ad. 글자 그대로

[글자 ▶ 문자]

legible [lédʒəbl] a. **문자**가 읽기 쉬운
legibility [lèdʒəbíləti] n. 문자를 읽기 쉬움
illegible [ilédʒəbl] a. 문자가 읽기 어려운
참고 **squiggle** [skwígl] n. 비틀린 문자, 휘갈겨쓴 글씨, 구불구불한 선

calligraphy [kəlígrəfi] n. 서예書藝, 서법, 달필, 캘리그래피

letter [létər] n. **편지**, 증서, 글자, **문자**
letter of reference 추천서
참고 **envelope** [énvəlòup] n. (편지) 봉투
envelop [invéləp] v. 감싸다, 덮다

mail [meil] n. 우편郵便, 우편물 v. 우편으로 보내다
e-mail 이메일, 전자 우편
mailbox [méilbàks] n. 우편함, 우체통

postscript [póustskript] n. (P.S.) 편지의 추신追伸, 책의 후기

post [poust] n. **우편**, 우편물郵便物, 직책, 기둥, (웹페이지의) 게시물 v. 우송하다, 배치하다, 게시하다
post office [póustɔ(:)fis] n. 우체국
postal [póustl] a. 우편의, 우체국의
참고 **bulletin board** 게시판揭示板

bulletin [búlitən] n. 게시, 고시, 공고

column [káləm] n. 기둥, 세로단, 세로줄, 칼럼, 기고寄稿

pillar [pílər] n. 기둥, 대들보

골짜기

valley [væli] n. 골짜기, 계곡溪谷
vale [veil] n. (valley의 문학적 표현) 골짜기, 계곡
참고 **canyon** [kænjən] n. 협곡峽谷

숏

shot [ʃɑt] n. 발포, 포탄, 탄환, 주사, 슛, 숏
shoot [ʃuːt] v. shoot-shot-shot 쏘다, 슛을 하다 n. 발사
overshoot [òuvərʃúːt] v. overshoot-overshot-overshot 목표를 지나쳐 빗나가다
undershoot [ʌ̀ndərʃúːt] v. undershoot-undershot-undershot 목표에 못미쳐 빗나가다

연상의 그물망

참고 **sniper** [snáipər] n. 저격수狙擊手, 스나이퍼

glare [glɛər] v. 쏘아보다, 노려보다, (눈에 거슬리게) 번쩍이다 n. 쏘아봄, 노려봄, (눈에 거슬리는) 번쩍임

awry [ərái] a. ad. 빗나간, 빗나가, 비뚤어져
go awry 빗나가다

골

goal [goul] n. 골, 목표目標
goalkeeper [góulkipər] n. 골키퍼

운동運動

exercise [éksərsàiz] n. 운동, 연습, 행사 v. 운동하다, 연습시키다, 행사하다
gym [dʒim] n. 체육관體育館, 체육

gymnasium [dʒimnéiziəm] n. 체육관, 실내 경기장, 김나지움
gymnastic [dʒimnǽstik] a. 체육의, 체조의 n. 훈련
gymnastics [dʒimnǽstiks] n. 체조, 체육

연상의 그물망

참고 **treadmill** [trédmìl] n. 러닝머신, 회전식 벨트 위를 달리는 운동 기구
tread [tred] v. tread-trod-trodden/trod (발을) 디디다, 밟다, 걷다 n. 발걸음
jungle gym 정글짐

[운동 ➡ 걷기(도) 운동]

walk [wɔːk] v. 걷다, 산책散策하다, 산책시키다 n. 산책
참고 **hike** [haik] v. 도보 여행하다 n. 도보 여행
march [mɑːrtʃ] v. 행진하다, 행군하다 n. 행진, 행군
parade [pəréid] n. 퍼레이드, (가두) 행진, 열병식 v. 퍼레이드를 하다, 행진하다
hobble [hábl] v. 발을 절다, 절뚝거리다
limp [limp] v. 절뚝거리다 a. 축 늘어진
lame [leim] a. 절름발이의, 절뚝거리는, 설득력이 없는
stagger [stǽgər] v. 비틀거리며 걷다, 서로 엇갈리게 하다
staggering [stǽgəriŋ] a. 비틀거리는, 비틀거리게 하는, 엄청난
stride [straid] v. stride-strode-stridden 성큼성큼 걷다 n. 큰 걸음

athlete [ǽθliːt] n. 운동선수
athletic [æθlétik] a. 운동의, 체육의

연상의 그물망

참고 **pentathlon** [pentǽθlən] n. 5종 경기
sprinter [sprɪ́ntər] n. 단거리 주자
sprint [sprint] n. 단거리 경주 v. 전력 질주하다

spurt [spəːrt] v. 스퍼트하다, 갑자기 전속력으로 달리다, 뿜다, 분출噴出하다 n. 분출, 스퍼트

[운동 선수를 ▶ 코치]

coach [koutʃ] n. 코치, 대형 사륜마차四輪馬車, 이등석二等席 v. 코치하다

sport [spɔːrt] v. 자랑해 보이다 n. (sports) **스포츠**

연상의 그물망

참고 **boast** [boust] v. 자랑하다, 뽐내다 n. 자랑, 뽐냄
boastful [bóustfəl] a. 자랑하는, 뽐내는

brag [bræg] v. 허풍虛風 떨다

[스포츠의 꽃 ▶ 올림픽]

Olympic [əlímpik] a. 올림픽의 n. (Olympics) 올림픽
참고 **olive wreath** 월계관月桂冠

torch [tɔːrtʃ] n. 횃불, 성화聖火 v. 불을 지르다

medal [médl] n. 메달, 훈장 v. 메달을 따다, 메달을 수여하다

연상의 그물망

[운동 종목 ▶ 예시例示로]

soccer [sákər] n. 축구蹴球

basketball [bǽskitbɔ̀ːl] n. 농구, 농구공
basket [bǽskit] n. 바구니

swim [swim] v. swim-swam-swum 수영水泳하다, 헤엄치다 n. 수영, 헤엄
swimsuit [swímsùːt] n. 수영복
swim bladder (물고기의) 부레 (bladder)
참고 **dive** [daiv] v. dive-dived/dove-dived 다이빙하다, 잠수潛水하다 n. 다이빙, 잠수

snorkel [snɔ́ːrkəl] n. 스노클(잠수용 호흡 기구)

pool [puːl] n. 수영장, 작은 못, 웅덩이, 포켓볼

volleyball [válibɔ̀ːl] n. 배구, 발리볼
참고 **spike** [spaik] n. 스파이크, 못, 뾰족한 것, 전기 신호 v. 스파이크하다, 못을 박다

toss [tɔːs] v. (가볍게) 던지다 n. (동전) 던지기

badminton [bǽdmintn] n. 배드민턴

referee [rèfəríː] n. **심판**審判 v. 심판하다, 심사審査하다
umpire [ʌ́mpaiər] n. (야구, 테니스, 탁구, 배구 경기 등의) **심판**審判 v. 심판을 보다

이야기

story [stɔ́ːri] n. 이야기, (건물의) **층**層
참고 **tale** [teil] n. 이야기, 소설, 설화
fairy tale 동화
fairy [fέəri] n. **요정**妖精
gnome [noum] n. 땅속 **요정**
hobbit [hábit] n. 난쟁이 **요정** (Tolkien 작품에 나오는 등장인물)

epic [épik] n. 서사시敍事詩 a. 서사시의

연상의 그물망

floor [flɔːr] n. 바닥, (건물의) **층**
floorcloth [flɔ́ːrklɔ̀ːθ] n. (바닥을 닦는) 걸레, (리놀륨) **깔개**
참고 **rug** [rʌg] n. 양탄자, 융단 **깔개**

mat [mæt] n. 매트, 돗자리

[층 ▶ 계단]

stair [stɛər] n. 계단階段
stairway [stέərwèi] n. 계단
stairwell [stέərwèl] n. 계단을 포함한 건물의 수직 공간
upstairs [ʌ̀pstέərz] ad. 위층으로, 위층에서, 2층으로, 2층에서 n. 위층, 2층

downstairs [dáunstέərz] ad. 아래층으로, 아래층에서 n. 아래층, 1층

연상의 불꽃 | 완곡어법婉曲語法

완곡어법(婉曲語法)이란 직설적(直說的)인 표현을 삼가고 에둘러 말하는 **방식(方式)**이다. 경우에 따라서는 비유적인 표현으로 완곡어법도 가능하다. 완곡어법의 **핵심(核心)**은 말을 돌려서 말함으로써, 상대방이 **불편(不便)**하거나 **불쾌(不快)**하지 않도록 하는, 상대방을 **배려(配慮)**하는 마음이다. 예를 들어 남녀의 성기(性器)를 뜻하는 두 글자 순우리말들─'자x, 보x'─이 있는데, 사람들은 이 말들을 **직접적(直接的)**으로 입에 담는 것을 꺼리고 피하는 경향이 있다. 그러한 **용어(用語)** 사용에 **신중(愼重)**해지면서 그런 말들을 '아따 난 더 말 모태(=못해)'하며 **생략(省略)**하고 **대신(代身)**에 '중요 부위' 식으로 **간접적(間接的)**으로 돌려서 말하기도 하는데 이것이 바로 완곡어법이다. 셀 수 없이 많은 대중가요(大衆歌謠)들이 사랑을 노래하는데 이들의 노래 가사에도 완곡어법으로 표현한 내용들이 상당하다. 한국 사회에서 '성관계를 맺다'라는 말을 '**경험하다**', '**잠자다**', '**과거(過去)**가 있다', '했다', '아기를 만들다(?)'란 말 등으로 대신하는 것도 한 예(例)이다.

방식方式

fashion [fǽʃən] n. 유행, 방식 v. 만들다
fashionable [fǽʃənəbl] a. 유행의

연상의 그물망
참고 **style** [stail] n. 스타일, 방식, 양식, 유행

fad [fæd] n. (일시적인) 유행(열광)
fad words 유행어

buzzword [bʌ́zwərd] n. 유행어

완곡어법婉曲語法

euphemism [júːfəmìzm] n. (상대의 감정을 배려하는) 완곡어법婉曲語法
참고 **detour** [díːtuər] n. 우회로 v. 우회하다

핵심核心

core [kɔːr] n. 핵심核心, 중심 a. 핵심적인
center [séntər] n. 중심, 중앙 v. 중심에 두다
central [séntrəl] a. 중심의, 중앙의

불편不便

awkward [ɔ́ːkwərd] a. 어색한, 서투른, 불편不便한

연상의 그물망
참고 **clumsy** [klʌ́mzi] a. 서투른, 어설픈

fumble [fʌ́mbl] v. 서투르게 만지다, 더듬어 찾다, 더듬거리며 말하다
tinker with ~을 서투르게 고치다
tinker [tíŋkər] n. 땜장이 v. 땜질하다

uncomfortable [ʌnkʌ́mfərtəbəl] a. 편안하지 않은, 불편한

comfortable [kʌ́mfərtəbl] a. **편안한**
comfortably [kʌ́mfərtəbli] ad. 편안하게
comfort [kʌ́mfərt] n. 편안, 위안慰安 v. 위안을 주다, 위로하다
discomfort [diskʌ́mfərt] n. 불편 v. 불편하게 하다

연상의 그물망
cozy [kóuzi] a. **아늑한**
참고 snug [snʌg] a. 아늑한, 포근한

inconvenient [ìnkənví:njənt] a. **불편**한
convenient [kənví:njənt] a. 편리한
convenience [kənví:njəns] n. **편의**, 편리
convenience store 편의점便宜店

연상의 그물망
참고 amenities [əménətiz] n. **편의** 시설
facility [fəsíləti] n. 용이容易함, 재능, **편의**, (facilities) 시설물施設物, (편의) 시설,
facilitate [fəsílətèit] v. 용이하게 하다, 쉽게 하다

uneasy [ʌní:zi] a. 불안한, **불편**한
easy [í:zi] a. 쉬운, 편안한
easily [í:zəli] ad. 쉽게, 거의 확실하게
easygoing [ìzigóuiŋ] a. 느긋한, 태평한
ease [i:z] n. 쉬움, 용이함 v. 편하게 하다, 편해지다

연상의 그물망
참고 alleviate [əlí:vièit] v. **완화**緩和시키다, 경감輕減하다
alleviative [əlí:vièitiv] a. 완화하는, 경감하는

mitigate [mítəgèit] v. **완화**하다
mitigation [mìtəgéiʃən] n. 완화

relieve [rilí:v] v. 경감시키다, **완화**하다, 안심시키다, 구조하다
relief [rilí:f] n. 경감, 완화, 안심, 안도, 구조, 구호품救護品, (토지의) 고저, 기복

[**불편한 상황의** ➕ **예시**例示**로**]
embarrass [imbǽrəs] v. 난처難處하게 하다, **당황**唐慌하게 하다
embarrassed [imbǽrəst] a. 난처한, 당황한
embarrassing [imbǽrəsiŋ] a. 난처하게 하는, 당황하게 하는
embarrassment [imbǽrəsmənt] n. 난처함, 당황스러움

perplex [pərpléks] v. **당혹**當惑하게 하다
perplexed [pərplékst] a. 당혹한
perplexing [pərpléksiŋ] a. 당혹스럽게 하는
참고 bewilder [biwíldər] v. 어리둥절하게 하다, **당황**하게 하다

불쾌不快

nasty [nǽsti] a. 아주 불쾌한, 끔찍한, 고약한
vile [vail] a. 비열卑劣한, 매우 불쾌不快한
abject [ǽbdʒekt] a. 비열한, 비참한

연상의 그물망
참고 insinuate [insínjuèit] v. (불쾌한 일을) 넌지시 말하다, 암시하다
graphic [grǽfik] a. 그래픽의, 도표의, (불쾌하게) 생생한 n. 그래픽
graphics [grǽfiks] n. (컴퓨터) 그래픽스, 제도법製圖法

배려配慮

thoughtful [θɔ́:tfəl] a. 생각에 잠긴, 사려 깊은, **배려**심이 있는
thought [θɔ:t] n. 생각, 사상
forethought [fɔ́:rθɔ̀:t] n. 사전에 심사숙고深思熟考함
think [θiŋk] v. think-thought-thought 생각하다

outthink [àutθíŋk] v. outthink-outthought-outthought …보다 생각이 뛰어나다

caring [kɛ́əriŋ] a. 돌봐주는, 보살피는, **배려**하는
care [kɛər] v. 신경쓰다, 돌보다 n. 근심, 주의, 돌봄
careful [kɛ́ərfəl] a. 주의깊은, 조심하는
carefree [kɛ́ərfri] a. 근심 없는, 속 편한
careless [kɛ́ərlis] a. **부주의한**, 신경쓰지 않는

연상의 그물망

참고 **heedless** [híːdlis] a. **부주의한**
heed [hiːd] v. 주의를 기울이다 n. **주의**

vigilance [vídʒələns] n. 경계警戒
vigilant [vídʒələnt] a. 경계하는

reck [rek] v. 개의하다, **주의**하다
reckless [réklis] a. 무모無謀한, 개의介意치 않는

considerate [kənsídərət] a. 사려 깊은, **배려**심이 있는
inconsiderate [ìnkənsídərət] a. 사려 깊지 못한, 배려심이 없는
consider [kənsídər] v. 고려考慮하다, 여기다
consideration [kənsìdəréiʃən] n. 고려, 사려, 배려

considerable [kənsídərəbl] a. **상당한**, 많은 양의
considerably [kənsídərəbli] ad. **상당히**, 많이
considering [kənsídəriŋ] prep. conj. …을 고려하면
참고 **deem** [diːm] v. 여기다, 생각하다

용어用語

term [təːrm] n. **기간**, 임기, 학기, 기한, 조건, 용어用語, 관계
terminology [tə̀ːrmənálədʒi] n. 전문 용어

jargon [dʒáːrgən] n. (못마땅한 뉘앙스로) 전문어, 전문 용어, 허튼소리

연상의 그물망

concordance [kɑnkɔ́ːrdns] n. 용어 **색인**, 일치一致
concord [kánkɔːrd] n. 일치
참고 **index** [índeks] n. **색인**索引, 지수, 지표指標

period [píːəriəd] n. **기간**, 주기週期, 생리生理, 마침표
periodic [pìəriádik] a. 주기적인
the Periodic Table 주기율표週期律表
periodically [pìəriádikəli] ad. 주기적으로, 정기적으로

연상의 그물망

참고 **circadian rhythm** [səːrkéidiən ríðm] n. 24시간 주기 리듬

comma [kámə] n. 콤마, 쉼표

punctuate [pʌ́ŋktʃuèit] v. 구두점句讀點을 찍다, 중단시키다
punctuation [pʌ̀ŋktʃuéiʃən] n. 구두점

session [séʃən] n. 회기會期, 회의, **기간**, 학기

신중愼重

deliberate [dilíbərət] a. 고의적故意的인, 신중愼重한 v. [dilíbərèit] 심사숙고深思熟考하다
deliberately [dilíbərətli] ad. 고의적으로, 신중히
deliberation [dilìbəréiʃən] n. 심사숙고, 신중

discreet [diskríːt] a. 신중愼重한
discreetly [diskríːtli] ad. 신중하게
discretion [diskréʃən] n. 신중함, 자유재량自由裁量
indiscreet [ìndiskríːt] a. 조심성 없는
indiscretion [ìndiskréʃən] n. 무분별, 경솔輕率

prudent [prúːdnt] a. 신중愼重한, 분별 있는, 검소儉素한
prudential [pruːdénʃəl] a. 신중한
prudently [prúːdntli] ad. 신중하게
imprudent [imprúːdnt] a. 경솔輕率한, 무분별한

연상의 그물망

참고 **frivolity** [frivάləti] **n.** 경박輕薄함

levity [lévəti] **n.** 가벼움, 경솔輕率

rash [ræʃ] **n.** 붉은 반점斑點, 뾰루지 **a.** 경솔輕率한, 성급性急한

생략省略

omit [oumít] **v.** 생략省略하다, 빠뜨리다, 누락漏落하다

omission [oumíʃən] **n.** 생략, 누락된 것

참고 **elliptical** [ilíptikəl] 타원형의, 생략省略의

skip [skip] **v.** 건너뛰다, 거르다, 깡충깡충 뛰다 **n.** 건너뛰기, 깡충깡충 뛰기

대신代身

replace [ripléis] **v.** 대체代替하다, 대신하다, 제자리에 다시 놓다

replacement [ripléismənt] **n.** 대체, 대체할 사람, 대체할 물건

연상의 그물망

참고 **supplant** [səplǽnt] **v.** 밀어내다, 대신 들어앉다, 대신하다

dislodge [dislάdʒ] **v.** (강제로) 제자리에서 벗어나게 하다, 떼어 내다, 몰아내다

lodge [lɑdʒ] **n.** 오두막, 수위실守衛室 **v.** 머무르게 하다, 하숙下宿하다, 제출하다

board [bɔːrd] **n.** 판자, 위원회 **v.** 탑승搭乘하다, 하숙下宿하다

boarding house [bɔ́ːrdiŋhàus] **n.** 하숙집

boardwalk [bɔ́ːrdwɔ̀ːk] **n.** 판자를 깐 길

billboard [bílbɔ̀rd] **n.** 옥외屋外 광고판, 게시판

aboard [əbɔ́ːrd] **ad.** 탑승한, 타고서

참고 **embark** [imbάːrk] **v.** (배나 비행기에) 탑승하다, 승선乘船하다, 적재積載하다, 싣다

embark on ~에 들어가다, 착수하다

panel [pǽnl] **n.** (사각형) 판, (토론을 하는) 패널

plank [plæŋk] **n.** 널빤지, 판자

shingle [ʃíŋgl] 널판자, 지붕널, 조약돌

slab [slæb] **n.** 널빤지, 석판

substitute [sʌ́bstətjùːt] **v.** 대체代替하다, 대신하다, 치환置換하다 **n.** 대체물, 대체자

substitution [sʌ̀bstətjúːʃən] **n.** 대체, 대신, 치환

substitutive [sʌ́bstitjùːtiv] **a.** 대체하는, 대신하는, 치환하는

참고 **transposition** [trænspəzíʃən] **n.** 치환, 전치轉置

간접적間接的, 직접적直接的

indirect [ìndərékt] **a.** 간접적間接的인, 우회迂廻하는

indirectly [ìndəréktli] **ad.** 간접적으로, 우회하여

연상의 그물망

secondhand [sékəndhæ̀nd] **a.** 중고의, 간접의 **ad.** 중고로, 고물로, 간접으로

firsthand [fə̀rsthǽnd] **a.** 직접의 **ad.** 직접

참고 **first-rate** 일류의, 최고의

first [fəːrst] **a.** 처음의, 첫째의 **ad.** 첫째로, 우선 **n.** 처음, 첫째

second [sékənd] **a.** 두 번째의 **n.** 두 번째, (시간 단위) 초, 순간, 잠깐

third [θəːrd] **a.** 세 번째의 **n.** 세 번째

direct [dirékt, dairékt] **a.** 직접적直接的인 **v.** 지휘하다, 지시하다, 감독하다

directly [diréktli, dairéktli] ad. 직접적으로, 곧장
direction [dirékʃən, dairékʃən] n. 방향, 지휘, 지시, 감독
director [diréktər, dairéktər] n. 관리자, 지휘자, 이사, 감독

연상의 그물망

참고 **supervise** [súːpərvàiz] v. **감독**監督하다, 관리管理하다
supervisor [súːpərvàizər] n. 감독관, 관리자, 지도 교수
supervision [sùːpərvíʒən] n. 감독, 관리

superintend [sùːpərinténd] v. **감독**하다, 지휘指揮하다
superintendent [sùːpərinténdənt] n. 감독관, 관리자

oversee [òuvərsíː] v. oversee-oversaw-overseen **감독**하다
overseer [óuvərsìər] n. 감독, 감독관

lead [liːd] v. lead-led-led 이끌다 n. **지휘**, 선두, [led] 납, 흑연, 연필심
leader [líːdər] n. **지도자**, 선두
leadership [líːdərʃip] n. 지도자의 지위, 지도력
leading [líːdiŋ] a. 지도적指導的인, 주도적主導的인
mislead [mislíːd] v. mislead-misled-misled 잘못 이끌다, 오해誤解하게 하다
misleading [mislíːdiŋ] a. 오해하게 하는, 호도糊塗하는

guide [gaid] v. 안내案內하다, 인도引導하다, **지도**하다 n. 안내서, 안내인
misguide [misgáid] v. 잘못 인도하다, 잘못 지도하다
참고 **usher** [ʌ́ʃər] n. 안내원案內員 v. 안내하다

[감독 ▷ 통제]

control [kəntróul] n. 통제統制, 통제 장치, 통제 집단, 통제소 v. 통제하다, 제어制御하다, 억제抑制하다
참고 **curb** [kəːrb] n. 억제, 고삐, 재갈, 연석緣石 v. 억제하다

reins [reinz] n. 고삐
rein [rein] v. 억제하다

[지도자 ▷ 우두머리]

head [hed] n. 머리, 두뇌, **우두머리** v. 향하다
headquarters [hédkwɔ̀rtərz] n. 본부
headline [hédlàin] n. 머리기사, 표제
head-on a. 정면의, 정면으로
headlong [hédlɔ̀ŋ] ad. 곤두박이치며, 저돌적猪突的으로
headache [hédèik] n. 두통
headmaster [hèdmǽstər] n. 교장
headmastership [hèdmǽstərʃip] n. 교장의 지위

연상의 그물망

참고 **parietal** [pəráiətl] a. 정수리(부분)의
forehead [fɔ́ːrhèd] n. 이마
brow [brau] n. 이마, (brows) 눈썹
temple [témpl] n. 관자놀이, 절, 신전

captain [kǽptin] n. 선장船長, 기장, 함장, 주장, **우두머리**
boss [bɔːs] n. 보스, **우두머리**, 사장, 상사

[머리(에 든) ▷ 뇌]

brain [brein] n. 뇌腦, 두뇌, 지능

연상의 그물망

참고 **cortex** [kɔ́ːrteks] n. 대뇌 피질
frontal cortex 전두엽前頭葉
frontal lobe (대뇌의) 전두엽
medial orbitofrontal cortex 내측 안와眼窩 전두 피질
visual cortex 시각령, 시각 피질
amygdala [əmígdələ] n. 소뇌의 편도체

cerebral [sərí:brəl] a. 뇌의, 대뇌의
cerebral cortex [sərí:brəl kɔ́ːrteks] n. 대뇌 피질
cerebral hemisphere [sərí:brəl hémisfìər] n. 대뇌 반구
cerebral palsy [sərí:brəl pɔ́ːlzi] n. 뇌성마비腦性麻痺

hippocampus [hìpəkǽmpəs] n. (뇌의) 해마

경험하다

experience [ikspíəriəns] n. **경험**經驗, 체험體驗 v. 경험하다, 겪다
experienced [ikspíəriənst] a. 경험이 풍부한, 능숙한, 숙달된
inexperienced [ìnikspíəriənst] a. 경험이 없는, 미숙한

〔연상의 그물망〕
참고 empirical [impírikəl] a. **경험**에 의한, 경험적인, 경험주의의
empirically [impírikəli] ad. 경험적으로
empiricism [impírəsìzm] 경험주의經驗主義, 경험론
empiricist [impírəsist] n. 경험주의자

undergo [ʌ̀ndərgóu] v. undergo-underwent-undergone 겪다, **경험**經驗하다
novice [návis] n. 초보자初步者, 풋내기, **무경험자**無經驗者

잠자다

sleep [sli:p] v. sleep-slept-slept 잠을 자다 n. 잠
sleeper [slí:pər] n. 기차의 침대칸, 잠자는 사람
sleeping bag 침낭
sleeping disorder 수면 장애
sleeping pill 수면제睡眠劑
sleepless [slí:plis] a. 불면의, 잠을 못 이루는
sleeplessness [slí:plisnis] n. 불면
sleepy [slí:pi] a. 잠이 오는, 졸리는
asleep [əslí:p] a. 잠든, 잠들어 있는, 저린, **마비**된
oversleep [òuvərslí:p] v. oversleep-overslept-overslept 늦잠 자다

〔연상의 그물망〕
numb [nʌm] a. 감각이 없는, 무감각한, **마비**된
paralyze [pǽrəlàiz] v. 마비痲痺시키다

paralysis [pərǽləsis] n. 마비
참고 anesthesia [æ̀nəsθí:ʒə] n. 마취痲醉
anesthesiology [æ̀nisθì:ziálədʒi] n. 마취학
anesthetic [æ̀nəsθétik] a. 마취의 n. 마취제

참고 drowsy [dráuzi] a. 졸리는
drowsiness [dráuzinis] n. **졸음**
slumber [slʌ́mbər] n. 잠 v. 잠자다
insomnia [insámniə] n. 불면증不眠症

〔연상의 그물망〕
dormant [dɔ́:rmənt] a. 겨울잠을 자는, 활동을 중단한, 잠재해 있는
dormancy [dɔ́:rmənsi] n. 동면冬眠, 휴면休眠
dormitory [dɔ́:rmətɔ̀:ri] n. 기숙사
dorm [dɔ:rm] n. 기숙사
hibernate [háibərnèit] v. 동면하다

hypnosis [hipnóusis] n. 최면催眠, 최면 (상태)
nod [nɑd] v. (머리를) 끄덕이다, 꾸벅이다, 꾸벅꾸벅 졸다 n. 끄덕임, 꾸벅거림, **졸음**

[잠 자 ↔ 잠 깨]

wake [weik] v. wake-woke-woken 깨다, 깨우다 n. 항적航跡, 배의 자취
awake [əwéik] v. awake-awoke-awoken/awaked 깨다, 깨우다, 자각自覺시키다 a. 깨어 있는
awaken [əwéikən] v. 깨다, 깨우다, 각성覺醒시키다
reawaken [rìəwéikən] v. 다시 일깨우다
awakening [əwéikəniŋ] a. 자각시키는, 각성시키는 n. 자각, 각성

과거 過去

past [pæst] n. 과거 a. 과거의, 지난 ad. prep. 지나서
참고 **bygone** [báigɔ̀ːn] a. 지나간 n. 지나간 일
yesterday [jéstərdèi, jéstərdi] ad. n. 어제, 과거

former [fɔ́ːrmər] a. 이전以前의, 전자前者의 n. (the former) 전자
formerly [fɔ́ːrmərli] ad. 이전에, 예전에

연상의 그물망

참고 **latter** [lǽtər] a. (둘 중에서) 후자의, 마지막의 n. (the latter) 후자, 마지막

once [wʌns] ad. 한 번, 일찍이, 이전에 conj. 일단 … 하면

연상의 그물망

참고 **twice** [twais] ad. 두 번, 두 배로

triple [trípl] a. 세 부분으로 된, 세 배의 n. 세 배 v. 세 배로 하다
trinity [trínəti] n. 삼인조, (the Trinity) 삼위일체

previous [príːviəs] a. 이전以前의, 조급躁急한
previously [príːviəsli] ad. 이전에

섹스로부터 떨어지면 선물膳物 같은 상황이 된다
sex + separate = present

분리分離

separate [sépərèit] v. 떼다, **분리**分離하다, 분리되다 a. [sépərət] 분리된, 별개의
separately [sépərətli] ad. 따로따로, 별도로
separation [sèpəréiʃən] n. 분리, 별거
separable [sépərəbl] a. 분리할 수 있는
inseparable [insépərəbl] a. 분리할 수 없는, 뗄 수 없는, 불가분不可分의

연상의 그물망

segregate [ségrigèit] v. **분리**하다, **차별**差別하다
desegregate [diːségrigèit] v. 인종 차별을 폐지廢止하다
desegregation [diːsègrəgéiʃən] n. 인종 차별 폐지
segregation [sègrigéiʃən] n. (인종·성별 등에 따른) 분리[차별] 정책
racial segregation 인종 차별, 인종 분리

racial [réiʃəl] a. 인종의, 민족의
racism [réisizm] n. 인종 차별주의差別主義, 민족 우월 의식優越意識
racist [réisist] n. 인종 차별주의자
race [reis] n. **인종**人種, **민족**, 레이스, 경주, 경쟁 v. 경주하다, 경쟁하다
people [píːpl] n. 사람들, 국민, **민족**, 종족
참고 **Caucasian** [kɔːkéiʒən] a. 백인의 n. 백인
negro [níːgrou] n. (무례한 표현) 흑인
indian [índiən] n. 인도인 a. 인도의

discriminate [diskrímənèit] v. **차별**하다, **식별**識別하다
discrimination [diskrìmənéiʃən] n. 차별, 식별, 식별력
indiscriminate [ìndiskrímənət] a. 마구잡이의, 무차별적인

[차별 ◁▷ 차이]

참고 **difference** [dífərəns] n. 다름, 차이差異
different [dífərənt] a. 다른
differently [dífərəntli] ad. 다르게
differentiate [dìfərénʃièit] v. 구별하다
differ [dífər] v. 다르다

tell [tel] v. tell-told-told 말하다, 시키다, 식별識別하다
retell [ritél] v. retell-retold-retold 다시 말하다, 바꾸어 말하다
teller [télər] n. 금전 출납 직원
참고 **ATM** 현금 자동 입출금기 (Automated Teller Machine)

cash [kæʃ] n. 현금現金, 현찰現札 v. 수표를 현금으로 바꾸다
cash register 금전 등록기
cashier [kæʃíər] n. 현금 출납원, 계산원

참고 **ethnic** [éθnik] a. 민족의, 민족 고유의, 인종의
ethnic group 인종
ethnically [éθnikəli] ad. 민족적으로, 인종적으로
ethnicity [eθnísiti] n. 민족성
ethnography [eθnágrəfi] n. 민족지학民族誌學
ethos [íːθɑs] n. 민족(사회) 정신, (특정 집단의) 기풍

detach [ditǽtʃ] v. 분리하다, 떼다
detachment [ditǽtʃmənt] n. 분리, 이탈離脫, 관여하지 않음

attach [ətǽtʃ] v. 붙이다, 첨부添附하다, 애착하게 하다
attached [ətǽtʃt] a. 부착된, 애착하는
attachment [ətǽtʃmənt] n. 부착, 애착

연상의 그물망

참고 **cling** [kliŋ] v. cling-clung-clung (to) 들러붙다, 매달리다

stick [stik] v. stick-stuck-stuck 찌르다, 붙이다 n. 막대기, 채

sticky [stíki] a. 끈적끈적한
paste [peist] v. (풀로) 붙이다 n. 풀, 반죽
slime [slaim] n. (끈끈한) 점액粘液
cane [kein] n. (대나무 등의) 줄기, 지팡이
prick [prik] v. (찔러서) 구멍을 내다

adhere [ədhíər] v. 들러붙다, 지지하다, 고수固守하다, 고집固執하다
adherence [ədhíːərəns] n. 지지, 신봉, 고수, 충성
adherent [ədhíːərənt] n. 지지자, 신봉자
adhesive [ədhíːsiv] a. 들러붙는 n. 접착제
adhesive tape 접착테이프
참고 **glue** [gluː] n. 접착제, 풀, 아교 v. (접착제로) 붙이다

isolate [áisəlèit] v. 고립孤立시키다, 격리隔離하다, 분리分離하다
isolated [áisəlèitid] a. 고립된, 격리된, 외딴
isolation [àisəléiʃən] n. 고립, 격리, 분리

연상의 그물망

참고 **reclusive** [riklúːsiv] a. 은둔隱遁한

seclude [siklúːd] v. 은둔시키다, 고립시키다
island [áilənd] n. 섬
archipelago [àːrkəpéləgòu] n. 다도해多島海, 군도群島

[철저한 분리 ▷ 추방]

expel [ikspél] v. 추방追放하다, 방출하다
참고 **banish** [bǽniʃ] v. (처벌로써 국외로) 추방하다
banishment [bǽniʃmənt] n. 추방

deport [dipóːrt] v. (외국인 불법 체류자를) 국외로 추방하다

exile [égzail] n. 추방, 망명, 추방된 사람, 망명자 v. 추방하다
expulsion [ikspʌ́lʃən] n. 추방, 축출逐出, 제명, 방출

ostracize [ástrəsàiz] v. 추방하다

선물膳物

present [préznt] a. (한정적) 현재의, (서술적) 출석한 出席한 n. 현재, 선물 v. [prizént] 주다, 발표하다

> 연상의 그물망

참고 **presently** [prézntli] ad. 현재, 곧
presence [prézns] n. 존재, 출석, 참석
presentation [prèzəntéiʃən] n. 증정贈呈, 제출, 발표, 프레젠테이션

attend [əténd] v. 참석하다, 주의하다, 돌보다, 수반隨伴하다
attention [əténʃən] n. 주의, 주목, 차려
attentive [əténtiv] a. 주의하는, 세심하게 신경을 쓰는, 정중한, 친절한
attendance [əténdəns] n. 참석, 출석, 참석자, 출석자, 간호, 간병
attendant [əténdənt] n. 종업원, 안내원, 수행원 a. 수반하는

situation | 선물膳物

견우와 직녀는 서로 열렬히 사랑하는 사이다. 그러나 견우가 **군(軍)** 복무로 멀리 **파견(派遣)**되면서 둘은 일 년에 딱 한 번씩만, 견우가 **휴가(休暇)**를 받아 나올 때 만날 수 있게 된다. 피치 못할 사정으로 서로 떨어져 있던 둘은 서로 사랑하는 만큼 열렬히 **사랑을 나눈다**. 서로에게 사랑을 나누는 행위는 **선물(膳物)**과 같은 것이다. **서로의 존재 자체가 서로에게 선물이 되는 것처럼.**

군軍

soldier [sóuldʒər] n. 군인, 병사
military [mílitèri] a. 군대의, 군사軍事의 n. 군대, 군인들

> 연상의 그물망

참고 **veteran** [vétərən] n. 베테랑, 노련老鍊한 사람, 참전參戰 용사, 퇴역退役 군인
conscript [kánskript] n. 징집병徵集兵, 군인 v. 징집하다
draft [dræft] n. 외풍外風, 징병, 원고 초안, 신인 선수 선발 v. 징집하다, 선발하다, 원고 초안을 작성하다
antidraft [æntidrǽft] a. 징병 반대의

army [á:rmi] n. 군대

> 연상의 그물망

battalion [bətǽljən] n. 대대
corps [kɔ:r] n. (pl. corps [kɔ:rz]) 군단, 부대

squadron [skwádrən] n. 비행 중대, 소함대
troop [tru:p] n. 군대, 병력, 무리
paratroops [pérətrùps] n. 낙하산 부대원들
infantry [ínfəntri] n. 보병(대)
참고 **deploy** [diplɔ́i] v. (군사적으로) 배치配置하다
deployment [diplɔ́imənt] n. (전략적) 배치, 사용
regiment [rédʒəmənt] n. [군사] 연대聯隊 v. 연대를 편성하다, 조직화하다
regimentation [rèdʒəməntéiʃən] n. 조직화, 연대 편성
navy [néivi] n. (the Navy) (미) 해군, 짙은 감색
참고 **fleet** [fli:t] n. 함대, 선단船團, 배의 무리 a. 빠른
fleeting [flí:tiŋ] a. 순식간의

fort [fɔ:rt] n. 요새要塞, 진지陣地, 보루堡壘
fortress [fɔ́:rtris] n. 요새
fortify [fɔ́:rtəfài] v. 요새화하다, 강화하다
참고 **bastion** [bǽstʃən] n. 요새

파견派遣

dispatch [dispǽtʃ] v. 파견派遣하다, 보내다, 신속히 처리하다 n. 파견, 발송, 신속한 처리

send [send] v. send-sent-sent 보내다

> 연상의 그물망

[파견 ➡ 예시例示로]

참고 **ambassador** [æmbǽsədər] n. 대사大使, 사절使節

embassy [émbəsi] n. 대사관

휴가休暇

vacation [veikéiʃən] n. 방학放學, 휴가
vacate [véikeit] v. 비우다, 떠나다

holiday [hálədèi] n. 휴일, 휴가

> 연상의 그물망

참고 **resort** [rizɔ́:rt] n. 리조트, 휴양지, 의지, 수단 v. (to) 의지하다

leave [li:v] v. leave-left-left 떠나다, 남기다 n. 휴가 休暇, 허가許可

[떠나며 ➡ 작별 인사]

참고 **farewell** [fɛərwél] n. 작별 인사 intj. 안녕
fare [fɛər] n. (교통) 요금 v. (잘 또는 잘못) 지내다, 진행하다

fee [fi:] n. 요금, 회비, (전문직에 지불하는) 수수료, 수업료

tuition

tuition [tjuːíʃən] n. 수업료授業料, 등록금, 수업
toll [toul] n. (도로) 통행료, 사상자死傷者 수
enroll [inróul] v. 등록登錄하다
enrollment [inróulmənt] n. 등록
참고 **roll** [roul] v. 구르다, 굴리다, 말다, 감다 n. 두루마리, 구르기, 굴리기, 명부, 출석부

registration [rèdʒistréiʃən] n. 등록登錄
register [rédʒistər] v. 등록하다 n. 등록부

사랑을 나눈다

make love v. 사랑을 나누다, 섹스하다, 성관계性 關係를 맺다

선물膳物

gift [gift] n. 선물, 재능
gifted [gíftid] a. (타고난) 재능이 있는
참고 **talent** [tǽlənt] n. 재능, 재주, 소질
talented [tǽləntid] a. 재능 있는

> 연상의 그물망

[재능 ➡ 예시例示로]

prodigy [prάdədʒi] n. 신동神童, 영재英才

연상의 불꽃 | 보호保護

이렇게 낭만적(浪漫的)으로도 분리의 문제를 볼 수도 있으나, 현실적(現實的)으로는 성범죄자(性犯罪者)를 분리하여 선량한 사회 구성원을 **보호(保護)**하여야 할 심각한 문제가 있다. 사회 방어막(防禦幕)으로 기능하는 분리의 문제! **감옥(監獄)**에 가두는 형벌(刑罰)에 **더하여** 우리 사회는 범죄 **예방(豫防) 차원(次元)**에서 성범죄자의 신상 **정보(情報)**를 **공개(公開)**하고 **고지(告知)**하는 제도(制度)를 시행(施行)하고 있다.

보호保護

protect [prətékt] v. **보호**하다, 지키다
protection [prətékʃən] n. 보호
protective [prətéktiv] a. 보호하는, 방어적인

연상의 그물망

참고 **guard** [gɑːrd] n. 경호, 경호원, 경비대 v. 경호하다
guardian [gɑ́ːrdiən] n. 보호자, 수호자, 후견인

escort [éskɔːrt] n. 호위대, 에스코트하는 사람 v. [iskɔ́ːrt] 호위하다

conservation [kɑ̀nsərvéiʃən] n. **보호**, 보존, 보전
conserve [kənsə́ːrv] v. 보호하다, 절약하다
conservative [kənsə́ːrvətiv] a. 보수적保守的인 n. 보수주의자

preserve [prizə́ːrv] v. 보존하다, **보호**하다 n. 보호 구역
preservation [prèzərvéiʃən] n. 보존, 보호
preservative [prizə́ːrvətiv] a. 보존하는 n. 방부제防腐劑

연상의 그물망

[보호 ▶ 안전]

security [sikjúərəti] n. **안전**, 보안, 안보, 안심, (securities) 유가 증권
secure [sikjúər] a. 안전한, 안심하는 v. 안전하게 하다, 확보하다
insecure [ìnsikjúər] a. 안전하지 못한, 불안한, 자신감이 없는

safe [seif] a. **안전**安全한 n. 금고
safe conduct 안전 통행권
safely [séifli] ad. 안전히
safety [séifti] n. 안전, 안전성
safety device 안전장치

감옥監獄

jail [dʒeil] n. 교도소矯導所, 감옥監獄 v. 투옥投獄하다, 수감收監하다

prison [prízn] n. 감옥監獄, 교도소
prisoner [príznər] n. 죄수罪囚, **포로**捕虜
imprison [imprízn] v. 투옥投獄하다, 감금監禁하다
imprisonment [impríznmənt] n. 투옥, 수감, 감금

연상의 그물망

참고 **custody** [kʌ́stədi] n. 구류拘留, 유치留置, 보호, 관리, 양육권
custodial staff 관리 직원

confine [kənfáin] v. 국한局限하다, **가두다**
confined [kənfáind] a. 국한된, 갇힌, 막힌

capture [kǽptʃər] v. 붙잡다, **포로**로 잡다, 포획捕獲하다, 포착捕捉하다 n. 포획, 포착
captive [kǽptiv] a. 포획된 n. 포로
captivity [kæptívəti] n. 포획, 감금監禁

wall [wɔːl] n. 벽壁, 담 v. 벽으로 싸다, 담으로 막다
참고 **dam** [dæm] n. 댐, 둑 v. 댐을 짓다, 둑으로 막다
cage [keidʒ] n. 우리, 새장 v. 우리에 넣다, 새장에 **가두다**
참고 **corral** [kəræl] n. 가축우리
pen [pen] n. 펜, (가축) 우리, 축사畜舍 v. (우리에) **가두다**

subsidy [sʌ́bsədi] n. 보조금
besides [bisáidz] prep. … 이외에도 ad. 게다가
beside [bisáid] prep. … 옆에, …와 비교해
참고 **flank** [flæŋk] n. 측면, 옆구리 v. 측면에 위치하다

[추가 ➡ 예시例示로]

bonus [bóunəs] n. 보너스, 상여금賞與金

더하여

add [æd] v. 더하다
addition [ədíʃən] n. **추가**, 부가, 덧셈
additional [ədíʃənl] a. 추가의, 부가의

extra [ékstrə] a. 추가追加의, 여분餘分의 n. **추가**, 여분, 엑스트라
extracurricular [èkstrəkəríkjələr] a. 과외課外의
extraterrestrial [èkstrətəréstriəl] a. 외계의 n. (E.T.) 외계인

연상의 그물망
[추가 ➡ 보완]

complement [kámpləmənt] v. **보완**補完하다 n. 보완물, 보어
complementary [kàmpləméntəri] a. 상호 보완적인

[추가 ➡ 보충]

supplement [sʌ́pləmənt] n. **보충**補充, 보충하는 것, 보충제 v. 보충하다, 추가追加하다
supplementary [sʌ̀pləméntəri] a. 보충의
참고 **replenish** [riplénɪʃ] v. 보충하다, 다시 채우다
ancillary [ǽnsəlèri] a. 보조補助의, 부차적인
subsidiary [səbsídièri] a. 부수적인, 보조의 n. 자회사子會社
subsidiarily [səbsídièrili] ad. 부수적으로
subsidize [sʌ́bsədàiz] v. 보조금을 주다

예방豫防

precaution [prikɔ́ːʃən] n. **예방**豫防 조치, 예방책, 피임避妊
precautionary [prikɔ́ːʃənèri] a. 예방 조치의
precautious [prikɔ́ːʃəs] a. 조심하는, 신중한
caution [kɔ́ːʃən] n. 주의, 조심, 경고 v. 주의를 주다, 경고하다
cautious [kɔ́ːʃəs] a. 주의하는, 조심스러운, 신중한

연상의 그물망

warn [wɔːrn] v. 경고警告하다
forewarn [fɔrwɔ́rn] v. 경고하다, 주의를 주다
warning [wɔ́ːrniŋ] n. 경고

prevent [privént] v. 막다, **예방**豫防하다, 방지防止하다, **방해**妨害하다
prevention [privénʃən] n. 예방, 방지, 방해

연상의 그물망
참고 **preclude** [priklúːd] v. **방해**하다, 못 하게 하다

disrupt [disrʌ́pt] v. **방해**하다, 중단시키다
disrupted [disrʌ́ptid] a. 방해받은, 중단되는
disruption [disrʌ́pʃən] n. 방해, 중단

restrict [ristríkt] v. **제한**制限하다, 한정限定하다, **방해**하다
restriction [ristríkʃən] n. 제한, 제약制約
restrictive [ristríktiv] a. 제한적인, 한정하는

참고 **circumscribe** [sə́rkəmskràib] v. 제한하다, 주위에 선을 긋다

limit [límit] n. 제한制限, 한계限界 v. 제한하다
limitation [lìmətéiʃən] n. 제한, (limitations) 한계
limited [límitid] a. 제한된, 한정된
unlimited [ʌnlímətəd] a. 무제한의
참고 **curfew** [kə́:rfju:] n. 귀가 시간 제한, 통행금지(령)
within [wiðín, wiθín] prep. … 이내에, 안쪽에, 내부에 ad. 내부에서
참고 **internal** [intə́:rnl] a. 내부內部의, 내면의, 체내의
internal combustion [intə́:rnlkəmbʌ́stʃən] a. 내연식內燃式의
interior [intíəriər] a. 내부의 n. 내부
inside [insáid] n. 안(쪽) a. 안(쪽)의 ad. 안(쪽)에 prep. …의 안(쪽)에

inner [ínər] a. 내부의, 내밀內密한
innermost [ínərmòust] a. 가장 깊숙한, 가장 내밀한
inmost [ínmòust] a. 맨 안쪽의, (마음속) 가장 깊숙한

[내부 ⇔ 외부]

참고 **external** [ikstə́:rnl] a. 외부外部의, 외면의
exterior [ikstíəriər] a. 외부의 n. 외부
outside [àutsáid] n. 바깥(쪽) a. 바깥(쪽)의 ad. 바깥(쪽)에 prep. …의 바깥(쪽)에
outer [áutər] a. 외부의, 바깥쪽의

차원次元

dimension [diménʃən] n. 치수, 차원, (dimensions) 규모

연상의 그물망

scale [skeil] n. 규모規模, 등급, 눈금, 저울, 축척縮尺, 비늘
scale model 축척 모형

정보情報

information [ìnfərméiʃən] n. 정보情報
informative [infɔ́:rmətiv] a. 정보를 제공하는, 유익한
informed [infɔ́:rmd] a. 정보를 갖춘, 박식한
informant [infɔ́:rmənt] n. 정보원, 정보 제공자, 밀고자密告者
inform [infɔ́:rm] v. 알리다, 통보通報하다

연상의 그물망

참고 **snippet** [snípit] n. 작은 정보, 단편, 토막
data [déitə] n. 데이터, 자료, 정보

공개公開

public [pʌ́blik] a. 공공公共의, 공개公開된 n. 공중公衆, 대중大衆
publicity [pʌblísəti] n. 널리 공개됨, 홍보弘報, 선전宣傳
PR (public relations) 홍보

연상의 그물망

promote [prəmóut] v. 촉진促進하다, 판촉販促 활동을 하다, 홍보弘報하다, 증진하다, 승진昇進시키다
promotion [prəmóuʃən] n. 촉진, 판촉 행사, 홍보, 증진
promotive [prəmóutiv] a. 촉진하는, 증진하는

disclose [disklóuz] v. 공개하다, 폭로暴露하다
disclosure [disklóuʒər] n. (정보의) 공개, 공개 내용, 폭로

고지告知

notify [nóutəfài] v. 고지하다, 통지하다, 통보하다, 신고하다

연상의 그물망

notice [nóutis] n. 알아차림, 주목, 통지, 안내문 v. 알아차리다, 주목하다

noticeable [nóutisəbl] a. 뚜렷한, 현저한

note [nout] n. 메모, 음표, 주석 v. 주목注目하다, 언급하다

notebook [nóutbùk] n. 노트, 공책

notate [nóuteit] v. 기록하다, 악보에 기보하다

noted [nóutid] a. 유명한, 저명한

notable [nóutəbl] a. 주목할 만한

참고 discern [disə́ːrn] v. 식별識別하다, 알아차리다

discernment [disə́ːrnmənt] n. 식별력, 안목

discernible [disə́ːrnəbl] a. 식별 가능한, 식별할 수 있는

indiscernible [ìndisə́ːrnəbl] a. 식별하기 어려운

섹스가 이루어지는 장소場所는 우주 공간宇宙空間이 된다

sex + place = space

장소場所

place [pleis] n. 장소 v. 놓다, 두다
참고 **site** [sait] n. 위치, 장소, 현장, (인터넷) 사이트 v. 위치시키다, 두다
on-site a. 현장의, 현지의 ad. 현장에서, 현지에서

location [loukéiʃən] n. 위치位置, 장소
locate [lóukeit] v. 위치시키다, 위치를 파악하다
relocate [rìːlóukeit] v. 위치를 다시 잡다, 이동시키다, 이전하다

연상의 그물망
room [ruːm] n. 방房, 공간空間, 자리, 여지餘地
roommate [rúːmèit] n. 룸메이트, 함께 방을 쓰는 사람
roomy [rúːmi] a. 널찍한
참고 **chamber** [tʃéimbər] n. 방, 회의실, (생체 등의) 실室

attic [ǽtik] n. 다락, 다락방
cabin [kǽbin] n. 오두막(집), 객실, 선실
참고 **cabinet** [kǽbənit] n. 캐비닛, 장롱欌籠, (정부의) 내각內閣
cabinet reshuffle 내각 개편, 개각改閣
cottage [kátidʒ] n. 오두막, 작은 집, 작은 별장別莊
hut [hʌt] n. 오두막
conference [kánfərəns] n. 회의會議
confer [kənfə́ːr] v. 의논하다, 수여하다
참고 **symposium** [simpóuziəm] n. 심포지엄, 토론회

우주宇宙

space [speis] n. 공간空間, 우주, 장소, 시간
space probe 무인 우주탐사기機
space shuttle 우주 왕복往復선船
shuttle [ʃʌtl] n. 정기적으로 왕복하는 교통수단 v. 왕복하다
ply [plai] v. 다니다, 왕복하다
spaceship [spéisʃip] n. 우주선

spacecraft [spéiskræft] n. 우주선
craft [kræft] n. 수공예, 기능, 기술, 선박, 항공기, 우주선
craftsman [kræftsmən] n. 장인匠人, 공예가工藝家
craftsmanship [kræftsmənʃip] n. 손재주, 솜씨
craftsperson [kræftspə̀ːrsn] n. 장인, 공예가

연상의 그물망
참고 **artisan** [ɑ́ːrtizən] n. 장인, 기능공, 공예가

apprentice [əpréntis] n. 도제徒弟, 수습공修習工, 수습생修習生, 견습생見習生

[장인이 빚은 ▶ 도자기]

ceramic [səræmik] n. 도자기 a. 도자기의
ceramics [səræmiks] n. 도자기들, 도예, 제도업

china [tʃáinə] n. 자기, 도기기, (China) 중국

potter [pɑ́tər] n. 도공陶工, 옹기장이, 도예가陶藝家
pottery [pɑ́təri] n. 도자기 (그릇들), 도기류, 도예

spacious [spéiʃəs] a. 공간이 넓은, 널찍한
spatially [spéiʃəli] ad. 공간적으로

연상의 그물망
dock [dɑk] n. 부두埠頭 v. 부두에 대다, (우주선이) 도킹하다

pier [piər] n. 부두

harbor [hɑ́ːrbər] n. 항구港口, 항만港灣, 피난처 v. 피난처를 제공하다

universe [júːnəvə̀ːrs] n. 우주宇宙
universal [jùːnəvə́ːrsəl] a. 보편적普遍的인, 우주의

연상의 그물망
참고 **astronaut** [æstrənɔ̀ːt] n. 우주 비행사

astronomer [əstrɑ́nəmər] n. 천문학자天文學者
astronomy [əstrɑ́nəmi] n. 천문학
astronomical [æstrənɑ́mikəl] a. 천문학의, 천문학적인, 어마어마한

astrology [əstrɑ́lədʒi] n. 점성술占星術, 점성학
astrological [æstrəlɑ́dʒikəl] a. 점성술의, 점성학의
horoscope [hɔ́ːrəskòup] n. 별자리 운세, 점성술

Big Bang 우주 (생성의) 대폭발
cosmos [kɑ́zməs] n. 우주, 질서秩序, 코스모스

chaos [kéiɑs] n. 카오스, 무질서, 혼란混亂, 혼돈混沌
chaotic [keiɑ́tik] a. 무질서한, 혼란스러운, 혼돈의

microcosm [máikrəkɑ̀zm] n. 작은 세계, 소우주, 축소판

연상의 그물망
planet [plǽnit] n. 행성行星
참고 **asteroid** [ǽstərɔ̀id] n. 소행성
Mercury [mə́ːrkjuri] n. 수성, (mercury)수은
Venus [víːnəs] n. 비너스, 금성金星
Mars [mɑːrz] n. 화성
Mars rover 화성 탐사探査 로봇
Jupiter [dʒúːpitər] n. 목성
Saturn [sǽtərn] n. 토성

issue! 장소 場所

섹스 공간은, 둘만의 **축제(祝祭)**의 장소는 어디일까? 집에서라면 잠자리인 **침실(寢室)**, **침대(寢臺)**가 대표적(代表的)일 것이나 사실 집안 어디서든 사랑은 이루어질 수 있다. **욕실(浴室)**, **욕조(浴槽)**, **화장실(化粧室)** 그 어디서라도. 집 밖의 **숙박 시설(宿泊施設)**을 이용할 때는 **예약(豫約)**을 미리 해둘 필요도 있을 수 있다. 장소가 어디든 간에 이 공간은 가장 **은밀(隱密)**하고 가장 **사적(私的)**인 **세계(世界)**라고 볼 수 있다.

축제 祝祭

festival [féstəvəl] n. 축제 祝祭
festive [féstiv] a. 축제의, 흥겨운
festal [féstl] a. 축제의

침실 寢室, 침대 寢臺

bedroom [bédrùːm] n. 침실 a. 정사 情事의
bed [bed] n. 침대 寢臺, 바닥
embed [imbéd] v. 박아 넣다
embedment [imbédmənt] n. 꽂아 넣기, 박아 넣기, 심기
bedclothes [bédklòuðz] n. 이부자리, 침구
bedward [bédwərd] ad. 침대 쪽으로

_{연상의 그물망}

참고 **cradle** [kréidl] n. 요람 搖籃, 아기 침대

pillow [pílou] n. 베개

blanket [blǽŋkit] n. 담요 v. 뒤덮다

bottom [bátəm] n. 아래쪽, 바닥 a. 아래쪽의, 바닥의
bottom line 요점 要點

욕실 浴室, 욕조 浴槽, 화장실 化粧室

bath [bæθ] n. 목욕 沐浴, 욕조 浴槽
bathtub [bǽθtʌb] n. 욕조, 목욕통
bathe [beið] v. 목욕시키다, 세척하다
bathroom [bǽθrùːm] n. 욕실, 화장실

toilet [tɔ́ilit] n. 변기 便器, 변기통, 화장실
참고 **lavatory** [lǽvətɔ̀ːri] n. 변기, 화장실

septic tank [séptik tæŋk] 정화조 淨化槽

wash [wɔʃ] v. 씻다, 세탁 洗濯하다 n. 씻기, 세탁

_{연상의 그물망}

참고 **soap** [soup] n. 비누 v. 비누칠하다

detergent [ditə́ːrdʒənt] n. 세제 a. 세척의, 깨끗이 씻어내는
detergency [ditə́ːrdʒənsi] n. 세척성, 정화력
deterge [ditə́ːrdʒ] v. 씻어내다, 깨끗이 하다

laundry [lɔ́ːndri] n. 세탁, 세탁물, 세탁소, 빨래
dirty laundry 치부 恥部, 수치 羞恥스러운 일

bleach [bliːtʃ] v. 표백하다 n. 표백제 漂白劑
bleachers 외야석

pale [peil] a. 창백 蒼白한 v. 창백해지다
참고 **pasty** [péisti] a. 창백한

숙박 시설宿泊施設

accommodation [əkɑ̀mədéiʃən] n. 숙박 시설, 순응, 합의
accommodate [əkɑ́mədèit] v. 숙박宿泊시키다, 수용하다, 부응하다, 순응하다
accommodating [əkɑ́mədèitiŋ] a. 쉽게 부응副應하는, 협조적인

예약豫約

book [buk] n. 책, 장부帳簿 v. 예약하다
booklet [búklit] n. 소책자, 팸플릿
bookcase [búkkèis] n. 책장, 책꽂이
bookstore [búkstɔ̀ːr] n. 책방, 서점
booking [búkiŋ] n. 예약, 장부 기입

연상의 그물망
참고 **read** [riːd] v. read-read-read 읽다
misread [mìsríd] v. misread-misread-misread 잘못 해석하다, 오해하다, 잘못 읽다
reread [ìːríːd] v. reread-reread-reread 다시 읽다
dyslexic [disléksik] a. 난독증難讀症이 있는
library [láibrèri] n. 도서관, 서재書齋

[책 ▷ 종이]

paper [péipər] n. 종이, 신문, 서류, 공문서, 시험지, 리포트, 논문
page [peidʒ] n. 페이지, 쪽 v. -에게 무선 호출기로 연락하다
참고 **scroll** [skroul] n. 두루마리, (컴퓨터) 스크롤 v. 스크롤하다
sheet [ʃiːt] n. (종이) 한 장, (침대) 시트
print [print] v. 인쇄하다, 찍다, 새기다 n. 인쇄, 활자, 출판, 판화

printing [príntiŋ] n. 인쇄, 인쇄술, 인쇄업
printer [príntər] n. 프린터, 인쇄기, 인쇄업자
printout [príntaut] n. (출력한) 인쇄물, 출력 정보
papyrus [pəpáiərəs] n. 파피루스 (종이)
참고 **brochure** [brouʃúər] n. (광고, 안내용) 소책자, 팸플릿
pamphlet [pǽmflət] n. 팸플릿, 소논문
shelf [ʃelf] n. 선반, 책꽂이
off the shelf (주문하지 않고) 바로 살 수 있는
shelf life 저장 수명, 유통 기한
참고 **ledge** [ledʒ] n. 선반 모양의 공간

subscribe [səbskráib] v. 구독購讀하다, 가입하다, 기부하다
subscriber [səbskráibər] n. 구독자, 가입자, 기부자
subscription [səbskrípʃən] n. 구독(료), 가입, 기부(금)

reserve [rizə́ːrv] v. 떼어 놓다, 예약豫約하다, 보류保留하다, 보유하다 n. 비축備蓄, 보류, 유보留保, 보호 구역
reserved [rizə́ːrvd] a. 예약된, 보류된, 내성內省적인
reservation [rèzərvéiʃən] n. 예약, 보류, 유보

연상의 그물망
참고 **withhold** [wiðhóuld, wiθhóuld] v. withhold-withheld-withheld 주지 않다, 주지 않고 보류保留하다, 억제抑制하다
shelve [ʃelv] v. 보류하다, 선반에 얹다
sanctuary [sǽŋktʃuèri] n. 자연 보호 구역, 피난처, 안식처, 성역

은밀隱密

confidential [kɑ̀nfədénʃəl] a. 은밀한, 기밀의
confidentially [kɑ̀nfədénʃəli] ad. 은밀하게
confidentiality [kɑ̀nfədènʃiǽləti] n. 비밀 유지
secret [síːkrit] a. 비밀秘密의 n. 비밀, 비결秘訣

secretary [sékrətèri] n. 비서, 장관
secretive [síːkritiv] a. 비밀스러운

연상의 그물망

참고 confide [kənfáid] v. (비밀을) 털어놓다

confess [kənfés] v. 고백하다, 자백하다
confession [kənféʃən] n. 고백, 자백

[비밀스러운 기호 ▷ 암호]

code [koud] n. 암호暗號, 부호符號, 법전
encode [inkóud] v. 암호화하다, 부호화하다
encoding [enkóudiŋ] n. 암호화, 부호화
decode [diːkóud] v. 암호를 해독解讀하다
참고 decipher [disáifər] v. 판독判讀하다, (암호를) 해독하다
cipher [sáifər] n. 암호

cryptography [kriptágrəfi] n. 암호화 기법
cryptic [kríptik] a. 비밀스러운
crypsis [krípsis] n. 은폐隱蔽
unencrypted [ʌninkríptid] a. 암호화되지 않은

사적私的

private [práivət] a. 사적私的인, 사유私有의, 개인적個人的인, 사생활의, 은밀隱密한
privately [práivitli] ad. 개인적으로, 은밀히
privacy [práivəsi] n. 사생활, 프라이버시
privatize [práivətàiz] v. 민영화民營化하다
privatization [pràivətizéiʃən] n. 민영화, 사유화

세계世界

world [wəːrld] n. 세계世界, 세상
worldwide [wəːrldwáid] a. 전 세계적인 ad. 전 세계적으로
underworld [ʌ́ndərwəːrld] n. 지하 세계, 하층 사회, 암흑가暗黑街, 저승

🔥 연상의 불꽃 | 사생활私生活의 방송放送

사적(私的)이라는 말이 나와서 하는 말인데, 사적(私的)이란 공적(公的)이란 말에 대비(對比)되는 말로, 원래는 공개적(公開的)이란 말과 반대(反對)되는 뉘앙스가 짙었다. 그런데 요즈음 세태(世態)는 인터넷으로나 TV **방송(放送)**으로 개인의 사적 영역(私的領域)을 대중(大衆)에게 **거리낌 없이** 공개(公開)하는 **분위기(雰圍氣)**다. 이제는 짐 캐리(Jim Carrey)가 주연(主演)한 **영화 트루먼 쇼(The Truman Show)가 온 세상 사람들이 주연(主演)이 되어 상영(上映)**되고 있는 형국(形局)이

방송放送

broadcast [brɔ́ːdkæst] v. broadcast-broadcast/broadcasted-broadcast/broadcasted 방송放送하다 n. **방송**

broadcaster [brɔ́ːdkæstər] n. 방송 진행자, 방송인
broad [brɔːd] a. 넓은
broaden [brɔ́ːdn] v. 넓히다, 넓어지다
breadth [bredθ] n. 폭幅, 너비

연상의 그물망

참고 **channel** [tʃǽnl] n. 채널, 주파수대, 경로, 수로, 해협

relay [rí:lei] n. 릴레이 경주, (방송) 중계 v. [riléi] (방송을) 중계하다, 전달하다

rerun [rirʌ́n] v. rerun-reran-rerun 재방송하다

simulcast [sáiməlkæst] v. simulcast-simulcast-simulcast (TV와 라디오에서) 동시에 방송하다 n. 동시 방송

studio [stjú:diòu] n. 방송실, 스튜디오, 작업실, 연습실

commentary [káməntèri] n. 논평, 해설, 실황 방송
commentate [káməntèit] v. 실황實況방송을 하다
comment [kámənt] n. 논평論評, 주석註釋 v. 논평하다, 주석을 달다

연상의 그물망

참고 **narration** [næréiʃən] n. 해설, 내레이션
narrate [nǽreit] v. 이야기하다, 내레이션을 하다, 해설하다
narrative [nǽrətiv] n. 이야기, 서술
narrator [nǽreitər] n. 이야기하는 사람, 내레이터, 해설하는 사람

live [liv] v. 살다, 생활하다 a. [laiv] 살아 있는, 생방송의 ad. 생방송으로
livelihood [láivlihùd] n. 생계
lively [láivli] a. 활기찬, 활발한
alive [əláiv] a. 살아 있는
outlive [àutlív] v. …보다 오래 살다
relive [rì:lív] v. (상상 속에서) 되살리다

연상의 그물망

참고 **dwell** [dwel] v. dwell-dwelt/dwelled-dwelt/dwelled 살다, 거주하다
dweller [dwélər] n. 거주자, 살고 있는 동물
habitat [hǽbitæt] n. 서식지(棲息地), 거주지(居住地)

habitant [hǽbitənt] n. 거주자, 주민
habitable [hǽbitəbl] a. 거주할 수 있는
habitation [hæbitéiʃən] n. 거주

inhabit [inhǽbit] v. …에 거주居住하다, 서식棲息하다
inhabitant [inhǽbətənt] n. 거주자, 주민, 서식 동물

참고 **reside** [rizáid] v. 살다, 거주하다
residence [rézədəns] n. 주거(住居), 거주, 주택, 거주지
resident [rézədnt] n. 주민, 거주자, 투숙객(投宿客), 레지던트(수련의) a. 거주하는, 상주하는
residential [rèzədénʃəl] a. 주거의, 거주의

[거주 공간 ▶ 예시例示로]

apartment [əpá:rtmənt] n. 아파트
apart [əpá:rt] ad. 떨어져, 산산이

nest [nest] n. 둥지, 보금자리 v. 둥지를 틀다
nest egg 노후 자금, 비상금

spot [spɑt] n. 점, 얼룩, 곳, 장소, 방송 프로그램 사이에 끼워 넣는 광고 v. 더럽히다, 발견하다
spotted [spátid] a. 얼룩진

연상의 그물망

참고 **blot** [blɑt] n. 얼룩, 오점汚點 v. 더럽히다

dot [dɑt] n. 점 v. 점을 찍다, 산재散在하다

speck [spek] n. 작은 얼룩, 점
specked [spekt] a. 얼룩진
speckle [spékl] n. 얼룩, 반점

참고 **pimple** [pímpl] n. 뾰루지, 여드름

acne [ǽkni] n. 여드름

stain [stein] n. 얼룩, 오점 v. 더럽히다
stainless [stéinlis] a. 얼룩지지 않은, 녹슬지 않는

참고 **smear** [smiər] n. 얼룩, (정치적) 중상모략中傷謀略 v. 더럽히다, 마구 바르다

smudge [smʌdʒ] n. 얼룩 v. 얼룩을 남기다

tarnish [tɑ́ːrniʃ] v. 변색시키다, (명성, 평판을) **더럽히다**

contaminate [kəntǽmənèit] v. 오염汚染시키다
contamination [kəntæmənéiʃən] n. 오염
contaminant [kəntǽmənənt] n. 오염 물질

참고 **pollute** [pəlúːt] v. 오염시키다, **더럽히다**
pollution [pəlúːʃən] n. 오염, 공해

advertise [ǽdvərtàiz] v. **광고**廣告하다
advertisement [ædvərtáizmənt, ædvə́ːrtismənt] n. 광고
advertising [ǽdvərtàiziŋ] n. 광고하기, 광고업, 광고

연상의 그물망

참고 **hype** [haip] n. **과대광고**(선전)

blitz [blits] n. 대선전, 집중 공세 v. 집중 공격을 퍼붓다

tout [taut] v. 권유하다

television [téləvìʒən] n. TV, 텔레비전

연상의 그물망

참고 **radio** [réidiòu] n. 라디오, 무선, 무전 v. 무선을 보내다
remote control [rimóut kəntróul] n. 리모콘, 원격 조정
remote [rimóut] a. (거리상) 외딴, 외진, (시간상) 먼
telethon [téləθàn] n. (자선기금 모금을 위한) 장시간의 텔레비전 방송
telegraph [téligræf] n. 전신電信 v. 전보電報를 치다
telegram [téligræm] n. 전보, 전신
episode [épəsòud] n. 에피소드, 삽화挿話, **(방송 시리즈의) 1회분**

참고 **anecdote** [ǽnikdòut] n. 일화逸話

announce [ənáuns] v. (공식적으로) 발표하다, (공중에게) **안내 방송하다**
announcement [ənáunsmənt] n. 발표
announcer [ənáunsər] n. 아나운서, 방송 진행자

연상의 그물망

참고 **communiqué** [kəmjùːnikéi] n. 공식 발표

cover [kʌ́vər] v. 덮다, 담당하다, 취재取材하다, **보도**報道하다 n. 덮개, 표지
covered [kʌ́vərd] a. 덮인
coverage [kʌ́vəridʒ] n. **보도** 범위, 보장 범위

discover [diskʌ́vər] v. 발견하다
discovery [diskʌ́vəri] n. 발견

uncover [ʌnkʌ́vər] v. 덮개를 벗기다, 드러내다

참고 **gild** [gild] v. gild-gilded/gilt-gilded/gilt 금을 입히다

drape [dreip] v. 걸치다, 주름을 잡아 걸치다
draped [dreipt] a. 주름이 잡혀 드리워진

거리낌 없이

forthright [fɔ́ːrθràit] a. **솔직**한, 거리낌 없는
참고 **frank** [fræŋk] a. **솔직**率直한, 노골적露骨的인

outspoken [àutspóukən] a. 거침없이 말하는, 까놓고 말하는, **솔직**한
outspeak [àutspíːk] v. outspeak-outspoke-outspoken …보다 잘(크게) 말하다, **솔직**하게 말하다, 말로 이기다
speak [spiːk] v. speak-spoke-spoken 말하다, 이야기하다, 연설演說하다
misspeak [misspíːk] v. misspeak-misspoke-misspoken 잘못 말하다, 부정확하게 말하다

연상의 그물망

speaker [spíːkər] n. 말하는 사람, 화자, 연설가, 의장議長, 스피커
speech [spiːtʃ] n. 말하기, 연설, 말, 언어 능력

spokesperson [spóukspə̀ːrsn] n. 대변인代辯人
spokesman [spóuksmən] n. 남성 대변인
spokeswoman [spóukswùmən] n. 여성 대변인

참고 **fluent** [flú:ənt] a. 유창流暢한
fluently [flú:əntli] ad. 유창하게
fluency [flú:ənsi] n. 유창함

---

candid [kǽndid] a. 솔직率直한
candidly [kǽndidli] ad. 솔직히
candidate [kǽndidət] n. 후보자候補者
honest [ánist] a. 정직한, 솔직한
honesty [ánisti] n. 정직, 솔직성
dishonest [disánist] a. 부정직한
upfront [ʌpfrʌ́nt] a. 선행 투자의, 선불의, 솔직한
front [frʌnt] n. 앞, 전선戰線, 전선前線

연상의 그물망

참고 **rear** [riər] n. 뒤(쪽) a. 뒤쪽의 v. 기르다, 양육養育하다, 사육飼育하다

hind [haind] a. (동물의 뒷다리를 가리킬 때) 뒤쪽의

breed [bri:d] v. breed-bred-bred (새끼를) 낳다, 사육飼育하다, 양육하다 n. 품종
breeding [brí:diŋ] n. 사육, 양육, 번식
outbreed [àutbrí:d] v. outbreed-outbred-outbred 이계 교배異系交配시키다

참고 **hybridization** [hàibridəzéiʃən] n. (이종) 교배
hybrid [háibrid] a. 잡종雜種의, 합성의 n. 잡종, 합성

---

straightforward [streitfɔ́:rwərd] a. 간단하고 쉬운, 솔직한, 똑바른 ad. 똑바로
straight [streit] ad. 똑바로, 곧장, 잇달아 a. 똑바른, 곧은, 연속한

분위기雰圍氣

atmosphere [ǽtməsfiər] n. 대기大氣, 공기, 분위기
atmospheric [ætməsférik] a. 대기의, 분위기 있는
atmospheric pressure 기압

연상의 그물망

참고 **aura** [ɔ́:rə] n. 기운, 분위기
aura of mystery 신비감

stratosphere [strǽtəsfiər] n. 성층권成層圈

ionosphere [aiánəsfiər] n. 전리층電離層

climate [kláimit] n. 기후氣候, 분위기

연상의 그물망

참고 **temperate** [témpərət] a. 온화한, 절제하는
temperate zone 온대

tropic [trápik] n. 회귀선回歸線, (the tropics) 열대 지방
tropical [trápikəl] a. 열대의, 열대 지방의
tropical zone 열대
subtropics [sʌbtrá:piks] n. 아열대亞熱帶 지방

---

mood [mu:d] n. 기분, 무드, 분위기, 언짢은 기분

섹스는 원인原因이다, 근원根源이다

sex + cause = origin

원인原因

cause [kɔːz] n. 원인原因, 대의명분大義名分 v. 원인이 되다, 야기하다
cause-and-effect relationship 인과 관계因果關係
causality [kɔːzǽləti] n. 인과 관계

연상의 그물망
참고 **exogenously** [eksádʒənəsli] ad. 외적外的인 요인으로

근원根源

origin [ɔ́ːrədʒin] n. 기원起源, 유래由來, 근원
original [ərídʒənl] a. 원래의, 독창적獨創的인 n. 원본
originality [ərìdʒənǽləti] n. 독창성
originate [ərídʒənèit] v. 유래하다, 비롯되다, 창안創案하다

참고 **provenance** [prɑ́vənəns] n. 출처出處, 기원, 유래
root [ruːt] n. 뿌리 v. 뿌리내리다
uproot [ʌprúːt] v. 뿌리째 뽑다, 근절根絶하다

연상의 그물망
참고 **eradicate** [irǽdəkèit] v. 근절하다, 박멸撲滅하다, 뿌리 뽑다

derive [diráiv] v. 이끌어내다, 유래由來하다, 비롯되다, 파생派生하다
derivation [dèrəvéiʃən] n. 파생, 어원
derivative [dirívətiv] a. 파생된, 흉내에 그친 n. 파생물, 파생어

💡 issue! 근원根源

섹스는 우리 존재의 **근원(根源)**이다. 인류 존속의 **원인(原因)**이다.

근원根源

genesis [dʒénəsis] n. 기원, 발생, (Genesis) 창세기
創世記

fountain [fáuntən] n. 분수噴水, 원천
fount [faunt] n. 샘, 원천, 기원

source [sɔːrs] n. 원천, 근원, 출처, 정보원
resource [ríːsɔːrs] n. 자원資源, 재원, 자산, 자질, 역량
outsourcing [àutsɔ́rsiŋ] n. 아웃소싱, 외부 위탁委託, 외부 조달調達

🧠 연상의 불꽃 | 유전遺傳

후대(後代)는 선대(先代)의 **유전적** 기질(遺傳的氣質) 등을 **물려받는다**.

유전적遺傳的

gene [dʒiːn] n. 유전자遺傳子
genetic [dʒənétik] a. 유전의, 유전적인
genetics [dʒənétiks] n. 유전학
genetically modified 유전자 조작의 (GM)
genealogy [dʒìːniǽlədʒi] n. 가계도, 계보, 족보

> 연상의 그물망

 transgenic [trænsdʒénik] a. 이식移植 유전자의 n. 유전자 이식

chromosome [króuməsòum] n. 염색체染色體

hereditary [hərédətèri] a. 유전遺傳의, 세습世襲의
heredity [hərédəti] n. 유전, 세습

heritage [héritidʒ] n. (문화) 유산

heir [ɛər] n. 상속인相續人, 후계자
heiress [ɛ́əris] n. 상속녀

물려받는다

inherit [inhérit] v. (유전으로) 물려받다, 상속相續하다
inheritance [inhérətəns] n. 상속, 유전遺傳
inherent [inhíərənt] a. 타고난, 내재內在된
inherence [inhíərəns] n. 타고남, 고유성固有性, 내재성

> 연상의 그물망

참고 **legacy** [légəsi] n. 유산遺産

bequest [bikwést] n. 유증遺贈

descendant [disént] n. 후손後孫, **자손**
descend [disénd] v. 내려오다
descent [disént] n. **하강**, 혈통, 가계家系
참고 **offspring** [ɔ́fspriŋ] n. 자식, 새끼, **자손**

> 연상의 그물망

ascend [əsénd] v. 오르다

ascent [əsént] **n.** 상승

ancestor [ǽnsestər] **n.** 조상 祖上, 선조
ancestry [ǽnsèstri] **n.** 가계 家系, 가문, 혈통
참고 **forefather** [fɔ́ːrfàðər] **n.** (남자) 선조, 조상

lineage [líniidʒ] **n.** 혈통, 계보

에필로그

동물을 초월超越하는 인간

animal + transcend = human

동물動物

animal [ǽnəməl] n. 동물, 짐승

연상의 그물망
참고 **ethologist** [i:θάlədʒist] n. 동물행동학자
ethological [i:θəlάdʒikəl] a. 동물행동학의

[동물 ➡ 물고기]

fish [fiʃ] n. 물고기, 어류 v. 낚시하다
fishing rod 낚싯대

연상의 그물망
hook [huk] n. 갈고리, 낚싯바늘 v. (갈고리로) 걸다, (낚싯바늘로) 낚다

fisherman [fíʃərmən] n. 어부, 낚시꾼
fishery [fíʃəri] n. 어업, 어장

연상의 그물망
aquaculture [ǽkwəkʌltʃər] n. (해조류의) 양식(업)
참고 **aquarium** [əkwɛ́əriəm] n. 수족관 水族館

fishtank [fíʃtæŋk] n. 수조 유치장
참고 **fin** [fin] n. 지느러미
dorsal fin [dɔ́:rsl fin] n. 등지느러미

연상의 그물망
fathead minnow [fǽthèd mínou] n. 잉엇과의 물고기
flounder [flάundər] n. 넙치류 v. 허둥대다, 허우적거리다
minnow [mínou] n. 피라미
salmon [sǽmən] n. 연어
starfish [stάrfiʃ] n. 불가사리
ichthyologist [ikθiάlədʒist] n. 어류학자
octopus [άktəpəs] n. 문어, 낙지
참고 **squid** [skwid] n. 오징어

ink [iŋk] n. 잉크, (문어·오징어의) 먹물

tentacle [téntəkl] n. (오징어·문어 등의) 촉수

shellfish [ʃélfiʃ] n. 조개, 갑각류甲殼類
shell [ʃel] n. 껍데기, 껍질, 포탄砲彈
참고 **clam** [klæm] n. 조개

oyster [ɔ́istər] n. 굴

lobster [lάbstər] n. 바닷가재

shrimp [ʃrimp] n. (작은) 새우

seal [siːl] n. 물개, 바다표범, 인장印章, 도장圖章, 봉인封印 v. 인장을 찍다, 봉인하다
elephant seal 바다코끼리, 해마
Christmas seal (결핵 퇴치 기금 마련을 위한) 크리스마스 실
참고 **stamp** [stæmp] n. 우표, 도장, 발을 구름 v. (도장을) 찍다, 짓밟다, 발을 구르다
food stamp 구호 대상자용 식량 카드

trample [træmpl] v. 짓밟다, 유린蹂躪하다

[동물 ▶ 육식肉食]

carnivore [kάːrnəvɔ̀ːr] n. 육식동물
carnivorous [kɑːrnívərəs] a. 육식肉食성의

연상의 그물망
tiger [táigər] n. 호랑이
참고 **leopard** [lépərd] n. 표범
lion [láiən] n. 사자
참고 **mane** [mein] n. (사자의) 갈기
maned [meind] a. 갈기가 있는
wolf [wulf] n. 늑대, 이리

[동물 ▶ 잡식]

omnivore [άmnivɔ̀ːr] n. 잡식 동물
omnivorous [ɑmnívərəs] a. 잡식雜食성의

연상의 그물망
raccoon [rækúːn] n. (미국)너구리

[동물 ▶ 초식]

herbivore [hə́ːrbəvɔ̀ːr] n. 초식동물
herbivorous [həːrbívərəs] a. 초식草食성의
herb [əːrb] n. 허브, 약초藥草, 향초, 풀
herbal [ə́ːrbəl] a. 허브의, 약초의, 풀의
herbicide [hə́ːrbəsàid] n. 제초제

연상의 그물망
참고 **graze** [greiz] v. 풀을 뜯다, 방목放牧하다, (피부가 긁혀) 까지게 하다 n. 까진 상처, 찰과상擦過傷
grazing [gréiziŋ] n. 방목, 목초지
meadow [médou] n. 목초지, 초원
pasture [pǽstʃər] n. 목초지, 방목장 v. 풀을 뜯도록 풀어놓다, 방목하다
pastureland [pǽstʃərlænd] n. 목초지, 방목지
prairie [préəri] n. 대초원, 대평원
참고 **deer** [diər] n. (pl. deer) 사슴
reindeer [réindiər] n. 순록
antelope [ǽntəlòup] (동물) 영양羚羊
fawn [fɔːn] n. 새끼 사슴, 엷은 황갈색 a. 엷은 황갈색의
doe [dou] 암사슴
stag [stæg] n. 수사슴

horse [hɔːrs] n. 말
zebra [zíːbrə] n. 얼룩말
donkey [dάŋki] n. 당나귀
bray [brei] v. (당나귀가) 시끄럽게 울다
참고 **harness** [hάːrnis] n. 마구馬具 v. (동력으로) 이용하다

hoof [huːf] n. 발굽
hoofbeat [húfbìːt] n. 발굽 소리

gallop [gǽləp] v. (말이) 질주하다, 전속력으로 말달리다 n. 질주

colt [koult] n. 수망아지, 콜트 권총

saddle [sǽdl] n. (말, 자전거, 오토바이의) 안장 v. 안장을 얹다

merrygoround 회전목마
merry [méri] a. 즐거운, **명랑한**
참고 **vivacious** [vivéiəs] a. 쾌활한, **명랑한**
참고 **stall** [stɔːl] n. **마구간**, 외양간, 가판대 v. 교착膠着 상태에 빠지다, 교착 상태에 빠뜨리다

stable [stéibl] a. 안정적인 n. **마구간**
stableboy [stéiblbɔ̀i] n. (소년)마부
stability [stəbíləti] n. 안정성
unstable [ʌnstéibəl] a. 불안정한
instability [ìnstəbíləti] n. 불안정
giraffe [dʒərǽf] n. 기린
참고 **neck** [nek] n. 목
throat [θrout] n. 목구멍, 목

[동물 ⇨ 털]
coat [kout] n. 코트, 외투外套, (동물의) **털**
molt [moult] n. 탈피, 털갈이 v. 털갈이하다
poncho [pántʃou] n. 한 장의 천으로 된 외투, 판초

fur [fəːr] n. **털**, 모피
furrier [fə́ːriər] n. 모피상, 모피 상인
참고 **shaggy** [ʃǽgi] a. 털북숭이의, (머리카락이나 털이) 텁수룩한

hair [hɛər] n. 머리털, 머리카락, **털**
hairdresser [hɛ́ərdrèsər] n. **미용사**, 헤어 디자이너
hairless [hɛ́ərlis] a. 털이 없는, 머리털이 없는
참고 **blond** [blɑnd] a. 금발의 n. 금발머리 남성
blonde [blɑnd] a. 금발의 n. 금발머리 여성
braids [breidz] n. 땋은 머리
fuzzy [fʌ́zi] a. 곱슬곱슬한, 흐릿한, 불분명한
ponytail [póunitèil] n. 말꼬리 모양으로 뒤로 묶은 머리
wig [wig] n. **가발**

참고 **bald** [bɔːld] a. **대머리**의

barber [báːrbər] n. **이발사**理髮師
barbershop [báːrbərʃàp] n. 이발소

연상의 그물망
[털 ⇨ 수염]
참고 **whisker** [wískər] n. (고양이 등의) **수염**, (남자의) 구레나룻
beard [biərd] n. 턱수염
mustache [mʌ́stæʃ] n. 콧수염, 코밑수염
shave [ʃeiv] v. shave-shaved-shaven 면도面刀하다 n. 면도
참고 **razor** [réizər] n. 면도기, 면도칼

[동물들 ⇨ 예시例로]
hare [hɛər] n. 산토끼
rabbit [rǽbit] n. 토끼

feline [fíːlain] n. 고양잇과 동물 a. 고양잇과의
cat [kæt] n. **고양이**
mouse [maus] n. (몸집이 작은) 쥐, 생쥐
rat [ræt] n. (몸집이 큰) 쥐
rat race 치열하고 무의미한 경쟁

rodent [róudnt] n. (쥐, 다람쥐 등이 속한) 설치류 동물

연상의 그물망
dog [dɔːg] n. **개**
dog tags (군인용) 인식표
dogged [dɔ́ːgid] a. 끈덕진
참고 **collar** [kálər] n. 개목걸이, 옷의 깃, 칼라
rabies [réibiːz] n. 광견병
beagle [bíːgl] n. 비글(사냥개의 일종)
Pekingese [pìːkiŋíːz] n. 페키니즈(애완용 작은 개)
pit bull 핏불테리어, 맹견의 한 종류

frog [frɔːg] n. 개구리
참고 **amphibian** [æmfíbiən] n. **양서류**兩棲類

연상의 그물망

reptile [réptail] n. 파충류爬蟲類
참고 **alligator** [æligèitər] n. 악어
crocodile [krάkədàil] n. 악어
lizard [lízərd] n. 도마뱀

snake [sneik] n. 뱀
rattlesnake [rǽtəlsnèik] n. 방울뱀
python [páiθən] n. 비단뱀

dinosaur [dáinəsɔ̀ːr] n. 공룡
Caudipteryx [kɔdípteriks] n. 깃털공룡

penguin [péŋgwin] n. 펭귄

연상의 그물망

pachyderm [pǽkidə̀ːrm] n. (코끼리·하마 등) 후피동물
hippopotamus [hìpəpάtəməs] n. (hippo) 하마
rhinoceros [rainάsərəs] n. 코뿔소
elephant [éləfənt] n. 코끼리
참고 **ivory** [áivəri] n. 상아, 상아색, 아이보리
tusk [tʌsk] n. (코끼리 등의) 엄니, 상아
trunk [trʌŋk] n. (코끼리의) 코, (나무의) 몸통, 줄기

sheep [ʃiːp] n. 양
lamb [læm] n. 어린 양羊, 새끼 양

shear [ʃiər] v. shear-sheared-sheared/shorn (양의) 털을 깎다

shepherd [ʃépərd] n. 양치기 v. (길을) 안내하다, 인도하다

참고 **parchment** [pάːrtʃmənt] n. 양피지羊皮紙

goat [gout] n. 염소
goatherd [góuthəːrd] n. 염소지기
weasel [wíːzl] n. 족제비

paw [pɔː] n. 동물의 발 v. 거칠게(함부로) 다루다

연상의 그물망

참고 **foot** [fut] n. (pl. feet [fiːt]) 발, 피트
footwear [fútwèr] n. 신발, 신발류
football [fútbɔ̀l] n. 축구, 미식축구
footprint [fútprìnt] n. 발자국
footstep [fútstèp] n. (footsteps) 발소리, 발자국

toe [tou] n. 발가락, 석유환산톤(Tonne of oil equivalent, 에너지 양을 나타내는 단위)

heel [hiːl] n. 발뒤꿈치, (heels) 하이힐

sock [sɑk] n. (socks) 양말

kick [kik] v. (발로) 차다 n. 킥, 발길질

shoe [ʃuː] n. 신발, 구두 v. shoe-shod-shod 편자를 박다, 쇠붙이를 달다
shoestring [ʃúːstriŋ] n. 구두끈
참고 **boot** [buːt] n. (boots) 부츠, 장화
boot camp 신병 훈련소
moccasin [mάkəsin] n. (신발의 일종) 모카신

vertebrate [vǝ́ːrtəbrət] n. 척추동물
invertebrate [invə́ːrtəbrət] n. 무척추동물
참고 **spine** [spain] n. 척추脊椎, 등뼈, 가시털

연상의 그물망

primate [práimeit] n. 영장류靈長類(primates), 영장류의 동물
ape [eip] n. 유인원
chimp [tʃimp] n. 침팬지(chimpanzee)
monkey [mʌ́ŋki] n. 원숭이

biped [báiped] n. 두 발 동물
참고 **pedestrian** [pədéstriən] n. 보행자步行者 a. 보행자의, 도보徒步의

cannibal [kǽnəbl] n. 식인종, 동족을 잡아먹는 동물
cannibalize [kǽnəbəlàiz] v. (신상품이 자사의 다른 제품 판매량을) 잡아먹다

참고 **sale** [seil] n. 판매販賣, **판매량**, 세일, 할인 판매
salesperson [séilzpə̀ːrsn] n. 판매원, 점원

consignment [kənsáinmənt] n. 위탁委託 판매, 위탁 판매품
consign [kənsáin] v. 위탁하다, 몰아넣다

vermin [və́ːrmin] n. 해충害蟲, (가축 등에) 해를 끼치는 동물

참고 **pest** [pest] n. 해충, 유해 동물, 성가신 아이

연상의 그물망
worm [wəːrm] n. **벌레**
참고 **centipede** [séntəpìːd] n. 지네
roundworm [ráundwəːrm] n. 선형동물, 회충

larva [láːrvə] n. (pl. larvae [láːrvi]) 유충幼蟲, **애벌레**
larval [láːrvəl] a. 유생幼生의, 애벌레의

참고 **cocoon** [kəkúːn] n. 고치, 보호막 v. 보호하다

nymph [nimf] n. **애벌레**, 님프, (산, 강의) 요정

[벌레 ▶ 기다]
crawl [krɔːl] v. 기다, 기어가다 n. 기어가기, (수영의) 크롤
crawly [krɔ́ːli] a. 근질근질한
참고 **creepy** [kríːpi] a. 기는, 기어다니는, 오싹한
creep [kriːp] v. creep-crept-crept (살금살금) 기다, 살그머니 움직이다

slink [sliŋk] v. slink-slunk-slunk 살금살금 움직이다

[동물 ▶ 곤충]
insect [ínsekt] n. **곤충**昆蟲, 벌레
insect repellent 해충 퇴치제退治劑
insecticide [inséktəsàid] n. 살충제殺蟲劑
pesticide [péstisàid] n. 살충제, 농약農藥

연상의 그물망
참고 **ant** [ænt] n. **개미**
termite [tə́ːrmait] n. **흰개미**
beetle [bíːtl] n. 딱정벌레
ladybug [léidibʌ̀g] n. 무당벌레
bug [bʌg] n. 곤충, 벌레, 가벼운 질병, (컴퓨터) 버그

butterfly [bʌ́tərflài] n. **나비**
참고 **caterpillar** [kǽtərpìlər] n. (**나비**, **나방**의) 유충幼蟲, 애벌레
moth [mɔːθ] n. **나방**
pillbug [pílbʌ̀g] n. 쥐며느리 (절지동물)
dragonfly [drǽgənflài] n. 잠자리
locust [lóukəst] n. (grasshopper) 메뚜기
mosquito [məskíːtou] n. 모기

[동물 ▶ 새]
bird [bəːrd] n. **새**
birdcage [bə́ːrdkèidʒ] n. 새장

feather [féðər] n. **깃털**
plumage [plúːmidʒ] n. **깃털**

peck [pek] v. 쪼다, (모이를) 쪼아 먹다 n. 가벼운 입맞춤

avian [éiviən] a. **조류**의

ornithologist [ɔ̀ːrnəθάlədʒist] n. **조류**학자

연상의 그물망
참고 **hummingbird** [hʌ́miŋbə̀ːrd] n. 벌새
cuckoo [kúːkuː] n. 뻐꾸기 v. 뻐꾹뻐꾹 울다
duck [dʌk] n. 오리

goose [guːs] n. (pl. geese [giːs]) 거위
eagle [íːgl] n. **독수리**
turkey vulture [tə́ːrkivʌ́ltʃər] 칠면조 **독수리**

turkey [tə́ːrki] n. 칠면조, (Turkey) 터키 (공화국)

falcon [fǽlkən] n. 매
peregrine falcon [pérəgrin fǽlkən] n. 송골매

hawk [hɔːk] n. 매, 강경파
kiwi [kíːwi] n. 키위새
least tern [liːst təːrn] 작은 제비갈매기

ostrich [ɔ́ːstritʃ] n. 타조
owl [aul] n. 올빼미, 부엉이

peacock [píːkàk] n. (수컷) 공작

pigeon [pídʒən] n. 비둘기
robin [rábin] n. 울새
skylark [skáilàːrk] n. 종다리, 종달새
thrush [θrʌʃ] n. [조류] 개똥지빠귀

swan [swɑn] n. 백조白鳥
참고 crane [krein] n. 두루미, 학鶴, 크레인, 기중기

sparrow [spǽrou] n. 참새
참고 chirp [tʃəːrp] v. 짹짹 울다, 재잘거리다
Clark's nutcracker [klɑːrks ntrǽkər] n. 캐나다 산갈가마귀

parrot [pǽrət] n. 앵무鸚鵡새 v. (뜻도 모르고) 앵무새처럼 따라하다
참고 macaw [məkɔ́ː] n. 마코 앵무새

beak [biːk] n. (새의) 부리
참고 preen [priːn] (부리로) 다듬다, 몸치장을 하다

초월超越

transcend [trænsénd] v. 초월超越하다
transcendent [trænséndənt] 초월한, 초월적인, 뛰어난
transcendence [trænséndəns] n. 초월

인간人間

human [hjúːmən] a. 인간의, 인간적인 n. 인간, 사람
human being n. 인간
humanism [hjúːmənìzm] n. 휴머니즘, 인본주의人本主義
humanity [hjuːmǽnəti] n. 인류, 인간성, 인간애
humanities 인문학
inhuman [inhjúːmən] a. 비인간적인, 인간미 없는, 인간이 아닌

mankind [mænkáind] n. 인류

hominid [hámənid] n. 사람과科의 동물, 진화 인류의 모체가 된 사람이나 동물
hominin [hámənin] n. 호미닌, (분류학상) 인간의 조상으로 분류되는 종족
hominin fossil 인류 화석

Homo erectus [houmou iréktəs] n. 직립 원인直立猿人, 호모에렉투스

Homo sapiens [houmou séipiənz] n. 현생 인류現生人類

issue! 동물動物

섹스하는 여자의 인생, 섹스하는 남자의 인생, 섹스하는 인간의 인생,

동물(動物)이란 **본질(本質)**로써 **존재(存在)**하는 인간, 동물이 아닌 **척** 살아가지만 어쩔 수 없이 섹스하는 동물로서 살아갈 수밖에 없는 **운명(運命)**인 인간

본질本質

essence [ésns] n. 본질本質, 정수精髓, 진수眞髓
essential [isénʃəl] a. 본질적인, 근본적인, 필수적인 n. 본질적인 요소
essentially [isénʃəli] ad. 본질적으로, 근본적으로

> 연상의 그물망

참고 **intrinsic** [intrínzik] a. 내재적인, 본질적인, 고유한
intrinsically [intrínzikəli] ad. 본질적으로

extrinsic [ikstrínzik] a. 외적인, 비본질적인
extrinsically [ikstrínzikəli] ad. 외적으로, 비본질적으로

substance [sʌ́bstəns] n. 물질, 실체, 핵심, 본질
substantial [səbstǽnʃəl] a. 실질적實質的인, 상당한
substantially [səbstǽnʃəli] ad. 실질적으로, 상당히

존재存在

being [bíːiŋ] n. 존재存在
be [bi] v. be(am·are·is)-was·were-been 이다, 있다, 되다

exist [igzíst] v. 존재存在하다, 실재實在하다
existence [igzístəns] n. 존재, 실재
existent [igzístənt] a. 존재하는, 실재하는

existential [èɡzisténʃəl] a. 실존주의實存主義의, 존재의
existentialism [èɡzisténʃəlizm] n. 실존주의

coexist [kòuigzíst] v. 공존하다
coexistence [kòuigzístəns] n. 공존

entity [éntəti] n. 실체, 실재, 실재물, 독립체

> 연상의 그물망

참고 **ubiquitous** [juːbíkwətəs] a. 어디에나 존재하는, 편재遍在하는, 아주 흔한

simultaneous [sàiməltéiniəs] a. 동시의, 동시에 일어나는, 동시에 존재하는
simultaneously [sàiməltéiniəsli] ad. 동시同時에

concurrent [kənkə́ːrənt] a. 동시의, 동시에 발생하는
concurrently [kənkə́ːrəntli] ad. 동시에

coincide [kòuinsáid] v. 동시에 일어나다, 일치하다
coincidence [kouínsidəns] n. 동시 발생, (우연의) 일치
coincident [kouínsidənt] a. 동시에 일어나는, 일치하는 n. 동시에 일어나는 일

[존재存在 ↔ 부존재不存在]

extinct [ikstíŋkt] a. 멸종滅種된, 사라진
extinction [ikstíŋkʃən] n. 멸종, 사라짐
extinctive [ikstíŋktiv] a. 소멸성의

become [bikʌ́m] v. become-became-become 되다, 어울리다
misbecome [misbikʌ́m] v. misbecome-misbecame-misbecome 어울리지 않다

척

pretend [priténd] v. …인 체하다, …인 척하다, 가장假裝하다 a. 가장의, 가짜의
pretentious [priténʃəs] a. 가식적假飾的인, 허세虛勢를 부리는

> 연상의 그물망

참고 **bluff** [blʌf] v. 허세를 부리다 n. 허세, 절벽

highfalutin [hàifəlúːtn] a. 허세를 부리는

운명運命

destiny [déstəni] n. 운명
destined [déstind] a. …할 운명인, …행인

preordained [priːɔrdéind] a. 미리 정해진, 운명 지어진

연상의 그물망

참고 **doom** [duːm] n. 파멸破滅, 종말, 불행한 운명 v. 불행한 운명을 짊어지우다

doomed [duːmd] a. 운이 다한
doomsday [dúːmzdèi] n. 최후의 심판일

fate [feit] n. 운명

연상의 불꽃 | 이성理性

이 『사랑의 보카』는 **본능적(本能的)** 존재인 그러한 인간으로서 자신의, 우리의 삶을 **객관적(客觀的)**으로 돌아보는 **이성적(理性的)** 시각(視覺)으로써 본능과 이성의 **조화(調和)**를 **추구(追求)**한다. 언뜻 보기에 본능에 집착(執着)하는 듯도 보이지만 실상 그러한 본능에 **편집(偏執)**되지 않는 노력으로 **이해(理解)**한다,
섹스를,
그리고 인간을. 그리고 **초월(超越)**한다, 동물을.

본능적本能的

instinct [ínstiŋkt] n. 본능本能, 직감直感
instinctive [instíŋktiv] a. 본능적인, 직감적인

연상의 그물망

참고 **visceral** [vísərəl] a. 마음속에서 느끼는, 본능적인, 내장內臟의

intuitive [intjúːətiv] a. 직관적인, 직감적인
intuition [intjuːíʃən] n. 직관直觀, 직감直感

객관적客觀的

objective [əbdʒéktiv] n. 목적 a. 객관적客觀的인
참고 **subjective** [səbdʒéktiv] a. 주관적主觀的인

disinterested [disíntərèstid] a. 사심私心이 없는, 공정한, 객관적인, 무관심한, 냉담한

uninterested [ʌníntrəstəd] a. 관심이 없는, 이해관계가 없는, 공평한
interested [íntərəstid] a. 관심이 있는, 흥미를 느끼는, 이해관계利害關係를 가진
interesting [íntərəstiŋ] a. 관심을 불러일으키는, 흥미를 끄는
interest [íntərəst] n. 관심關心, 흥미興味, 이익, 이자利子 v. 관심을 불러일으키다, 흥미를 끌다
self-interest 사리사욕私利私慾, 이기심

연상의 그물망

참고 **apathy** [ǽpəθi] n. 무관심

indifferent [indífərənt] a. 무관심無關心한, 그저 그런
indifference [indífərəns] n. 무관심, 무심
nonchalance [nànʃəláːns] n. 무관심, 태연泰然
nonchalant [nànʃəláːnt] a. 무관심한, 무심한, 태연한

이성적 理性的

rational [ræʃənl] a. 이성적理性的인, 합리적인, 추론적推論的인
rationalize [ræʃənəlàiz] v. 합리화하다, 합리적으로 설명하다
rationalization [ræʃənəlizéiʃən] n. 합리화, 합리적 설명
rationalism [ræʃənəlìzm] n. 합리주의
irrational [iræʃənl] a. 비이성적인, 불합리한
irrationality [iræʃənǽləti] n. 이성의 상실喪失, 불합리
reason [ríːzn] n. 이유理由, 이성理性 v. 추론推論하다
reasoning [ríːzniŋ] n. 추론, 추리推理
reasonable [ríːzənəbl] a. 합리적인, 비싸지 않은
reasonably [ríːzənəbli] ad. 합리적으로, 상당히
unreasonable [ʌnríːznəbəl] a. 불합리한

> 연상의 그물망

참고 **logos** [lóugas] n. 이성

infer [infə́ːr] v. 추론推論하다, 추리推理하다
inference [ínfərəns] n. 추론, 추리
inferential [ìnfərénʃəl] a. 추론의, 추리의

absurd [æbsə́ːrd] a. 부조리不條理한, 불합리한
absurdity [æbsə́ːrdəti] n. 부조리, 불합리

조화 調和

reconcile [rékənsàil] v. 화해和解시키다, 조화調和시키다
reconciliation [rèkənsìliéiʃən] n. 화해, 조화
coordinate [kouɔ́ːrdənèit] v. 조화시키다(with), 조정調整하다, 꾸미다 n. [kouɔ́ːrdənət] 조화를 이룬 것, 좌표
coordination [kouɔ̀ːrdənéiʃən] n. 조정, 조화
coordinator [kouɔ́ːrdənèitər] n. 코디네이터, 조정자, 등위 접속사
harmony [háːrməni] n. 조화調和, 화합

harmonious [haːrmóuniəs] a. 조화로운, 화합하는
disharmony [dishɑ́ːrməni] n. 부조화, 불협화음不協和音

추구 追求

chase [tʃeis] v. 추적追跡하다, 추구追求하다, 뒤쫓다, 좇다 n. 추적, 추구
pursue [pərsúː] v. 뒤쫓다, 추구追求하다, 추적追跡하다
pursuit [pərsúːt] n. 추구, 추적
seek [siːk] v. seek-sought-sought 추구追求하다, 구하다, 찾다

> 연상의 그물망

참고 **find** [faind] v. find-found-found (우연히) 찾다, 발견하다, (노력해서) 찾다

편집 偏執

paranoid [pǽrənɔ̀id] a. 편집증偏執症의, 피해망상의 n. 편집증 환자

> 연상의 그물망

참고 **delusion** [dilúːʒən] n. 망상妄想
delude [dilúːd] v. 망상에 빠지게 하다

이해 理解

understand [ʌ̀ndərstǽnd] v. understand-understood-understood 이해理解하다
understandable [ʌ̀ndərstǽndəbl] a. 이해할 수 있는
understanding [ʌ̀ndərstǽndiŋ] n. 이해, 합의 a. 이해심 있는
misunderstand [mìsʌndərstǽnd] v. misunderstand-

misunderstood-misunderstood 오해誤解하다
misunderstanding [mìsʌndərstǽndiŋ] n. 오해, 불화
comprehend [kàmprihénd] v. 이해하다, 포함하다
comprehensive [kàmprihénsiv] a. 포괄적인, 종합적인, 이해력이 있는
comprehension [kàmprihénʃən] n. 이해
comprehensible [kàmprihénsəbl] a. 이해할 수 있는, 이해할 만한

catch [kætʃ] v. catch-caught-caught 잡다, 발견하다, 이해하다, (병에) 걸리다,
catch phrase 유명 문구

> 연상의 그물망

참고 **slogan** [slóugən] n. 슬로건, 구호口號, 표어
motto [mátou] n. 모토, 좌우명座右銘, 표어

dawn [dɔːn] n. 새벽, 여명黎明, 동틀 녘 v. 밝아지다, 이해되기 시작하다

> 연상의 그물망

참고 **dusk** [dʌsk] n. 해 질 녘, 황혼黃昏, 땅거미
dusky [dʌ́ski] a. 어스름한, 어스레한, 어둑어둑한

twilight [twáilàit] n. 해 질 녘, 황혼黃昏, 땅거미

digest [daidʒést] v. 소화消化하다, 이해하다 n. [dáidʒest] 다이제스트, 요약
digestion [daidʒéstʃən] n. 소화
digestive [daidʒéstiv] a. 소화의
digestive tract 소화관
indigestion [ìndidʒéstʃən] n. 소화 불량

> 연상의 그물망

참고 **belch** [beltʃ] v. 트림하다, 내뿜다 n. 트림

nausea [nɔ́ːziə] 메스꺼움, 구역질, 욕지기
vomit [vámit] v. 게우다, 구토嘔吐하다 n. 구토한 내용물

get [get] v. get-got-got/gotten 얻다, 받다, 이해하다, …되게 하다, 되다, 닿다

grasp [græsp] v. 꽉 잡다, 움켜잡다, 파악하다, 이해하다 n. 꽉 잡음, 움켜쥠, 파악, 이해

> 연상의 그물망

참고 **grab** [græb] v. 움켜잡다, 거머쥐다, 와락 잡다 n. 와락 잡음, 낚아챔

grip [grip] n. 꽉 쥠, 이해 v. 꽉 쥐다

clutch [klʌtʃ] v. 꽉 움켜잡다 n. 움켜잡음, 클러치, 한 배의 새끼들

snatch [snætʃ] v. 잡아채다 n. 잡아챔, 잠깐 동안
snatchy [snǽtʃi] a. 이따금의, 단속적斷續的인

seize [siːz] v. 와락 붙잡다, 체포하다, 압수押收하다
seizure [síːʒər] n. 압수, 몰수沒收, (병의) 발작發作

hold [hould] v. hold-held-held 잡다, 수용하다, 개최하다

참고 **uphold** [ʌphóuld] v. 지지하다, 확인하다

intelligible [intélədʒəbl] a. 이해하기 쉬운
intelligence [intélədʒəns] n. 지능
artificial intelligence 인공 지능人工知能
intelligent [intélədʒənt] a. 지능적인, 총명聰明한

> 연상의 그물망

참고 **smart** [smɑːrt] a. 똑똑한, 영리怜悧한 v. 욱신거리다, 쑤시다, 쓰리다

clever [klévər] a. 영리怜悧한, 솜씨 좋은

intellective [intəléktiv] a. 지성의
intellect [íntəlèkt] n. 지성知性, 지성인
intellectually [intəléktʃuəli] ad. 지적으로
intellectual [intəléktʃuəl] a. 지적인 n. 지식인
intellectual property 지적 재산知的財産
intellectual property right 지적 재산권知的財産權

property [prápərti] n. 재산財産, 속성屬性, 특성

interpret [intə́:rprit] v. 해석解釋하다, 이해하다, 설명하다, 통역通譯하다

interpretation [intə̀:rprətéiʃən] n. 해석, 이해, 설명, 통역

interpretative [intə́:rpritèitiv] a. 해석상의

interpreter [intə́:rpritər] n. 통역사, 해석하는 사람

misinterpret [misintə́rprət] v. 잘못 해석하다

LOVE

**INDEX
9650**

VOCA

A

abandon	59	abuse	167	acoustic(al)	37	administration	138	affective	91
abate	124	abusive	167	acquaint	157	admirable	41	affiliate	223
abatement	124	abyss	32	acquaintance	157	admiral	41	affiliated	223
abbey	78	academic	158	acquainted	157	admiration	41	affiliation	223
abbreviate	67	academy	158	acquire	35	admire	41	affinity	77
abbreviated	67	accelerate	109	acquired	35	admission	34	affirm	36
abbreviation	67	acceleration	109	acquisition	35	admit	34	affirmation	36
abdomen	59	accent	176	acrobatic	240	admittable	34	affirmative	36
abduct	121	accentuate	176	across	148	admittance	34	afflict	38
abhor	238	accept	200	act	46	admitted	34	affliction	38
abhorrence	238	acceptable	200	action	46	admonish	44	affluent	226
abide	50	acceptance	200	activate	46	adobe	260	afford	80
ability	162	access	11	active	46	adolescence	153	affordable	80
abject	269	accessible	11	activist	46	adolescent	153	afforestation	243
able	162	accident	207	activity	46	adopt	225	affront	236
abnormal	200	accidental	207	actor	216	adoption	225	afloat	15
abnormality	200	accidentally	207	actress	216	adoptive	225	afraid	115
aboard	271	acclaim	42	actual	150	adorable	16	afresh	191
abolish	119	acclamation	42	actuality	150	adore	16	aft	147
abolishment	119	accolade	42	actually	150	adorn	8	aftereffect	151
abolition	119	accommodate	286	acupoint	62	adornment	8	aftermath	151
abominable	238	accommodating	286	acupuncture	286	adult	154	afternoon	14
abominate	238	accommodation	286	acute	125	advance	168	against	189
aboriginal	194	accompany	221	ad-lib	28	advanced	168	age	166
aboriginality	194	accomplish	240	adage	46	advancement	168	agency	138
aboriginally	194	accomplishment	240	adapt	174	advantage	131	agenda	10
abort	141	accord	27	adaptation	174	advantageous	131	agent	138
abortion	141	accordance	27	adapter	174	advent	229	aggravate	205
abortive	141	according	27	adaptive	174	adventure	87	aggregate	250
abound	226	accordingly	27	add	280	adventurous	87	aggress	116
about	227	account	80	addict	131	adversarial	222	aggression	116
above	55	accountant	80	addicted	131	adversary	222	aggressive	116
abreast	77	accumulate	211	addiction	131	adverse	222	agitate	86
abroad	188	accumulation	211	addictive	131	adversity	159	agitation	86
abrupt	17	accuracy	94	addition	280	advertise	289	agitator	86
abruptly	17	accurate	94	additional	280	advertisement	289	agonize	38
absence	169	accurately	94	address	10	advertising	289	agonizing	38
absent	169	accusation	212	adept	102	advice	44	agony	38
absentee	169	accuse	212	adeptly	102	advise	44	agree	235
absolute	249	accused	212	adequacy	82	aerobic	58	agreeable	236
absolutely	249	accustom	197	adequate	82	aerodynamic	82	agreed	236
absorb	56	accustomed	197	adequately	82	aerodynamics	82	agreement	236
absorbing	56	ache	61	adhere	276	aeronautics	15	agricultural	171
abstain	78	achievable	240	adherence	276	aesthetic	229	agriculture	171
abstinence	78	achieve	240	adherent	276	aesthetically	229	ahead	55
abstract	254	achievement	240	adhesive	276	aestheticism	229	aid	140
abstraction	254	acid	99	adjacency	199	aesthetics	229	ailment	61
absurd	302	acknowledg(e)ment	157	adjacent	199	affair	202	aim	212
absurdity	302	acknowledge	157	adjective	49	affect	91	air	82
abundance	226	acme	100	adjust	174	affectation	91	aircraft	15
abundant	226	acne	288	adjustment	174	affection	91	airplane	15
		acorn	146	administer	138	affectionate	91	airport	15

aisle	182	alternative	28	anatomize	112	anterior	55	applicant	255	
alarm	111	alternator	28	anatomy	112	anthem	260	application	255	
album	58	altitude	15	ancestor	293	anthropological	44	apply	255	
alchemist	259	altogether	249	ancestry	293	anthropologist	44	appoint	196	
alchemy	259	altruism	118	anchor	131	anthropology	44	appointment	196	
alcohol	131	altruist	118	ancient	231	anti-inflammatory	234	appraisal	257	
alcoholic	131	altruistic	118	ancillary	280	antibiotic	62	appraise	257	
alert	111	alumna	159	anecdote	289	antibody	62	appreciable	134	
algae	242	alumni	159	anemia	61	anticipate	16	appreciate	134	
algebra	44	alumnus	159	anesthesia	273	anticipation	16	appreciation	134	
alien	187	amass	211	anesthesiology	273	antidote	117	appreciative	134	
alienate	188	amateur	172	anesthetic	273	antidraft	277	apprehend	128	
alienation	188	amaze	105	angel	225	antifreeze	189	apprehension	128	
align	132	amazement	105	anger	234	antioxidant	82	apprehensive	128	
alignment	132	amazing	105	angle	130	antipathy	92	apprentice	284	
alike	77	ambassador	278	angry	234	antique	231	approach	11	
alimony	204	amber	151	anguish	38	antiquity	231	approachable	11	
alive	288	ambient	82	angular	130	antiseptic	144	appropriate	82	
all	258	ambiguity	254	animal	294	antonym	235	appropriately	82	
allegation	34	ambiguous	254	animate	217	anxiety	89	approval	200	
allege	34	ambition	77	animation	217	anxious	89	approve	200	
alleged	34	ambitious	77	animism	217	anybody	103	approximate	11	
allegory	212	ambivalent	251	ankle	105	apart	288	approximately	11	
allergic	220	amend	174	annals	134	apartheid	36	approximation	11	
allergy	220	amendment	174	annexation	186	apartment	288	April	133	
alleviate	269	amends	174	annihilate	162	apathy	301	apron	260	
alleviative	269	amenities	269	annihilation	162	ape	297	apt	132	
alley	182	amid	161	anniversary	178	aphorism	46	aptitude	132	
alliance	261	amnesty	123	announce	289	apologetic	121	aquaculture	294	
alligator	297	among	161	announcement	289	apologize	121	aquarium	294	
allocate	203	amount	255	announcer	289	apology	121	aqueduct	182	
allocation	203	amphibian	296	annoy	234	apparatus	27	arbiter	161	
allot	203	ample	226	annoyance	234	apparel	66	arbitrarily	33	
allow	34	amplify	226	annoyed	234	apparent	229	arbitrary	33	
allowance	34	amputate	106	annoying	234	apparently	229	arc	212	
alloy	259	amuse	72	annual	196	appeal	215	arch	212	
allude	249	amused	72	annually	196	appealing	215	archaeological	44	
allure	51	amusement	72	annular eclipse	74	appear	229	archaeologist	44	
ally	261	amusing	72	anode	36	appearance	229	archaeology	44	
almanac	134	amygdala	272	anonym	213	appease	123	archer	212	
aloft	182	analog	156	anonymity	213	append	106	archipelago	276	
alone	226	analogical	265	anonymous	213	appendectomy	106	architect	122	
aloof	189	analogize	265	anonymously	213	appendicitis	106	architecture	122	
aloud	38	analogous	265	answer	246	appendix	106	archival	241	
alphabet	216	analogy	265	ant	298	appetite	77	archive	241	
alpinist	148	analysis	112	antagonist	255	appetizer	77	arctic	239	
altar	177	analytic	112	antagonize	255	applaud	42	Arctic tern	239	
alter	28	analyze	112	antarctic	239	applause	42	area	43	
alteration	28	anarchy	138	Antarctica	239	applausive	42	argue	246	
alterative	28	anatomic	112	antecedent	26	apple	145	argument	246	
alternate	28	anatomical	112	antedate	26	appliance	255	arid	68	
alternation	28	anatomically	112	antelope	295	applicable	255	aridly	68	

arise	64	asleep	273	athletic	266	authorize	138	backfire	151
aristocracy	34	aspect	120	Atlantic	147	autism	61	background	17
aristocrat	34	aspiration	218	atmosphere	290	autobiography	241	backpack	206
aristocratic	34	aspire	218	atmospheric	290	autocracy	198	backward	55
arithmetic	44	assassin	259	atom	101	autocratic	198	bacon	185
arm	236	assassinate	259	atomic	101	autograph	256	bad	205
armament	236	assassination	259	atonal	37	automate	263	badly	205
armor	236	assassinator	259	atone	122	automatic	263	badminton	267
armpit	236	assault	116	atrium	95	automation	263	baffle	106
arms	236	assemble	142	attach	276	automobile	263	bag	206
army	277	assembly	142	attached	276	autonomy	119	bagel	149
aroma	105	assent	236	attachment	276	autumn	134	baggage	150
aromatic	105	assert	34	attack	116	avail	9	bait	160
around	227	assertion	34	attain	99	availability	9	bake	149
arousal	86	assertive	34	attainable	99	available	9	baker	149
arouse	86	assess	257	attainment	99	avalanche	181	bakery	149
arrange	132	assessment	257	attempt	224	avant-garde	244	balance	84
arrangement	132	asset	206	attend	277	avenge	121	balanced	84
array	132	assign	203	attendance	277	avenue	182	bald	296
arrest	128	assignment	203	attendant	277	average	246	Balkanization	247
arrival	83	assist	140	attention	277	averse	238	ball	59
arrive	83	assistance	140	attentive	277	aversion	238	balloon	15
arrogance	120	assistant	140	attest	204	avian	298	ballot	169
arrogant	120	associate	5	attic	283	aviate	15	bamboo	243
arrow	212	association	5	attitude	218	aviation	15	ban	199
arson	5	assort	9	attorney	208	aviator	15	band	187
art	244	assortment	9	attract	51	avoid	256	bandage	187
artery	188	assumably	157	attraction	51	avoidable	256	bandwidth	187
artful	244	assume	156	attractive	51	avoidance	256	banish	276
arthritic	61	assumed	157	attribute	201	await	17	banishment	276
arthritis	61	assumption	156	attribution	201	awake	273	bank	80
article	252	assurance	207	attrition	124	awaken	273	bankrupt	80
articulate	245	assure	207	attune	57	awakening	273	bankruptcy	80
articulation	245	asterisk	15	auction	35	award	240	banner	80
artifact	66	asteroid	284	audible	246	aware	135	banquet	184
artifice	206	asthma	61	audience	246	awareness	135	bar	162
artificial	66	asthmatic	61	audio	246	awe	120	barbarian	117
artillery	237	astonish	105	audit	246	awesome	120	barbaric	117
artisan	284	astonishing	105	audition	246	awful	120	barbarism	117
artist	244	astonishment	105	auditor	246	awkward	268	barbarous	117
artistic	244	astound	105	auditorium	246	awry	266	barbell	162
artwork	244	astounding	105	auditory	246	ax	28	barber	296
ascend	292	astray	139	August	134	axiom	248	barbershop	296
ascent	293	astroid	15	aunt	232	axis	90	bare	65
ascribe	201	astrological	284	aura	290	axle	263	barefoot	65
ash	6	astrology	284	aural	246			barely	65
ashamed	223	astronaut	284	auspicious	40			bargain	236
ashtray	6	astronomer	284	authentic	151	**B**		baritone	197
ashy	6	astronomical	284	authenticity	151	baby	141	bark	41
Asia	188	astronomy	284	author	241	backache	61	barley	145
Asian	188	atheist	177	authoritative	138	backbone	103	barn	145
ask	217	athlete	266	authority	138	backer	213	barnstorming	145

barometer	176	beep	37	biannual	196	bison	62	boat	147
barometric	176	beer	132	bias	129	bit	87	bob	54
baron	34	beetle	298	biased	129	bite	103	body	102
barrel	83	befall	64	bible	178	bitter	98	boil	68
barren	143	beforehand	104	biceps	110	bizarre	200	bold	122
barrier	162	befriend	221	bicycle	263	black	158	boldly	122
barter	216	beg	215	bid1	35	blackboard	158	boldness	122
base	195	beggar	215	bid2	35	blackout	158	bolide	14
baseball	195	begin	146	bidder	35	blacksmith	158	bolster	245
basement	195	behalf	210	biennial	196	blade	237	bomb	219
bashful	69	behave	232	big	96	blame	149	bond	186
basic	215	behavior	232	bigot	129	blanket	285	bondage	186
basically	215	behind	55	bike	263	blast	220	bone	103
basin	148	behold	230	bilateral	222	blaze	5	bone marrow	103
basis	195	beholden	150	bilingual	262	bleach	285	bonus	280
basket	267	being	300	bill	214	bleed	188	booby	206
basketball	267	belch	303	billboard	271	blend	157	book	286
bass	197	belief	203	billion	45	blender	157	bookcase	286
bastion	277	believable	203	billionaire	45	bless	180	booking	286
bat	195	believe	203	bin	60	blight	242	booklet	286
bath	285	bell	38	binary	156	blind	230	bookstore	286
bathe	285	bellow	41	bind	186	blink	230	boom	216
bathroom	285	belly	59	binocular	124	bliss	39	boon	256
bathtub	285	belong	128	binoculars	124	blister	94	boost	245
battalion	277	belonging	128	biochemistry	102	blitz	289	boot	297
batter	195	beloved	16	biodegradability	168	blizzard	181	booty	161
battle	138	below	182	biodegradation	168	block	161	border	199
bay	148	belt	187	biodiesel	160	blocking	161	bore	60
bazaar	214	bemoan	38	biodiversity	29	blond	296	bored	60
be	300	bench	50	biofuel	160	blonde	296	boredom	60
beach	148	bend	88	biographer	241	blood	188	boring	60
beachhead	148	beneath	182	biography	241	bloody	188	borrow	150
beacon	73	benediction	180	biologic	102	bloom	6	bosom	104
beagle	296	beneficent	180	biological	102	bloomer	6	boss	272
beak	299	beneficial	180	biologist	102	blossom	6	botanical	242
beam	73	benefit	180	biology	102	blot	288	botanist	242
bean	142	benevolent	198	bioluminescence	102	blow	76	botany	242
beanbag	142	bequest	292	biomass	102	blowhole	76	bother	161
bear	193	bereave	120	biome	102	blue	91	bottle	83
beard	296	beside	280	biopsy	102	blueprint	146	bottleneck	83
beast	117	besides	280	biorhythm	102	bluff	300	bottom	285
beat	58	besiege	227	biota	102	blunder	72	bough	243
beautiful	229	bet	253	biotechnological	102	blunt	125	bounce	199
beauty	229	betray	202	biotechnologist	102	blur	254	bound	199
beckon	191	betrayal	202	biotechnology	102	blurred	254	boundary	199
become	300	between	161	biped	297	blurry	254	bounty	226
bed	285	beverage	132	bird	298	blush	88	bouquet	176
bedclothes	285	bewail	40	birdcage	298	board	271	bow	212
bedroom	285	beware	111	birth	144	boarding house	271	bowl	147
bedward	285	bewilder	269	birthday	144	boardwalk	271	bowling	147
bee	179	bewitch	213	birthplace	144	boast	267	box	104
beef	184	beyond	55	bishop	178	boastful	267	boxer	104

309

boycott	35	bronze	259	burn	5	canal	182	carrot	160
bracelet	151	brooch	152	burnout	5	cancel	79	carry	262
brag	267	brood	143	burrow	32	cancer	61	cart	214
braids	296	broom	136	burst	219	candid	290	cartographic	45
brain	272	broth	184	bury	52	candidate	290	cartography	45
brainchild	72	brow	272	bus	261	candidly	290	cartoon	217
branch	243	brown	244	bush	184	candle	5	cartridge	237
brand	214	browse	137	business	252	cane	276	carve	53
brand-new	214	bruise	122	businessman	252	cannibal	297	case	7
bravado	122	bruised	122	bustle	252	cannibalize	297	casement	7
brave	122	brush	244	busy	252	cannon	237	cash	276
bravery	122	brushwork	244	butcher	258	canyon	266	cashier	276
bray	295	brutal	117	butterfly	298	cap	67	casket	53
bread	149	brutality	117	button	67	capability	95	cast	216
breadth	287	brute	117	buy	214	capable	95	caste	34
breadwinner	149	bubble	68	buyer	214	capacity	95	castigate	211
break	212	buccal cavity	63	buzzword	268	cape	67	casting	216
breakable	212	bucket	83	bygone	274	capillary	147	castle	231
breakfast	183	buckler	155	byproduct	151	capital	216	casual	247
breakthrough	166	bud	243	bystander	246	capitalism	216	casually	247
breast	104	Buddhism	177			capitalist	216	casualty	121
breast-feed	104	Buddhist	177			capitalize	216	cat	296
breaststroke	104	buddy	221	C		capricious	28	catalog	185
breath	47	budget	149	cabbage	242	captain	272	catalyst	109
breathe	47	buffalo	62	cabin	283	captive	279	catapult	260
breathtaking	47	buffering	263	cabinet	283	captivity	279	cataract	7
breed	290	buffet	185	cable	171	capture	279	catastrophe	39
breeding	290	bug	298	cactus	242	car	263	catastrophic	39
breeze	76	buggy	137	cafeteria	185	caravan	59	catch	303
bribe	210	build	122	cage	280	carbohydrate	68	categorical	9
bribery	210	building	122	cake	184	carbon	68	categorize	9
brick	260	bulb	74	calamity	39	card	80	category	9
brick-and-mortar	260	bulk	95	calculate	71	cardiac	219	caterpillar	298
bride	178	bulky	95	calculation	71	cardigan	68	cathedral	178
bridegroom	178	bull	62	calculator	71	cardiopulmonary resu		catholicism	178
bridge	182	bullet	237	calculus	71	scitation	219	cattle	62
brief	229	bulletin	265	calendar	146	cardiovascular	219	Caucasian	275
briefing	229	bulletproof	237	calf	62	care	270	Caudipteryx	297
bright	11	bully	39	calibrate	176	career	71	causality	291
brilliance	11	bullying	39	call	191	carefree	270	cause	291
brilliant	11	bum	137	calligraphy	265	careful	270	caution	280
brilliantly	11	bump	263	calling	191	careless	270	cautious	280
bring	249	bumper	263	calm	123	caress	56	cave	166
brink	260	bunch	228	calorie	184	cargo	263	cavity	63
brisk	46	bundle	228	camel	59	caring	270	cease	77
broad	287	burden	150	camera	36	carjack	121	ceasefire	78
broadcast	287	burdensome	150	camouflage	209	carjacking	121	ceaseless	78
broadcaster	287	bureaucracy	138	camp	149	carnivore	295	ceiling	103
broaden	287	bureaucrat	138	campaign	168	carnivorous	295	celebrate	178
brochure	286	burglar	128	campfire	149	carpenter	243	celebrated	178
broker	10	burglary	128	camping	149	carriage	262	celebration	178
bronchial tube	48	burial	52	campus	158	carrier	262	celebrity	178

celestial	225	characteristic	255	chopstick	28	classical	34	coarse	233
celestially	225	charge	149	chore	61	classification	9	coast	148
cell	47	chariot	137	chorus	197	classified	9	coastal	148
cellar	47	charitable	92	Christian	177	classify	9	coat	296
cellphone	47	charity	92	Christianity	177	classmate	34	cock	185
cellular	47	charm	51	chromatic	244	classroom	34	cockpit	15
Celsius	109	charming	51	chromosome	292	clatter	42	cocoon	298
cemetery	53	chart	185	chronic	125	clean	136	code	287
censor	249	charter	168	chronological	134	cleanliness	136	coerce	115
censorship	249	chase	302	chronologically	134	cleanly	136	coercion	115
census	113	chastisement	211	chronology	134	cleanser	136	coexist	300
centenarian	144	chastity	203	chronometer	134	clear	254	coexistence	300
centennial	45	chat	46	chubby	183	clearly	254	coffin	53
center	268	chatting	46	chunk	262	cleft	32	cognition	134
centigrade	109	cheap	81	chunking	262	clergy	178	cognitive	134
centipede	298	cheat	206	church	177	clergyman	178	cohere	186
central	268	check	111	churchman	177	clerk	70	coherent	186
centurial	45	cheek	88	churn	211	clever	303	cohesion	186
century	45	cheer	42	cinnamon	185	client	197	cohesive	186
ceramic	284	cheerful	42	cipher	287	cliff	148	coil	76
ceramics	284	chef	184	circadian rhythm	270	climate	290	coin	31
cereal	145	chemical	220	circle	89	climax	100	coincide	300
cerebral	272	chemistry	220	circuit	90	climb	148	coincidence	300
cerebral cortex	272	cherish	201	circular	90	climbing	148	coincident	300
cerebral hemisphere	272	chest	104	circulate	90	cling	276	colander	249
cerebral palsy	272	chew	185	circulation	90	clinic	63	cold	189
ceremony	178	chick	185	circulatory	90	clink	42	collaborate	67
certain	207	chicken	185	circumference	89	cloak	67	collaboration	67
certainly	207	chief	183	circumscribe	281	clock	156	collapse	161
certainty	207	chiefly	183	circumstance	227	clockwise	156	collar	296
certifiable	204	child	154	citation	223	clone	130	collateral	150
certificate	204	childhood	154	cite	223	close	11	colleague	71
certification	204	childish	154	citizen	260	closely	11	collect	191
certify	204	childlike	154	citizenship	260	closeness	11	collection	191
chain	216	chill	189	city	260	clot	188	collective	191
chainsaw	216	chilly	189	civil	223	cloth	66	collectively	191
chair	50	chimera	75	civilian	197	clothe	66	collectivism	191
chalet	179	chimney	6	civilization	197	clothes	66	collectivize	191
chalk	158	chimp	297	civilize	197	clothing	66	college	158
challenge	28	chin	103	civilized	197	cloud	181	collegial	158
challengeable	28	china	284	claim	256	cloudy	181	collide	224
challenging	28	chirp	299	clam	295	cloven-hoofed	185	collision	224
chamber	283	chivalry	231	clan	180	clown	70	colloquial	46
champion	213	chlorine	220	clansman	180	club	162	collude	244
chance	39	chlorophyll	242	clap	42	clue	106	collusion	244
change	29	chocolate	184	clapping	42	clumsy	268	colonial	43
changeable	29	choice	225	clarification	254	cluster	143	colonist	43
channel	288	choir	197	clarify	254	clustered	143	colonize	43
chant	160	choke	83	Clark's nutcracker	299	clutch	303	colony	43
chaos	284	cholera	61	clash	224	clutter	60	color	244
chaotic	284	choose	224	class	34	coach	267	coloration	244
character	255	chop	28	classic	34	coal	34	colored	244

colorful	244	companionate	221	composting	210	condolence	41	connected	223
colt	296	companionship	221	composure	123	condom	166	connection	223
column	265	company	221	compound	66	conducive	27	conniving	146
coma	135	comparable	232	comprehend	303	conduct	27	connotation	192
combat	138	comparative	232	comprehensible	303	conduction	27	connote	192
combatant	138	comparatively	232	comprehension	303	conductor	27	conquer	139
combination	186	compare	232	comprehensive	303	conduit	27	conqueror	139
combine	186	comparison	232	compress	87	cone	89	conquest	139
combust	5	compartment	161	compression	87	confectioner	149	conscience	118
combustion	5	compartmentalize	161	comprise	7	confederate	244	conscientious	118
come	117	compass	45	compromise	236	confer	283	conscious	135
comedian	216	compassion	92	compulsion	252	conference	283	consciousness	135
comedy	216	compassionate	92	compulsive	252	confess	287	conscript	277
comet	14	compatible	155	compulsory	252	confession	287	consecration	177
cometary	14	compel	252	compute	71	confide	287	consecutive	78
comfort	269	compelling	252	computer	71	confidence	27	consensus	236
comfortable	269	compensate	174	comrade	71	confident	27	consent	236
comfortably	269	compensation	174	conceal	81	confidential	286	consequence	144
comic	216	compete	139	concealment	81	confidentiality	286	consequent	144
comma	270	competence	139	concede	34	confidentially	286	consequential	144
command	198	competent	139	conceit	72	configuration	132	consequently	144
commander	198	competition	139	conceited	72	configurative	132	conservation	279
commemorate	178	competitive	139	conceive	143	confine	279	conservative	279
commemoration	178	competitor	139	concentrate	142	confined	279	conserve	279
commence	146	compilation	241	concentration	142	confirm	205	consider	270
commend	42	compile	241	concentric	142	conflate	186	considerable	270
commendation	42	complacent	215	concept	32	conflict	224	considerably	270
comment	288	complacently	215	conception	143	conflicting	224	considerate	270
commentary	288	complain	40	concern	221	conflictive	224	consideration	270
commentate	288	complaint	40	concerned	221	conform	111	considering	270
commerce	216	complement	280	concerning	221	conformist	111	consign	298
commercial	216	complementary	280	concert	67	conformity	111	consignment	298
commission	219	complete	249	concerted	67	confront	224	consist	155
commit	219	completely	249	concession	34	confrontation	224	consistency	155
commitment	219	completion	249	concise	229	Confucian	44	consistent	155
committed	219	complex	228	conclude	128	Confucianism	44	consistently	155
committee	219	complexity	228	concluding	128	Confucius	44	consolation	99
commodity	214	compliant	111	conclusion	128	confuse	135	console	99
common	246	complicate	228	conclusive	128	confused	135	consolidate	69
communal	170	complicated	228	concord	270	confusing	135	consolidation	69
communality	170	complication	228	concordance	270	confusion	135	consonant	38
communicate	46	complicit	244	concrete	254	congenial	221	conspicuous	253
communication	47	complicity	244	concur	236	congest	143	conspiracy	244
communicative	47	compliment	42	concurrent	300	congestion	143	conspiratorial	244
communiqué	289	complimentary	42	concurrently	300	conglomerate	221	conspire	244
communism	170	comply	111	condemn	212	congratulate	178	constant	78
communist	170	component	123	condensable	68	congratulation	178	constantly	78
community	170	compose	123	condensation	68	congregate	143	constellation	14
commute	71	composer	123	condense	68	congress	142	constituency	168
commuter	71	composite	123	condescend	72	conjecture	120	constituent	168
compact	96	composition	123	condiment	185	conjure	52	constitute	168
companion	221	compost	210	condition	227	connect	223	constitution	168

constitutional	168	contraction	8	corn	145	counterproductive	151	credentials	204
constrain	115	contractor	8	cornea	230	countless	156	credible	42
constraint	115	contradict	155	cornflower	6	country	260	credit	42
constrict	87	contradiction	155	corollary	144	countryside	260	creditable	42
constriction	87	contradictory	155	coronation	43	coup	25	creditor	42
construct	122	contrary	189	corporate	252	coup d'état	25	credulous	42
construction	122	contrast	190	corporation	252	couple	179	creed	203
constructive	122	contribute	209	corps	277	courage	122	creep	298
consult	44	contribution	209	corpse	53	courageous	122	creepy	298
consultant	44	contrive	80	corpus	262	course	182	crevasse	32
consultation	44	control	272	corral	280	court	223	crevice	32
consume	80	controversial	246	correct	94	courteous	223	crew	15
consumer	80	controversially	246	correction	94	courtesy	223	crime	114
consumption	80	controversy	246	correlate	222	courtship	223	criminal	114
contact	160	convene	143	correlation	222	cousin	232	criminate	212
contagion	61	convenience	269	correspond	251	cover	289	crimson	244
contagious	61	convenient	269	correspondence	251	coverage	289	cringe	122
contain	83	convent	78	correspondent	251	covered	289	cripple	163
container	83	convention	194	corridor	182	covet	77	crisis	82
contaminant	289	conventional	194	corrode	155	coveted	77	crisp	159
contaminate	289	converge	142	corrosion	155	cow	62	crispy	159
contamination	289	convergence	142	corrosive	155	coward	122	criterion	195
contemplate	72	conversation	46	corrupt	210	cowardly	122	critic	211
contemplation	72	converse	46	corruption	210	cowboy	62	critical	211
contemporarily	231	conversion	29	corruptive	210	cower	122	criticism	211
contemporary	231	convert	29	cortex	272	coworker	71	criticize	211
contemporize	231	converter	29	cosmetic	106	cozy	269	crocodile	297
contempt	238	convertible	29	cosmopolis	43	crack	32	crook	88
contemptuous	238	convey	47	cosmopolitan	43	cracker	32	crop	145
contend	246	convict	250	cosmos	284	cradle	285	cross	148
content[1]	40	conviction	250	cost	79	craft	284	crosswalk	148
content[2]	40	convince	250	costly	79	craftsman	284	crow	185
contention	246	convincible	250	costume	66	craftsmanship	284	crowd	143
contentment	40	cook	184	cottage	283	craftsperson	284	crowded	143
contest	139	cookery	184	cotton	66	cram	79	crown	43
context	205	coolant	45	cotyledon	243	crane	299	crucial	176
contextual	205	cooperate	261	couch	50	crash	224	crude	163
continent	15	cooperation	261	cough	189	crash-land	224	cruel	118
continental	15	cooperative	261	council	142	crate	104	cruelty	118
contingency	207	coordinate	302	counsel	44	crater	32	crumb	184
contingent	207	coordination	302	counselor	44	cratered	32	crumble	184
continual	78	coordinator	302	count	156	crave	77	crummy	81
continually	78	cop	208	countable	156	craving	77	crumple	16
continue	78	cope	10	counter	156	crawl	298	crumpled	16
continuous	78	copper	259	counteract	151	crawly	298	crusade	168
continuously	78	copulate	129	counteraction	151	craze	237	Crusader	168
continuum	78	copy	130	counteractive	151	crazy	237	crush	16
contour	112	copyright	130	counterattack	116	create	245	crust	230
contraband	192	coral reef	57	counterclockwise	156	creation	245	cry	41
contraception	165	cord	187	counterfeit	209	creative	245	crypsis	287
contraceptive	165	cordial	220	counterforce	156	creator	245	cryptic	287
contract	8	core	268	counterpart	204	creature	245	cryptography	287

crystal	124	cynic	135	decease	53	defensive	213	dementia	61
crystallization	124	cynical	135	deceased	53	defer	120	demerit	163
cube	244			deceit	206	deference	120	democracy	261
cubism	244			deceive	206	defiance	35	democrat	261
cuckoo	298	**D**		December	134	defiant	36	democratize	261
cucumber	242	dab	56	decency	223	deficiency	227	demographic	113
cuddle	56	dagger	237	decent	223	deficient	227	demographically	113
cue	256	daguerreotype	36	deception	206	deficit	227	demolish	162
cuff	187	daily	14	decide	116	define	30	demolition	162
cuisine	184	dairy	104	decimal	156	definite	30	demon	205
culinary	184	dam	280	decipher	287	definitely	30	demonstrable	254
culmination	100	damage	163	decision	116	definition	30	demonstrably	254
culprit	118	damaged	163	decisive	116	definitive	30	demonstrate	254
cultivate	197	damp	68	deck	147	deflation	94	demonstration	254
cultivated	197	dampen	68	declaration	256	deflect	232	demonstrative	254
cultivation	197	dance	58	declare	256	deforest	243	demoralization	42
cultivator	197	danger	81	decline	35	deforestation	243	demoralize	42
cultural	197	dangerous	81	declining	35	deform	7	denial	36
culture	197	dangle	88	decode	287	deformation	7	denotation	192
cultured	197	dare	122	decompose	210	deformed	7	denote	192
culturology	197	dark	74	decomposition	210	defy	35	dense	142
Cum Laude	159	darken	74	deconstruct	122	degenerate	205	densely	142
cumulate	211	darling	16	deconstruction	122	degeneration	205	density	142
cumulation	211	dash	141	decorate	8	degradation	168	dent	63
cumulative	211	data	281	decoration	8	degrade	167	dental	63
cuneiform	255	daughter	180	decorous	223	degree	62	dentist	63
cunning	206	dawn	303	decoy	160	dehydrate	68	deny	36
curable	117	day	14	decrease	97	dehydration	68	depart	146
curator	244	daybreak	14	decree	208	dehydrator	68	department	243
curb	272	daydream	14	decry	212	deity	177	departure	146
curdle	95	daze	135	dedicate	219	deject	86	depend	119
cure	117	dazzle	11	dedicated	219	delay	137	dependence	119
curfew	281	de facto	150	dedication	219	delegate	219	dependency	119
curiosity	153	dead	53	deduce	250	delegation	219	dependent	119
curious	153	deadline	53	deduct	250	delete	84	depict	49
curly	88	deadly	53	deduction	250	deliberate	270	depiction	49
currency	132	deaf	104	deed	232	deliberately	270	deplane	15
current	132	deal	10	deem	270	deliberation	270	deplete	60
currently	132	dealer	10	deep	250	delicacy	124	depletion	60
curriculum	158	dealership	10	deepen	250	delicate	124	depletive	60
curriculum vitae	71	dear	16	deeply	250	delicious	98	deplore	40
curse	234	dearth	227	deer	295	delight	98	deploy	277
curtail	97	death	53	default	150	delighted	98	deployment	277
curve	88	deathless	53	defeat	139	delinquency	153	deport	276
custody	279	debate	246	defecation	84	deliver	140	deposit	79
custom	197	debilitation	124	defect	59	delivery	140	depress	91
customer	197	debrief	229	defection	59	delude	302	depressed	91
customs	197	debris	213	defective	59	delusion	302	depression	91
cut	106	debt	150	defend	213	deluxe	81	depressive	91
cute	229	debtor	150	defendant	213	demand	256	deprivation	120
cyberspace	151	decade	133	defender	213	demanding	256	deprive	120
cylinder	83	decay	210	defense	213	demeanor	232	depth	250

depute	219	deterge	285	diary	252	direction	272	discrimination	275
deputy	219	detergency	285	diaspora	188	directly	272	discuss	246
derail	188	detergent	285	dictate	198	director	272	disease	60
deranged	237	deteriorate	205	dictation	198	dirt	236	disembodied	102
derivation	291	deterioration	205	dictator	198	dirty	236	disengage	52
derivative	291	deteriorative	205	dictatorial	198	disability	162	disentangle	222
derive	291	determination	116	dictionary	25	disable	162	disfigure	265
derrick	164	determine	116	didactic	158	disabled	162	disgrace	223
descend	292	determined	116	die	53	disadvantage	131	disgraceful	223
descendant	292	deterministic	116	diet	183	disagree	236	disguise	209
descent	292	deterrent	115	dietary	183	disagreeable	236	disgust	238
describe	49	detest	238	dietitian	183	disagreement	236	disgusting	238
description	49	detestation	238	differ	276	disambiguate	254	dish	184
descriptive	49	dethrone	43	difference	276	disappear	229	disharmony	302
desegregate	275	detour	268	different	276	disappearance	229	dishonest	290
desegregation	275	detrimental	163	differentiate	276	disappoint	225	dishonor	223
desert	59	devaluation	251	differently	276	disappointed	225	disinclined	132
deserted	59	devastate	162	difficult	159	disappointing	225	disintegrate	249
desertification	59	devastating	162	difficulty	159	disappointment	225	disinterested	301
deserve	179	devastation	162	diffident	69	disapproval	200	dislike	77
design	199	develop	137	diffuse	90	disapprove	200	dislodge	271
designate	248	development	137	diffusion	90	disaster	39	disloyal	204
designated	248	deviance	29	dig	28	disastrous	39	dismal	91
designation	248	deviant	29	digest	303	disc	71	dismay	225
designed	199	deviate	29	digestion	303	discard	59	dismiss	156
designer	199	deviation	29	digestive	303	discern	282	dismissal	156
desirable	75	deviatory	29	digit	156	discernible	282	dismissive	156
desire	75	device	165	digital	156	discernment	282	disobey	175
desirous	75	devil	205	dignity	120	discharge	150	disorder	61
desk	50	devise	165	dilate	8	disciple	44	disparity	84
desolate	125	devoid	227	dilemma	159	disciplinable	44	dispatch	278
despair	225	devolution	25	diligence	215	discipline	44	dispel	142
desperate	225	devolve	25	diligent	215	disciplined	44	dispellable	142
desperately	225	devote	219	dilute	142	disclose	281	dispensable	247
despise	238	devoted	219	dilution	142	disclosure	281	dispense	247
despite	162	devotion	219	dim	74	discomfort	269	dispenser	247
dessert	184	dew	181	dime	32	discontent	40	dispersal	142
destination	192	dexterity	102	dimension	281	discontinue	78	disperse	142
destined	300	dexterous	102	diminish	97	discord	187	dispersive	142
destiny	300	diabetes	61	diminution	97	discount	156	displace	156
destitute	226	diabetic	61	diminutive	97	discourage	86	displaceable	156
destroy	162	diagnose	63	dine	184	discourse	46	displacement	156
destruction	162	diagnosis	63	dingy	74	discover	289	display	72
destructive	162	diagonal	44	dinner	184	discovery	289	displease	98
detach	276	diagonally	44	dinosaur	297	discredit	42	displeasure	98
detachment	276	dialect	46	dioxide	82	discreet	270	disposable	132
detail	124	dialectal	46	dip	68	discreetly	270	disposal	132
detailed	124	dialogue	46	diploma	159	discrete	123	dispose	132
detain	128	diameter	44	diplomacy	43	discretely	123	disposed	132
detect	106	diamond	152	diplomat	43	discreteness	123	disposition	132
detection	106	diaper	141	diplomatic	43	discretion	270	dispositional	132
detective	106	diarrhea	84	direct	271	discriminate	275	disproof	204

disprove	204	divergence	29	dorsal fin	294	drowsy	273	eagle	298	
dispute	246	diverse	29	dosage	63	drudgery	60	ear	103	
disqualify	178	diversify	29	dose	63	drug	63	earache	103	
disregard	156	diversion	29	dot	288	drugstore	63	earmark	203	
disrespectful	120	diversity	29	double	180	drunken	131	earn	206	
disrupt	280	divert	29	doubt	217	dry	68	earnest	220	
disrupted	280	divest	120	doubtful	217	dual	179	earnings	206	
disruption	280	divide	247	dough	145	dualism	179	earring	103	
dissatisfaction	40	divided	247	doughnut	145	dub	262	earth	133	
dissatisfied	40	dividend	247	downfall	241	dubious	217	earth-friendly	133	
dissatisfy	40	divine	177	download	263	duck	298	earthly	133	
dissect	113	divinity	177	downright	250	due	167	earthquake	133	
dissemble	206	division	247	downside	180	duel	138	ease	269	
dissemination	90	divorce	204	downstairs	267	duelist	138	easily	269	
dissent	236	dizzy	90	downtown	260	dull	125	Easter	177	
dissenter	236	do	232	downward	55	dumb	206	eastern	188	
dissertation	62	dock	284	dozen	45	dummy	195	eastward	55	
dissimilar	77	doctor	62	drab	244	dump	60	easy	269	
dissipate	84	doctorate	62	drachma	206	dumpster	60	easygoing	269	
dissociative	170	doctrine	203	draft	277	dune	148	eat	185	
dissolution	116	document	241	drag	52	duplicate	130	eaves n.	6	
dissolve	116	documentary	241	dragonfly	298	duplication	130	ebb	82	
dissolvent	116	dodge	256	drain	82	durability	193	eccentric	200	
dissuade	251	doe	295	drainage	82	durable	193	echo	232	
distance	11	dog	296	drama	216	duration	193	eclipse	74	
distant	11	dogged	296	dramatic	216	during	193	eco-activity	228	
distend	94	doldrums	91	drape	289	dusk	303	eco-friendly	228	
distill	68	doll	141	draped	289	dusky	303	ecological	228	
distinct	26	dolphin	107	drastic	73	dust	236	ecologist	228	
distinction	26	domain	42	draw	52	dustbin	236	ecology	228	
distinctive	26	domestic	187	drawback	250	dustcloth	236	economic	216	
distinguish	26	domesticate	187	drawer	52	duster	236	economical	216	
distinguished	26	dominance	231	drawing	52	dustpan	236	economics	216	
distort	258	dominant	231	dread	115	dusty	236	economy	216	
distorted	258	dominate	231	dreadful	115	duty	175	ecosystem	228	
distortion	258	domination	231	dream	16	dwell	288	ecstasy	99	
distract	88	donate	92	dreary	125	dweller	288	edge	260	
distracted	88	donation	92	drench	68	dwindle	97	edible	185	
distraction	89	donator	92	dress	66	dwindling	97	edit	241	
distress	38	donkey	295	drift	82	dye	244	edition	241	
distressed	38	donor	92	drill	188	dyeing	244	editor	241	
distribute	257	doodle	241	drink	131	dying	53	editorial	241	
distribution	257	doom	301	drip	180	dynamic	54	educate	158	
distributor	257	doomed	301	drive	263	dynamics	54	education	157	
district	43	doomsday	301	driver	263	dynasty	43	educational	157	
distrust	203	door	163	driving	263	dyslexic	286	educator	158	
disturb	161	doorkeeper	163	drizzle	181			effect	151	
disturbance	161	doorman	163	drop	180	**E**		effective	151	
ditch	59	dorm	273	droplet	180			effectively	151	
diurnal	14	dormancy	273	drought	181	eager	218	efficiency	151	
dive	267	dormant	273	drown	53	eagerly	218	efficient	151	
diverge	29	dormitory	273	drowsiness	273	eagerness	218	efficiently	151	

effort	35	emancipation	119	empowerment	94	enjoy	98	epicure	184
egalitarian	76	embargo	192	empty	192	enlarge	96	epidemic	61
egalitarianism	76	embark	271	emulate	130	enlighten	73	epilogue	195
egg	141	embarrass	269	emulation	130	enlightened	73	episode	289
eggplant	141	embarrassed	269	enable	162	enlightenment	73	epoch	166
ego	118	embarrassing	269	enact	127	enlist	185	equability	77
egocentric	118	embarrassment	269	enactment	127	enormous	96	equable	77
egregious	205	embassy	278	enchant	160	enrich	226	equal	76
eject	156	embed	285	enchanted	160	enrichment	226	equality	76
ejection	156	embedment	285	enchantment	160	enroll	278	equally	76
elaborate	125	embellish	8	encircle	227	enrollment	278	equanimity	77
elaborately	125	emblazon	35	enclose	227	ensemble	58	equate	77
elastic	93	emblem	35	enclosure	227	enshrine	177	equation	77
elasticity	93	emblematic	35	encode	287	ensue	144	equator	77
elastin	93	embody	102	encoding	287	ensure	207	equatorial	77
elbow	237	embrace	56	encounter	79	entail	58	equilibrium	84
elder	154	emerge	229	encourage	86	entangle	222	equip	27
elderly	154	emergence	229	encouragement	86	entanglement	222	equipment	27
elect	168	emergency	87	encrust	230	enter	31	equity	76
election	168	emergent	229	enculturate	197	enterprise	252	equivalent	77
electorate	168	emerging	229	encumber	161	enterprising	252	equivocal	254
electric	171	emigrant	50	end	196	entertain	72	equivocate	254
electrical	171	emigrate	50	endanger	81	entertainer	72	era	166
electrician	171	emigration	50	endangered	81	entertaining	72	eradicate	291
electricity	171	eminence	253	endeavor	224	entertainment	72	erase	135
electroceptive	171	eminent	253	endemic disease	61	enthuse	47	eraser	135
electrode	171	eminently	253	endless	196	enthusiasm	47	erasure	135
electron	171	emission	84	endorse	213	enthusiastic	47	erect	94
electronic	171	emit	84	endorsement	213	entice	160	erection	94
elegance	223	emoticon	35	endosymbiont	102	entire	250	ergonomically	45
elegant	223	emotion	86	endow	92	entirely	250	ergonomics	45
element	163	emotional	86	endowment	92	entitle	179	ergonomist	45
elemental	163	emotionally	86	endurable	193	entity	300	erode	181
elementary	163	empathetic	92	endurance	193	entrance	31	erosion	181
elephant	297	empathic	92	endure	193	entrant	31	erosive	181
elevate	96	empathize	92	enemy	222	entreaty	199	err	72
elevated	96	empathy	92	energetic	56	entrenched	59	errand	61
elevation	96	emperor	43	energy	56	entrepreneur	252	erroneous	72
elevator	96	emperorship	43	enforce	115	entrepreneurship	252	error	72
elicit	220	emphasis	176	enforcement	115	entrust	203	erupt	219
eligibility	179	emphasize	176	engage	52	entry	31	eruption	219
eligible	179	emphatic	176	engagement	52	envelop	265	escalate	96
eliminate	84	empire	43	engine	45	envelope	265	escalator	96
elimination	84	empirical	273	engineer	45	envious	226	escape	256
elixir	52	empirically	273	engineering	45	environment	227	escort	279
elliptical	271	empiricism	273	engrave	52	envy	226	espouse	204
elongation	219	empiricist	273	engraving	52	enwomb	140	essay	224
eloquence	245	employ	167	engross	56	enzyme	109	essence	300
eloquent	245	employee	167	engrossing	56	eon	196	essential	300
eloquently	245	employer	167	enhance	167	ephemeral	144	essentially	300
elude	256	employment	167	enhanced	167	ephemerality	144	establish	195
emancipate	119	empower	94	enhancement	167	epic	267	establishment	195

estate	151	exaggerate	245	exhibit	72	explosion	219	fabric	8		
esteem	119	exaggeration	245	exhibition	72	explosive	219	fabricate	8		
estimate	120	exaggerative	245	exhortation	44	export	192	facade	209		
estimation	120	exam	111	exigency	87	expose	245	face	51		
etch	53	examination	111	exile	276	exposition	245	facilitate	269		
eternal	196	examine	111	exist	300	exposure	245	facility	269		
ethic	248	examiner	111	existence	300	expound	245	fact	150		
ethical	248	example	34	existent	300	express	245	factor	163		
ethics	248	exasperation	237	existential	300	expression	245	factory	262		
ethnic	276	excavate	28	existentialism	300	expressive	245	factual	150		
ethnically	276	excavation	28	exit	31	expulsion	276	faculty	158		
ethnicity	276	exceed	99	exodus	188	exquisite	125	fad	268		
ethnography	276	excel	99	exogenously	291	extend	8	fade	229		
ethological	294	excellent	99	exorcise	205	extension	8	Fahrenheit	109		
ethologist	294	except	248	exoskeleton	103	extensive	8	fail	241		
ethos	276	exception	248	exotic	187	extent	8	failure	241		
euphemism	268	exceptional	248	expand	96	exterior	281	faint	254		
Europe	188	excerpt	254	expanse	96	exterminate	259	faintly	254		
European	188	excess	258	expansion	96	external	281	fair	208		
euthanasia	259	excessive	258	expatriate	188	extinct	300	fairly	208		
euthanize	259	excessively	258	expect	16	extinction	300	fairy	267		
evacuate	79	exchange	29	expectant	16	extinctive	300	faith	203		
evacuation	79	excite	85	expectation	16	extinguish	5	faithful	203		
evade	256	excited	85	expected	16	extort	128	fake	209		
evaluate	257	excitement	85	expedite	109	extra	280	falcon	299		
evaluation	257	exciting	85	expedition	146	extract	254	fall	180		
evaporate	84	exclaim	41	expel	276	extraction	254	fallacy	72		
evaporation	84	exclamation	41	expend	79	extracurricular	280	fallow	171		
evasion	256	exclamatory	41	expendable	79	extraneous	223	false	209		
eve	14	exclude	252	expenditure	79	extraordinary	247	falsehood	209		
even	232	excluding	252	expense	79	extrapolation	8	falsifiable	209		
evening	14	exclusion	252	expensive	79	extraterrestria	280	falsification	209		
event	240	exclusive	252	experience	273	extravagance	72	falsify	209		
eventual	240	exclusively	252	experienced	273	extravagant	72	falter	148		
eventually	240	excrete	84	experiment	111	extreme	239	fame	253		
evergreen	243	excursion	149	experimental	111	extremely	239	famed	253		
everlasting	196	excusable	123	expert	172	extremities	51	familiar	180		
evidence	204	excuse	123	expertise	172	extrinsic	300	familiarity	180		
evident	204	execute	221	expiration	167	extrinsically	300	family	180		
evidently	204	execution	221	expire	167	extrovert	69	famine	89		
evil	205	executive	221	explain	247	extroverted	69	famous	253		
evitable	256	executor	221	explainable	247	exude	27	fan	160		
evocation	86	exemplary	34	explanation	247	eye	230	fanatic	160		
evocative	86	exemplify	34	explanatory	247	eyebrow	230	fancy	135		
evoke	86	exercise	266	explicable	247	eyelash	230	fang	103		
evolution	137	exert	35	explicit	127	eyelid	230	fantastic	135		
evolutionary	137	exertion	35	explicitly	127	eyesore	230	fantasy	135		
evolve	137	exertive	35	explode	219	eyewitness	230	fare	278		
ex vacuo	82	exhale	84	exploit	240			farewell	278		
exacerbate	205	exhaust	59	exploration	102			farm	171		
exact	94	exhausted	60	explore	102	**F**		farmer	171		
exactly	94	exhaustion	60	explorer	102	fable	212	farmhouse	171		

farming	171	fertilize	143	firsthand	271	florist	6	forbear	51
fascinate	51	fertilizer	143	fish	294	flounder	294	forbid	199
fashion	268	fervent	218	fisherman	294	flour	145	force	115
fashionable	268	festal	285	fishery	294	flourish	226	forceful	115
fast	183	festival	285	fishtank	294	flourishing	226	fore	147
fasten	183	festive	285	fission	101	flow	82	forearm	236
fasting	183	fetch	249	fist	70	flower	6	foreboding	17
fat	183	fetus	141	fit	253	flu	189	forecast	17
fatal	196	fever	47	fitness	253	fluctuate	29	foreclosure	150
fatality	196	few	159	fix	131	fluency	290	forefather	293
fate	301	fiancé	52	fixate	131	fluent	290	forefinger	104
fathead minnow	294	fiber	187	fixated	131	fluently	290	foreground	17
father	180	fiction	26	flag	260	fluffy	232	forehead	272
fatigue	60	fictional	26	flail	57	fluid	68	foreign	187
faucet	56	fictitious	26	flame	5	fluorescent	74	foreigner	187
fault	250	fidelity	204	flank	280	fluoride	103	foremost	175
faultless	250	field	45	flap	15	flush	88	forensic	112
faulty	250	fieldwork	46	flare	5	flute	58	forerunner	17
Fauve	244	fierce	116	flash	73	flutter	15	foresee	17
favor	199	fiery	5	flashlight	73	flux	82	foreshadow	17
favorable	199	fig	145	flat	232	fly	15	foresight	17
favorite	199	fight	138	flatter	42	flyer	15	forest	243
fawn	295	fighter	138	flattery	42	foam	68	forestry	243
fear	115	figurative	265	flavor	98	focal	142	foretell	17
feasible	221	figure	265	flavoring	98	focalize	142	forethought	269
feast	184	filament	74	flaw	250	focus	142	forewarn	280
feat	240	file	241	flawless	250	fodder	171	forfeit	118
feather	298	fill	79	flea	214	foe	222	forge	209
feature	255	film	246	flection	232	foetal	141	forget	60
February	133	filter	249	flee	256	fog	181	forgive	123
fecal	84	fin	294	fleet	277	fold	71	forgiving	123
federal	261	final	240	fleeting	277	folder	71	forgo	60
federation	261	finale	240	flesh	110	folk	194	fork	28
fee	278	finally	240	flexibility	88	folklore	194	form	7
feeble	124	finance	206	flexible	88	folktale	194	formal	7
feed	185	financial	206	flicker	57	follow	144	format	7
feedback	185	financing	206	flight	15	following	144	formation	7
feel	86	find	302	flinch	54	folly	206	former	274
feeling	86	fine	118	fling	90	fond	91	formerly	274
feline	296	finger	104	flint	260	fondle	56	formidable	94
fell	180	finish	196	flip	90	fool	206	formula	245
fellow	71	finite	196	flipper	90	foolish	206	formulate	245
female	31	fire	5	float	15	foot	297	formulation	245
feminine	31	firecracker	5	flock	143	footage	246	forsake	59
fence	199	firefly	5	flood	82	football	297	fort	277
ferocious	116	fireman	5	flooded	82	footprint	297	forthcoming	11
ferrous	155	fireplace	5	floor	267	footstep	297	forthright	289
ferry	147	firework	5	floorcloth	267	footwear	297	fortify	277
ferryboat	147	firm	221	flop	187	forage	213	fortress	277
fertile	143	firmly	221	floppy	187	forager	213	fortunate	39
fertility	143	firmness	221	flora	242	foraging	213	fortune	39
fertilization	143	first	271	florin	32	foray	224	forward	55

fossil	160	frightened	115	**G**		genre	34	globalization	43
foster	225	frightful	115	gadget	27	gentle	31	globe	43
foul	236	frigid	189	gaiety	42	gentleman	31	gloom	91
found	195	fringe	260	gain	96	gently	31	gloomy	91
foundation	195	frivolity	271	gainsay	36	genuine	151	glory	223
founded	195	frog	296	galaxy	14	genuinely	151	gloss	136
fount	292	front	290	gale	76	genus	9	glow	5
fountain	292	frontier	199	gallery	244	geocentric	45	glue	276
fovea	230	frost	189	galley	118	geography	45	gluttony	118
fraction	46	frown	154	gallon	68	geology	45	gnaw	185
fracture	103	frugal	80	gallop	295	geometric(al)	45	gnome	267
fragile	212	frugality	80	gamble	253	geometry	45	go	78
fragility	212	fruit	145	game	213	geotherm	45	goad	86
fragment	213	fruitful	145	gap	32	geothermal	45	goal	266
fragmentary	213	fruitless	145	garage	263	geriatric	55	goalkeeper	266
fragmentation	213	frustrate	146	garbage	60	germ	112	goat	297
fragrance	105	frustrated	146	garden	242	germicide	112	goatherd	297
fragrant	105	frustration	146	gardener	242	germinal	243	gobble	118
frail	124	fry	184	gargle	103	germinate	243	god	177
frame	7	fuel	160	garlic	242	germination	243	goddess	177
framework	7	fulfill	79	garment	66	gesture	103	gold	259
franc	206	fulfillment	79	garner	143	get	303	golden	259
frank	289	full	79	gas	68	ghetto	227	good	199
frantic	237	fully	79	gasoline	164	ghost	135	goods	214
frantically	238	fumble	268	gasp	47	giant	96	goodwill	199
fraternal twins	77	fume	105	gastronome	184	gift	278	goose	298
fraternity	221	fun	72	gate	163	gifted	278	gorgeous	229
fraud	207	function	70	gatekeeper	163	gigantic	96	gossip	48
fraudulent	207	fund	216	gather	143	gild	289	gourd	145
fraught	79	fundamental	215	gathering	215	gill	47	gourmet	184
freckle	122	fundamentally	215	gauge	176	giraffe	296	govern	137
free	119	funeral	41	gaze	73	gird	186	government	137
freedom	119	funnel	147	gear	263	give	217	grab	303
freeze	189	funny	72	gelatin	16	glacial	189	grace	223
freezer	189	fur	296	gem	151	glacier	189	graceful	223
freezing	189	furious	238	gender	31	gladiator	138	gracious	223
freight	263	furiously	238	gene	292	glamorous	51	graciously	223
frequency	247	furnace	68	genealogy	292	glance	111	grade	167
frequent	247	furnish	27	general	255	gland	84	gradient	29
frequently	247	furniture	27	generalize	255	glare	266	gradual	33
fresh	191	furrier	296	generally	255	glass	123	gradually	33
freshman	191	fury	238	generate	171	glasses	123	graduate	159
friar	78	fuse	186	generation	171	glaze	124	graduated	159
friction	109	fusion	186	generator	171	gleam	73	graduation	159
frictional	109	fussy	225	generosity	33	glean	143	grain	145
Friday	133	futile	192	generous	33	glide	15	grainy	145
friend	221	future	130	generously	33	glider	15	grammar	262
friendliness	221	futuristic	130	genesis	292	glimmer	73	grammatical	262
friendly	221	fuzzy	296	genetic	292	glimpse	111	grammatically	262
friendship	221			genetics	292	glisten	73	granary	145
fright	115			genius	106	glitter	73	grand	96
frighten	115			genocide	258	global	43	grandeur	96

grandparent	180	grotesquely	200	hallmark	255	hazard	81	herd	143	
granite	57	ground	166	hallucination	135	hazardous	81	herder	143	
grant	34	groundbreaking	166	halo	14	hazy	181	hereafter	53	
grape	145	groundless	166	halt	78	head	272	hereditary	292	
graphic	269	group	143	halter	78	headache	272	heredity	292	
graphics	269	grove	243	hamstring	163	headline	272	heretofore	132	
graphite	158	grow	154	hand	104	headlong	272	heritage	292	
grasp	303	growl	117	handcuff	187	headmaster	272	hero	255	
grass	242	grudge	121	handicap	163	headmastership	272	heroine	255	
grassland	242	grumble	40	handkerchief	136	headquarters	272	hesitancy	224	
grateful	134	grump	40	handle	10	heal	117	hesitant	224	
gratification	40	grumpy	40	handsome	229	health	253	hesitate	224	
gratify	40	guarantee	196	hang^1	88	healthful	253	hesitation	224	
gratitude	134	guard	279	hang^2	88	healthy	253	heterogeneity	188	
grave	52	guardian	279	hangar	15	heap	211	heterogeneous	188	
gravestone	52	guess	120	happen	64	hear	103	hexagon	45	
graveyard	52	guest	160	happily	39	hearse	53	heyday	14	
gravitate	52	guide	272	happiness	39	heart	219	hibernate	273	
gravitation	52	guillotine	118	happy	39	heartfelt	219	hiccup	47	
gravitational	52	guilt	118	harass	129	heat	109	hide	81	
gravity	52	guiltiness	118	harassment	129	heave	29	hideous	229	
gravy	185	guilty	118	harbor	284	heaven	225	hierarchical	110	
graze	295	gulf	148	hard	159	heavenly	225	hierarchy	110	
grazing	295	gull	206	hardly	159	heavily	183	high	182	
grease	183	gullible	206	hardness	159	heavy	183	highfalutin	300	
greed	118	gulp	83	hardship	159	hectic	252	highlight	176	
greedy	118	gun	237	hardware	255	hedge	199	highlighter	176	
greenery	243	gurney	193	hare	296	hedgerow	199	highly	182	
greenhouse	69	gust	76	harm	163	heed	270	highway	182	
greenhouse gas	69	gut	173	harmful	163	heedless	270	hijack	121	
greet	212	gutter	6	harmless	163	heel	297	hijackee	121	
gregarious	143	gym	266	harmonious	302	height	182	hijacker	121	
grid	67	gymnasium	266	harmony	302	heighten	182	hike	266	
gridlock	67	gymnastic	266	harness	295	heir	292	hill	148	
grief	40	gymnastics	266	harp	58	heiress	292	hind	290	
grieve	41			harpoon	107	helicopter	15	hinder	162	
grievous	41			harsh	220	hell	225	hindrance	162	
grill	184	**H**		harvest	145	helm	263	Hinduism	177	
grim	220	habilitate	179	hassle	10	helmet	67	hint	256	
grimly	220	habit	12	haste	87	help	140	hip	58	
grimness	220	habitable	288	hasten	87	helpful	141	hiphop	58	
grin	238	habitant	288	hasty	87	helpless	141	hippocampus	272	
grind	166	habitat	288	hat	67	hemisphere	43	hippopotamus	297	
grip	303	habitation	288	hatch	141	hemolymph	188	hire	5	
grit	148	habitual	12	hate	238	hemp	63	historic	259	
groan	38	hail	181	hater	238	hen	185	historical	259	
grocery	214	hailstone	181	hatred	238	herald	17	history	259	
groom	178	hair	296	haul	52	herb	295	hit	56	
grooming	178	hairdresser	296	haunt	135	herbal	295	hitch	119	
groove	6	hairless	296	have	128	herbicide	295	hobbit	267	
gross	250	half	262	hawk	299	herbivore	295	hobble	266	
grotesque	200	halfway	262	hay	242	herbivorous	295	hobby	72	

hoe	242	hostility	222	hygiene	136	illegitimate	127	impasse	168
hold	303	hotbed	116	hygrometer	68	illicit	127	impatience	193
hole	32	house	179	hype	289	illiteracy	156	impatient	193
holiday	278	housebreaker	128	hyperactivity	46	illiterate	156	impede	161
holistic	250	household	179	hypertension	87	illness	61	impel	115
hollow	192	housekeeper	179	hyperthermia	109	illogical	250	impending	11
holster	237	housewarming	179	hypnosis	273	illuminate	74	imperative	175
holy	177	housewife	179	hypocrisy	209	illumination	74	imperfect	249
homage	120	housework	179	hypocrite	209	illusion	135	imperfection	249
home	179	hover	15	hypocritical	209	illusory	135	imperial	43
homeland	179	howl	41	hypocritically	209	illustrate	247	imperialism	43
homeopathy	63	hue	74	hypothermia	109	illustration	247	imperil	81
homestead	179	hueless	74	hypothermic	109	illustrator	247	imperium	43
hometown	179	hug	56	hypothesis	157	image	157	impersonal	222
homework	179	huge	96	hypothesize	157	imaginable	143	implacable	116
homicide	258	hull	147	hypothetical	157	imaginary	143	implacably	116
hominid	299	hum	105			imagination	143	implausible	235
hominin	299	human	299			imaginative	143	implement	27
Homo erectus	299	humanism	299	I		imagine	143	implemental	27
Homo sapiens	299	humanity	299	ice	189	imitate	130	implementation	27
homogeneity	188	humble	72	iceberg	189	imitation	130	implicate	249
homogeneous	188	humid	68	ichthyologist	294	immature	154	implication	249
homonym	107	humidify	68	iconic	35	immeasurable	176	implicit	249
homosexual	32	humidity	68	icy	189	immediacy	190	implied	249
honest	290	humiliate	234	idea	72	immediate	190	implore	215
honesty	290	humiliation	234	ideal	200	immediately	190	imply	249
honey	179	humility	72	idealism	200	immemorial	231	impolite	224
honeymoon	179	hummingbird	298	idealist	200	immense	96	import	192
honk	37	humor	70	idealistic	200	immensity	96	importance	176
honor	223	hump	59	idealize	200	immerse	56	important	176
hoof	295	hundred	45	identical	205	immersion	56	impose	115
hoofbeat	295	hunger	89	identical twins	77	immigrant	50	impossible	235
hook	294	hungry	89	identification	205	immigrate	50	impoverish	226
hoop	38	hunt	213	identified	205	immigration	50	impoverished	226
hop	58	hurdle	162	identify	205	imminence	11	impresario	136
hope	75	hurricane	89	identity	205	imminent	11	impress	157
hopeful	75	hurry	87	ideology	72	imminently	11	impression	157
horizon	135	hurt	122	idiom	25	immobilize	54	impressive	157
horizontal	135	hurtful	122	idiosyncratic	26	immoderate	78	imprint	157
horn	37	husband	179	idiot	206	immodest	72	imprison	279
horoscope	284	hut	283	idle	215	immoral	248	imprisonment	279
horrible	115	hybrid	290	idol	211	immortal	196	improbable	235
horror	115	hybridization	290	idyllic	147	immortality	196	impromptu	28
horse	295	hydrant	68	ignitability	5	immune	62	improper	82
horticultural	6	hydrate	68	ignite	5	immunity	62	improve	168
hospitable	160	hydration	68	ignoble	34	immunization	62	improvisation	28
hospital	63	hydrodynamic	54	ignorance	155	immutable	29	improvise	28
hospitality	160	hydroelectric	171	ignorant	155	impact	252	imprudent	270
host	160	hydrogen	68	ignore	156	impair	163	impulse	252
hostage	121	hydrogen sulfide	68	ill	61	impairment	163	impulsive	252
hostess	160	hydroponic	154	illegal	127	impart	46	impure	250
hostile	222	hydrozoans	147	illegible	265	impartial	46	impute	201

in tandem	263	increment	96	industrialization	215	information	281	innovative	166	
inability	162	incremental	96	industrialize	215	informative	281	input	172	
inaccessible	11	incriminate	212	industrious	215	informed	281	inquire	111	
inaccurate	94	inculcate	203	industry	215	infrared	73	inquiry	111	
inactive	46	incur	151	inedible	185	infrasound	37	inquisition	111	
inadequate	82	incurable	117	ineffective	151	infrastructure	215	inquisitive	111	
inadvertently	207	indecent	127	inefficiency	151	infrequent	247	insane	200	
inalienable	188	indecision	116	inefficient	151	infrequently	247	insanity	200	
inanimate	217	indecisive	116	ineligible	179	infringe	127	inscribe	52	
inanimation	217	indecisiveness	116	inequality	76	infringement	127	inscription	52	
inappropriate	82	indefinite	30	inequity	76	infuse	203	insect	298	
inaudible	246	indefinitely	30	inert	46	ingenious	27	insecticide	298	
inaugural	168	independence	119	inertia	46	ingenuity	27	insecure	279	
inaugurate	168	independent	119	inevitable	256	ingenuous	27	insensitive	124	
inauguration	168	index	270	inevitably	256	ingest	185	inseparable	275	
inborn	193	indian	275	inexpensive	79	ingrain	145	insert	30	
incapable	95	indicate	192	inexperienced	273	ingrained	145	insertion	30	
incentive	86	indication	192	inexplicable	247	ingratitude	134	inside	281	
incessant	78	indict	150	infamous	253	ingredient	163	insight	9	
incidence	207	indifference	301	infancy	141	inhabit	288	insightful	9	
incident	207	indifferent	301	infant	141	inhabitant	288	insignificance	192	
incidental	207	indigene	194	infantry	277	inhale	84	insignificant	192	
incidentally	207	indigenous	194	infect	61	inherence	292	insinuate	269	
incineration	5	indigestion	303	infection	61	inherent	292	insist	193	
incinerator	5	indignant	237	infectious	61	inherit	292	insistence	193	
incisor	103	indignation	237	infer	302	inheritance	292	insistent	193	
incitement	86	indignity	236	inference	302	inhibit	83	insolent	224	
inclination	132	indigo	244	inferential	302	inhibition	83	insolvent	80	
incline	132	indirect	271	inferior	120	inhospitable	160	insomnia	273	
inclined	132	indirectly	271	inferiority	120	inhuman	299	inspect	112	
include	252	indiscernible	282	infertile	143	initial	146	inspection	112	
inclusion	252	indiscreet	270	infest	231	initiate	146	inspector	112	
incoherent	186	indiscrete	123	infestation	231	initiation	146	inspiration	86	
income	261	indiscretion	270	infidelity	204	initiative	146	inspire	86	
incomparable	232	indiscriminate	275	infielder	46	inject	203	instability	296	
incomparably	232	indispensable	247	infinite	196	injection	203	install	169	
incompatible	155	indistinct	26	infinitive	196	injure	122	installation	169	
incompetent	139	individual	172	infinity	196	injurious	122	installment	169	
incomplete	249	individualism	172	inflammation	234	injury	122	instance	35	
inconsequential	144	individuality	172	inflate	94	injustice	208	instant	190	
inconsiderate	270	individually	172	inflation	94	ink	295	instantly	190	
inconsistency	155	indoctrinate	203	inflect	245	inlay	172	instigate	251	
inconsistent	155	indoor	163	inflection	245	inlet	148	instigation	251	
inconspicuous	253	indoors	163	inflexible	88	inmost	281	instill	203	
inconvenient	269	induce	160	inflict	38	innate	65	instinct	301	
incorporate	252	inducement	160	influence	252	innately	65	instinctive	301	
incorrect	94	induction	160	influential	252	inner	281	institute	195	
increase	96	inductive	160	influenza	189	innermost	281	institution	195	
increasingly	96	indulge	33	influx	83	innocence	156	instruct	158	
incredible	42	indulgence	33	inform	281	innocent	156	instruction	158	
incredibly	42	indulgent	33	informal	7	innovate	166	instructive	158	
incredulous	42	industrial	215	informant	281	innovation	166	instructor	158	

instrument	27	interjection	41	introspective	232	irrigation	257	joy	98
instrumental	27	interlay	172	introvert	69	irritable	234	Judaism	177
insufficient	79	intermediary	161	introverted	69	irritate	234	judge	207
insulate	109	intermediate	262	intrude	127	irritation	234	judgement	207
insulation	109	intermission	88	intruder	127	Islam	177	judiciary	208
insult	236	intermittent	78	intrusion	127	Islamic	177	judicious	84
insurance	207	intern	62	intuition	301	island	276	juggle	240
insure	207	internal	281	intuitive	301	isolate	276	juggler	240
insurmountable	117	internal combustion	281	invade	127	isolated	276	juice	16
intact	163	international	43	invader	127	isolation	276	juicy	16
intake	185	interpersonal	222	invalid	235	isotope	101	July	134
intangible	161	interpose	161	invaluable	251	issue	10	jumble	157
integral	249	interposition	161	invasion	128	itch	75	jump	59
integrality	249	interpret	304	invent	165	itchy	75	jump rope	59
integrally	249	interpretation	304	invention	165	item	186	June	134
integrate	249	interpretative	304	inventive	165	itinerary	146	jungle	243
integration	249	interpreter	304	inventor	165	ivory	297	junior	154
integrative	249	interrogate	112	inventory	185			junk	60
integrity	249	interrogation	112	inverse	189			Jupiter	284
intellect	303	interrupt	161	inversion	190	**J**		jurisdiction	208
intellective	303	interrupted	161	invert	189	jacket	67	jurisprudence	208
intellectual	303	interruption	161	invertebrate	297	jade	152	juror	208
intellectually	303	intersect	148	inverted	189	jail	279	jury	208
intelligence	303	intersection	148	invest	130	jam	52	just	208
intelligent	303	intersperse	257	investigate	112	janitor	163	justice	208
intelligible	303	intertwine	258	investigation	112	January	133	justification	208
intend	199	interval	32	investigator	112	jar	83	justify	208
intense	142	intervene	161	investment	130	jargon	270	juvenile	153
intensify	142	intervention	161	investor	130	javelin	155	juxtapose	77
intension	142	interview	71	invigorate	56	jaw	103		
intensity	142	interviewee	71	invigorating	56	jaywalker	148		
intensive	142	interviewer	71	invisibility	230	jealous	226	**K**	
intensively	142	interweave	8	invisible	230	jealousy	226	kebab	184
intent	199	interwind	76	invitation	159	jeans	67	keen	125
intention	199	intestinal	173	invite	160	jelly	16	keep	172
intentional	199	intestine	173	invoke	35	jellyfish	147	kelp	242
intentionally	199	intimacy	221	involve	52	jeopardize	81	kerosene	164
interact	47	intimate	221	involvement	52	jeopardy	81	kettle	83
interaction	47	intimidate	115	invulnerable	212	jest	70	key	176
interactive	46	intimidating	115	inward	55	jester	70	keyboard	71
intercept	161	intolerable	33	ionosphere	290	jewel	151	kick	297
interceptive	161	intolerance	33	iris	230	jewelry	151	kid	70
interchange	182	intonation	87	iron	155	job	71	kidnap	121
intercultural	197	intoxicate	131	irony	155	jog	189	kidney	173
interdependence	119	intrapersonal	222	irrational	302	join	61	kill	259
interdependent	119	intricate	228	irrationality	302	joint	61	kilometer	11
interest	301	intriguing	153	irrelevance	223	joke	70	kin	232
interested	301	intrinsic	300	irrelevant	223	jolt	54	kind	9
interesting	301	intrinsically	300	irremovable	84	journal	251	kindergarten	154
interfere	161	introduce	195	irresistible	51	journalism	251	kindle	5
interference	161	introduction	195	irresponsible	149	journalist	251	kindness	9
interior	281	introductory	195	irrigate	257	journey	146	kinesthetic	54

king	43	lap	51	leather	110	liberation	119	literature	239
kingdom	43	laptop	51	leave	278	liberty	119	litigation	208
kiss	56	large	96	leaven	109	library	286	litter	60
kitchen	183	larva	298	lectern	158	libretto	58	liturgical	177
kite	15	larval	298	lecture	158	license	34	live	288
kiwi	299	laser	73	lecturer	158	lick	56	livelihood	288
knee	51	lasso	82	ledge	286	lid	230	lively	288
kneejerk	51	last	193	leeway	119	lie	50	liver	173
kneel	51	latch	67	left	176	lie	209	livestock	214
knell	38	latchkey	67	leftover	176	life	144	lizard	297
knife	237	late	6	leg	51	lifeboat	144	lo-fi	204
knight	231	lately	6	leg room	51	lifeguard	144	load	263
knit	8	latent	235	legacy	292	lifelong	144	loaf	161
knock	56	latently	235	legal	127	lifespan	144	loan	150
know	157	later	6	legality	127	lifetime	144	loathe	238
knowledge	157	latest	6	legalize	127	lift	86	loathing	238
known	157	latitude	133	legend	255	ligament	110	lobster	295
krone	206	latter	274	legendary	255	light	73	local	44
		laugh	238	legibility	265	lighten	73	locale	44
		laughter	238	legible	265	lighthouse	73	locate	283
		launch	146	legislate	127	lightning	73	location	283
L		launching	146	legislation	127	like	77	lock	67
label	241	laundry	285	legislature	127	likelihood	235	locker	67
labor	67	lavatory	285	legitimacy	127	likely	235	locomotion	54
laboratory	111	law	67	legitimate	127	likewise	77	locust	298
laborer	67	lawful	127	legume	142	limb	51	lode	259
laborious	67	lawn	242	leisure	80	limestone	57	lodge	271
labyrinth	222	lawsuit	208	leisurely	80	limit	281	lofty	182
lack	227	lawyer	208	lend	150	limitation	281	log	251
lacquer	136	lax	187	length	95	limited	281	logic	250
lad	154	lay	172	lengthen	95	limp	266	logical	250
ladder	182	lay-off	172	leopard	295	line	58	logograph	256
lady	31	layer	172	leper	193	lineage	293	logos	302
ladybug	298	laypeople	172	lesbian	32	linear	58	loneliness	226
lag	137	layperson	172	lessen	97	linger	50	lonely	226
lagoon	148	layup	172	lesson	158	lingual	262	lonesome	226
lake	148	lazy	215	let	34	linguistic	262	long	218
lamb	297	lead	272	lethal	196	linguistically	262	longing	218
lame	266	leader	272	lethally	196	linguistics	262	longitude	133
lament	40	leadership	272	lethargic	217	link	182	look	230
lamp	73	leading	272	letter	265	linkage	182	loom	187
lance	155	leaf	243	lettuce	242	lint	187	looming	187
land	15	leaflet	243	leukemia	62	lion	295	loop	127
landfill	60	league	261	level	232	lip	103	loophole	127
landlord	150	leak	202	levitate	15	liquid	68	loose	187
landmark	166	leaky	202	levity	271	list	185	loosen	187
landscape	160	lean	133	lexicon	25	listen	104	lord	150
landslide	168	leap	59	liability	150	literacy	156	lore	194
landslip	168	learn	158	liable	150	literal	265	lose	139
lane	182	lease	150	liar	209	literally	265	loser	139
language	261	leash	187	liberal	119	literary	239	loss	139
languish	94	least tern	299	liberate	119	literate	156	lot	43
lantern	73								

lottery	253	magnificent	96	mansard roof	6	materialize	176	meek	111
lotto	253	magnify	96	mansion	179	maternal	144	meet	79
loud	38	magnitude	96	manta ray	73	maternity	144	meeting	79
loudly	38	mahogany	243	mantle	133	math	44	melancholia	91
loudspeaker	38	maid	209	manual	104	mathematics	44	melancholiac	91
lousy	205	mail	265	manually	104	matriarchal	144	melancholy	91
love	16	mailbox	265	manufacture	262	matriarchy	144	meld	157
lovely	16	main	183	manufacturer	262	matter	10	mellow	232
low	182	mainly	183	manure	210	maturation	154	melody	57
loyal	203	maintain	172	manuscript	241	maturational	154	melon	7
loyalty	203	maintenance	172	map	45	mature	154	melt	88
lubricant	164	maize	145	maple	243	maxim	46	membrane	47
luck	39	majestic	96	marasmus	62	maximum	240	memorabilia	178
luckily	39	majesty	96	marathon	189	May	133	memorable	191
lucky	39	major	33	marble	124	maybe	235	memorial	178
luggage	150	majority	33	marbled	124	mayor	209	memorize	191
lukewarm	189	make	245	March	133	maze	222	memory	191
lumber	243	maladjusted	174	march	266	meadow	295	menace	115
lumbering	243	male	31	margin	260	meal	183	mend	174
luminance	73	malevolent	198	mark	122	mean	191	mental	191
lump	161	malfunction	70	marker	122	meaning	191	mentality	191
Luna	14	malice	198	market	214	meaningful	191	mentally	191
lunar	14	malignant	198	maroon	244	meaningless	191	mentee	44
lunatic	200	mall	214	marriage	176	means	191	mention	223
lunch	184	malleable	93	marry	176	meantime	191	mentor	44
lung	48	malnourished	227	Mars	284	meanwhile	191	menu	183
lure	160	malnutrition	227	marsh	243	measles	62	mercantilism	214
lurk	81	malodor	105	marshy	243	measurable	176	merchandise	214
lust	77	maltreat	62	mart	214	measure	176	merchandiser	214
luxurious	81	mammal	104	martial	138	measurement	176	merchant	214
luxury	81	manage	80	martyr	177	meat	184	merciful	92
lyric	264	management	80	marvel	105	mechanic	45	merciless	92
lyricist	264	manager	80	marvelous	105	mechanical	45	mercilessly	92
		mandate	138	Marxism	44	mechanics	45	Mercury	284
		mandate	252	masculine	31	mechanism	45	mercy	92
M		mandatory	252	mash	16	medal	267	mere	179
macaw	299	mane	295	mask	209	meddle	161	merely	179
machine	45	maned	295	masochistic	258	media	262	merge	186
machinery	45	maneuver	139	mass	211	mediate	161	merger	186
macronutrient	227	mango	145	massacre	258	mediator	161	merit	163
mad	237	mangrove	243	mast	147	medical	63	meritocracy	163
magazine	133	manhood	31	master	150	medicate	63	meritocratic	163
magic	51	mania	238	masterpiece	150	medication	63	merry	296
magical	52	maniac	238	masterwork	150	medicinal	63	mess	60
magician	51	manicure	104	masturbation	99	medicine	63	message	47
magistrate	208	manifest	254	mat	267	medieval	231	messy	60
Magna Carta	168	manifestation	254	match	204	mediocre	120	metabolic	102
magnanimous	33	manipulate	10	matchless	204	meditate	123	metabolism	102
magnet	52	manipulation	10	matchmaker	204	meditation	123	metabolize	102
magnetic	52	manipulative	10	mate	204	meditative	123	metacognition	134
magnification	96	mankind	299	material	176	Mediterranean	147	metal	259
magnificence	96	manner	223	materialism	176	medium	262	metamorphosis	29

metaphor	264	minnow	294	misspend	80	momentum	190	mount	148
metaphorical	264	minor	33	mist	181	monarch	43	mountain	148
meteor	14	minority	33	mistake	72	monarchy	43	mountaineer	148
meteoric	14	minus	71	misteach	158	monastery	78	mourn	41
meteorite	14	minute	124	mistrust	203	Monday	133	mouse	296
meteorologist	181	minutiae	124	misunderstand	302	monetary	206	mouth	103
meteorology	181	miracle	106	misunderstanding	303	money	206	movable	54
meter	11	miraculous	106	misuse	167	monist	179	move	54
method	110	mirage	59	mite	236	monitor	111	movement	54
method of loci	191	mire	243	mitigate	269	monk	78	movie	246
methodical	110	mirror	231	mitigation	269	monkey	297	moving	54
methodically	110	misaddress	10	mix	157	monocular	230	mow	242
methodology	110	misbecome	300	mixer	157	monoculture	197	mower	242
metonymy	264	misbehave	232	mixture	157	monogamy	195	muck	210
metro	261	miscast	216	mnemonic	191	monolingual	262	mud	133
metropolis	261	mischance	39	moan	38	monologue	47	mud-slinging	90
metropolitan	261	mischief	224	moaner	38	monopolize	252	muddled	135
microbe	112	mischievous	224	mob	143	monopoly	252	mudslide	133
microbial	112	mischievously	224	mobile	54	monotone	37	mulberry tree	243
microcosm	284	mischoose	225	mobility	54	monotonous	37	multi-faceted	229
micronutrient	227	misconceive	143	mobilize	54	monster	200	multicultural	197
microscope	112	misconception	143	moccasin	297	monstrous	200	multilingual	262
middle	262	misdeal	10	mock	130	month	133	multimedia	71
middleman	262	misdeed	232	mockery	130	monthly	133	multiple	33
midnight	14	misdo	232	mode	110	monument	178	multiplication	33
might	124	miser	80	model	195	monumental	178	multiply	33
mightiness	124	miserable	38	moderate	78	mood	290	multitask	71
mighty	124	misery	38	moderately	78	moon	14	multitasking	71
migrate	50	misfire	151	moderation	78	mop	136	multitude	33
migration	50	misfortune	39	modern	231	mope	91	mumble	48
mild	189	misgive	217	modernism	231	moral	248	mummify	53
mile	166	misgiving	217	modernize	231	morale	42	mummy	53
milestone	166	misguide	272	modest	72	morality	248	mundane	133
military	277	mishap	207	modesty	72	morning	14	municipal	119
militate	252	mishear	104	modification	174	morph	29	municipality	119
milk	104	misinterpret	304	modifier	174	morphology	262	mural	244
mill	76	mislay	172	modify	174	mortal	196	murder	258
millennium	45	mislead	272	modular	186	mortality	196	murderer	258
million	45	misleading	272	mogul	211	mortgage	150	murmur	48
millionaire	45	mismatch	204	moist	68	mosquito	298	muscle	110
millstone	76	misperception	134	moisten	68	moss	242	muscular	110
mimic	130	misplace	60	moisture	68	mostly	183	muse	177
mimicry	130	misread	286	mold	7	moth	298	museum	244
mind	5	miss	219	moldy	7	mother	180	mushroom	7
mindful	5	misshape	184	mole	122	motif	86	music	58
mine	259	misshapen	184	molecular	101	motion	54	musical	58
minimal	240	missile	237	molecule	101	motionless	54	musician	58
minimalism	240	mission	71	molt	296	motivate	86	Muslim	177
minimum	240	missionary	71	molten	88	motivation	86	mustache	296
mining	259	misspeak	289	moment	190	motive	86	mustard	185
minister	138	misspell	52	momentary	190	motto	303	muster	143
ministry	138	misspelling	52	momentous	190	mound	211	mutant	9

mutate	9	nebula	14	nirvana	177	novelty	26	observant	111
mutation	9	necessary	256	nitrogen fertilizer	143	November	134	observation	111
mute	123	necessity	256	nnumerable	45	novice	273	observational	111
mutter	48	neck	296	nobility	34	noxious	117	observatory	111
mutual	222	neckache	61	noble	34	nuclear	101	observe	110
mutuality	222	nectar	6	nobleness	34	nucleotide	101	observer	111
mutually	222	need	256	nocturnal	14	nucleus	101	obsess	131
mystery	106	needle	187	nocturne	14	nudge	237	obsessed	131
myth	204	negation	36	nod	273	nuisance	10	obsession	131
mythical	204	negative	36	node	47	numb	273	obsessive	131
mythology	204	neglect	156	noise	38	number	45	obsidian	57
		negligence	156	noisy	38	numerable	45	obsolete	167
		negligent	156	nomad	137	numerical	45	obstacle	162
N		negligible	156	nominal	123	numerology	45	obstinate	129
nagging	40	negotiate	236	nominally	123	numerous	45	obstruct	162
nail	104	negotiation	236	nominate	221	nun	78	obstruction	162
naive	156	negotiator	236	nomination	221	nurse	63	obtain	35
naked	65	negro	275	non-fiction	26	nursery	63	obtrude	253
name	221	neighbor	179	non-specific	255	nurture	225	obtrusive	253
nanny	63	neighborhood	179	nonchalance	301	nut	146	obvious	254
nanometer	11	Neolithic	260	nonchalant	301	nutrient	227	obviously	254
nap	14	nephew	180	nonconductor	27	nutrition	227	occasion	178
napkin	136	nerve	89	nonetheless	162	nutritional	227	occasional	178
narcissism	72	nervous	89	nonpartisan	261	nutritionist	227	occasionally	178
narcissist	72	nest	288	nonsense	206	nymph	298	occidental	188
narrate	288	net	7	nontoxic	117			occupation	131
narration	288	netiquette	223	nonverbal	262			occupational	131
narrative	288	neurochemical	89	noon	14	**O**		occupied	131
narrator	288	neurology	89	Nordic	188	oak	243	occupy	131
narrow	16	neuromuscular	89	norm	194	oar	147	occur	64
nasty	269	neuroscience	89	normal	194	oath	196	occurrence	64
natal	144	neurosurgery	89	normally	194	obedience	175	ocean	147
nation	260	neutral	101	northern	188	obedient	175	October	134
national	260	neutralize	101	nose	105	obese	183	octogenarian	154
nationalism	260	neutron	101	nosedive	105	obesity	183	octopus	294
nationality	260	never-ending	196	nostril	105	obey	175	odd	200
nationwide	260	nevertheless	162	notable	282	object	192	odor	105
native	194	new	26	notate	282	objection	192	offend	127
natural	65	newbie	222	notch	122	objectionable	192	offender	127
nature	65	newcomer	222	note	282	objective	301	offense	127
naughtily	224	news	252	notebook	282	obligate	175	offensive	127
naughty	224	news-stand	252	noted	282	obligation	175	offer	177
nausea	303	newspaper	252	notice	281	obligatory	175	office	208
navel	59	nibble	103	noticeable	282	oblige	175	officer	208
navigate	147	niche	214	notify	281	oblivion	135	official	208
navigation	147	nickel	259	notion	32	oblivious	135	offset	84
navy	277	nickname	221	notoriety	253	obscene	126	offspring	292
near	11	niece	180	notorious	253	obscenity	126	oil	163
nearby	11	night	14	nourish	227	obscure	254	ointment	63
nearly	11	nightmare	116	nourishment	227	obscurely	254	old	154
nearsighted	230	nimble	190	novel	26	obscurity	254	olfactory	105
neat	136	nip	103	novelist	26	observance	111	Olympic	267

omen	17	ordinary	247	outlook	130	overhang	88	**P**	
ominous	17	ore	259	outmaneuver	139	overhaul	174	pace	109
omission	271	organ	173	outmoded	110	overhead	150	pachyderm	297
omit	271	organism	173	outnumber	45	overhear	104	Pacific	147
omnivore	295	organismic	173	outperform	136	overlap	51	pacifier	141
omnivorous	295	organization	110	output	172	overlay	172	pacifist	147
on-line	58	organize	110	outrage	237	overload	263	pack	228
once	274	orgasm	99	outreach	99	overlook	230	package	228
onerous	150	orient	174	outride	263	overlooker	230	paddle	147
oneself	118	oriental	174	outrun	189	overly	258	paella	184
ongoing	78	orientation	174	outsell	215	overpass	182	page	286
onion	242	origin	291	outset	146	overpay	214	pageant	229
only	179	original	291	outshine	73	overrate	109	pail	83
onset	146	originality	291	outside	281	overreport	229	pain	39
opaque	229	originate	291	outsing	197	override	156	painful	39
open	163	ornament	8	outsit	50	overrun	189	painkiller	39
opener	83	ornamental	8	outskirt	260	overseas	188	paint	244
opera	58	ornithologist	298	outsourcing	292	oversee	272	painter	244
operate	106	orphan	179	outspeak	289	overseer	272	painting	244
operation	106	orphanage	179	outspoken	289	oversell	215	pair	162
operator	106	osmosis	158	outstanding	253	overshadow	74	pal	221
opinion	236	ostensibly	230	outthink	270	overshoot	266	palace	43
opponent	222	ostentatious	226	outthrow	90	oversimple	228	pale	285
opportunity	39	osteoarthritis	61	outward	55	oversimplify	228	Paleolithic	260
oppose	236	osteoporosis	103	outwear	67	oversleep	273	paleontologist	160
opposed	236	ostracize	276	outweigh	183	overspend	80	paleontology	160
opposite	189	ostrich	299	oval	89	overspread	90	palm	104
opposition	236	other	157	ovation	42	overstate	261	pamper	161
oppress	83	otherwise	157	oven	184	overtake	109	pamphlet	286
oppression	83	ounce	184	overall	258	overthrow	90	pan	183
oppressive	83	out-of-sync	208	overbear	89	overturn	90	panacea	52
optic	230	outbid	35	overbearing	89	overuse	167	pandemic	61
optical	230	outbreak	138	overbid	35	overvalue	109	panel	271
optician	230	outbreed	290	overblow	76	overview	131	pang	39
optics	230	outburst	219	overbuild	122	overweight	183	panic	115
optimal	200	outcast	39	overburden	150	overwhelm	89	pant	48
optimism	130	outcome	145	overbuy	214	overwhelming	89	paparazzo	36
optimist	130	outdated	167	overcast	181	overwinter	134	paper	286
optimistic	130	outdo	99	overcharge	149	overwork	70	papyrus	286
option	225	outdoor	163	overcome	117	overwrite	241	parable	212
optional	225	outdoors	163	overconfidence	27	ovum	141	parabola	88
oracle	177	outer	281	overconfident	27	owe	150	parachute	181
oral	103	outfit	66	overdo	232	owl	299	parade	266
orange	145	outgoing	69	overdose	63	own	128	paradigm	7
orbit	90	outgrow	154	overdraw	78	owner	128	paradigmatic	7
orbital	90	outing	149	overdrink	131	ownership	128	paradox	155
orchard	146	outlandish	200	overdue	167	oxygen	82	paradoxical	155
orchestra	58	outlast	193	overeat	185	oyster	295	paragraph	208
ordeal	224	outlaw	127	overestimate	120	ozone	82	parallel	77
order	61	outlet	83	overfeed	185			parallelogram	77
ordinal	61	outline	112	overfly	15			paralysis	273
ordinarily	247	outlive	288	overgrow	154			paralyze	273

paramedic	140	paternity	144	Pekingese	296	permanent	196	pharmacist	63
parameter	263	path	182	pelvis	103	permanently	196	pharmacy	63
paranoid	302	pathetic	92	pen	280	permeate	231	phase	159
parasite	119	pathogen	112	penalize	118	permission	34	phenomenal	105
parasitic	119	pathologist	112	penalty	118	permit	34	phenomenally	106
parasol	181	patience	193	penance	118	perpetual	196	philanthropist	92
paratroops	277	patient	193	pendant	152	perpetually	196	philosopher	44
parcel	228	patriarchal	144	pending	11	perpetuate	196	philosophy	44
parchment	297	patriarchy	144	pendulum	57	perpetuity	196	phone	47
pardon	123	patriot	260	penetrate	128	perplex	269	phony	47
pare	110	patriotic	260	penetration	128	perplexed	269	phosphorescence	36
parent	180	patriotism	260	penguin	297	perplexing	269	photo	36
parietal	272	patrol	209	peninsula	15	persecute	39	photocopy	36
park	263	patron	213	penis	105	persecution	39	photograph	36
parliament	142	patronage	213	penniless	206	persecutive	39	photographer	36
parrot	299	patronize	213	penny	206	perseverance	193	photographic	36
part	46	patronizing	213	pension	170	perseverant	193	photography	36
partake	31	pattern	55	pentagon	45	persevere	193	photon	36
partial	46	pausal	78	pentathlon	266	persimmon	145	photosynthesis	36
participant	31	pause	78	people	275	persist	193	phrasal	245
participate	31	pave	182	pepper	185	persistence	193	phrase	245
participation	31	pavement	182	per	172	persistent	193	physical	108
particle	213	paw	297	per capita	172	persistently	193	physician	63
particular	199	pay	214	per se	172	person	222	physicist	108
particularly	199	paycheck	214	perceive	134	personal	222	physics	108
particulate	213	pea	146	perceptibility	134	personality	222	physiological	63
partly	46	peace	147	perceptible	134	personnel	222	physiology	63
partner	204	peaceful	147	perception	134	perspective	130	physique	108
party	261	peach	145	perceptive	134	perspiration	68	pick	225
pass	190	peacock	299	percussion	58	perspire	68	pickle	242
passage	182	peak	100	peregrine falcon	299	persuade	251	picky	225
passageway	182	peanut	146	perennial	196	persuasion	251	picnic	149
passenger	263	pear	145	perfect	249	persuasive	251	picture	244
passerby	191	pearl	152	perfection	249	pertinent	223	piece	213
passion	47	peasant	171	perfectly	249	pervade	231	pier	284
passionate	47	pebble	260	perforate	32	pervasive	231	pierce	128
passive	46	peck	298	perform	136	perverse	258	piety	203
passport	191	peculiar	26	performance	136	pervert	258	pig	185
past	274	peculiarity	26	performer	136	pessimism	130	pigeon	299
paste	276	pecuniary	206	perfume	105	pessimist	130	pigment	244
pastiche	130	pedagogy	158	perhaps	235	pessimistic	130	pile	211
pastime	72	pedal	263	peril	81	pest	298	pilgrim	177
pastor	178	peddler	214	perilous	81	pester	217	pill	166
pasture	295	pedestrian	297	period	270	pesticide	298	pillar	265
pastureland	295	pediatric	63	periodic	270	pet	56	pillbug	298
pasty	285	pediatrician	62	periodically	270	petal	6	pillow	285
pat	56	pedicure	104	peripheral	260	petition	215	pilot	15
patch	213	peek	230	periphery	260	petroleum	164	pimple	288
patchy	213	peel	110	periscope	57	petty	87	pin	104
patent	165	peep	230	perish	53	phantom	135	pinch	103
paternal	144	peer	71	perishable	53	pharmaceutical	63	pine	243
paternalistic	144	peg	104	permanence	196	pharmaceutics	63	pineapple	243

pinnacle	100	plenty	226	pollute	289	pot	183	predictability	17
pioneer	17	plethora	258	pollution	289	potable	131	predictable	17
pious	203	plight	256	polygamy	195	potato	242	prediction	17
pipe	147	plop	37	poncho	296	potent	94	predictor	17
piracy	130	plot	244	pond	148	potential	235	predisposition	132
pirate	130	plow	172	ponder	73	potentiality	235	predominance	231
pirouette	58	plug	161	ponderous	73	potentially	235	predominant	231
pistol	237	plum	146	ponytail	296	potholder	183	predominate	231
pit	82	plumage	298	pool	267	pothole	32	preen	299
pitch	90	plumb	94	poor	226	potion	52	preface	51
pitcher	90	plumber	174	pope	178	potter	284	prefer	16
pitchfork	90	plumbing	174	poplar	243	pottery	284	preferable	16
pitfall	82	plummet	180	popular	211	poultry	185	preference	16
pitiful	92	plump	183	popularity	211	pour	181	prefix	25
pitiless	92	plunge	180	populate	113	poverty	226	pregnancy	140
pity	92	plunger	180	population	113	powder	63	pregnant	140
placard	80	plural	45	populous	113	power	94	prehistoric	259
place	283	plus	71	porch	31	powerful	94	prejudice	129
placebo	63	ply	284	porcupine	190	practicable	221	preliminary	132
plagiarism	130	pneumonia	62	pork	185	practical	221	prelude	146
plague	61	poach	222	pornography	127	practice	221	premature	154
plain	247	pocket	206	porosity	32	prairie	295	premise	203
plainly	247	pod	146	porridge	183	praise	42	premonition	17
plaintiff	213	podium	188	port	192	pray	180	premonitory	17
plan	146	poem	264	portability	263	prayer	180	preoccupation	131
planet	284	poet	264	portable	263	preach	178	preoccupied	131
plank	271	poetry	264	porter	262	preacher	178	preoccupy	131
planned	146	point	133	portfolio	206	preachment	178	preordained	301
plant	242	poise	84	portion	46	preachy	178	preparation	132
plantation	242	poison	117	portrait	51	precaution	280	preparatory	132
plasma	188	poisonous	117	portray	51	precautionary	280	prepare	132
plastic	106	polar	239	pose	50	precautious	280	prepay	214
plate	184	polarization	239	position	49	precede	26	preponderance	131
plateau	148	polarize	239	positive	36	precedence	26	prequel	246
platform	188	pole	239	positively	36	precedent	26	prerequisite	203
platinum	259	police	209	possess	128	precious	151	preschooler	158
platitude	254	policeman	208	possession	128	precipitate	181	prescient	17
plausibility	235	policy	138	possibility	235	precipitation	181	prescribe	63
plausible	235	polio	61	possible	235	precise	94	prescription	63
plausibly	235	Polish	136	possibly	235	precisely	94	presence	277
play	216	polish	136	post	265	precision	94	present	277
player	216	polished	136	post office	265	preclude	280	presentation	277
playground	216	polite	224	postal	265	precocial	141	presently	277
plea	215	politic	261	postdate	111	preconceive	143	preservation	279
plead	215	political	261	postdoctoral	62	preconception	143	preservative	279
pleasant	98	politician	261	posterior	55	predator	173	preserve	279
please	98	politics	261	postmodernism	231	predatory	173	preside	168
pleased	98	poll	169	postpone	137	predecessor	241	presidency	168
pleasing	98	pollen	6	postscript	265	predicament	159	president	168
pleasure	98	pollinate	6	postulate	157	predicate	34	presidential	168
pledge	196	pollination	6	posture	50	predication	34	presider	168
plentiful	226	pollinator	6	postwar	138	predict	17	press	87

pressure	87	privileged	182	prohibition	199	prosecutor	208	puberty	153
prestige	253	prize	240	project	146	prospect	130	public	281
prestigious	253	probability	235	projection	146	prospective	130	publication	242
presumable	157	probable	235	proliferation	96	prospectus	130	publicity	281
presumably	157	probably	235	prolific	143	prosper	226	publish	242
presume	157	probation	111	prologue	195	prosperity	226	publishing	242
presumption	157	probe	112	prolong	219	prosperous	226	puddle	181
pretend	300	problem	10	prolonged	219	prostitute	70	puff	6
pretentious	300	problematic	10	prom	58	prostitution	70	pull	52
pretty	229	procedural	66	prominence	253	protagonist	255	pulp	110
prevail	231	procedure	66	prominent	253	protect	279	pulsation	219
prevailing	231	proceed	66	prominently	253	protection	279	pulse	219
prevalence	231	proceeding	66	promise	196	protective	279	pumpkin	146
prevalent	231	process	66	promote	281	protein	227	punch	70
prevent	280	processor	66	promotion	281	protest	40	punctual	197
prevention	280	proclaim	256	promotive	281	proto-language	261	punctuality	197
preview	131	proclamation	256	prompt	190	proton	101	punctuate	270
previous	274	proclamatory	256	promptly	190	protoplasm	47	punctuation	270
previously	274	procrastinate	137	prone	150	protract	137	puncture	32
prey	121	procrastination	137	pronounce	245	protrude	88	punctured	32
price	79	proctor	111	pronouncement	245	proud	119	punish	118
priceless	79	procure	35	pronunciation	245	proudly	120	punishment	118
prick	276	procurement	35	proof	204	prove	204	pupil	230
pride	119	prodding	87	proofread	94	provenance	291	purchase	214
priest	178	prodigal	72	proofreading	94	proverb	46	pure	250
primarily	175	prodigy	278	propaganda	86	proverbial	46	purify	250
primary	175	produce	171	propagate	86	provide	256	Puritan	250
primate	297	producer	171	propagation	86	provided	256	purity	250
prime	175	product	171	propane	68	providing	256	purple	244
primed	175	production	171	propel	263	province	119	purpose	192
primeval	231	productive	171	propeller	263	provincial	119	purse	206
primitive	231	productivity	171	propensity	132	provision	256	purser	147
primitively	231	profanation	177	proper	82	provisional	256	pursue	302
primordial	231	profane	177	properly	82	provocation	86	pursuit	302
prince	43	profess	158	property	304	provocative	86	push	87
princess	43	profession	158	prophecy	17	provoke	86	put	172
principal	55	professional	158	prophesy	17	proximity	11	puzzle	106
principle	248	professor	158	prophet	17	prudent	270	puzzled	106
print	286	proficiency	159	prophetic	17	prudential	270	pygmy	194
printer	286	proficient	159	proportion	109	prudently	270	python	297
printing	286	profile	112	proportional	109	prune	146		
printout	286	profiling	112	proportionate	109	pseudohistory	259		
prior	16	profit	180	proposal	177	pseudonym	213	**Q**	
priority	16	profitable	180	propose	177	pseudonymous	213	quack	62
prison	279	profound	250	proposition	177	psyche	112	quadrangle	44
prisoner	279	profoundly	250	propositional	177	psychiatric	112	quadrillion	45
privacy	287	prognosis	63	propriety	224	psychic	112	quadruplet	77
private	287	program	255	proscenium	159	psychoanalyst	112	quagmire	243
privately	287	progress	168	proscribe	199	psychological	112	qualification	178
privatization	287	progression	168	prose	264	psychologist	112	qualified	178
privatize	287	progressive	168	prosecute	208	psychology	112	qualify	178
privilege	182	prohibit	199	prosecution	208	psychopath	112	quality	255

quantity	255	rage	237	real estate	151	reclamation	256	reflexive	232
quarrel	138	ragged	227	realign	132	reclusive	276	reform	25
quarrelsome	138	raid	89	realism	151	recognition	134	reformer	25
quarter	262	rail	188	realist	151	recognize	134	refract	232
quartet	58	railroad	188	realistic	151	recollect	191	refraction	232
queen	43	rain	181	reality	151	recollection	191	refrain	78
queer	200	rainbow	181	realize	151	recommend	42	refresh	191
quench	219	raincoat	181	really	151	recommendation	42	refreshment	191
quest	137	rainfall	181	realm	42	reconcile	302	refrigerant	189
question	217	raise	225	realty	151	reconciliation	302	refrigerator	189
questionable	217	rake	143	reanimate	217	reconstruct	122	refuge	79
questionnaire	217	rally	142	reap	145	reconvene	143	refugee	79
queue	59	ramification	145	rear	290	record	241	refund	216
quick	190	ramp	81	reason	302	recover	95	refusal	35
quickly	190	ranch	171	reasonable	302	recovered	95	refuse	35
quickness	190	random	33	reasonably	302	recovery	95	refutation	246
quiet	123	randomly	33	reasoning	302	recreate	245	refute	246
quietly	123	range	10	reassurance	207	recreation	245	regain	96
quietude	123	ranger	10	reassure	207	recriminate	212	regal	43
quip	12	rank	167	reawaken	273	recruit	222	regard	201
quirk	12	ranking	167	rebel	36	recruitment	222	regarding	201
quit	78	ransom	121	rebellion	36	rectangle	44	regardless	201
quite	229	rape	114	rebellious	36	rectangular	44	regime	138
quiz	217	rapid	183	rebind	186	recuperation	95	regiment	277
quotation	223	rapidity	183	rebirth	144	recur	64	regimentation	277
quote	223	rapport	221	rebound	199	recurrence	64	region	44
		rapture	99	rebuild	122	recurrent	64	regional	44
		rare	247	recall	191	recyclable	9	register	278
		rarely	247	recede	91	recycle	9	registration	278
R		rash	271	receipt	200	recycling	9	regress	168
rabbit	296	rat	296	receive	200	redbud	243	regret	192
rabies	296	ratable	261	recent	6	redo	232	regretful	192
raccoon	295	rate	109	recently	6	reduce	97	regrettable	192
race	275	ratio	109	reception	200	reduction	97	regular	247
racial	275	rational	302	receptive	200	redundancy	55	regularly	247
racism	275	rationalism	302	recess	91	redundant	55	regulate	247
racist	275	rationalization	302	recession	91	reed	242	regulation	247
racket	195	rationalize	302	recessive	91	refer	223	rehab	95
radial	84	rationing	256	rechargeable	149	referee	267	rehabilitate	95
radiant	84	rattlesnake	297	recipe	184	reference	223	rehearsal	136
radiate	83	ravaged	162	recipient	200	referent	223	rehearse	136
radiation	84	ravel	117	reciprocal	222	referential	223	reign	43
radical	73	raw	66	reciprocally	222	refill	79	rein	272
radicalize	73	ray	73	reciprocate	222	refine	249	reindeer	295
radio	289	razor	296	reciprocation	222	refined	249	reinforce	115
radioactive	84	reach	99	reciprocity	222	refinement	249	reinforcement	115
radioactivity	84	react	220	recital	58	refinery	249	reinforcer	115
radish	242	reaction	220	recite	58	reflect	231	reins	272
radius	44	read	286	reck	270	reflection	231	reject	35
raffle	253	readily	132	reckless	270	reflectional	231	rejection	35
raft	147	ready	132	reckon	71	reflective	231	rejoice	39
rafting	147	real	151	reclaim	256	reflex	232	relate	222
rag	227								

related	222	renewal	71	requirement	256	response	220	revise	174
relation	222	renovate	174	requisite	256	responsibility	149	revision	174
relationship	222	renovation	174	requisition	256	responsible	149	revisit	160
relative	232	renowned	253	reread	286	responsive	220	revival	62
relatively	232	rent	150	rerun	288	rest	88	revive	62
relax	88	rental	150	rescue	80	restoration	62	revoke	79
relaxation	88	repair	174	research	112	restore	62	revolt	36
relay	288	repay	174	resell	215	restorer	62	revolution	25
release	83	repeat	55	resemblance	77	restrain	115	revolutionary	25
relent	118	repeatedly	55	resemble	77	restraint	115	revolutionize	25
relentless	118	repel	60	resent	237	restrict	280	revolve	25
relentlessly	118	repent	192	resentful	237	restriction	280	revolver	25
relevance	223	repercussion	145	resentment	237	restrictive	280	reward	174
relevant	223	repertoire	136	reservation	286	restroom	88	rewarding	174
reliable	133	repertory	136	reserve	286	result	140	rewrite	241
relief	269	repetition	55	reserved	286	resultant	140	rhetoric	245
relieve	269	repetitive	55	reservoir	148	resume^1	71	rhetorical	245
religion	177	replace	271	reset	162	resume^2	71	rhinoceros	297
religious	177	replacement	271	reshuffle	110	resumption	71	rhyme	264
religiously	177	replant	242	reside	288	retail	215	rhythm	58
relinquish	60	replantation	242	residence	288	retailer	215	rib	103
relive	288	replenish	280	resident	288	retain	172	rice	145
relocate	283	replica	130	residential	288	retake	249	rich	226
reluctance	69	replicable	130	residue	50	retard	137	richness	226
reluctant	69	replicate	130	resign	78	retarded	137	rid	121
rely	133	reply	246	resignation	78	retell	276	riddle	106
remain	50	report	229	resilience	95	retention	191	ride	263
remainder	50	reporter	229	resilient	95	retina	230	ridge	29
remains	50	reporting	229	resist	51	retinal	230	ridgy	29
remake	245	repose	88	resistance	51	retire	79	ridicule	238
remark	253	repository	214	resistant	51	retirement	79	ridiculous	238
remarkable	253	represent	210	resistible	51	retort	246	rifle	237
remarkably	253	representation	210	resolute	116	retreat	79	right	176
remedial	117	representative	210	resolution	116	retrievability	95	rigid	198
remedy	117	repress	83	resolve	116	retrieval	95	rigidify	198
remember	191	repression	83	resonance	232	retrieve	95	rigidly	198
remembrance	191	reproach	212	resonate	232	retroactively	191	rigor	198
remind	5	reproachful	212	resonation	232	retrospect	191	rigorous	198
reminder	5	reprocess	66	resort	278	return	95	rigorously	198
remission	95	reproduce	171	resource	292	reunification	186	rim	260
remnant	50	reproduction	171	respect	120	reunion	186	ring	38
remodel	195	reproductive	171	respectable	120	reuse	166	riot	143
remora	107	reprove	212	respectful	120	reveal	245	ripe	154
remote	289	reptile	297	respectfully	120	revelation	245	ripen	154
remote control	289	republic	261	respective	120	revenge	121	rise	64
removable	84	republican	261	respectively	120	revenue	261	risk	82
removal	84	repulse	60	respiration	48	revere	211	risky	82
remove	84	repulsive	60	respirator	48	reverence	211	rite	178
renaissance	62	reputation	253	respiratory	48	Reverend	211	ritual	178
rend	41	repute	253	respire	48	reversal	189	rival	139
render	245	request	199	respond	220	reverse	189	rivalry	139
renew	71	require	256	respondent	220	review	131	river	148

road	182	rural	260	sane	200	schedule	146	secrete	84
roam	137	rush	141	sanitary	136	schema	112	secretion	84
roar	117	rust	155	sanitation	136	schematic	112	secretive	287
roast	184	rusty	155	sap	243	scheme	146	sect	46
rob	128	rut	247	sapling	243	schemer	146	section	46
robber	128	ruthless	92	sarcasm	212	scholar	158	sector	46
robbery	128	ruthlessly	92	sarcastic	212	scholarship	158	secular	133
robin	299	rye	145	SARS	61	school	158	secure	279
rock	57			sash	187	schoolmate	158	security	279
rocket	225			sate	40	science	101	sedan chair	50
rod	162	**S**		sated	40	scientific	101	sedentary	50
rodent	296	sabotage	162	satellite	14	scientist	101	see	230
role	216	sack	128	satiate	40	scissors	28	seed	142
roll	278	sacred	177	satiation	40	scold	211	seedling	243
Roman	177	sacrifice	121	satiety	40	scoop	252	seek	302
romance	211	sad	41	satire	212	scope	11	seem	230
romantic	211	saddle	296	satisfaction	40	scorn	238	seemingly	230
Rome	177	sadistic	258	satisfactory	40	scrap	60	seesaw	230
roof	6	sadness	41	satisfied	40	scrape	122	segment	46
room	283	safe	279	satisfy	40	scraper	122	segregate	275
roommate	283	safely	279	satisfying	40	scratch	122	segregation	275
roomy	283	safety	279	Saturday	133	scream	41	seismic	133
root	291	saga	255	Saturn	284	screech	41	seismology	133
rope	59	sage	84	sauce	185	screw	104	seize	303
rose	6	sail	147	sausage	184	scribble	241	seizure	303
rot	210	sailboat	147	savage	117	scribe	241	seldom	247
rotate	90	saint	177	savagely	117	script	241	select	225
rotation	90	sake	210	save	80	scroll	286	selection	225
rote	158	salacious	129	saving	80	scrub	109	self	118
rough	233	salary	70	savor	98	scrupulous	248	self discipline	44
roughage	233	sale	298	savvy	102	scrutinize	111	self-directed	119
roundworm	298	salesperson	298	saw	230	scrutiny	111	self-reproach	212
route	182	salient	253	say	46	scudo	32	selfefficacy	151
routine	247	saline	148	saying	46	sculptor	53	selfish	118
rove	137	salinity	148	scale	281	sculpture	53	selfishness	118
row	147	saliva	103	scalper	31	scurvy	62	selfless	118
royal	43	salivary gland	103	scan	137	sea	147	sell	214
royalty	43	salivate	103	scandal	209	seafood	147	semantically	192
rub	109	salmon	294	scant	227	seal	295	semantics	192
rubber	109	salt	148	scapegoat	121	search	137	semblance	230
rubbish	60	salty	148	scar	122	searchability	137	semester	158
rudder	15	salute	212	scarce	227	searchable	137	semiannual	196
rude	224	salvage	80	scarcely	227	season	185	semiarid	68
rug	267	salvation	80	scarcity	227	seasoning	185	semicircle	89
ruin	161	salve	80	scare	115	seat	50	semiconductor	27
rule	43	same	76	scarecrow	115	seaweed	242	semifinal	240
ruler	43	sample	112	scared	115	seclude	276	send	278
rumble	38	sanatorium	63	scarp	81	second	271	senile	154
rumor	48	sanction	200	scatter	142	secondary	158	senior	154
run	189	sanctuary	286	scene	160	secondhand	271	sensation	135
runny	189	sand	148	scenery	160	secret	286	sensational	135
rupture	219	sandbox	148	scent	105	secretary	287	sensationalism	135

sense	124	sexism	129	shorts	67	simmer	68	sleep	273	
senseless	124	sexist	129	shot	266	simplicity	228	sleeper	273	
sensibility	124	sexual	129	shotgun	237	simplified	228	sleepless	273	
sensible	124	sexual harassment	129	shoulder	104	simplify	228	sleeplessness	273	
sensitive	124	sexy	129	shout	41	simulate	130	sleepy	273	
sensitivity	124	shabby	227	shove	87	simulation	130	sleeve	236	
sensor	124	shade	74	shovel	28	simulcast	288	sleeveless	236	
sensorimotor	124	shadow	74	show	72	simultaneous	300	slender	95	
sentence	208	shaggy	296	shower	181	simultaneously	300	slice	213	
sentiment	91	shake	57	shred	213	sin	211	slide	168	
sentimental	91	shallow	230	shredded	213	sincere	220	slight	87	
sentimentalism	91	shaman	204	shrimp	295	sincerely	220	slim	95	
separable	275	shame	223	shrine	177	sing	197	slime	276	
separate	275	shape	184	shrink	94	singer	197	sling	90	
separately	275	share	247	shrinkage	94	single	179	slink	298	
separation	275	shareholder	247	shriveled	94	singular	179	slip	168	
September	134	shark	107	shrub	184	sink	183	slippery	168	
septic tank	285	sharp	125	shrug	104	sinker	183	slit	32	
sequel	246	shatter	212	shudder	57	sinner	211	slog	57	
sequela	63	shatter-proof	212	shuffle	157	sip	131	slogan	303	
sequence	145	shave	296	shut	163	sit	50	slope	81	
sequent	145	shear	297	shuttle	284	sitcom	216	slosh	83	
serendipitous	39	shed	59	shy	69	site	283	slot	32	
serial	216	sheep	297	sibling	180	situation	9	slow	137	
series	216	sheer	250	sick	61	size	93	slowdown	137	
serious	220	sheet	286	sickle	28	sizeable	93	slowly	137	
seriously	220	shelf	286	sickness	61	skeletal	103	sluggish	137	
sermon	178	shell	295	side	183	skeleton	103	slum	226	
sermonize	178	shellfish	295	sideboard	183	skeptical	217	slumber	273	
servant	209	shelter	79	sidewalk	183	skepticism	217	slump	91	
serve	209	shelve	286	sigh	48	sketch	52	slurp	132	
server	209	shepherd	297	sight	149	skid	168	sly	206	
service	209	sherbet	16	sightseeing	149	skill	102	small	96	
serving	209	sheriff	209	sign	255	skillful	102	smallpox	62	
session	270	shield	155	signal	255	skin	110	smart	303	
set	162	shift	90	signature	255	skinny	110	smash	56	
setback	162	shine	73	significance	192	skip	271	smear	288	
setout	162	shingle	271	significant	191	skirt	260	smell	105	
setting	162	ship	147	significantly	191	skull	103	smile	238	
settle	116	shirt	67	signify	192	sky	225	smog	5	
settled	116	shiver	57	silence	123	skylark	299	smoke	5	
settlement	116	shoal	148	silent	123	skyrocket	225	smoked	5	
settler	116	shoe	297	silicate	220	skyscraper	122	smokestack	5	
several	159	shoestring	297	silk	67	slab	271	smooth	232	
severally	159	shoot	266	silly	206	slalom	169	smother	83	
severance	156	shooting star	14	silo	214	slam	163	smudge	288	
severe	220	shop	214	silt	148	slang	46	smuggle	192	
severity	220	shore	148	silver	259	slaughter	258	snack	184	
sew	187	short	67	similar	77	slave	118	snail	137	
sewage	187	shortage	67	similarity	77	slavery	118	snake	297	
sewer	187	shorten	67	similarly	77	slay	259	snap	103	
sex	129	shorthand	67	simile	77	sled	168	snare	82	

snatch	303	solution	116	specimen	112	sport	267	stamp	295
snatchy	303	solve	116	speck	288	spot	288	stance	50
sneak	128	solvent	116	specked	288	spotted	288	stand	50
sneaky	128	somber	74	speckle	288	spouse	204	standard	247
sneer	238	somebody	103	spectacle	96	sprain	258	standardize	247
sneeze	189	son	180	spectacles	96	sprawl	50	standpoint	130
sneezy	189	song	197	spectacular	96	spray	142	stanza	264
sniff	105	songwriter	197	spectate	246	spread	90	staple	183
sniffy	105	soot	5	spectator	246	sprightly	154	stapler	183
sniper	266	soothe	123	speculate	120	spring	134	star	14
snippet	281	soothing	123	speculation	120	sprinkle	142	starch	69
snobbish	120	sophisticated	168	speculative	120	sprinkler	142	starchy	69
snoop	106	sophistication	168	speech	289	sprint	266	stare	72
snorkel	267	soprano	197	speed	109	sprinter	266	starfish	294
snow	181	sore	39	speeder	109	sprout	243	stark	125
snowflake	181	sorrow	41	speedometer	109	spruce	243	start	146
snowstorm	181	sorrowful	41	spell	52	spur	86	startle	105
snowy	181	sorry	121	spelling	52	spurious	209	startling	105
snub	238	sort	9	spend	80	spurt	267	starvation	89
snug	269	soul	191	spending	80	squadron	277	starve	89
soak	68	sound	37	sperm	141	square	44	state	261
soap	285	soundproof	37	sphere	43	squared	44	state-of-the-art	261
soar	97	sour	99	spice	184	squat	50	statement	261
soaring	97	source	292	spicy	185	squeal	41	statesman	261
sob	41	southern	188	spider	7	squeeze	87	static	54
sober	132	souvenir	178	spike	267	squid	294	station	261
sobering	132	sovereign	43	spill	83	squiggle	265	stationary	261
soccer	267	sovereignty	43	spin	89	squint	230	stationery	261
sociable	170	sow	142	spinach	242	stab	224	statistic	113
social	170	space	284	spindle	89	stability	296	statistical	113
socialism	170	spacecraft	284	spine	297	stable	296	statistics	113
society	170	spaceship	284	spire	133	stableboy	296	stats	113
sociolinguistics	170	spacious	284	spirit	191	stack	211	statue	53
sociology	170	spade	28	spiritual	191	stadium	46	stature	253
sociometric	170	spank	56	spit	103	staff	70	status	167
sock	297	spare	80	spite	162	stag	295	status quo	167
sodium	220	spark	5	splash	83	stage	159	stay	50
soft	255	sparkle	73	spleen	59	stagger	266	steadily	57
software	255	sparrow	299	splendid	229	staggering	266	steady	57
soil	133	sparse	142	splint	131	stagnant	91	steak	184
solar	74	spatially	284	split	32	stagnate	91	steal	128
soldier	277	spawn	141	spoil	161	stagnation	91	stealing	128
sole	65	speak	289	spoiler	161	stain	288	steam	181
solely	65	speaker	289	spokesman	289	stainless	288	steel	259
solemn	220	spear	155	spokesperson	289	stair	267	steep	81
solid	69	special	172	spokeswoman	289	stairway	267	steer	10
solidity	69	specialist	172	sponsor	213	stairwell	267	stem	242
solidly	69	specialize	172	spontaneity	69	stake	253	step	225
solitary	226	specially	172	spontaneous	69	stalk	242	stepfather	225
solitude	226	species	9	spontaneously	69	stall	296	stepmother	225
solo	226	specific	255	spoon	28	stamina	56	stepparent	225
soluble	116	specifically	255	sporadic	78	stammer	149	stereotype	129

sterile	143	strawberry	146	subdued	139	suck	185	superstitious	204
sterilize	143	stray	139	subject	111	sudden	17	supervise	272
sterilized	144	streak	241	subjective	301	suddenly	17	supervision	272
stern	198	stream	148	sublet	150	sue	208	supervisor	272
stew	184	street	182	sublime	191	suffer	39	supper	184
stick	276	strength	124	submarine	57	suffering	39	supplant	271
sticky	276	strengthen	124	submerge	57	sufficient	79	supplement	280
stiff	198	strenuous	256	submergence	57	suffix	25	supplementary	280
stiffen	198	stress	87	submission	172	suffrage	169	supply	256
stiffness	198	stretch	53	submissive	172	suffragette	169	support	213
stifle	83	strew	142	submit	172	sugar	16	supporter	213
stigma	223	strewn	142	subordinate	209	suggest	86	suppose	157
still	123	stricken	67	subscribe	286	suggestion	86	supposition	157
stimulate	86	strict	198	subscriber	286	suggestive	86	suppress	83
stimulus	86	stride	266	subscription	286	suicide	259	suppression	83
sting	39	strife	224	subsequence	145	suit	208	suppressive	83
stinger	39	strike	67	subsequent	145	suitable	208	supremacy	208
stingy¹	39	striker	67	subsequently	145	suitor	208	supreme	208
stingy²	39	string	187	subserve	209	sum	255	sure	207
stink	105	strip	121	subservient	209	summarize	254	surely	207
stinky	105	stripe	58	subside	183	summary	254	surf	57
stir	88	strive	35	subsidence	183	summer	134	surface	230
stitch	187	stroke	56	subsidiarily	280	summit	100	surge	96
stock	214	stroll	137	subsidiary	280	summon	208	surgeon	63
stocking	214	stroller	137	subsidize	280	summons	208	surgery	63
stockpile	214	strolling	137	subsidy	280	sumptuous	81	surmise	120
stomach	59	strong	124	substance	300	sun	73	surmount	117
stomach ulcer	59	structural	7	substandard	247	sunbath	74	surname	221
stomachache	59	structurally	7	substantial	300	sunblock	74	surpass	99
stone	259	structure	7	substantially	300	sunburn	74	surpassing	99
stone mason	259	struggle	35	substitute	271	sundae	16	surplice	177
stool	50	stubborn	129	substitution	271	Sunday	133	surplus	227
stop	78	student	158	substitutive	271	sunglasses	74	surprise	105
storage	214	studio	288	subsume	252	sunlight	73	surprised	105
store	214	study	112	subterranean	166	sunny	73	surprising	105
storehouse	214	stuff	79	subtle	124	sunrise	74	surprisingly	105
storm	89	stuffed	79	subtleties	124	sunscreen	74	surrender	60
story	267	stuffing	79	subtly	124	sunset	74	surround	227
stout	183	stuffy	79	subtract	71	sunshine	73	surrounding	227
straight	290	stumble	148	subtraction	71	suntan	74	surveillance	111
straightforward	290	stump	243	subtropics	290	superb	208	survey	217
strain	87	stun	105	suburb	260	superconductivity	27	survival	173
strained	87	stunning	105	suburban	260	superficial	230	survive	173
strait	148	stupid	206	subway	261	superficies	230	survivor	173
strange	200	sturdy	124	succeed	241	superfluous	258	susceptibility	212
stranger	200	stutter	149	succeeding	241	superintend	272	susceptible	212
strangle	259	stutterer	149	success	241	superintendent	272	suspect	217
strapped	80	style	268	successful	241	superior	120	suspend	88
strategy	139	subconscious	135	succession	241	superiority	120	suspense	87
stratosphere	290	subconsciousness	135	successive	241	supermarket	214	suspension	88
stratum	34	subcontract	8	successor	241	supernatural	106	suspicion	217
straw	242	subdue	139	succinct	229	superstition	204	suspicious	217

sustain	193	synthesis	66	tatty	227	tendance	132	therapeutic	62
sustainability	193	synthesize	66	tax	261	tendency	132	therapy	62
sustainable	193	synthesizer	66	taxon	9	tender	232	thermal	109
sustained	193	synthetic	66	tea	184	tendon	110	thermometer	109
sustenance	193	system	110	teach	158	tendril	145	thermos	109
swallow	83	systematic	110	teacher	158	tenor	197	thermostat	109
swamp	243			teamwork	67	tense	87	thick	95
swan	299			tear	41	tension	87	thicken	95
swarm	179	**T**		teardrop	41	tent	149	thickness	95
sway	57	table	185	technical	101	tentacle	295	thief	128
swear	236	tablet	14	technician	101	tenuous	124	thieve	128
sweat	68	taboo	199	technique	101	term	270	thievish	128
sweater	68	tack	104	technological	101	terminal	259	thigh	51
sweating	68	tackle	117	technology	101	terminate	259	thin	95
sweep	136	tact	12	tedious	60	termination	259	think	269
sweeper	136	tactful	12	tediously	60	terminator	259	third	271
sweeping	136	tactic	139	tedium	60	terminology	270	thirst	219
sweet	16	tactical	139	teenage	153	termite	298	thirsty	219
sweetheart	16	tactics	139	teenager	153	terrace	185	thorn	6
swell	94	tactless	12	telecommute	71	terrain	45	thorny	6
swift	190	tag	58	telecommuter	71	terrestrial	45	thorough	250
swiftly	190	tail	58	telecommuting	71	terrible	205	thoroughly	250
swim	267	tailor	58	telegram	289	terribly	205	thought	269
swimsuit	267	take	249	telegraph	289	terrific	199	thoughtful	269
swindle	207	tale	267	telepathy	47	terrify	115	thousand	45
swing	57	talent	278	telephone	47	terrifying	115	thread	187
switch	29	talented	278	telescope	14	territorial	42	threat	115
swivel chair	50	talk	46	telethon	289	territory	42	threaten	115
swoop	180	talkative	46	television	289	terror	116	thresh	145
sword	237	tame	187	tell	276	terrorism	116	thrift	80
syllable	38	tan	74	teller	276	terrorist	116	thrifty	80
symbiosis	102	tandem	263	temper	132	test	111	thrill	57
symbiotic	102	tangerine	145	temperament	132	testify	204	thrive	226
symbol	35	tangible	161	temperamental	132	testimonial	204	thriving	226
symbolic	35	tangibly	161	temperamentally	132	testimony	204	throat	296
symbolize	35	tangle	222	temperance	78	text	47	throb	219
symmetry	84	tanglement	222	temperate	290	textbook	47	throne	43
sympathetic	92	tangy	98	temperate zone	290	textile	8	throng	143
sympathize	92	tap	56	temperature	109	texture	8	through	128
sympathy	92	tapestry	8	tempest	89	thank	134	throughout	128
symphonic	58	tardily	137	temple	272	thankful	134	throw	90
symphony	58	tardy	137	tempo	109	theater	246	thrush	299
symposium	283	target	212	temporal	133	theft	128	thrust	87
symptom	63	tariff	261	temporalize	133	theme	111	thrusting	87
synaptic plasticity	89	tarnish	289	temporarily	190	theologian	177	thumb	104
synchronize	134	taro	242	temporary	190	theological	177	thump	70
synchronous	134	tart	16	tempt	159	theology	177	thunder	73
synchronously	134	task	71	temptation	159	theorem	7	thunderbolt	73
syndicate	215	taste	98	tenacious	131	theoretical	7	Thursday	133
synergy	67	tasteless	98	tenant	150	theoretically	7	thwart	146
synonym	235	tasty	98	tenantable	150	theorize	7	ticket	31
synonymous	235	tatter	227	tend	132	theory	7	tickle	72

339

tidal	148	torment	39	transcontinental	15	trend	132	tubercle	62
tide	148	torrent	83	transcribe	241	trepidation	115	tuberculosis	62
tidy	136	torso	103	transcription	241	trespass	127	Tuesday	133
tie	186	tortoise	137	transfer	262	trial	224	tug	52
tiger	295	torture	39	transform	29	triangle	221	tuition	278
tight	186	torturous	39	transformation	29	triangular	221	tumble	180
tighten	186	toss	267	transformer	29	triannual	196	tumultuous	38
tightly	186	total	250	transfusion	188	tribal	194	tune	57
till	197	totally	250	transgender	31	tribe	194	tunnel	166
timber	243	touch	160	transgenic	292	tribute	201	turbine	45
time	133	touched	160	transgress	127	trick	206	turbulence	57
timely	133	touching	160	transgression	127	trickle	180	turkey	298
timetable	133	tough	159	transient	190	tricky	206	turkey vulture	298
timid	69	tour	149	transit	52	tricycle	263	turmoil	135
timidly	69	tourism	149	transition	29	trident	155	turn	90
timothy	145	tourist	149	translate	262	triennial	196	tusk	297
tin	259	tout	289	translation	262	trifle	87	tweak	29
tine	28	tow	52	translator	262	trifling	87	twice	274
tingle	39	towel	136	translucent	229	trigger	237	twig	243
tingling	39	town	260	transmissible	47	trillion	45	twilight	303
tinker	268	toxic	117	transmission	47	trim	107	twin	77
tinted	244	toxicity	117	transmissive	47	trinity	274	twinkle	73
tiny	96	toy	141	transmit	47	trip	148	twist	258
tip	133	trace	182	transparency	229	triple	274	twisted	258
tired	60	track	182	transparent	229	triplet	77	twitch	258
tiredness	60	tractor	172	transplant	242	triumph	138	twofold	180
tissue	173	trade	216	transport	52	triumphant	138	type	34
title	179	tradition	194	transportation	52	trivia	87	typhoon	89
toast	132	traditional	194	transposition	271	trivial	87	typical	34
toddle	141	traffic	52	trap	82	troop	277	typo	94
toddler	141	tragedy	216	trapezoid	44	trophic	227	typology	94
toe	297	tragic	216	trash	60	tropic	290	tyrannical	198
toilet	285	trail	246	trauma	252	tropical	290	tyranny	198
tolerable	33	trailer	246	traumatic	252	tropical zone	290	tyrant	198
tolerance	33	train	188	travel	148	trouble	10		
tolerant	33	trait	255	tray	184	troublesome	10	**U**	
tolerate	33	traitor	202	treacle	16	trousers	67		
toll	278	trajectory	182	tread	266	truce	78	ubiquitous	300
tomato	146	trample	295	treadmill	266	truck	263	UFO	205
tomb	53	trampoline	59	treasure	151	true	205	ugly	229
tombstone	53	trance	204	treasury	151	trumpet	58	ultimate	239
tomorrow	130	tranquil	123	treat	62	trunk	297	ultimately	239
tonal	37	tranquility	123	treatable	62	trust	203	ultimatum	239
tone	37	tranquilizer	237	treatment	62	trusting	203	ultrasound	37
tongue	104	tranquilizer gun	237	treaty	236	trustworthy	203	ultraviolet	73
tool	27	transact	10	tree	243	truth	205	umbilical cord	187
tooth	103	transaction	10	treetop	243	truthful	205	umbrella	181
toothache	103	transactional	10	tremble	57	try	224	umpire	267
top	100	transatlantic	147	tremendous	96	tsunami	181	unable	162
topic	111	transcend	299	tremendously	96	tuba	58	unacceptable	200
topography	45	transcendence	299	tremulous	57	tube	147	unambiguous	254
torch	267	transcendent	299	trench	59	tuber	242	unanimity	27

unanimous	27	undertaking	196	unlikely	235	uptight	88	valley	266
unanimously	27	undervalue	109	unlimited	281	uptown	260	valor	122
unattainable	99	underwater	7	unlock	67	upward	55	valuable	251
unavoidable	256	underworld	287	unlucky	39	urban	260	value	251
unaware	135	undeveloped	137	unmold	7	urbanized	260	valueless	251
unbelievable	203	undo	192	unnatural	65	urge	87	vanish	229
unbend	88	undoing	192	unobtrusive	253	urgency	87	vanity	192
unbind	186	undoubted	217	unplanned	146	urgent	87	vanquish	139
unbroken	212	undoubtedly	217	unpleasant	98	urgently	87	vantage	131
uncertain	207	unearth	133	unpolished	136	urine	84	vantage point	131
uncertainty	207	uneasy	269	unpopular	211	usage	166	vapor	84
unchangeable	29	unemployed	167	unprecedented	26	use	166	vaporize	84
uncivilized	197	unemployment	167	unprecedentedly	26	used	197	variable	29
uncle	232	unencrypted	287	unpredictable	17	useful	166	variance	29
unclear	254	unencumbered	161	unprofitable	180	useless	166	variation	29
uncomfortable	268	unequal	76	unquestionable	217	usher	272	variety	29
uncommon	246	unequivocal	254	unravel	117	usual	247	various	29
uncomplicated	228	unexpected	17	unreasonable	302	usually	247	varnish	136
unconcern	221	unexpectedly	17	unrelenting	118	utensil	27	vary	29
unconscious	135	unfair	208	unsanitary	136	utilitarian	8	vase	6
unconsciousness	135	unfamiliar	180	unsatisfactory	40	utility	8	vast	96
uncooperative	261	unfamiliarity	180	unscrupulous	248	utility pole	8	vector	263
uncountable	156	unfold	71	unsociable	170	utilization	8	vegan	242
uncover	289	unfortunate	39	unstable	296	utilize	8	vegetable	242
uncuff	187	unfortunately	39	unsteady	57	utmost	240	vegetarian	242
undamaged	163	unfounded	195	unsuccessful	241	utter	250	vegetarianism	242
underappreciated	134	unfriendly	221	untidy	136	utterance	250	vegetation	242
undercut	107	ungrammatical	262	untie	186	utterly	250	vehicle	263
underdeveloped	137	ungrammatically	262	until	197			vein	188
underestimate	120	unhappy	39	untrue	205			velocity	109
underfeed	185	unidentified	205	unusual	247	**V**		velum	103
undergo	273	unification	186	unusually	247	vacancy	192	vend	214
undergraduate	159	uniform	77	unwarranted	196	vacant	192	vending machine	214
underground	166	unify	186	unwarrantedly	196	vacate	278	vendor	214
underlie	215	unimportant	176	unwilling	69	vacation	278	vengeance	121
underlying	215	unintentional	199	unwillingly	69	vaccinate	61	venom	117
undermine	259	uninterested	301	unwillingness	69	vaccine	61	vent	83
underneath	180	union	186	unwind	76	vacuous	192	ventilate	83
undernourished	227	unique	26	upcoming	11	vacuum	82	ventilation	83
undernourishment	227	unit	186	update	71	vacuum cleaner	82	venture	87
underpay	214	unite	186	upfront	290	vacuumize	82	venturous	87
underprivileged	182	united	186	upgrade	167	vagina	105	Venus	284
underrate	109	unity	186	upheaval	29	vague	254	verb	262
underreport	229	universal	284	uphold	303	vaguely	254	verbal	262
undersell	215	universe	284	upload	263	vagueness	254	verbally	262
undershoot	266	university	158	upper	216	vain	192	verdict	208
understand	302	unjust	208	upper class	216	vainly	192	verge	260
understandable	302	unkind	9	upright	94	vale	266	verification	205
understanding	302	unknown	157	uproot	291	valiant	122	verify	205
understate	261	unleash	187	upset	238	valid	235	veritable	205
understudy	216	unless	157	upside	180	validate	235	vermin	298
undertake	196	unlike	77	upstairs	267	validity	235	versatile	167

verse	264	violinist	58	wage	70	weakness	124	whirlpool	90
versed	102	viral	48	wail	40	wealth	226	whisker	296
version	7	virtual	151	wailful	40	wealthy	226	whisper	48
versus	224	virtually	151	waist	56	wean	104	whistle	38
vertebrate	297	virtue	205	wait	17	weapon	237	whole	250
vertex	221	virtuoso	244	wake	273	wear	67	wholehearted	220
vertical	94	virtuous	205	walk	266	weary	60	wholeheartedly	220
very	150	virus	48	wall	280	weasel	297	wholesale	215
vessel	147	visa	149	wallet	206	weather	181	wholesaler	215
vest	67	visceral	301	walnut	146	weather vane	181	wholesome	253
vestige	182	visible	230	walrus	147	weathering	181	whomp	139
vet	63	vision	230	wander	137	weave	8	wick	5
veteran	277	visionary	230	wanderer	137	web	7	wicked	205
vex	234	visit	160	wane	14	website	7	wide	16
vexation	234	vista	160	want	77	wed	176	widespread	90
via	263	visual	231	war	138	wedding	176	widow	179
viable	235	visualize	231	ward	55	Wednesday	133	widowed	179
vibrant	57	vital	175	wardrobe	66	weed	242	widower	179
vibrate	57	vitality	175	ware	179	week	133	width	16
vibration	57	vitalize	175	warehouse	179	weekday	133	wield	237
vibrator	57	vitamin	227	warfare	138	weekend	133	wife	179
vice	205	vivacious	296	warlike	138	weekly	133	wig	296
vice versa	189	vivid	254	warm	189	weep	41	wiggle	173
vicious	205	vocabulary	25	warm-hearted	189	weigh	183	wiggly	173
vicissitudes	144	vocal	37	warn	280	weight	183	wild	117
victim	121	vocation	71	warning	280	weird	200	wilderness	117
victimize	121	vocational	71	warp	258	weirdo	200	wildflower	117
victor	138	vogue	211	warped	258	welcome	200	wildlife	117
victorious	138	voice	37	warrant	196	welfare	40	wildness	117
victory	138	void	192	warranty	196	well	40	will	198
vie	139	volatile	28	warrior	138	well-crafted	40	willing	69
view	131	volcanic	219	warship	138	well-earned	40	willingly	69
viewer	131	volcano	219	wary	111	well-known	40	willingness	69
viewpoint	131	volleyball	267	wash	285	well-preserved	40	win	139
vigilance	270	volume	95	wasp	179	well-rounded	40	wind	76
vigilant	270	voluntarily	69	waste	72	wellbeing	40	windmill	76
vigor	56	voluntary	69	wasteful	72	west	188	window	124
vigorous	55	volunteer	69	watch	111	western	188	windshield	263
vigorously	55	vomit	303	watchful	111	westward	55	windshield wiper	135
vile	269	vote	169	water	6	wet	68	windy	76
village	260	voter	169	water slide	6	wetland	68	wine	145
vindicate	204	vow	236	water-resistant	6	whale	107	winery	145
vine	145	vowel	38	watercolor	6	wheat	145	wing	15
vinegar	184	voyage	146	waterfall	6	wheel	263	winged	15
viola	58	vulgar	127	watermelon	7	whereas	190	winner	139
violate	127	vulgarization	127	waterproof	7	whether	225	winter	134
violation	127	vulnerability	212	watershed	7	whim	28	wipe	135
violence	116	vulnerable	212	wave	57	whimsical	28	wire	171
violent	116			wax	14	whine	41	wired	171
violently	116			way out	31	whiny	41	wireless	171
violet	6	**W**		weak	124	whip	56	wisdom	84
violin	58	wag	57	weaken	124	whirl	90	wisdom tooth	84

wise	84	wonder	105	worsen	205	wrinkle	154	yet	33	
wisely	84	wonderful	105	worship	211	wrist	105	yield	172	
wish	77	wood	243	worst	205	write	241	yin and yang	31	
wit	12	woodchuck	243	worth	251	written	241	yogurt	104	
witch	213	wooden	243	worthless	251	wrong	72	young	154	
withdraw	78	woodland	243	worthwhile	251			youth	154	
withdrawal	78	word	25	worthy	251					
wither	94	work	70	wound	123	**X**				
withhold	286	workable	70	wounded	123	xenophobia	187	**Z**		
within	281	workaholic	131	woven	8	xenophobic	187	zeal	47	
without	169	worker	70	wrap	228	xylophone	58	zealot	47	
withstand	51	workforce	70	wrath	237			zealous	47	
witness	205	workload	70	wreath	6			zebra	295	
witty	12	workout	70	wreck	162	**Y**		zen	177	
wizard	51	world	287	wreckage	162	yacht	147	zenith	100	
wobble	57	worldly	133	wrench	258	yard	95	zip	67	
woe	41	worldwide	287	wrestle	117	yawn	60	zombie	60	
woeful	41	worm	298	wrestling	117	year	133	zone	43	
wok	183	wornout	60	wretch	39	yearn	219	zoo	63	
wolf	295	worried	222	wretched	38	yeast	109	zoological	63	
woman	31	worry	221	wriggle	173	yell	41	zoology	63	
womb	140	worrying	222	wring	258	yesterday	274			

사랑의 보카

- **초판 1쇄 발행** 2025년 08월 01일
- **지은이** 불량교생
- **펴낸이** 김왕기
- **편집부** 원선화, 김한솔
- **디자인** 푸른영토 디자인실
- **펴낸곳** 푸른e미디어
  - 주소 경기도 고양시 일산동구 장항동 865 코오롱레이크폴리스1차 A동 908호
  - 전화 (대표)031-925-2327, 070-7477-0386~9 · 팩스 | 031-925-2328
  - 등록번호 제2005-24호.(2005년 4월 15일)
  - 홈페이지 www.blueterritory.com
  - 전자우편 book@blueterritory.com

ISBN 979-11-88287-49-9   13740
ⓒ불량교생, 2025

푸른e미디어는 (주)푸른영토의 임프린트입니다.

* 이 책은 저작권법에 따라 보호받는 저작물이므로 무단 전재와 복제를 금지합니다.
* 파본이나 잘못된 책은 구입하신 곳에서 바꾸어 드립니다.